JN411392

사통통석 3

史通通釋

Shi-Tong Tong Shi(Comprehensive commentary of the Shi-Tong)

지은이 유지기(劉知幾, Liu ZhiJi, 661-721)의 자는 자현(子玄)이고 팽성(彭城 : 江蘇省 徐州) 사람으로 당 고종 용삭(龍朔) 원년(661)에 태어나 현종 개원(開元) 9년(721)에 죽었다. 10세 이후 『좌전』에 몰두하고 17세가 되었을 때 이미 사학에 상당한 조예가 있었다. 약관의 나이에 진사에 합격하여 획가현(獲嘉縣) 주부(主簿)에 오래 머물다 이후 『삼교주영(三教珠英)』의 편찬에 참여하고, 계속하여 저작좌랑(著作佐郞) 등으로 국사편수를 겸하면서 기거주(起居注) · 『당서(唐書)』 · 『무후실록(武后實錄)』 등의 편찬에 참여하였다. 그러나 감수(監修)제도에 불만을 토로하며 사관을 사직하고, 당 이전 사서 편찬과 관련한 문제들에 대하여 종합적이고 체계적인 평가를 시도하기 위해 『사통(史通)』 20권을 저술하였다. 『사통』은 사평(史評)과 관련된 최초의 체계적 저서로서 장학성(章學誠)의 『문사통의(文史通義)』와 함께 중국 사학사에 가장 중요한 역사이론서로 평가된다.

통석자 포기룡(浦起龍, Pu QiLong, 1679-1762)은 자가 이전(二田)이고 만년에는 스스로를 삼산창부(三山倉父)라 불렀다. 청 강희(康熙) 18년(1679) 무석현(無錫縣)의 전간촌(前澗村)에서 태어나 건륭(乾隆) 27년(1762) 83세의 나이로 죽었다. 과거에 낙방한 후 저술에 뜻을 두고 10여 년의 노력 끝에 두보(杜甫)의 시작(詩作)에 대한 연구서라 할 수 있는 『독두심해(讀杜心解)』를 완성하고, 옹정(雍正) 8년(1730) 51세의 나이로 진사에 합격한 이후 곤명(昆明)의 오화서원(五華書院) 산장(山長), 소주부학(蘇州府學)의 교수를 지내면서 『좌전』 · 『국어』 등 고적의 역대 평주(評注)에 교감과 자신의 평주를 더하여 『고문미전(古文眉銓)』 79권을 완성하였다. 건륭 10년(1745)에 관직을 물러난 후 건륭 4년(1739) 이래 관심을 가졌던 『사통』 주석작업을 본격적으로 시작하여 건륭 12년에 그 초고를 완성하고, 다시 5년 동안의 보완과 수정을 거쳐 건륭 17년(1752)에 정식으로 『사통통석(史通通釋)』을 간행하였다.

옮긴이 이윤화(李潤和, Lee, YunHwa, 1952-)는 경북 군위에서 출생하여 경북대학교 역사교육과를 졸업, 같은 대학교에서 석사과정을 수료하고, 대만 중국문화대학에서 박사학위를 취득하였다. 1980년 이후 안동대학교 사학과에 재직하고 있으며, 저서로는 『中韓近代史學硏究』(1994)가 있다. 역서로는 『宋季元明理學通錄』(공역, 1994), 『전목 선생의 사학명저강의』(『中國史學名著』, 2006), 『중국과 일본의 역사가들(*Historians of China and Japan*)』(공역, 2007)이 있으며, 논문으로는 「從『宋書』史論看沈約的天命觀與處世觀」, 「王夫之(1619-1692)의 晉 · 宋 교체기 이해」, 「『讀通鑑論』「三國」條 史論에 대하여」 등이 있다. 위진수당사학회 회장을 역임하였고, 현재 중국사학회 부회장을 맡고 있으며, 중국사회과학원 역사연구소에서 1년간(1993-1994) 연구한 적이 있다.

사통통석史通通釋 **3**

1판 1쇄 인쇄 2012년 4월 20일 **1판 1쇄 발행** 2012년 4월 30일

지은이 유지기 **통석자** 포기룡 **옮긴이** 이윤화 **펴낸이** 박성모 **펴낸곳** 소명출판
등록 제13-522호 **주소** 137-878 서울시 서초구 서초동 1621-18 (란빌딩 1층)
대표전화 (02) 585-7840 **팩시밀리** (02) 585-7848
이메일 somyong@korea.com **홈페이지** www.somyong.co.kr

ISBN 978-89-5626-689-3 94820 값 25,000원
ISBN 978-89-5626-686-2 (전4권)

이 번역도서는 2007년 정부재원(교육인적자원부 학술연구조성사업비)으로 한국연구재단의 지원에 의하여 연구되었음.

사통통석 3

유지기 지음 · 포기룡 통석
이윤화 옮김

史通通釋

◆ 일러두기

1. 본 역주는 劉知幾 原著・浦起龍 通釋, 『史通通釋』, 上海古籍出版社, 1978을 저본으로 하였다.
2. 본 역주의 인명과 지명 등 고유명사는 모두 우리말 발음으로 표기하고, 우리말(한자)을 병기하였다.
3. 본문에 부기(附記)되어 있는 유지기의 '原註'와 포기룡의 '釋'・'按'은 본래의 위치에 번역하였다.
4. 본문에 부기된 오자와 탈자 등 글자에 대한 고증과 관련한 일부 훈고적 '통석'부분은 문맥의 이해를 돕기 위한 경우를 제외하고는 번역을 생략하였다. 그러나 이들 문장을 『사통』 원문과 함께 모두 부기하여 참고하는데 불편이 없도록 하였다.
5. 각주의 경우, 그 숫자의 번거로움을 피하여 각 권별 새 번호로 시작하였다.
6. 유지기의 '原注'와 역자의 주석은 모두 '역주'라고 표기하였다. 따라서 '역주' 혹은 '原注'로 표기되지 않은 각주는 모두 포기룡의 '통석'에 해당한다.
7. '역주'에 인용된 참고문헌이나 연구논문의 경우 저자와 문헌 명을 원문으로 표기함을 원칙으로 하였지만, 때로는 한글(원문)로도 표기하였다.
8. 본 역주에서는 번역문과의 대조 편의를 위하여 『史通』 원문과 포기룡의 '통석' 원문[釋・按]을 모두 부록하였다. 다만 포기룡 '통석'부분의 각주(脚註)는 원문의 분량이 너무 많아 번역문만 싣고 원문은 부기(附記)하지 않았다.
9. 본 역주 본문 제일 앞에 표기되어 있는 숫자는 편-문단순서를 나타낸다. 예를 들어, 1-1은 권1, 「육가(六家)」 제1, 첫 문단, 9-1은 권4, 「논찬」 제9, 첫 문단 등을 표기하는 것이다. 권 표시는 생략하였다.
10. 기타 본 역주에서 사용한 부호는 다음과 같다.
    『　』: 단행본으로 간행된 서명
    「　」: 편명
    [　]: 번역된 문장의 원문이나 보충설명
    "　": 인용문이나 대화
    '　': 강조문
11. 원문은 물론 '통석'과 역주문에 가장 빈번하게 등장하는 『한서』 권30, 「예문지(藝文志)」의 경우 『한서예문지』 「육예략(六藝略)」・「제자략(諸子略)」 등으로, 그리고 『수서(隋書)』 권32-35에 수록된 「경적지(經籍志)」의 경우 『수서경적지』 「경부(經部)」 "상서"・「사부(史部)」 "정사" 등으로 표기하였다. 아울러 『구당서(舊唐書)』 권46-47, 「경적지」, 『신당서(新唐書)』 권57-60, 「예문지(藝文志)」의 경우도 마찬가지로 『구당서경적지』・『신당서예문지』 등으로 줄여 표기하였다.
12. 『史通』 「原序」 앞에는 浦起龍의 「序」, 蔡焯의 「史通通釋擧例」, 浦起龍의 「史通通釋擧要」에 대한 번역문을 부록하였다.

『사통통석(史通通釋)』은 유지기(劉知幾 : 661-721)에 의해 쓰여진 책 『사통(史通)』에 대해 포기룡(浦起龍 : 1679-1762)이 주석[通釋]한 책을 가리킨다. 주지하다시피 『사통』은 상대적으로 역사이론서로서의 성격을 좀 더 많이 지녔다고 평가되는 장학성(章學誠 : 1738-1801)의 『문사통의(文史通義)』에 비하여 사학평론서로서의 성격을 강하게 갖는다. 물론 넓은 의미에서 볼 때 사학평론은 공자 · 맹자에 의해서도 언급되었다고 할 수 있지만 매우 단편적인 것이었고, 진한 이후 양웅(揚雄) · 반표(班彪) · 왕충(王充) · 장보(張輔) · 유협(劉勰) 등에 의해 시도되었다고 평가되기도 하지만 여전히 체계적이고 전면적인 것은 아니었다. 따라서 『사통』은 특히 공자 이후 사학의 형식이 확대되고 그 내용의 독자적 가치에 대한 자각이 일단락되는 진한에서 위진남북조시기에 있어서의 사서의 원류와 체례 등과 관련한 종합적이고도 체계적인 평가를 시도하였다는 점에서 중국사학사상 매우 중요한 의미를 지닌다.

지은이 유지기의 자는 자현(子玄)이고 팽성(彭城) 사람으로서 당 고종(高宗) 용삭(龍朔) 원년(661)에 태어나 현종(玄宗) 개원(開元) 9년(721)에 죽었으므로, 그의 생애 대부분은 무후(武后) 집정기에 해당한다. 유지기의 사학에 대한 흥미는 가학에 그 연원이 있었다고 할 수 있다. 즉 그의 조부 유윤지(劉胤之)는 수(隋)의 유명한 사가 이백약(李百藥)과 절친한 사이였고, 당 고종 영휘(永徽 : 650-655) 연간에 저작랑(著作郎) · 홍문관학사(弘文館學士)를 지냈으며, 국자좨주(國子祭酒) 영호덕분(令狐德棻) · 저작랑 양인청(楊仁淸) 등과 함께 국사와 실록을 편찬하였다. 유지기의 백부 유연우(劉延祐)는 약관의 나이에 출신 주(州)에서 진사가 되었고, 승진하여 위남위(渭南尉)가 되었다. 기록을 맡은 관리로서 당시 기읍(畿邑)에서 으뜸이었다고 평가되며, 유지기의 부친 유장기(劉藏器)는 고종 때 시어사(侍御史)를 지낸 적이 있다. 비록 사관의 직무를 맡았던 적은 없지만 양사(良史)의 강직한 기풍을 지니고 있었다.

유지기의 시대에 있어서 학자들이 관직에 나가는 주요한 방법은 과거(科擧)를 통하는 것이었다. 당시 과거의 중요한 내용은 경서(經書)와 함께 시부(詩賦)였다. 따라서 시부와 경서는 소년기 교육의 중요한 내용이었다. 유지기 역시 어려서부터 이와 관련한 교육을 받았음은 물론이다. 10세 이후 그의 부친은 그에게 고문상서를 가르쳤다. 그러나 곧 흥미를 잃고 다시 『좌전』 공부에 몰두하였다. 이후 유지기는 한대(漢代)로부터 당 초기까지의 사서(史書)를 전부 열람하였고, 17세가 되었을 때 유지기는 이미 고금 제도의 연혁, 역대 제왕의 계승 상황, 사서(史書)의 서술방법 등에 기본적인 지식을 갖추게 되었다. 이같은 노력이 유지기가 이후 사학 분야에서 많은 성과를 내게된 중요한 토대가 되었음은 물론이다.

유지기는 20세에 과거에 응시하여 진사제(進士第)에 합격하고, 획가현(獲嘉縣)의 주부(主簿)가 되었지만 관운이 순탄하지 않아 19년을 같은 직위에 사환(仕宦)하였다. 그러나 이 시기에 유지기는 경사(京師)를 드나들며 각종 사서는 물론 제자백가 · 잡기 · 소설 등까지도 손쉽게 빌려 열람할 수 있었으므로 그의 안목이 더욱 열리게 되었고 각각 다른 사서에 기록된 일정한 역사적 사실에 대한 이동(異同)을 알게 되었다. 이러한 활동은 이후 저술활동의 중요한 기초가 되었다. 아울러 시폐(時弊)를 지적하여 두 차례에 걸쳐 무후에게 상소를 통해 개혁의 의견을 올린 적도 있었다. 무후 성력(聖曆) 2년(699) 유지기가 39세 되던 해 우보궐(右補闕)·정왕부(定王府) 창조(倉曹)에 있으면서 대규모 유서(類書)인 『삼교주영(三教珠英)』(1313권)의 편찬에 참여하여 3년 후에 완성하였고, 무후는 다시 조서를 내려 당사(唐史)를 편찬하게 했다. 유지기는 그 후 저작좌랑으로서 국사편수를 겸하면서 정식 사관의 임무를 맡게 되었고, 이후 좌사(左史)로써 기거주(起居注) 편수에도 참여하였으며, 주경칙(朱敬則)·서견(徐堅)·오긍(吳兢) 등과 함께 『당서(唐書)』 80권 편찬 작업에 참여하였다. 장안(長安) 4년(704)에 중서사인(中書舍人)으로 승진하면서 잠시 사관의 직위를 그만 둔 적이 있었지만, 중종(中宗)이 즉위하면서 저작랑·태자중윤(太子中允) 등으로 국사를 겸수(兼修)하였다. 신룡(神龍) 2년(706)에 유지기는 서견·오긍 등과 함께 『측천실록(則天實錄)』 30권을 완성하였고, 경룡(景龍) 2년(708)에는 다시 황제의 명으로 국사의 편수를 맡았지만 곧 감수(監修)제도에 대한 불만을 토로하고 사관을 사직하였다.

유지기가 살았던 고종 이후 현종까지의 시기는 실로 혼란한 정국이 계속되는 매우 불안정한 시기였다. 이러한 형세는 수사(修史)에도 직접적인 영향을 끼쳐 정상적인 편찬이 이루어질 수 없었다. 감수국사(監修國史)의 전횡과 사관들의 책임 회피 등으로 사관(史館)에서는 유지기도 자신의 재능과 포부를 제대로 펼칠 수 없었다. 따라서 유지기는 현실 정치의 모순을 벗어나 사관(史館)의 수사(修史)가 지닌 폐단을 강하게 비판하고 아울러 당 이전의 사서 편찬과 관련한 문제들에 대하여 종합적이고 체계적인 평가를 시도하기 위해 『사통』을 저술하였다. 『사통』이 저술되어 세상에 알려지자 유지기는 다시 태자좌서자(太子左庶子)·숭문관학사(崇文館學士)에 임명되어 수사(修史)작업에도 참여하였다. 현종 개원(開元) 3년

(715)에 산기상시(散騎常侍)로 옮겼지만 사관의 임무는 그대로 수행하였다. 이후 개원 9년(721) 장남 유황(劉貺)의 죄를 변호하다가 현종의 노여움을 사서 안주도독부(安州都督府) 별가(別駕)로 좌천되었고 얼마 되지 않아 그곳에서 병사하였다.

『사통』 20권은 내·외 두 편으로 나누어져 각기 10권으로 구성되어 있다. 내편 10권 39편 중 「체통(體統)」·「비무(紕繆)」·「이장(弛張)」 세 편은 이미 없어지고 현재는 제목만 남아 있을 뿐이고, 외편은 10권 13편이다. 『사통』은 내용의 특징에 따라 다음과 같이 분류하여 설명할 수 있다.[1]

첫째, 「육가(六家)」·「이체(二體)」·「잡술(雜述)」 세 편은 다양한 체례를 지닌 사서의 원류와 발전과정에서의 특징을 상세히 설명하고 있다. 유지기는 완효서(阮孝緖)의 『칠록(七錄)』과 『수서경적지』의 사부(史部)분류법을 계승하여, 기전(紀傳)·편년(編年)·국별(國別) 체례 등을 합하여 정사(正史)라 칭하고, 그 외 다양한 체례를 지닌 편기(偏記)·소록(小錄)·일사(逸事) 등 10종을 통칭하여 잡사(雜史)라고 하였다. 둘째, 「본기(本紀)」·「세가(世家)」·「열전(列傳)」·「표력(表曆)」·「서지(書志)」·「논찬(論贊)」·「서전(序傳)」·「서례(序例)」 등 여덟 편은 전문적으로 기전체의 조직과 구조를 설명하고, 아울러 『사기』와 『한서』 이하 여러 사서에 들어있는 이러한 문제와 관련한 우열과 득실을 평론하고 있다. 셋째, 「단한(斷限)」·「편차(編次)」·「제목(題目)」·「보주(補注)」 등 네 편은 기전체 편찬의 구체적인 처리방법을 상세히 설명하고 있다. 넷째, 「재언(載言)」·「재문(載文)」·「채찬(采撰)」·「서사(書事)」·「인물(人物)」·「서사(敍事)」·「언어(言語)」·「부사(浮詞)」·「모의(摸擬)」·「인습(因習)」·「점번(點煩)」 등 열한 편은 사료를 어떻게 선택할 것이며 서술에 있어서는 어떠한 기준과 원칙을 지켜야 할 것인가를 설명하고 있다. 다섯째, 「직서(直書)」·「품조(品藻)」·「곡필(曲筆)」·「감식(鑑識)」·「탐색(探賾)」 등 다섯 편은 사가들이 당연히 지녀야 할 양사(良史)로

1 이하 趙呂甫, 『史通新校注』, 自序, pp.4-5 참조.

서의 자세를 강조하고, 특히 아부와 명리추구를 강하게 비판하였다. 여섯째, 「핵재(覈才)」·「변직(辨職)」·「오시(忤時)」 등 세 편은 사재(史才)를 선발하는 중요성과 사직(史職) 수행의 어려움을 설명하고 있다. 특히 유지기는 사관(史館)에서의 수사(修史)와 감수국사(監修國史)의 간섭이 갖는 문제점을 매우 강하게 비판하였다. 일곱째, 「사관건치(史官建置)」·「고금정사(古今正史)」 두 편은 역대 사관의 설치연혁과 사서편찬에 대한 개략적인 설명을 하면서 특히 양사(良史)와 예사(穢史)에 대하여 매우 엄격한 잣대를 적용하여 평가하고 있다. 여덟째, 「의고(疑古)」·「혹경(惑經)」·「신좌(申左)」·「오행지착오(五行志錯誤)」·「오행지잡박(五行志雜駁)」·「잡설(雜說)」(상·중·하)·「암혹(暗惑)」 등 여덟 편은 형식적인 논리와 방법의 추리를 통해 유가경전과 정사 그리고 잡기 중의 사실기록이 지닌 허위성을 폭로하고 역사적 고증이 갖는 의의를 강조함으로 후세 역사적 문헌의 변위(辨僞)작업에 큰 영향을 주었다. 그 외 「자서(自敍)」편에서는 유지기 자신의 가학의 연원과 사서에 대한 탐구 그리고 그 결과로서의 『사통』의 취지를 설명하고 있다.

『사통』은 출간된 후 사학의 성취에 대한 평가를 객관적으로 인정받지 못하고 「의고」와 「혹경」편의 내용과 관련하여 부정적인 논란이 계속되었다. 따라서 당대(唐代)의 유찬(劉璨)은 『사통석미(史通析微)』에서 "터무니없이 성철(聖哲)을 모함하고 있다"[2]고 비판했고, 송대의 송기(宋祁) 역시 "고인(古人)을 교묘히 꾸짖었다"[3]고 지적하였다. 이같은 부정적인 평가는 『사통』의 유전(流傳)을 어렵게 하였다. 따라서 오대(五代) 후진(後晋) 때 편찬된 『구당서경적지』에는 『사통』이 수록되지 않았고, 송초(宋初) 왕효신(王曉臣)의 『숭문총목(崇文總目)』에는 이 책이 잡사류(雜史類)에 수록되었다. 남송 정초(鄭樵)의 『통지(通志)』 「예문략(藝文略)」에 이르러 정사(正史) 부분의 통사류(通史類)에 분류되었지만 『사통』의 학술적 위치가 모호한 상태

2 『郡齋讀書後志』 권1, 「史評」류 참조.

3 『新唐書』 권132, 「劉子玄傳」, 贊曰.

였음은 물론이다. 남송 조공무(晁公武)의 『군재독서지(郡齋讀書志)』에는 사부(史部) 사평류(史評類)에 수록되어 비로소 그 학술적 가치가 인정되었다고 할 수 있다. 그 이후 각종 서목(書目)이나 해제(解題)·예문지(藝文志) 등에 집부(集部) 문사류(文史類)에 수록되기도 했지만, 『문헌통고(文獻通考)』·『고금도서집성(古今圖書集成)』·『사고전서총목제요(四庫全書總目提要)』 등에는 모두 사평류에 수록되어 있다.[4]

『사통』의 각본(刻本)과 주석본(注釋本)은 명대 이후 계속하여 나타나고 있지만, 가장 빠른 판본은 송대의 각본(刻本)과 초본(鈔本)을 기초로 만력(萬曆) 5년(1577)에 간행된 장지상본(張之象本)과 육심(陸深)의 『사통』 절본(節本)이라 할 수 있는 『사통회요(史通會要)』 3권을 저본(底本)으로 만력 30년(1602)에 간행된 장정사본(張鼎思本)이 있다. 주석본으로는 명대 이유정(李維楨)·곽공연(郭孔延)의 『사통평석(史通評釋)』, 진계유(陳繼儒)의 『사통정주(史通訂註)』, 왕유검(王惟儉)의 『사통훈고(史通訓故)』, 청대 황숙림(黃叔琳)의 『사통훈고보(史通訓故補)』, 포기룡(浦起龍)의 『사통통석(史通通釋)』, 기윤(紀昀)의 『사통삭번(史通削繁)』 등이 있다. 이 중 명·청시대의 각종 판본을 널리 참고하면서 교정과 함께 상세한 주석을 달고 있는 포기룡의 『사통통석』이 가장 널리 유행하고 있다.

통석자 포기룡(浦起龍)은 자가 이전(二田)이고 만년에는 스스로 삼산창부(三山傖父)라 불렀다. 세간에서는 삼산거사(三山居士)라고도 칭하고, 학자들은 삼창선생(三傖先生)이라고도 불렀다. 청 강희(康熙) 18년(1679) 무석현(無錫縣)의 전간촌(前澗村)에서 태어나 건륭(乾隆) 27년 83세의 나이로 죽었다. 포기룡은 몇 차례 과거시험에 낙방한 후 저술에 뜻을 두었는데, 그는 10여 년의 노력으로 옹정(雍正) 2년(1724)에 완성한 두보(杜甫)의 시작(詩作)에 대한 연구서라고 할 수 있는 『독두심해(讀杜心解)』가 있다. 그리고 옹정 8년(1730) 51세의 나이로 진사(進士)에 합격한 이후 옹정 12년(1734) 운

4 莊萬壽, 『史通通論』, 萬卷樓, 2009, pp.86-89 참조.

남(雲南)의 곤명(昆明)에서 오화서원(五華書院)의 산장(山長)을 맡으면서 서로 다른 고적(古籍)의 평주본(評注本)을 수집하기 시작하였다. 건륭 2년(1737) 고향 무석으로 돌아와 소주부학(蘇州府學)의 교수(敎授)로써 자양서원(紫陽書院)에서 임교(任敎)하였을 때 왕창(王昶)·전대흔(錢大昕)·왕명성(王鳴盛) 등이 그의 문하에서 수업하였으며, 이때부터 본격적으로 『좌전(左傳)』·『국어(國語)』·『초사(楚辭)』·『문선(文選)』 등 고적의 역대 평주(評注)에 대하여 교감(校勘)을 진행하면서 스스로 상세한 평주를 추가하여 건륭(乾隆) 9년(1744)에는 『고문미전(古文眉詮)』 79권을 각성(刻成)하였다.

『사통통석』 20권은 포기룡이 반생의 정혈(精血)을 모두 이 책의 저술을 위해 썼다고 할 정도로 많은 노력을 기울인 저작이다. 일찍이 건륭 4년(1739) 그가 소주(蘇州)의 자양서원에서 강의하던 시절 왕유검(王惟儉)의 『사통훈고(史通訓故)』와 이유정(李維楨)·곽공연(郭孔延)의 『사통평석(史通評釋)』 등을 보고 부족한 부분을 다시 새롭게 보완하려 했지만 여의치 못하자 건륭 10년(1745)년 노령으로 관직에서 물러난 후 비로소 정식으로 주석을 시작하여 건륭 12년(1747)에 『사통통석』 초고를 완성하고, 다시 5년 동안 여러 차례의 보완과 수정을 거쳐 건륭 17년(1752)에 간행하였다. 이 책의 저술에는 20명에 가까운 사람들의 조력을 받았지만, 특히 책이 완성되기 전 사망한 그의 제자 채작(蔡焯)의 도움을 가장 많이 받았다. 『사통통석』은 상세한 주석을 통해 『사통』 본문을 이해하는데 크게 도움이 된다는 긍정적인 평가와 함께 경솔하게 고서(古書)를 개찬(改竄)하고 정문 중에 주석(註釋)을 달아 읽기가 혼란스러우며, 교감(校勘)에 있어서 인용한 판본의 명칭을 정확하게 밝히지 않고 별본(別本)·속본(俗本)·고본(古本) 등으로 표시하여 그 출처가 애매한 경우가 많다는 비판도 있다.[5] 그럼에도 불구하고 『사통』의 주석본으로 가장 널리 읽히고 있음은 물론이다. 이후 『사통통석』의 문제점을 보완하기 위하여 진한장(陳漢章)의

5 張振珮, 『史通箋注』 前言, 貴州人民出版社, 1985, p.8. 趙呂甫, 『史通新校注』 凡例, 重慶出版社, 1990, p.1 참조.

『사통보석(史通補釋)』, 양명조(楊明照)의 『사통통석보(史通通釋補)』, 나상배(羅常培)의 『사통증석(史通增釋)』 등이 간행되기도 하였다.

역자가 이 책의 번역을 시도한 것을 이제 돌이켜보니 정말 무모한 일이었다는 생각이 든다. 1983년 대만 중국문화대학에서 전목(錢穆) 교수의 강의를 수강하면서 중국사학사에 대한 흥미를 갖기 시작하였지만, 이후 산발적인 관심으로 주로 위진남조시대의 사학과 관련한 논문을 몇 편 발표했을 뿐인 역자에게 이 책의 번역은 다방면에서 역부족임을 절감하게 하였다. 『사통』의 원문은 물론 포기룡의 통석문 중 특히 안문(按文)의 경우는 그 내용을 제대로 이해하는 것이 어려웠을 뿐만 아니라 그것을 다시 우리 글로 정확하게 표현하는 것은 더욱 어려운 일이었다. 때문에 평소 낙관적인 생각으로 모든 일을 쉽게 결정하였다가 간혹 낭패를 보는 일이 있어도 그 결정 자체를 크게 후회해 본적이 없지만, 이 책의 경우는 작업을 하는 내내 과분한 욕심을 냈다는 자괴감을 지울 수가 없었다. 그러나 다른 한 편 곰곰이 생각해보니 그러한 부족함이 오히려 지난 8년의 시간을 이 책과 계속 씨름하며 자신을 채찍질 할 수 있었던 원동력이 되었던 것 같다.

이 책의 번역은 2003년 7월 「자서(自敍)」편을 시작으로 평소 관심을 가지고 있던 「논찬(論贊)」·「서례(序例)」·「인물(人物)」편 등에 대한 산발적인 역주 작업을 진행하다가 2007년 한국연구재단의 번역지원을 받게 되면서 처음부터 다시 체계적인 번역을 진행하였다. 그 과정에서 『사통』의 경우 백화문(白話文)과 일문(日文)으로 번역된 책을 참고로 하여 어려움을 부족하게나마 해결할 수 있었다. 특히 니시와키 쯔네키[西脇常記]의 역주(譯註)는 유지기의 원문을 해석하는 데는 물론 역주 작업을 하는데 있어서도 가장 많은 참고가 되었다. 물론 중국학자들의 선행 교주(校注)와 전주(箋注) 작업들의 도움을 적지 않게 받은 것은 말할 것도 없다. 하지만 '통석'의 경우는 다양한 고전을 인용하면서 축약하여 인용한 문장이 많아 전체 내용을 제대로 이해해야만 해석이 가능한 부분이 적지 않았고 또 참고할 수 있는 선행 저작들이 없어서 그의 주장을 이해하는데 어려움이 많았다. 물론 그 덕분에 과거에 읽었던 흔적이 남아 있는 고전들을 다시 펼쳐가며 전거들을 일일이 대조하는 즐거움을 경험할 수도 있었다. 그러나 포기룡 자신의 견해를 담아 매 편의 중간 혹은 말미에 정리한 안문(按文)의 경우는 역자의 능력이 미치지 않는 부분이 많아 도움을 받지 않으면 안 되었다. 마침 안동대학에 연구를 위해 와 있던 산동사회과학원(山東社會科學院) 유학연구소의 노덕빈(路德斌) 선생의 도움을 많이 받았다. 처음에는 해석이 안 되는 부분을 골라 함께 해석해 나가다가 나중에는 『사통』의 원문을 읽고 다시 포기룡의 안문을 읽고 정리하는 형식을 취하였다. 이러한 작업은 노 선생이 귀국한 후에도 이-메일을 통해 계속되었다. 해석이 어려운 부분은 노 선생이 다시 주변의 관련 학자들의 자문을 받아 정리해 보내주었다. 지난 3년여 시간 동안 노덕빈 선생의 적극적인 도움이 없었더라면 이 책의 번역은 많은 어려움에 봉착하여 순조롭게 진행될 수 없었을 것이다. 서문을 빌려 진심으로 감사의 말을 전한다. 아울러 포기룡의 「서(序)」와 「거요(擧要)」 그리고 채작의 「거례(擧例)」 번역문을 다듬어 준 황만기 선생과 오·탈자 교정을 도와준 대학원생들, 특히 박사과정의 김동현군에게도 고마운 마음을 전한다. 이러한 도움에도 불구하고 분명 적지 않은 오역과 오류가 있을 것이다. 이는 전적으로 모두 역자의 책임임을 밝혀둔다. 물론 터무니없는 오역을 한 부분이 없기를 바라는 마음이지만 그저 희망사항일 뿐이다. 설사 이 번역서가 독자들에게 반면교사로서의 교훈을 제공하는 것에 그치더라도 이 책과 함께 한 지난 8년의 시간이 역자에게는 분명 보람으로 남는다. 마지막으로 책을 정성스럽게 만들어준 소명출판 편집부 여러 분들의 노고에도 감사의 마음을 표한다.

2012년 4월, 안동 원림(院林) 우소(寓所)에서

이윤화

사통통석 3_ 차례

사통통석 전체 차례

『사통통석(史通通釋)』 외편(外篇)

『사통통석』 권11

「사관건치(史官建置)」 제1

옛 주(注)에 모두 14조(條)라고 했지만, 잘못이다.[1] **그 문장의 처음과 끝이 본래 한 편(片)으로 이어진 것이지만 시대에 따라 구절을 나누어도 괜찮다.**[舊有注曰'總十四條', 非也. 其文本通首一片, 循代分節可耳]

유지기는 먼저 사서의 효용이 선을 장려하고 악을 멀리하게 할 뿐만 아니라 백성을 다스리는데 시급히 힘써야 할 내용과 국가의 흥망성쇠의 경험과 교훈이 담겨져 있으므로 국가를 다스리는 자에게 절대로 없어서는 안 된다는 전제 하에, 고대부터 당(唐)에 이르기까지 사관(史官)의 기원과 각 시기 사관의 설립과 그 발전과정 그리고 수사(修史)의 유형과 관련한 사관의 특징을 논하였다. 유지기는 먼저 사관의 기원을 황제(黃帝) 때 비롯된 것으로 여기고 주(周) 이후 춘추전국・진(秦)・전한(前漢)・신(新)・후한(後漢)・삼국・남조(南朝)・16국・북조(北朝)・수(隋)・당(唐)초에 이르는 역대 사관의 연혁과 그와 관련한 특징을

1 역주 : 포기룡은 이 편의 사관건치에 관한 내용을 12절(節)로 구분하여 안문(按文)을 작성하면서 옛 주의 14조(條)가 잘못이라 했는데, 이러한 견해에 대하여 포기룡이 삼국 중 촉(蜀)과 오(吳) 그리고 16국을 1절(節)로 합친 것은 시기가 서로 이어져 있지도 않았으며, 또 원저(原著)의 본래의 면목이 없어져 드러나지 않음으로 이는 포기룡이 자기 마음대로 배열을 거친 사례라고 비판하기도 한다. 張振珮, 『史通箋注』, p.390

간략하게 정리하였다. 이어서 사관의 구체적 직무인 수사(修史)와 관련하여 두 가지 부류가 있다고 했다. 하나는 당시의 말과 사실을 처음으로 기록하는 사람들의 노력 즉 광범위하면서도 진실한 기주(記注)이고, 다른 하나는 뛰어난 견식과 다방면에 걸친 광범위한 지식을 이용한 사서의 찬술(撰述)이다. 그러나 이 둘은 서로 의존하고 서로 도와 이루어지는 것으로써 추구하는 목표는 일치한다고 하였다. 마지막 절에서 유지기는 한(漢)・위(魏) 이후 사관(史官)의 유명무실함을 개탄하였는데, 이는 「자서(自敍)」・「변직(辨職)・「오시(忤時)」 등 편에서 거듭 언급되고 있는 내용이다.

1-1

무릇 사람이 형태를 갖고 태어나 천지간에 머무르는 일생은 기껏해야 덧없는 하루살이 같고, 백구(白駒)가 문의 틈새를 언뜻 지나가는 것과 같다.[2](발단은 평범하다) 그러나 사람들은 살아 있는 동안 공업(功業)을 세우지 못함을 부끄럽게 여기고, 죽은 후 이름을 남기지 못하는 것을 걱정하였다. 위로는 제왕으로부터 아래로는 백성에 이르기까지, 가까이는 황제 측근의 조정의 신하나 멀리 산 속에 은거해 있는 고사(高士)들까지도 공명(功名)을 하루도 마음속에 새겨두지 않은 적이 없으며 부지런히 구하지 않는 사람이 없다. 왜 그런가? 그것은 모든 사람들이 불후(不朽)의 사적(事績)을 이룩하려고 하기 때문이다. 그러면 불후란 무엇인가?[3] 그것은 대개

---

2 역주 : 『장자(莊子)』「지북유(知北遊)」에, (노자가 공자에게 답하는 말) 사람이 천지간에 살아 있는 시간이란 백구(白駒)가 문의 틈새를 언뜻 지나가듯 순식간일 뿐이라고 하였다. 백구를 해의 그림자[日影] 혹은 준마(駿馬)라고도 한다.

3 역주 : 『좌전』 양공(襄公) 24년(B.C. 549)에, 세록(世祿)이 크다고 하여 이를 불후(不朽)라고 할 수는 없다고 하고, 삼불후(三不朽)로 입덕(立德) · 입공(立功) · 입언(立言)을

이름을 죽간이나 비단에 남기는 길뿐이다.(釋 : 사서가 만들어지게 된 기원을 말했다. 사(史)는 천추의 거울인데 단지 이름만을 남기고자 하는 생각 때문에 평범하면서도 얕다고 한 것이다) 만약 당시에 죽간이나 비단이 없고 사관도 없었다면 비록 요(堯)·순(舜)과 같은 어진 사람들과 걸(桀)· 주(紂)와 같은 포악한 사람들, 이윤(伊尹)·주공(周公)과 같은 군주를 잘 보좌한 사람들과 왕망(王莽)·동탁(董卓)과 같은 권력을 찬탈하려는 사람들, 백이(伯夷)·유하혜(柳下惠)와 같은 덕이 있는 사람들과 도척(盜跖)이나 장교(莊蹻)와 같은 도적들, 상신(商臣)[4]·묵특(冒頓)[5]과 같이 군부(君父)를 시해한 사람들, 증삼(曾參)·민손(閔損)[6]과 같은 효성이 지극한 사람들이라 하더라도 일단 죽고 나면 봉분의 흙이 마르기도 전에 이미 착한 사람과 악한 사람을 분간할 수 없게 되며, 아름다운 일이나 추한 일이 영원히 사라지게 된다. 그러나 만일 사관(史官)이 있고 또 사책(史冊)[竹帛]이 잘 보존되어 있으면 사람은 죽어 없어져도 그의 행위는 생생하게 남아 은하수처럼 밝게 빛날 것이다.(釋 : 사서의 효용[功用]이 있음을 가려내었다) 그렇기 때문에 후세의 학자들은 (책을 싼) 자루와 상자를 풀어 옛 사람들과 정신적으로 교류할 수 있었고, 집을 떠나지 않고도 천 년 동안의 사실을 통람(通覽)할 수가 있다. 어진 사람의 행동을 보고는 그와 같기를 생각하며, 어질지 못한 사람의 행동을 보고는 안으로 스스로 반성한다.[7] 예컨대 『춘추(春秋)』가 완성되었을 때 난신적자(亂臣賊子)들이 두려워했고,[8] 제(齊)의 사관 남사(南史)가

들고 있다. 비록 사람이 죽은 지 오래되었다고 하더라도 그의 덕과 공 그리고 말씀이 없어지지 않을 때 이를 일컬어 삼불후라고 하였고, 사서의 기재는 '입언'에 해당한다.

4 역주 : 자신의 부 성왕(成王)을 죽인 초(楚) 목왕(穆王)을 가리킨다. 『춘추』 문공(文公) 원년(B.C. 626)의 경문(經文)에 세자 상신(商臣)이 군주 군(頵)을 시해하였다고 했다.

5 역주 : 『사기』 권110, 「흉노열전」에 묵특이 자신의 아버지 선우(單于) 두만(頭曼)을 수렵장에서 죽이는 사실이 보인다

6 역주 : 증삼의 자는 자여(子輿), 민손의 자는 자건(子騫)으로 두 사람 모두 『사기』 권67, 「중니제자열전(仲尼弟子列傳)」에 보인다.

7 역주 : 『논어』 「이인(里人)」편에 보이는 말이다.

8 역주 : 『맹자』 「등문공(滕文公)」 하편에 나오는 구절이다.

이르자 적신(賊臣)들이 기록되었다.[9] 사실과 말을 기록함이 그와 같았고, 선을 장려하고 악을 징계함이 또한 이와 같았다. 이러한 사실에 연유하여 말하자면 사서의 효용(效用)은 그 이로움이 매우 넓어서 백성을 잘 살게 하기 위한 긴급한 일이요, 국가를 다스리는 중요한 길인 것이다. 그러므로 이상과 관련한 내용을 이하 문장에 서술한다.(釋: 끝에서 그 효용을 총괄하였다)

夫人寓形天地, 其生也若蜉蝣之在世, 如白駒之過隙,(發端庸淺) 猶且恥當年而功不立, 疾沒世而名不聞. 上起帝王, 下窮匹庶, 近則朝廷之士, 遠則山林之客, 涼其於功也, 名也, 莫不汲汲焉, 孜孜焉. 夫如是者何哉? 皆以圖不朽之事也. 何者而稱不朽乎? 蓋書名竹帛而已.(釋: 原史之所爲作也. 史者千秋金鏡, 只從名心落想故曰庸淺) 向使世無竹帛, 時闕史官, 雖堯·舜之與桀·紂, 伊·周之與莽·卓, 夷·惠之與跖·蹻, 商·冒(俱弑父者) 之與曾·閔, 但(一作'俱') 一從物化, 墳土未乾, 則善惡不分, 姸媸永滅者矣. 苟史官不絶, 竹帛長存, 則其人已亡, 杳成空寂, 而其事如在, 皎同星漢.(釋: 折出有史之功用) 用使後之學者, 坐披囊篋, 而神交萬古; 不出戶庭, 而窮覽千載. 見賢而思齊, 見不賢而內自省. 若乃『春秋』成而逆子懼, 南史至而賊臣書, 其記事載言也則如彼, 其勸善懲惡也又如此. 由斯而言, 則史之爲用, 其利甚博, 乃生人之急務, 爲國家之要道. 有國有家者, 其可缺之哉! 故備陳其事, 編之於後.(釋: 末總括其功用)

按: 이 문단은 두루뭉실하게 전체를 서술한 것 같다. 사서의 중요한 작용을 말하고 있지만 구체적인 전주(專注)의 말이 없다. 「사관건치(史官建

---

9 역주: 『좌전』 양공(襄公) 25년(B.C. 548)의 기록에 최저(崔杼)가 그의 군주를 시해하였다고 기록하자 태사를 죽였고, 태사의 아우 중 두 사람이 계속하여 이같이 기록하다가 연이어 죽음을 당했다. 태사의 또 다른 아우가 다시 그렇게 기록하자 최저는 더 이상 죽일 수가 없었다. 이때 남사씨(南史氏)가 태사의 형제들이 다 죽었다는 소식을 듣고 죽간을 가지고 갔다가 이미 사실대로 기록되었다는 이야기를 듣고 이내 돌아갔다는 사실을 말한다.

置)」편과 「고금정사(古今正史)」편 모두에 통용할 수 있어도 될 듯하다. 또한 표현하고 있는 뜻이나 말들이 매우 평범하고 속되므로 마땅히 제거해야 한다.(此一段似是儱侗總冒, 第言史之用重, 而無專注之語, 似於「史官」·「正史」二篇皆可通用. 又其擧意出辭, 頗淺庸近俗, 宜可芟薙)

1-2

사관(史官)이 설립된 유래는 매우 오래되었다. 옛날 황제(黃帝)[軒轅]가 천명을 받아 천하를 다스렸을 때 창힐(倉頡)이나 저송(沮誦)[10]이 실제 그 직위에 있었다. 하(夏)·상(商)·주(周) 삼대(三代)에 이르러 사관의 수가 점점 많아졌다. 『주관(周官)』과 『예기(禮記)』에는 태사(太史)·소사(小史)·내사(內史)·외사(外史)·우사(右史) 등의 명칭이 있다.[11] 태사는 국가의 육전(六典)을,[12] 소사는 국가의 대사(大事)에 대한 기록을, 내사는 왕명의 작성을,

10 『설문해자(說文解字)』「원서(原敍)」에, 황제(黃帝)의 사관 창힐은 조수(鳥獸)의 발자국을 보고 처음으로 서계(書契)를 만들었다고 했다. 『후한서』 권9, 「헌제기(獻帝紀)」 저준(沮儁)의 주(注), 『풍속통(風俗通)』에, "저(沮)는 성(姓)이고 황제(黃帝)의 사관 저송(沮誦)의 후예"라고 했다. 위항(衛恒)의 『사체서세(四體書勢)』「과두고문세서(科斗古文勢序)」(역주 : 『진서(晉書)』 권36, 「위항전」 所收)에, "옛날 황제(黃帝)가 만물을 창조할 적 저송과 창힐이 있었는데 처음으로 서계를 만들어 결승(結繩)을 대신하였다. 대체로 새의 발자국을 보고 생각이 떠오른 것이다"라고 했다. 그 책 「자세(字勢)」에, "황제의 사관 저송과 창힐이 새의 발자국을 보고 서계(書契)를 비로소 만들었다"라고 했다. 按 : 아주 먼 옛날에 사관의 유무(有無)는 깊이 살펴보아야 할 일이다. 위에서 열거한 것 역시 근거가 있는 말이다. 곽연년(郭延年)의 『사통평석(史通評釋)』과 황숙림(黃叔琳)의 『사통훈고보(史通訓故補)』는 일찍이 이러한 자료를 인용할 줄 몰랐다. 그러나 소위 『귀운집(歸雲集)』에서는 주변 없는 소인(小人)처럼 그저 변박(辯駁)하였지만 그럴 필요가 없었다. 역주 : 창힐과 저송에 대한 기록은 『순자(荀子)』「해폐(解蔽)」편·『초학기(初學記)』 권21, 「사전(史傳)」引, 『세본주(世本注)』에도 보인다.

11 역주 : 이들에 대한 자세한 논의는 趙呂甫, 『史通新校注』, p. 635 주)4 참조.

외사는 주변국가와 왕래하는 서신을, 좌사는 기언(記言)을, 우사는 기사(記事)를 각각 관장하였다.[13] 『곡례(曲禮)』상(上)에 이르기를, "사관의 직책은 붓을 들고 기록하는 것으로써, 큰 사건은 책(策)에 기록하고, 작은 사건은 간독(簡牘)에 기록했을 뿐이다"라고 했다.[14] 『대대례(大戴禮)』에 이르기를, "태자(太子)는 20세에 관례(冠禮)를 치룬 후 성인이 되면 태보(太保)와 태부(太傅)가 태자의 행동을 책임지지 않고, 전문적으로 태자의 잘못을 기록하는 사관이 배치되어 감독의 임무를 수행한다"[15]고 했다. 『한시외전(韓詩外傳)』에 이르기를, "직분에 충실하고, 규율을 준수하며 감히 나쁜 짓을 하지 못하도록 하는 것이 바로 태사령(太史令)이다"[16]라고 하였다. 이처럼 사관은 황제(黃帝) 때 처음으로 두어지고 주(周)나라에 이르러 완비되었으며, 사관의 명칭은 다양하였고 직무가 모두 달랐다. 제후국에도 각각 사관이 두어졌는데, 그 직무와 명칭을 살펴보면 주나라의 경우와 같았다.(釋 : 처음부터 여기까지는 먼 옛날부터 보이는 사관의 명칭을 들어, 주나라와 함께 제후국에도 사관을 두는 제도가 있었음을 밝혔다)

蓋史之建官, 其來尙矣. 昔軒轅氏受命, 倉頡·沮誦實居其職. 至於

12 역주 : 『주례』「천관」"태재(太宰)"에 치전(治典)·교전(敎典)·예전(禮典)·정전(政典)·형전(刑典)·사전(事典) 등을 6전이라 했다.

13 역주 : 『주례(周禮)』「춘관(春官)」조에는 태사·소사·내사·외사 등이 보이고, 좌사와 우사는 『예기(禮記)』와 『한서예문지』 등에 보이는데, 유지기는 『예기』「옥조(玉藻)」편의 우사는 거동(擧動)을, 좌사는 말을 기록한다는 내용을 따르지 않고, 『한서예문지』의 주장을 따라 좌사는 기언(記言), 우사는 기사(記事)한다고 했다. 이 문제에 대한 자세한 언급은 程千帆, 『史通箋記』, pp.195-196 참조.

14 역주 : 이 말은 두예(杜預), 「춘추좌씨전서(春秋左氏傳序)」(『문선』 권45 所收)에 보인다. 책(策)은 여러 개의 대쪽[簡]을 엮어 만든 것이고, 간(簡)은 하나의 대쪽이고, 독(牘)은 나무 판(版)이다. 한 줄로 기록이 가능한 사건은 간(簡)에 기록하고, 몇 줄로 기록해야 할 사건은 독(牘)에 기록하고, 기록할 분량이 많아 독(牘)으로는 다 기록할 수 없는 사건은 책(策)에 기록한다. 큰 사건은 경(經)에 기록된 사건이고, 작은 사건은 전(傳)에 기록된 사건이라고도 한다.

15 역주 : 『대대례』「보부(保傅)」편에 보이는 문장이다.

16 역주 : 『한시외전』 권5에 보이는 원문의 마지막에는 '태사령'이 아니라 '인리(人吏)'라고 하였다. 주대(周代)에 태사(太史)는 있었지만 태사령(太史令)은 진(秦)에 와서 비로소 두어졌기 때문에 태사령이라 한 것은 잘못이다.

三代, 其數漸繁. 案『周官』·『禮記』, 有太史·小史·內史·外史·左史·右史之名. 太史掌國之六典, 小史掌邦國之志, 內史掌書王命, 外史掌書使乎四方, 左史記言, 右史記事. 『曲禮』曰: "史載筆, 大事書之於策, 小事簡牘而已." 『大戴禮』曰: "太子旣冠成人, 免於保傅, 則有司過之史." 『韓詩外傳』云: "據法守職而不敢爲非者, 太史令也." 斯則史官之作, 肇自黃帝, 備於周室, 名目旣多, 職務咸異. 至於諸侯列國, 亦各有史官, 求其位號, 一同王者.(釋: 自首至此, 遠徵古來史職之名, 以及王朝·侯國兼設之制)

1-3

(전국시대 이전에는) 예컨대 공갑(孔甲)과 윤일(尹逸)[17]은 하(夏)·은(殷) 왕조에서 명망이 두터웠고, 사일(史佚)[18]과 의상(倚相)[19]은 각각 주(周)와 초

17 구주(舊注)에, 『귀운집(歸雲集)』에 이르기를 공갑은 황제(黃帝)의 서사(書史)를 주관하는 신하로서 기록의 편찬을 맡아 말과 행동을 사실대로 적었다고 했다. 또 『사기』에, 무왕(武王)이 (목야(牧野)의 싸움에서 은나라 주(紂)를 물리치고) 사(社)의 남쪽에 서니, 소공(召公) 석(奭)이 예물을 바쳤고, 군사(軍師) 상보(尙父)[太公望]가 희생(犧牲)을 끌어오고, 윤일(尹逸)이 축문(祝文)을 읽었다. 按: '일(逸)'은 '일(佚)'과 통한다. 따라서 사일(史佚)이 아닌가 한다. 이제 이 두 사람은 하(夏)·은(殷)에 속해 있으니 어찌 따로 근거가 있겠는가. 역주: 『한서예문지』「잡가류(雜家類)」에, 공갑반우(孔甲盤盂) 26편. 황제(黃帝)의 사(史) 혹은 하제(夏帝)의 공갑(孔甲)이라 했다. 호응린(胡應麟), 『소실산방필총(少室山房筆叢)』 권13, 「사서점필(史書佔畢)」(一)에서, 공갑은 황제(黃帝)의 사(史), 윤일(尹佚)은 성왕(成王)의 사(史)였는데 유지기(劉知幾)는 공갑을 하(夏), 윤일을 상(商)의 사(史)로 이해함으로써 결국은 두 공갑을 합하여 하나로, 한 사일(史佚)을 나누어 둘로 만드는 결과가 되었다고 지적하였다. 보다 자세한 언급이 張振珮, 『史通箋注』, p.394, 주1)에 보인다.

18 역주: 『사기』 권39, 「진세가(晉世家)」에, 당(唐)에서 반란이 발생하자 주공(周公)이 당나라를 멸망시켰다. 성왕(成王)이 숙우(叔虞)와 함께 있다가 장난삼아 오동나무 잎으

(楚)에서 명예가 높았다. 진(晉)에서 전적(典籍)을 관장하였던 백염(伯黶),[20] 노(魯)에서 춘추좌씨전(春秋左氏傳)을 저술한 좌구명(左丘明) 등은 모두 역대 사신(史臣)으로서 뛰어난 사람들이었다. 전국시대에 와서도 사관은 없어지지 않았다. 조앙(趙鞅)은 지위가 진(晉)의 대부(大夫)에 불과했지만 직언(直言)의 사인(士人)이 항상 자신의 과오를 기록하기 위해 문하(門下)에 간(簡)과 붓을 들고 대기하도록 하였으며,[21] 전문(田文)[孟嘗君]은 제(齊)의 공자(公子)에 불과했지만 손님들을 만나볼 때마다 시사(侍史)가 병풍 뒤에서 이야기 내용을 기록하였다.[22] 그리고 진(秦)과 조(趙) 두 나라의 군주가 민지(澠池)에서 회합하였을 때 각각 어사(御史)로 하여금 모년(某年) 모월(某月) 모일(某日)에 악기를 연주한 사실을 기록하게 하였다.[23] 이것이 곧 『춘

로 규(珪)를 만들어 숙우에게 주며 이것으로 너를 봉하노라고 하였다. 사관 사일(史佚)이 이 때문에 성왕에게 택일하여 숙우를 제후로 봉할 것을 청하였다. 성왕이 그에게 농담을 했을 뿐이라고 하자, 사일은 천자께서는 농담을 해서는 안 되고, 말을 한 즉 곧 사관이 그것을 기록하고 예의로써 그것을 완성하고 음악으로서 그것을 노래한다고 말하였다. 따라서 마침내 숙우를 당나라에 봉하게 되었다고 했다.

19 역주 : 『좌전』 소공(昭公) 12년(B.C. 530)에, 초(楚) 영왕(靈王)이 안에서 나와 이야기를 다시 하게 되었다. 이때 좌사(左史) 의상(倚相)이 빠른 걸음으로 그들 앞을 지나갔다. 그러자 초 영왕이 '저 사람은 양사(良史)이니 그대는 잘 보아두기를 바라오. 그는 『삼분(三墳)』·『오전(五典)』·『팔색(八索)』·『구구(九丘)』 등을 모두 읽을 수 있다'라고 했다.

20 「서지(書志)」편 적담(籍談)의 주(注)를 보라. 역주 : 『좌전』 소공(昭公) 15년(B.C. 527)에, 진(晉) 순력(荀躒)이 목후(穆后)의 장례식에 참석하기 위해 주(周)에 갔을 때 적담(籍談)이 부사로 그를 도와 함께 갔는데, 주 경왕(敬王)이 적담에게 한 말 중에 "또한 옛날 그대의 고조 손백염(孫伯黶)이 진(晉)의 전적(典籍)을 담당하여 이에 적씨(籍氏)라 한 것이요"라는 말이 보인다.

21 『설원(說苑)』에, 옛 적에 주사(周舍)가 조간자(趙簡子)를 섬기면서 문에 3일 동안을 서 있었다. 간자가 그 이유를 물으니 주사가 말하기를, 곧은 말을 서슴치 않는 신하가 되어 묵필로 간독을 쥐고 군주의 과실을 살펴 기록하기를 원한다고 했다. 매일 그러한 기록을 하게 되면 달마다 효과가 나타나고 해마다 얻음이 있게 될 것이라 하자 조간자가 기뻐하였다. 역주 : 비슷한 내용이 『한시외전(韓詩外傳)』 권7에도 보인다.

22 『사기』 권75, 「맹상군전(孟嘗君傳)」에, 맹상군이 객(客)을 맞이하여 대화를 나눌 때에는 항상 시사(侍史)가 병풍 뒤에서 맹상군과 객의 대화를 기록하게 하였다고 했다.

23 『사기』 권81, 「영파괵상여열전(廉頗藺相如列傳)」에, 조왕(趙王)과 진왕(秦王)이 민지(澠池)에서 회맹을 하면서 진왕이 술에 취해 조왕에게 거문고를 탈 것을 청하자 진

추』에 "군주의 거동은 반드시 기록한다"[24]는 뜻을 말해주는 것이다.(釋 : 여기서는 옛날 사전(史傳)에 대략 보이는 사신(史臣)의 이름과 자취를 들어, 주 왕실과 제후국에 모두 있었다고 밝혔다)

至如孔甲·尹逸, 名重夏·殷, 史佚·倚相, 譽高周·楚, 晉則伯黶司籍, 魯則丘明受經, 此並歷代史臣之可得言者. 降及戰國, 史氏無廢. 蓋(一無'蓋'字)趙鞅, 晉之一大夫爾,(一有'猶'字) 有直臣書過, 操簡筆於門下. 田文, 齊之一公子爾, 每坐對賓客, 侍史記於屛風. 至若秦·趙二主澠池交會, 各命其御史書某年某月鼓瑟·鼓缶. 此則『春秋』"君擧必書"之(一本'之'字重二)義也.(釋 : 此層徵古昔史臣姓氏迹略見於史傳者, 王朝·侯國皆有)

1-4

그러나 사관이 비록 대대로 설치되어 있었다고 해도 기록에는 오히려 누락된 것이 있었다. 때문에 여러 가지 사관의 차등(差等)을 분별할 수 없었다.[25](釋 : 이 구절은 다음 문장과 상관이 있다. 여러 사관 중 태사(太史)가 특히 중

(秦)의 어사(御史)가 그 앞에 있다가 '모년(某年) 모월(某月) 모일(某日)에 진왕이 조왕으로 하여금 거문고를 타게 했다'라고 적었다. 인상여가 술독을 진왕에게 바치고자 했지만 진왕이 기뻐하지 아니하고 일격에 술독을 깨뜨렸다. 인상여가 조나라 어사를 불러 '모년(某年) 모월(某月) 모일(某日)에 진왕이 조왕의 술독을 깨뜨렸다'라고 적었다고 했다.

24 역주 : 『좌전』 장공(莊公) 23년(B.C. 671)에, (조귀(曹劌)가 노 장공(莊公)에게 간(諫)하는 말 중에) "제후에게는 천자를 배알하는 조근(朝覲)하는 법도가 있고, 천자에게는 제후국을 순수(巡守)하는 법도가 있다. 이로써 천자와 제후 모두 순수와 조근의 예법을 익혀야만 하는 것이다. 그렇지 못할 경우 군주는 거동하지 않는 법이고, 군주의 거동은 책(策)에 반드시 기록되는데, 기록된 내용이 선왕의 법도에 맞지 않으면 후손들이 과연 무엇을 보겠는가"라고 하였다.

25 역주 : 진한장(陳漢章), 『사통보석(史通補釋)』에, 전국시대의 사신(史臣)으로 살필 수

요하다고 말하였으며 모두 태사의 직무에 관한 언급이다) 『여씨춘추(呂氏春秋)』에 이르기를, "하(夏)의 태사(太史) 종고(終古)는 걸(桀)이 간신에게 미혹되어 나라의 국법을 어지럽히는 것을 보고, 도책(圖冊)과 법전(法典)들을 가지고 상(商)으로 도망하였고, 상(商)의 태사(太史) 향지(向摯)는 상왕(商王) 주(紂)가 음탕하고 포악한 것을 보고는 곧 도책과 법전들을 가지고 주(周)로 도망하였고, 진(晉)의 태사 도서(屠黍)는 진공(晉公)이 교만하고 덕행이 없어 나라가 혼란해지자 역시 도책과 법전들을 가지고 주(周)로 귀순하였다"[26] 고 하였다. 또 『춘추』에는 진(晉)과 제(齊)의 태사(太史)가 조돈(趙盾)과 최저(崔杼)가 각기 군주를 시해(弑害)한 사실을 기록하였다.[27] 정백(鄭伯)과 공손흑(公孫黑)이 강제로 결맹(結盟)하고 태사로 하여금 자신의 이름을 기록하게 하고, 또 '칠자(七子)'로 칭하게 하였다.[28] 노 소공(魯昭公) 2년에 진

있는 것은, 어사(御史) 외에, 「초책(楚策)의 사질(史疾), 「위책(魏策)·「초책」의 사거(史擧), 「한책(韓策)」의 사사(史舍)·사척(史惕)이 보이고, 『사기』「조세가(趙世家)」의 사원(史援)·사감(史敢), 『여씨춘추』「사용(士容)」편의 당상(唐尙)이 사(史)가 되었다고 했고, 「선식(先識)」편에 사린(史驎)이 있고, 『설원(說苑)』「권모(權謀)」편에 사리(史理)를 만들었다고 했으며, 「신술(臣術)」편에 사수(史叟) 등이 있지만 이들이 모두 무슨 사(史)인지 알 수 없으며, 다만 「진책(秦策)」에 대사(大史) 계(啓), 『사기』「전완세가(田完世家)」에 대사(大史) 교(敫), 「조세가(趙世家)」에 서월(徐越)이 내사(內史)가 되었다고 했고, 『박물지(博物志)』에 초나라 태사(太史) 당륵(唐勒)이 보이는데, 이들이 이름난 대사(大史)·내사(內史)들이고, 진(秦)은 또한 내사로 치민(治民)하고, 어사대부를 부승상(副丞相)으로 삼았다고 했다.

26 『여씨춘추』「선식람(先識覽)」 제4에, 나라가 망할 즈음에는 도를 지닌 사람이 반드시 먼저 떠난다. 하(夏)의 태사령 종고(終古)는 도책(圖冊)과 법전(法典)들을 꺼내들고 눈물을 흘렸는데, 하의 걸(桀)의 미혹함이 더욱 심해지자 상(商)으로 도망하였고, 상의 내사(內史) 향지(向摯)는 상왕(商王) 주(紂)가 음탕하고 미혹한 것을 보고는 곧 도책과 법전들을 가지고 주(周)로 도망하였고, 진(晉)의 태사 도서(屠黍)는 진공(晉公)이 교만하고 덕행이 없어 나라가 혼란해지자 역시 도책과 법전들을 가지고 주(周)로 귀순하였다고 했다. 고유(高誘)의 『해(解)』에는 진 출공(出公)의 태사(太史)였다고 했다. 역주 : 『설원(說苑)』「권모(權謀)」편에는 도서(屠黍)를 도여(屠余)라고 하였고, 보다 자세한 내용이 보인다.

27 역주 : 조돈에 관한 사실은 『춘추』 선공(宣公) 2년(B.C. 607)의 경문(經文)에 보이고, 최저에 대하여는 『춘추』 양공(襄公) 25년(B.C. 548)의 경문에 보인다. 또 「직서(直書)」편 주)5 참조.

28 『좌전』 소공(昭公) 원년(B.C. 541)에, 정(鄭)나라에서는 유초(游楚)의 난을 이유로 정백

(晉)의 한선자(韓宣子)가 노(魯)에 와서 빙문(聘問)하고 태사씨(太史氏)의 집에 가서 도서를 구경할 때 『역상(易象)』과 『노춘추(魯春秋)』를 보고서 말하기를, "주(周)의 예법이 모두 노(魯)나라에 있구나"라고 하였다.[29] 그러면 태사의 직위가 사관들 중에서 가장 높은가? 진(秦)이 천하를 통일하자 태사령 호무경(胡毋敬)이 『박학장(博學章)』[30]을 지었다. 이는 하(夏)로부터 진(秦)에 이르기까지 태사(太史)라는 관직이 바뀌지 않았다는 것을 말해주고 있다.(釋 : 여러 고적을 살펴서 대체로 역사적 사실을 서술할 경우 모두 태사(太史)라고 칭하였는데, 이러한 사실을 통해 각종 명칭 중에 태사가 특히 전문적인 사관의 직위였다는 것을 알 수 있다)

然則(作'然而'用)官雖無闕, 而書尙有遺, 故史臣等差, 莫辨其序.(釋 : 四語統綴下, 言諸職中太史尤重也. 皆就太史一職言之) 案『呂氏春秋』曰 : 夏太史終古見桀惑亂, 載其圖法出奔商. 商太(『呂覽』作'內')史向摯(依『呂覽』作'向摯'. 舊本作'高摯', 誤)見紂迷亂, 載其圖法出奔周. 晉太史屠黍見晉之亂, 亦以其圖法歸周. 又『春秋』晉 · 齊太史書趙(宣二) · 崔(襄二十五)之弑; 鄭公孫黑强與於盟, 使太史書其名, 且曰七子. 昭二年,(上文所引皆不書年, 此三字疑衍)晉韓宣子來聘, 觀書於太史氏, 見『易象』與『魯春秋』, 曰 : "周禮盡在魯矣." 然則諸史之任, 太史其最優乎? 至秦有天下, 太史令胡母敬作『博學章』. 此則自夏迄秦, 斯職無改者矣.(釋 : 徵諸古籍, 凡述史事, 皆稱太史, 可見諸名銜中太史尤爲專職也)

(鄭伯)과 대부들이 공손단(公孫段)의 집에 모여 결맹했다. 이때 한호(罕虎) · 공손교(公孫僑)[子産] · 공손단 · 인단(印段) · 유길(游吉) · 사대(駟帶) 등 6명이 따로 은밀히 정나라 도성 성문인 규문(閨門)에 모여 사적으로 맹약했다. 그러나 장소는 실제로 규문 밖의 도로인 훈수(薰隧)였다. 공손흑(公孫黑)이 강제로 맹약에 참여하여 태사(太史)에게 자신의 이름도 기록하게 한 뒤 또 '칠자(七子)'로 칭하게 하였다고 했다.

29 역주 : 『좌전』 소공(昭公) 2년(B.C. 540)에 그 내용이 보인다.

30 『한서예문지』 「육예략」 "소학(小學)"에, 『창힐(倉頡)』 7장(章)은 진(秦) 승상 이사(李斯)가 지었고, 『원력(爰歷)』 6장은 거부령(車府令) 조고(趙高)가 지었다. 『박학(博學)』 7장은 태사령(太史令) 호무경이 지었는데, 문자는 대부분 「사주편(史籀篇)」에서 취했지만 전체(篆體)와는 자못 다르다. 소위 진(秦)의 전(篆) 즉 소전(小篆)을 말한다고 했다.

按 : 이 문단은 마땅히 제1절로써 「사관건치(史官建置)」편 본래의 정문(正文)으로 진(秦)에서 문단이 나뉘어야 한다. 앞에서는 사관의 명칭과 행적을 전체적으로 고찰하였고, 뒤에서는 사관의 직무가 오로지 태사(太史)라는 관직에 맡겨졌음을 말하였는데, 이는 한대(漢代)에 사관을 두게 된 제도의 연유(緣由)였다.(此當爲第一節, 是建置原始之正文, 宜至秦爲截. 其前統徵史官名迹, 其後專歸太史一官, 爲漢法緣起也)

이 편은 본래 처음부터 끝까지 내용이 이어지는 것으로써 각 조항으로 나눈 체례는 아니었다. 각 왕조별로 구절을 나누면서 고대부터 먼저 설명을 시작하였다. 구본(舊本)에는 조별로 나누고 작은 글씨로 주(注)를 달았지만, 모두 원문(原文)이 아니므로 전부 삭제하였다.(此篇本通首直下, 非分條體也. 循代爲節, 從古先發端. 舊本劃條小注, 皆非原文, 並去之)

1-5

한(漢)이 건국되고 한 무제(漢武帝)가 또 태사공(太史公)을 설치하였는데,[31] 지위는 승상(丞相)의 위에 있었으며 사마담(司馬談)에게 이 직무를 맡겼다. 한나라 법에 천하의 계서(計書)[32] 정본은 먼저 태사공에게 올리고,

31 역주 : '태사공(太史公)'이 한 무제가 새로 설치한 관명을 지칭하는 것인지, 아니면 사마천이 자신의 부친 사마담(司馬談)에 대한 존칭인지 또 태사령(太史令)의 존재는 무엇인지 등에 대한 자세한 논의는 程千帆, 『史通箋記』, pp.196-197, 趙呂甫, 『史通新校注』, pp.640-641 각각 참조.

32 역주 : 『속한지보주(續漢志補注)』에 인용된 호광(胡廣), 『한관해고(漢官解詁)』에 보면, 연말에 각 현의 호구(戶口) · 간전(墾田) · 전곡(錢穀)의 출납과 도적의 다소(多少) 등에 관한 내용을 기록한 문서[集簿]를 조정에 올렸고 이를 토대로 인사고과를 실시하고 특히 공적이 뛰어난 경우 조정에까지 보고되었다고 했다. '집부'는 곧 계서(計書)를 말한다. 趙呂甫, 『史通新校注』, p.641 주)2 참조.

부본(副本)은 승상에게 올렸다. 사실에 대한 서술은 『춘추(春秋)』를 그대로 따랐다. 사마담이 죽은 후 그의 아들 사마천(司馬遷)이 그 지위를 계승하였다. 사마천이 죽은 다음, 한 선제(漢宣帝)는 태사공을 태사령(太史令)으로 고쳤지만, 태사공의 문서를 취급하였을 뿐이었다.[33](釋 : 앞에서 말한 태사에 대한 설명을 계속하여 한초에 태사(太史)는 오로지 사실의 기록을 맡아 직무가 가장 존중되었고, 그 후 점차 경시되었다고 했다) 고대 이래 태사(太史)의 직능을 살펴보면 비록 저술이 가장 중요한 임무였지만 그 외에도 역상(曆象) · 일월(日月) · 음양(陰陽) · 관수(管數)('관(管)'이란 천문을 살피는 기구를 말한다. 때로는 '도(度)'라고도 한다) 등을 겸하여 맡았다.[34] 사마천이 죽자 『사기(史記)』를 이어 저술한 저소손(褚少孫) · 유향(劉向) · 풍상(馮商) · 양웅(揚雄) 등은 모두 다른 관직에 있으면서 역사편찬에 관한 일을 맡았다.[35] 그리하여 태사라

---

33 '한 무제가 이후~' 여기까지는 모두 『사기』 권130, 「태사공자서(太史公自序)」에 대한 『사기집해(史記集解)』 여순(如淳)의 주(注)에 보이는 문장이다. 按 : 여순은 위굉(衛宏)의 『한의주(漢儀注)』에 근거하여 '신찬(臣瓚)'에서는 이를 틀렸다고 했다. 「백관표(百官表)」에는 태사공(太史公)이 없고 태사령(太史令)만 있다고 했다. 『사기색은(史記索隱)』이 이를 따랐으며, '공(公)'이란 사마천이 저서에서 자신의 부(父)를 높여 '공'이라 했다고 했지만, 저작은 실제 사마천이 사용한 말이다. 위굉은 지위가 승상의 위[上]라고 한 것을 잘못되었다고 했고 『사기정의(史記正義)』 또한 이를 틀렸다고 했다. 우희(虞喜), 『지림(志林)』에, 옛날에는 천관(天官)을 주관하는 자는 모두 상공(上公)이었으나 주(周)로부터 한(漢)에 이르는 동안 그 직위가 점차 낮아졌다. 그러나 조회(朝會) 때에는 오히려 공(公)보다 상석에 앉았는데 이는 천(天)의 도(道)를 존중한다는 의미였다고 했다. 여러 설(說)이 서로 틀렸다고 하며 정설이 없어서 모두 기록하여 참고로 삼게 했다.

34 앞의 주(注)에서 이미 설명한 바 있다. 按 : 「태사공자서」에, 사마담(司馬談)이 태사공이 되어 말하기를, 우리의 선조는 일찍이 우(虞) · 하(夏)의 시대에 천관(天官)의 일을 주관함으로써 고명을 드러내었다고 했고, 「보임안서(報任安書)」에, 문사(文史)와 천문 그리고 역법에 관한 일을 관장하여 점쟁이나 무당에 가까웠다고 했다. 『후한서』 「백관지(百官志)」에, 태사령 1인, 육백석(六百石)의 관리라고 하였고, 본래의 주(注)에, 천시(天時) · 성력(星曆)을 맡아보았다고 했다. 또 주(注) 『한관(漢官)』에 태사대조(太史待詔) 37인, 각기 역(曆) · 구(龜) · 여택(廬澤) · 일시(日時) · 역서(易筮) · 전양(典禳) · 우(雨) · 의(醫) 등의 일을 나누어 맡았다고 했다.

35 『사기』 권12, 「효무기(孝武紀)」주(注)에, 위릉(韋稜)이 말하기를 「저의가전(褚顗家傳)」에는 저소손(褚少孫)이 선제(宣帝) 때 박사로서 대유(大儒) 왕식(王式)을 섬겨 선생이라 부르고, 『태사공서(太史公書)』를 이어 편찬하였다고 했다. 『한서예문지』에, 무제

는 관직이 다시는 역사기록을 담당하는 부서가 아니었다. 때문에 한나라의 장형(張衡)·단양(單颺)·왕립(王立)·고당륭(高堂隆) 등이 태사령으로서 유명하였지만, 이들은 단지 음양(陰陽)과 역산(曆算) 즉 점후(占候)에 능하였을 뿐이었다.[36](釋: 이상에서는 기재하는 일이 오히려 다른 관직에 맡겨지고, 태사는 예전대로 오로지 점후(占候)만을 맡았다고 설명하였다)

漢興之世, 武帝又置太史公, 位在丞相上, 以司馬談爲之. 漢法, 天下計書先上太史, 副上丞相. 敍事如『春秋』. 及談卒, 子遷嗣. 遷卒, 宣帝以其官爲令, 行太史公文書而已.(釋: 跟前太史說下. 徵諸漢初, 職專記載, 最爲隆重, 其後漸輕) 尋自古太史之職, 雖以(一無'以'字)著述爲宗, 而兼掌歷象·日月·陰陽·管(窺天器, 一作'度')數. 司馬遷旣歿, 後之續『史記』者, 若褚先

(武帝)는 장서(藏書)에 대한 대책을 세워 사서(寫書)의 관리를 두었다. 성제(成帝) 때 광록대부(光祿大夫) 유향(劉向)에게 조서를 내려 경전(經傳)·제자서(諸子書)를 교정하였다고 했다. 또 「유향전(劉向傳)」에, 『시경』과 『서경』에 기재된 어질고 정절을 갖춘 여인은 미천한 경우에도 차례대로 정리하여 「열녀전(列女傳)」을 지었고, 전기(傳記)의 행적을 모아 『신서(新序)』·『설원(說苑)』을 지었다고 했다. 또 『한서예문지』에, 풍상(馮商)이 『태사공서』를 이어 7편을 지었다고 했다. 위소(韋昭)가 말하기를, 풍상이 조서를 받아 『태사공서』 10여 편을 계속하였는데, 반표(班彪)의 『별록(別錄)』에 실려 있다고 했다. 풍상의 자는 자고(子高)이다. 안사고(顔師古)의 주(注), 『칠략(七略)』에, 풍상과 맹류(孟柳)가 함께 조서를 받아 열전을 정리했지만 끝내 마치지 못했다. 또 '유가자류(儒家者流)'는 대체로 사도(司徒)의 관에서 출발하여 인군(人君)을 도와 교화를 밝힌다고 했고, 양웅(揚雄)이 38편을 정리하였는데, 『태현(太玄)』·『법언(法言)』 운운하였다. 按: 유향과 양웅이 역사편찬을 맡았다는 것은 「고금정사(古今正史)」편에도 보인다. 그러나 지(志)와 전(傳)에서는 모두 역사편찬에 관한 일을 맡았다고 말하지 않았으니 어떤 근거에서 나온 말인지 상세하지 않다.

36 『후한서』 권59, 「장형전」에, 형의 자는 평자(平子)이다. 안제(安帝) 때 낭중(郎中)에 임명되었고 다시 태사령으로 옮겼다. 음양을 자세히 살피고 혼천의(渾天儀)를 제작하였으며, 『영헌(靈憲)』·『산망론(算罔論)』을 저술하였다. 또 권82하, 「방술전(方術傳)」하에, 단양(單颺)이 효렴(孝廉)으로 천거되어 조금 뒤에 태사령이 되었다. 나머지는 「서지(書志)」편에 보인다. 왕립(王立)은 자세히 살필 수가 없다. 『삼국지』 권25, 「위지」에, 고당륭(高堂隆)의 자는 승평(升平)이고, 노(魯) 고당생(高堂生)의 후손이다. 명제(明帝)가 즉위하고 급사중(給事中)이 되었고, 다시 시중(侍中)·영태사령(領太史令)이 되었다. 그 주(注) 『위략(魏略)』에, 태사로써 천체의 운행을 관측하여 『태화력(太和曆)』을 만들었다. 황제는 고당륭의 학문이 매우 뛰어나고 천문에도 정통하였으므로 조서를 내려 상서랑(尙書郎) 양위(楊偉)와 태사대조(太史待詔) 낙록(駱祿)이 함께 살피도록 하였다.

生 · 劉向 · 馮商 · 揚雄之徒, 並以別職來知史務. 於是太史之署, 非復記言之司. 故張衡 · 單颺 · 王立 · 高堂隆等, 其當官見稱, 唯知占候而已.(釋 : 申明上意. 謂記載反屬他職, 而本職反專占候矣)

按 : 이는 제2절이다. 나는 구절을 나누는 방법은 마땅히 삼대(三代)를 경계로 하여 앞에서는 원고(遠古)를 인용하여 첫머리로 하고, 뒤에서는 한대의 흥기를 처음으로 하였는데 이 같은 구분은 매우 합당한 것이다.(此爲第二節, 愚意分節之法宜從三代爲界, 前用遠古作頭, 後用漢興居首, 分割尤爲定當也)

『사통』은 책 전체가 모두 사서를 논한 것이다. 그리고 사서를 수찬하는 일은 사관(史官)이 맡았다. 때문에 「외편(外篇)」에서는 먼저 사관의 건치(建置)를 상세히 서술하였는데 의의는 매우 중요하였다. 한이 건국되어 사마씨 부자가 이어서 태사공이 되었고 『사기』가 쓰여지기 시작하였다. 따라서 태사(太史)라는 관직은 멀리 위로는 종고(終古) · 향지(向摯), 아래로는 사마담(司馬談) · 사마천까지 그 명위(名位)가 매우 중요하였다. 효선제(孝宣帝) 이후가 되면 오로지 음양과 역산(曆算) 등 점후(占候)를 관장하게 됨으로써 그 명위(名位)가 비로소 가벼워지기 시작하였고 관직 또한 곧 바뀌었다. 이로부터 난대(蘭臺) · 동관(東觀)의 '저작(著作)'의 이름은 점차 바뀌었다. 이 구절은 실제로 사관의 직책과 명칭의 연혁에 관한 관건이다.(『史通』通部論史, 而任史職者史官也, 故『外篇』首詳其建置, 意綦重言. 漢興, 司馬氏父子相繼爲太史公, 而『史記』始作, 故太史一官, 遠溯終 · 向, 下逮談 · 遷, 名又綦重焉. 至孝宣之後, 專司占候, 而其名始輕, 官亦尋改. 自是蘭臺, 東觀著作之名, 以漸改稱矣. 此節實史氏職名沿革之關鍵也)

마단림(馬端臨 : 1254-1323)[貴與]의 『문헌통고(文獻通考)』 「상위고(象緯考)」 「서(序)」는 본래 이에 의거한 것이다.(馬貴與『象緯考序』本此)

1-6

왕망(王莽)이 한(漢)을 찬탈한 후 주하오사(柱下五史)[37]로 고쳤다. 그 녹질(祿秩)은 어사(御史)와 같았다. 정사(政事)를 듣고 제왕(帝王)의 곁에서 그의 언행을 기록하였다. 이는 고대에 있어서 군주의 행동은 좌사(左史)가 기록한다(이 문장 다음에 "말은 우사(右史)가 기록한다[言則右史書之]"는 여섯 글자가 빠졌다)는 것을 모방한 것으로 고대 사관의 임무와 같다.

當王莽代漢, 改置柱下五史, 秩如御史. 聽事, 侍傍記迹言行, 蓋效古者動則左史書之,(當有"言則右史書之"六字, 今缺) 此其義也.

按 : 이는 제3절이다. 왕망(王莽)은 기재할만한 가치가 없다. 그런데도 반고는 『한서』「백관공경표」에 이르기를, "왕망이 찬위(簒位)한 후 고대의 관제를 앙모하여 따랐다"라고 했다. 대개 그 당시의 직관제도는 이미 여러 차례 고쳐져 사관의 명함(名銜) 역시 다르게 고쳐졌음을 볼 수 있다. 사서에 왕망에 대한 기재가 있기 때문에 유지기도 그를 언급한 것이다. (此爲第三節. 莽何足志, 而班史百官表言,"王莽簒位, 慕從古官". 蓋其時多所變改, 史職名銜亦見紛更. 史旣載之, 故劉亦及之)

37 『한서』 권97상, 「왕망전」 상에, 거섭(居攝) 원년(A.D. 6)에 왕망은 주하오사(柱下五史)를 설치하였다. 녹질(祿秩)은 어사(御史)와 같았다. 정사(政事)를 듣고 제왕(帝王)의 곁에서 그의 언행을 기록하였다고 했다. 역주 : 『사기』 권96, 「장창열전(張蒼列傳)」에 장창이 진대(秦代)에 어사(御史)가 되어 주하(柱下)에서 방서(方書)를 주관했다고 한 기록에 대한 『사기색은(史記索隱)』에 이미 주(周)와 진(秦)에 주하사(柱下史)가 두어졌다고 했다. 후대에 와서 주하사는 어사를 가리키는 용어가 되었다.

1-7

후한(後漢)의 명제(明帝)는 반고(班固)를 난대령사(蘭臺令史)[38]로 임명하고 그에게 조서를 내려 「광무본기(光武本紀)」와 몇몇 열전(列傳)·재기(載記)를 편찬하게 하였다. 또한 양자산(楊子山)이 군(郡)의 상계리(上計吏)로 있을 때 지어 바친 「애뢰전(哀牢傳)」을 황제가 남다르다고 평가하고 그를 난대(蘭臺)로 불러들였다.[39] 이처럼 난대라는 관직은 대개 당시에 저술을 맡았던 곳이었다.[40] 장제(章帝)·화제(和帝) 이후 도서(圖書)와 전적(典籍)들이 동

38 『한서』 권19상, 「백관표(百官表)」 상에, 어사대부(御史大夫), 진(秦)의 관리로서 두 명의 승(丞)이 있다. 하나는 중승(中丞)으로 전중(殿中)의 난대(蘭臺)에서 도적(圖籍)과 비서(秘書)를 관장하였다. 『후한서』 「백관지(百官志)」에, 난대령사, 육백석(六百石)의 관리라 했다. 본래의 주(注)에, 상주(上奏)와 문서의 인공(印工)을 맡았다고 했다. **按**: 영사(令史)는 태위(太尉)·사도(司徒) 이하 제부(諸府)의 속관으로 대부분 두어졌던 직위로 사국(史局)의 속원(屬員)에 대한 전칭(專稱)은 아니었다. 역주: 『후한서』 권40상, 「반고전」에, 반고는 난대령사가 된 후 황제의 명에 따라 진종(陳宗)·윤민(尹敏)·맹이(孟異) 등과 함께 「세조본기(世祖本紀)」를 편찬하고, 이후 공신(功臣)·신시(新市)·공손술(公孫述) 등에 관한 열전과 재기 28편을 지어 올렸다고 했다. 응소(應劭), 『한관의(漢官儀)』에, 난대령사 6인, 질(秩)은 백석(百石)이고, 핵주(劾奏)문서를 관장하였다고 했다.

39 『후한서』 권48, 「양종전(楊終傳)」에, 양종(楊終)의 자는 자산(子山)이고 성도(成都) 사람이다. 13세에 군(郡)의 소리(小吏)가 되었다가 현종(顯宗)이 난대(蘭臺)로 불러 교서랑(校書郎)에 임명하였다. **按**: 열전에는 「애뢰전(哀牢傳)」에 관한 문장이 없다. 『논형(論衡)』 「일문(佚文)」편에, 자산이 상계리(上計吏)로 있을 때 삼부(三府)에서 「애뢰전」을 완성하지 못함을 보고 군으로 돌아와 완성하여 황제에게 바치자, 명제(明帝)가 기이하다고 여기고 난대로 불렀다고 했다. 『후한서』 「군국지(郡國志)」에, 애뢰(哀牢)는 영평(永平) 연간에 두었는데, 과거의 뇌왕국(牢王國)이었다. **按**: 지금의 운남(雲南) 영창부(永昌府)이다.

40 역주: 『논형(論衡)』 「대작(對作)」편에, 때문에 성현들의 저서에 인용된 사실은 마음대로 만들어낸 사실이 아니고, 말에는 반드시 근거가 있어서 멋대로 쓴 것이 아니다. 기록한 것이 교화에 유익하였고 교화가 시행되면 정치에 유익하였다. 따라서 한대(漢代)에는 난대(蘭臺)에 관리를 두어 그 중의 서적을 교감하여 심정(審定)하게 하고 책 중의 문자를 고정(考訂)하게 하였다고 했다. 그리고 같은 책 「별통(別通)」편에, 어떤 사람이 말하기를, 통인(通人)이 관리가 되면 다만 난대령사에 해당하는데 그 직무는 서적을 교감(校勘)하고 문자를 산정(刪定)하는 일을 하는데 태사(太史)와 태축

관(東觀)[41]에 가득하였다. 대체로 한의 사서편찬은 동관에서 계속 이어졌으며,[42] 그 일에 종사하는 사람들은 모두 저작(著作)을 맡았고,(저작의 직무를 맡겼다. 당시 아직 저작이라는 이름은 세워지지 않았기 때문에 '일컬었다[謂]'는 글자는 잘못이다) 끝내 다른 칭호는 없었다.

漢氏中興, 明帝以班固爲蘭臺令史, 詔撰『光武本紀』及諸列傳·載記. 又楊子山爲郡上計吏, 獻所作『哀牢傳』, 爲帝所異, 徵詣蘭臺. 斯則蘭臺之職,(一有'者'字) 蓋當時著述之所也. 自章·和已後, 圖籍盛於東觀. 凡撰漢記,(此當有'者'字) 相繼在乎其中, 而都爲(舊訛'謂')著作,(任著作之務也. 時未立著作之名, 故'謂'字誤) 竟無它稱

按: 제4절은 후한시대를 적고 있다. 난대(蘭臺)·동관(東觀)은 당시 학자들이 저술하던 곳이었다. 반고(班固)·양자산(楊子山)은 그곳에서 저술에 참여했던 사람들이다. 『한서』「백관공경표」에는 사직(史職)을 기재하고 있지 않지만 『태사공서』[『사기』]에 의거할 수 있다. 후한에는 더욱 전문적인 명칭이 없었다. 때문에 다만 난대와 동관, 반고와 양자산 등으로 증거를 삼았던 것이다.(第四節志後漢也. 蘭臺·東觀, 著作之所也; 班固·楊子山, 著作之人也. 前漢百官表不載史職, 而有太史公書可據. 後漢更無專稱, 故但以其所其人證之)

양자산은 사서(史書) 방면에 완성한 책이 보이지 않지만 그가 능히 애뢰전(哀牢傳)을 저술한 것으로 보아 그의 사재(史才)가 검증되었다고 보았기 때문에 『사통』에서는 반고와 함께 열거하였다.(子山於史, 未見成書, 然能

(太祝)과 마찬가지로 문서를 관장한다. 따라서 백성을 다스리는 재능이 없으면 그들을 임용할 수 없다고 했다.

41 앞에서 설명하였고, 또 뒤의 절(節)에도 보인다. 역주 : 동관에 대한 기록은 『수서경적지』 "서(序)"와 『후한서』 권4, 「효화제기(孝和帝紀)」의 영원(永元) 13년(101), 『진서(晉書)』 권24, 「직관지(職官志)」 등에 보인다.

42 역주 : 『후한서』 권5, 「효안제기(孝安帝紀)」에, (영초(永初) 4년(110)) 알자(謁者) 유진(劉珍)과 오경박사(五經博士)에게 조서를 내려 동관(東觀)의 오경(五經)·제자(諸子)·전기(傳記)·백가예술(百家藝術) 등을 교정(校定)하고, 탈오(脫誤)를 정리하고 문자를 바르게 고치도록 하였다고 했다.

爲哀牢立傳, 亦可以驗史才矣. 『史通』故與班氏並擧)

1-8

삼국시대 위(魏) 명제(明帝) 태화(太和 : 227-232) 연간에 처음으로 저작랑(著作郎)을 설치하고 중서성(中書省)에 소속시켰다. 저작랑은 주(周)나라의 좌사(左史)에 해당된다. 진(晉) 혜제(惠帝) 원강(元康 : 291-299) 초에 다시 저작랑을 비서성(秘書省)에 소속시켰다. 저작랑은 한 사람이 맡았는데, 그를 대저작(大著作)이라 칭하였으며 오로지 사관의 임무를 맡았다. 또한 좌저작랑(佐著作郎) 8명을 두었다.[43] 송(宋) · 제(齊) 이후에 '좌(佐)'자(字)를 '작(作)' 아래에 두었다.[44](原注 : 좌저작랑을 저작좌랑(著作佐郎)으로 고쳤다. ○이상에서는 설관(設官)에 대하여 서술하였다) 과거의 직제에 따라 저작좌랑(著作佐郎)은 자료를 널리 수집하는 책임을 맡고, 저작랑(著作郎)은 사료를 가지고 열전을 기초(起草)하는 책임을 맡았다. 만일 저작랑이나 저작좌랑에게 잘못이 있으면 비서감(秘書監)이 책임을 분담하였다. 찬술할만한 능력이 있거나 문사(文史)에 두루 학식을 갖춘 사람은 비록 다른 관직에 있다고

43 『진서(晉書)』 권24, 「직관지(職官志)」에, 저작랑은 주(周) 좌사(左史)의 임무이다. 한나라 낙양의 도적(圖籍)은 동관(東觀)에 있었다. 때문에 명유(名儒)들로 하여금 동관에서 저작하게 하였을 뿐 아직 정식 관명이 없었다. 위(魏) 명제(明帝) 태화(太和) 연간에 처음으로 그 관직을 두었다. 진(晉) 혜제(惠帝) 원강(元康) 2년의 조서에, 저작은 옛날에는 중서(中書)에 속했지만 비서(秘書)가 문적(文籍)을 맡고 있으니 이제 중서저작(中書著作)을 비서저작(秘書著作)이라 한다고 했다. 이후 비서성(秘書省)에 속하게 되었다. 대저작(大著作) 1명과 8명의 저작좌랑은 본문과 같다. 『수서』 권26, 「백관지」 상에, 비서성의 저작좌랑의 숫자는 같다. 양(梁) 초에는 또 찬사학사(撰史學士)가 있었다고 했다.

44 역주 : 『남제서(南齊書)』 권16, 「백관지」와 『수서』 권26, 「백관지」 상에 모두 '저작좌랑'이 보인다.

하더라도 저작의 직무를 겸하였다. 마찬가지로 어떤 사람은 비서감이면서도 여전히 저작랑을 겸하였다.(釋 : 여기서 문사에 두루 통하는 사람에게 겸직토록 한 것은 인재를 구하기가 어렵다는 의미이다) 예컨대 중조(中朝)(조위(曹魏)와 서진(西晉))의 화교(華嶠 : ?-293)[45] · 진수(陳壽 : 233-297)[46] · 육기(陸機 : 261-303)[47] · 속석(束晳 : 261-300)[48], 강좌(江左)(동진(東晉)만을 칭한다)의 왕은(王隱) · 우예(虞預) · 간보(干寶) · 손성(孫盛),[49] 송(宋)의 서원(徐爰)[50] · 소보생(蘇寶生)[51], 양(梁)의 심약(沈約 : 441-513)[52] · 배자야(裴子野 : 467-528)[53] 등은 모두 사관 중에 특히 뛰어난 사람들로, 저작(著作)직에 인선(人選)이 정묘(精妙)한 경우이다. 제(齊) · 양(梁) 두 왕조 때에는 다시 수사학사(修史學士)(『수서경적지』에는 찬사학사(撰史學士)라고 했다)를 두었고, 진(陳)은 옛 것을 그대로 따랐을 뿐 고친 것이 없었다.[54] 예컨대 유척(劉陟) · 사호(謝昊) · 고야왕(顧野王 : 519-581) ·

45 역주 : 『진서(晉書)』 권44, 「화표전(華表傳)」 附傳.

46 역주 : 『진서(晉書)』 권82, 「진수전」.

47 역주 : 『진서(晉書)』 권54, 「육기전」.

48 『진서(晉書)』 권51, 「속석전」에, 석의 자는 광미(廣微)로서 한(漢) 소광(疎廣)의 후손이다. 왕망(王莽) 말에 소(疎)의 '족(足)'을 떼고 '속(束)'으로 성을 고쳤다. 어릴 적 국학(國學)에서 공부하였고, 장화(張華)가 석을 자신의 연속(掾屬)으로 삼았다. 다시 좌저작랑(佐著作郎)으로 옮겨 『진서(晉書)』의 「제기(帝紀)」 · 「십지(十志)」를 편찬하였다. 박사관(博士官)이 되었지만 저작랑은 그대로였다.

49 역주 : 왕은 · 우예 · 간보 · 손성 네 사람의 열전은 모두 『진서(晉書)』 권82에 합전(合傳)되어 있다.

50 역주 : 「고금정사(古今正史)」편의 주)143 참조.

51 「고금정사(古今正史)」편에, 효건(孝建) 초 조칙으로 남대시어사(南臺侍御史) 소보산(蘇寶山)에게 계속하여 여러 「열전」을 편찬하게 하였다. 원가(元嘉)의 명신(名臣)들은 모두 그가 편찬하였다. 보산(寶山)은 주살(誅殺)되었다고 했다. 按 : '보생(寶生)'이 잘못 '보산'으로 기재되었다. 「고금정사」편의 구본(舊本)도 마찬가지여서 이제 고치고 주(注)를 달았다.

52 역주 : 『양서(梁書)』 권13, 「심약전」.

53 역주 : 『양서(梁書)』 권30, 「배자야전」.

54 역주 : 『수서(隋書)』 권26, 「백관지」 상에, 저작랑은 대저작(大著作)이라 부르기도 한다. 양(梁) 초에 주사(周捨) · 배자야 등이 모두 타관(他官)으로 이를 영(領)하였다. 또 찬사학사(撰史學士)를 두었는데 역시 사서(史書)를 맡았다고 했다. 이처럼 찬사학사의 명칭은 보이지만 『남제서(南齊書)』 권16, 「백관지」에는 수사학사(修史學士)라는 관직이 보이지 않는다.

허선심(許善心 : 558-618) 같은 사람들이 그 직위에 있었다.[55](釋 : 여기서는 그 직위에 있던 사람의 이름을 열거하여 증거로 하였다)

當魏太和中, 始置著作郞, 職隸中書, 其官卽周之左史也. 晉元康初, 又職隸秘書, 著作郞一人, 謂之大著作, 專掌史任, 又置佐著作郞八人. 宋 · 齊已來, 以"佐"名施於"作"下.(原注 : 改佐著作郞爲著作佐郞. ○釋 : 此上述設官) 舊事, 佐郞職知博採, 正郞資以草傳, 如正 · 佐有失, 則秘監職思(舊訛作'司')其憂. 其有才堪撰述, 學綜文史, 雖居他官, 或兼領著作. 亦有雖爲秘書監, 而仍領著作郞者.(釋 : 此層通之以兼掌, 見才難之意) 若中朝(曹魏 · 西晉)之華僑 · 陳壽 · 陸機 · 束晳, 江左(專稱東晉)之王隱 · 虞預 · 干寶 · 孫盛, 宋之徐爰 · 蘇寶生, 梁之沈約 · 裴子野, 斯並史官之尤美, 著作之妙選也. 而齊 · 梁二代又置修(『隋志』作'撰')史學士, 陳氏因循, 無所變革, 若劉陟(一作'涉', 誤) · 謝昊 · 顧野王 · 許善心之類是也.(釋 : 此層標擧名其職者以證之)

按 : 제5절은 위(魏) · 진(晉)과 남조(南朝)를 설명하고 있는데, '저작(著作)'이

55 『수서경적지』「사부(史部)」"정사(正史)"에, 『제기(齊紀)』 10권, 유척(劉陟)이 편찬하였다고 했다. 『구당서(舊唐書)』에는 『제서(齊書)』 8권, 『신당서(新唐書)』에는 13권이라 했다. 또 『수서경적지』「사부」"정사"에, 『양서(梁書)』 49권, 양(梁) 중서랑 사호(謝昊)가 편찬하였는데 본래 100권이라 했다. 『당서』에는 34권이라 했다. 『진서(陳書)』 권30, 「고야왕전」에, 고야왕의 자는 희풍(希馮)이고 오(吳)지방 사람이다. 후주(後主)가 동궁에 있을 때 태자솔경령(太子率更令)에 임명되었다. 후일 대저작(大著作)을 겸하여 국사(國史)를 관장하였고, 양(梁)의 사서 편찬을 맡았다. 『통사요략(通史要略)』 100권, 『국사기전(國史紀傳)』 200권을 편찬하였지만 마치지 못하고 죽었다고 했다. 또 「문학전(文學傳)」에, 허형의 자는 형도(亨道)이고 대저작(大著作)을 겸하였다. 아들 선심(善心)이 일찍이 이름이 알려졌다고 했다. 『북사(北史)』 권83, 「문원전(文苑傳)」에, 선심의 자는 무본(務本)이고 대책(對策)에서 고제(高第)하여 탁지랑중(度支郎中)에 임명되어 찬사학사(撰史學士)에 보임되었다. 선심은 부 허형의 뜻을 완성하기 위해 가서(家書)로서 계속 편수하였다. 그 「서전(序傳)」말에 저작의 뜻을 설명하면서 경읍(京邑)에 들어와 때때로 보직을 겸하게 되어 대략 70권을 완성하였다고 했고, '사신(史臣)'이란 칭호는 모두 선군(先君)께서 한 말이며, 그 다음의 명안(名案)들은 모두 선심(善心)이 보궐(補闕)한 것이라 했다. 按 : 본 구절에 인용한 16인은 혹은 전권(前卷)에 보이고 혹은 열전은 없으나 저술이 있어서 사서(史書)에서 그 대략을 살펴볼 수가 있다.

라는 명칭은 이때 사용되기 시작하였다. 유지기가 이들 여러 사람들의 이름을 나열한 뜻은 그 사람들을 드러내고자 하는 것이 아니고 그들의 명함(名銜)을 거론함으로써 당시의 직제(職制)를 증명하는데 있었다.(第五節述魏·晉及南朝也, 著作之名始於此. 其列出諸人氏名, 意不在表其人, 意在擧其名銜, 證當時職制耳)

1-9

중원으로부터 멀리 떨어진 곳[偏隅]에 위치하면서 국가를 참칭(僭稱)하거나, 중원에 들어온 이적(夷狄)의 위조(僞朝)인 경우에도 그들의 사관을 살펴보면 역시 언급할만한 것이 있다.(釋 : 처음 이 네 구절은 촉과 오 그리고 제호(諸胡)를 총괄한다) 『촉지(蜀志)』에 의하면 왕숭(王崇)은 동관(東觀)의 관(官)에 보임(補任)되었고, 허개(許蓋)는 예의(禮儀)를 맡았다.[56] 또 극정(郤正)은 비서랑(秘書郎)이 되어[57] 널리 익부(益部)의 서적들을 수집하였으니, 이

56 진수의 『삼국지』「촉지」와 배송지의 주(注) 모두에 기록이 없다. 유지기가 '「촉지」에 이르기를'이라고 하였지만 그 '지(志)'는 과연 무엇을 가리키는가? 혹 진수가 편찬했다는 『촉고지(蜀古志)』에 실려 있다는 것인가? 그러나 '고(古)'라는 책명을 보면 삼국시대를 다룬 것은 아닌 것이 분명하다. 다만 상거(常璩)의 『화양국지(華陽國志)』 권12에 왕숭(王崇)의 저작이 보이고, 이름이 권말(卷末)에 보이며, 촉의 태수(太守)를 지냈지만 동관에 보임된 사실은 언급이 없다. 장의(掌儀) 허개(許蓋) 역시 아무런 기록이 없다. 현(縣)이 두어졌지만, 그 후에 임명된 사람이 보인다. 일찍이 고강촌(高江村) 사람 사기(士奇)의 『천록식여(天祿識餘)』에 「고사(考史)」라는 조항이 있는데 그가 말하는 촉사(蜀史)가 이를 취하여 입론한 것이다. 그러나 그 문장을 그대로 많이 인용하였다고 하더라도 근거를 쓰지 않았으니 어느 책에서 비롯된 것인지 찾기가 어렵다. 내가 개탄하는 것은 독서를 함에 끝까지 조사하는 사람이 천하에 드물다는 것이다. 역주 : 허개의 경우, 그 인명이 보이지 않고 다만 『삼국지』 권42, 「촉지」 「허자전(許慈傳)」·「맹광전(孟光傳)」의 기록에 보이는 허자를 유지기가 허개라고 잘못 기록하고 있는 듯 하다.

는 사서를 편찬할 때 서적관리와 문서기록을 담당하는 관리[典校]가 결여된 적이 없고 기록에 모두 근거가 있었음을 말한다. 그런데도 진수(陳壽)가 평하기를, "촉에는 사관이 설치되지 않았다"[58]고 하였으니 이것이 어찌 제갈량을 심히 모함한 것이 아니겠는가? 이 문제에 대하여는 「곡필(曲筆)」편(「내편(內篇)」 제25)에서 상세히 언급하였다.(이상에서는 촉을 말했다) 오(吳)의 귀명후(歸命侯)[59] 때 여전히 좌우 두 사관이 있었으니 설형(薛瑩)이 좌국사(左國史)요, 화핵(華覈)이 우국사(右國史)였다.[60] 또한 주처(周處 : ?-297)는 오(吳)에 있을 때에 좌국사(左國史)에서 동관령(東觀令)으로 자리를 옮겼다.[61] 이러한 정황으로 볼 때 이들 나라에 사관 체제가 있었음을 알 수 있다.(釋 : 이상에서는 오를 말했다. ○촉과 오를 가리켜 "중원으로부터 멀리 떨어진 곳[偏隅]"에 위치하였다고 하면서 '참(僭)'자를 오나라에 붙여 말하였다. ○구본(舊本)에는 여기서 문단이 끊어지지만, 잘못이다) 유총(劉聰)의 전조(前趙 : 304-329) 가평(嘉平 : 311-314) 초에 공사욱(公師彧)이 태중대부(太中大夫)로써 좌국사(左國史)를 겸임하면서 군신(君臣)들의 기전(紀傳)을 편찬하였다.[62] 전량(前涼 :

57 『삼국지』 권42, 「촉지」 「극정전」에, 정(正)의 자는 영선(令先)으로 약관의 나이에 문장을 잘 지었다. 비서성(秘書省)의 관리가 되어 비서령사(令史) · 비서랑을 거쳐 비서령(秘書令)을 지냈다. 또 같은 책 「맹광전(孟光傳)」에, 후진 문사(文士) 비서랑 극정은 여러 차례 맹광을 따라 자료수집을 위해 여러 곳을 방문하였다고 했다.

58 『삼국지』 권33, 「촉지」 「후주전(後主傳)」평(評)에, 촉나라에는 사관을 두지 않아 기록하는 관리가 없었기 때문에 시행한 정사(政事)가 대부분 유실되었으며 재이(災異)도 기록되지 않았다. 제갈량이 비록 정치에 통달하였다고 해도 이러한 일에는 주도면밀하지 못함이 있었다고 했다.

59 오의 후주(後主) 손호(孫皓 : 재위 264-280)를 가리킨다. 「모의(摸擬)」편 참조.

60 『삼국지』 권53, 「오지」 「설종전(薛綜傳)」에, 종의 아들 형(瑩)은 자가 도언(道言)이고 비부(秘府)의 중서랑이 되었다. 손호(孫皓)의 초기에 소부(少府)를 겸하다가 사건에 연루되어 광주(廣州)로 좌천되었다. 우국사(右國史) 화핵은 그대로 있었고 손호가 형을 다시 불러 좌국사(左國史)로 삼았다고 했다. 또 『삼국지』 권65, 「오지」 「화핵전」에, 핵의 자는 영선(永先)이고 무진(武進) 사람이다. 손호가 즉위한 후 동관령(東觀令)으로 우국사(右國史)를 겸하였다고 했다.

61 『진서(晉書)』 권58, 「주처전」에, 주처가 오에 벼슬을 하여 동관좌승(東觀左丞)을 지냈다. 기타 「서지(書志)」편 후론(後論)을 참조. 역주 : 주처가 동관령을 지낸 사실에 대하여는 『진서(晉書)』 권60, 「주방전(周魴傳)」에 기록되어 있다. 주방은 주처의 부(父)이다.

301-376) 장준(張駿)이 집정하고 있을 때 유경(劉慶)이 유림랑(儒林郎)·중상시(中常侍)가 되어 동원(東苑)에서 국사를 편찬하였다.[63] 촉이(蜀李 : 304-347)와 서량(西涼 : 400-421) 두 나라에서는 역사를 기록하는 일을 문하성(門下省)에 맡겼다.[64] 남량(南涼 : 397-414)의 군주 오고(烏孤)가 처음 나라를 건립하고 국가의 대사(大事)를 기록하기 위하여 참군(參軍) 곽소(郭韶)를 국기좨주(國紀祭酒)로 임명하여 당시의 일을 적도록 하였다.[65] 그 외 위주(僞主)들도 대부분 저작관(著作官)을 설치하였다. 예컨대 전조(前趙)의 화포(和苞)[66]나 후연(後燕 : 384-407)의 동통(董統)[67] 등이 그들이다.(釋 : 이상에서는 오호십육국

---

62 『진서(晉書)』 권101, 「재기(載記)」「유원해전(劉元海傳)」·「유총전(劉聰傳)」에는 태중대부(太中大夫)를 지낸 것만 기록되어 있고, 좌사(左史)를 겸하며 기전(記傳)의 문장을 편찬한 것은 없다.

63 『진서(晉書)』 권86, 「장궤전(張軌傳)」에 보이는데, 궤의 손 장준(張駿) 때에 종사(從事) 유경(劉慶)이 신안(辛晏)을 간토(諫討)하는 말이 있지만, 동원(東苑)에서 사사(史事)를 편찬한 사실은 없다. 총서(叢書) 최홍(崔鴻)의 『녹략(錄略)』에 이르기를, 서조(西曹)의 연속(掾屬)에게 집각(集閣)의 내외사(內外事)를 색수(索綏)에게 부탁하고 『양춘추(涼春秋)』를 저술하였다고 했지만, 역시 유경에 관한 기록은 없다.

64 촉리(蜀李)는 국호를 성(成)이라 하였다가 후에 한(漢)으로 개칭하였다. 「고금정사(古今正史)」편에, 상거(常璩)가 『한서(漢書)』 10권을 편찬하였는데 후에 진(晉)의 비각(秘閣)에 들어가 이 책을 『촉리서(蜀李書)』라 고쳤다고 했다. 때문에 여기서 촉리(蜀李)라 칭한 것이다. 『진서(晉書)』 권112, 「재기(載記)」에, 촉의 이웅(李雄)이 학교를 일으키고 사관(史官)을 설치하였다고 했다. 『녹략(錄略)』에, 서량(西涼)의 이고(李暠)는 정공당(靜恭堂)을 세워 조정의 정사를 의논하고, 학교인 반궁(泮宮)을 세워 고문(高門)의 학생을 늘렸다고 했다. 按 : 유지기가 말한 두 왕조의 사실에 대한 기록을 문하(門下)에 맡겼다는 것은 이때에 해당된다.

65 『진서(晉書)』 권126, 「재기」의 「남량전(南涼傳)」에, 독발오고(禿髮烏孤)가 무위왕(武威王)을 칭하면서 양창(梁昶)·한필(韓疋)·장창(張昶)·곽소(郭韶) 등이 중주(中州)의 재령(才令)으로 관직을 수여할 때 모두 적재적소에 임명되었다. 按 : 구본(舊本)에는 낭소(郎韶)라고 되어 있지만 곽소(郭韶)를 잘못 적은 것이다. 다만 열전과 총서인 『녹략(錄略)』 모두에 국기좨주(國紀祭酒)라는 관명은 보이지 않는다.

66 『진서(晉書)』 권103, 「재기」「유요전(劉曜傳)」에, 화포와 교예(喬豫)가 수릉(壽陵)을 조영(造營)할 것을 간하자 유요가 기뻐하고 평여자(平輿子)에 봉하였다고 했다. 『수서경적지』 「사부」 "패사(覇史)"에, 『한조기(漢趙記)』 10권, 화포가 편찬하였다고 했다.

67 『진서(晉書)』 「재기」 「후연전(後燕傳)」과 「녹략(錄略)」에 모두 이 사람 이름이 빠져 있다. 按 : 공사욱(公師彧) 이하 모두 여러 나라에 사관(史官)이 있었음을 입증하는 것이다. 그 사실은 당연히 『십육국춘추(十六國春秋)』에 갖추어져 있지만, 최홍(崔鴻)의

가운데 찾을 수 있는 내용을 번갈아 들고 있는데 찾아 살필 수 없는 것은 언급하지 않았다. 이들을 모두 위조(僞朝)라고 하였다)

至若偏隅僭國, 夷狄僞朝, 求其史官, 亦有可言者.(釋 : 起四句總領蜀 · 吳及諸胡) 案『蜀志』稱王崇補東觀, 許蓋掌禮儀. 又郤正爲秘書郎, 廣求益部書籍. 斯則典校無闕, 屬辭有所矣. 而陳壽評云"蜀不置史官"者, 得非厚誣諸葛乎? 別有『曲筆』篇,(「內篇」 第二十五) 言之詳矣.(釋 : 已上言蜀) 吳歸命侯(舊脫'侯'字)時, 有左右二國史之職, 薛瑩爲其左, 華覈爲其右. 又周處自左國史遷東觀令. 以斯考察, 則其班秩可知.(釋 : 已上言吳. ○此二國所謂偏隅也. '僭'字貼吳說. ○舊本此處截段, 非) 僞漢嘉平初,(劉聰年號) 公師彧以太中大夫領左國史, 撰其國君臣紀傳. 前涼張駿時, 劉慶遷儒林郎 · 中常侍, 在東苑撰其國書. 蜀李(義門訂本有'李'字, 他本無)與西涼二(一作'三', 非)朝記事, 委之門下. 南涼主烏孤(舊作'孫', 誤)初定霸基, 欲造國紀, 以其參軍郭(舊作'郎', 恐訛)韶爲國紀祭酒, 使撰錄時事. 自餘僞主,(一訛作'事') 多置著作官, 若前趙之和苞, 後燕之董統是也.(釋 : 已上錯擧五胡十六國有可徵者及之, 其無者不及也. 此總所謂僞朝也)

按 : 제6절은 중원으로부터 멀리 떨어진 곳에서 국가를 참칭하거나 이적(夷狄)이 중원에 건립한 위조(僞朝)에 대하여 가장 자세하게 언급하였다. 구본(舊本)에는 두 조항으로 끊어져 있는데, 그렇게 되면 이 구절의 첫 네 문구가 표현한 의미와 맞지 않기 때문에 이 두 문단은 마땅히 합쳐야 한다. 또 그 밖의 여러 평론들이 유지기가 사람으로 사직(史職)을 증명하려 했는지 분명치 않고, 오히려 사재(史才)를 두루 살피고 있음에도 글이 부화(浮華)하여 진정한 요점의 파악에 방해가 된다. 소위 아이를 돌보다 오히려 어미를 잃은 꼴이라 하겠다.(第六節旁及偏小僭僞, 最爲周密. 舊本截作二條, 則於節首四提句不全, 故當合之. 又諸評不知以人證職, 而泛覈史才, 浮文妨要, 是謂顧子失母)

책은 이미 없어졌다. 그러나 「고금정사(古今正史)」편의 『십육국춘추』 조(條)의 증거를 보면 그 대략을 알 수 있다.

1-10

북위(北魏)는 건국된 직후에 사관(史官)을 두었지만,[68] 다른 직책을 맡은 관리에게 직무를 맡겼기 때문에 전임(專任) 사관이 두어졌던 것은 아니다. 때문에 최호(崔浩 : ?-450)나 고려(高閭 : ?-522) 같은 사람들이[69] 국사편찬[著述]을 맡았지만[知],('맡았다'는 것은 예컨대 어사(御史)가 잡무(雜務)를 맡았다고 할 경우의 '맡았다[知]'라는 의미이다) 그들이 정식 사관의 명칭을 지녔던 것은 아니다. 그 후 처음으로 비서감에 저작국(著作局)을 설치하고 저작랑(著作郎) 2명, 좌저작랑(佐著作郎) 4명을 두었는데, 그 중 수사(修史)(어떤 판본에는 '참사(參史)'라고 쓰여 있다. 이하 같다. 자세히 살필 수 없다)에 참여한 사람은 한, 두 명에 불과하였다.[70] 보태(普泰 : 531)(전폐제(前廢帝)[愍帝]의 연호이다. 혹 '진태(晉泰)'라고 잘못 쓰기도 했다) 이후 (좌저작랑이) 수사(修史)에 참여하는 제도는 점점 없어지고, 별도로 수사국(修史局)을 설치하고, 6명을 배치하였다. (釋 : 이상에서는 사관의 건치(建置)를 밝히고 있다) 북위가 대도(代都)에 수도를 정하고 있을 때 사관들은 위로는 제왕의 말을 기록하고, 아래로는 나라

---

68 『위서(魏書)』 권113, 「관씨지(官氏志)」에, 도무제(道武帝) 천흥(天興) 4년(401) 외난대어사(外蘭臺御史)를 없애고 모두를 내성(內省)에 속하게 하였다. 효문제(孝文帝) 태화(太和) 연간에 백관(百官)의 저령(著令)에 비서감은 종제2품중(從第二品中)이었다.

69 최호는 「직서(直書)」편에 보인다. 『위서(魏書)』 권54, 「고려전(高閭傳)」에, 고려의 자는 염사(閻士)이다. 어려서 아버지를 여의었지만 문재(文才)가 매우 뛰어났다. 본명은 여(驢)였는데 사도(司徒) 최호가 보고 기이하게 여기고 이름을 여(閭)라고 고치게 했다. 중서시랑(中書侍郎), 영동서주자사(領東徐州刺史)에 임명하는데 공을 세워 후(侯)의 작위를 받았고 소무장군(昭武將軍)을 더하였다. 중서령이 되어 기밀사무를 맡아 군국(軍國)의 서격(書檄)·조령(詔令) 등을 관장한 것이 고윤(高允)과 비슷하여 '이고(二高)'라 칭하였다.

70 역주 : 포기룡은 '삼사(三史)'라고 보았지만, 『위서(魏書)』 권113, 「관씨지(官氏志)」, 『수서』 권26, 「백관지」 중(中) 등의 기록을 추론하여 저작좌랑 4-8명 가운데 '수사(修史)에 참여한 사람은 한 두 명에 불과하였다'로 해석하는 것이 설득력이 있다. 따라서 본문의 '좌삼사(佐三史)'는 '좌참사(佐參史)'라고 하는 것이 옳다. 張振珮, 『史通箋注』, p.405 주)3 참조.

의 풍속을 수집하였으며, 동시에 번역에 정통한[71] 인재들을 채용하여 사조(史曹)를 맡겼다. 북위의 효문제(孝文帝)가 낙양으로 천도한 이후 조정에서는 국사편찬을 마땅히 선비족(鮮卑族) 탁발부 대인(代人)(부인(部人)을 이른다)에게만 맡겨야 하며 한인(漢人)에게 맡겨서는 안 된다는 논의가 있었다. 그리하여 곡찬(谷纂)[72] · 산위(山偉)[73]가 다시 문적(文籍)을 주관하였다. 그러나 그 후 20여 년이 지났음에도 많은 국가 대사(大事)들이 누락되어 기록되지 않았다. 이러한 사실을 통해 북위가 여전히 이적(夷狄)의 제도를 고집하고 원래의 자기 언어와 관습을 고수하고 있음[互鄕之風][74]을 알 수 있다.(釋 : 여기서는 그 임용을 서술하고 있다)

元魏初稱制, 卽有史臣, 雜取他官, 不恒(或作'常')厥職. 故如崔浩 · 高閭之徒, 唯知(知, 如御史知雜之'知')著述, 而未列名號. 其後始於秘書置著作局, 正郎二人, 佐郎四人. 其佐三史者,('三史', 一作'參史', 下同, 未詳) 不過一二而已. 普泰(前廢帝元. 或訛作'晉秦')以來. 參史稍替, 別置修史局, 其職

---

71 역주 : 선비어(鮮卑語)를 한어(漢語)로 번역하는데 정통함을 의미한다.

72 『위서(魏書)』 권33, 「곡혼전(谷渾傳)」에, 혼은 창려(昌黎) 사람이다. 증손 찬(纂)의 자는 영소(靈紹)이고, 영시어사(領侍御史)로 있다가 곧 저작랑으로 옮겼다. 또 감국사(監國史)를 맡았지만 자료를 한데 모아 제대로 편찬할 수 없었다. 곽연년(郭延年)의 주(注)에, 기준(綦儁)이 곡찬을 대신하였다고 했다. 기준의 자는 표현(檦顯)이고 그의 선조는 대인(代人)이다. 산기상시(散騎常侍) · 표기대장군(驃騎大將軍)을 지냈는데 『위서(魏書)』 권81에 산위(山偉)와 합전(合傳)되어 있다.

73 『위서(魏書)』 권81, 「산위전」에, 위의 자는 중재(仲才)이고 그의 선조는 대인(代人)이다. 영저작랑(領著作郎)을 지냈고, 안동장군(安東將軍) · 비서감(秘書監)을 지냈지만 여전히 저작을 맡았다. 처음에 이주조(尒朱兆)가 낙양에 들었을 때 관청을 지키던 자들이 모두 달아났다. 국사전서(國史典書) 고법현(高法顯)이 가만히 사서(史書)를 땅에 묻어 놓았기 때문에 없어지지 않았다. 산위는 그것을 스스로의 공이라 하여 작위로 포상할 것을 청하여 동아백(東阿伯)에 봉해졌다고 했다. 按 : 이 구절에서 '국사편찬을 대인(代人)에게만 맡겼다'라고 한 구절은 「산위전(山偉傳)」의 문장으로써 그 중 기준(綦儁)과 위(偉)를 함께 칭하고 합전되어 있어서 곽연년이 주에서 별도로 표기한 것이다.

74 역주 : 『논어』 「술이(述而)」편에, 호향(互鄕) 사람과는 더불어 말하기 어렵다고 했다. 호향은 향명(鄕名)으로서 그 지방 사람들이 자신들만의 언어와 관습을 고수하고 시의(時宜)에 따르지 않았다는 의미를 인용한 것이다.

有六人.(釋 : 此上徵其建置) 當代都之時, 史臣每上奉王言, 下詢國俗, 兼取工於翻譯者, 來直(或訛'置')史曹. 及洛京之末,(孝文遷洛) 朝議又以爲國史當專任代人,(謂部人) 不宜歸之漢士. 於是以谷纂(郭本注以綦儁易之) · 山偉更主文籍. 凡經二十餘年, 其事闕而不載. 斯蓋猶秉夷禮, 有互鄕之風者焉.(釋 : 此層述其任用)

按 : 제7절은 북위(北魏)의 사직(史職)을 설명하고 있다. 정랑(正郎)과 좌랑(佐郎)을 설치한 것은 대체로 위(魏) · 진(晉)을 모방한 것이다. 번역을 그 위에 다시 두어 국어(國語)가 전승되도록 하였다. 대인(代人)만을 사직에 임명함으로써 역사적 사실이 누락되어 기록되지 않았다. 여기에는 약간의 포폄의 의사가 담겨 있다.(第七節述元魏史職也. 置郎略仿魏 · 晉, 而添設飜譯則國語傳, 偏任代人則史事廢, 稍寓褒貶焉)

1-11

북제(北齊) · 북주(北周)로부터 수(隋)에 이르기까지[75] 사관을 대신이 통솔하는 경우에는 그를 감수(監修)라고 불렀다.[76] 국사(國史)를 대신들이 겸

75 역주 : 『통전(通典)』 권26, 「직관(職官)」 8, "저작랑"에, 북제에 저작랑 · 좌랑이 각 2인이 있었다고 했고, 수나라 때 비서성(秘書省)에 저작조(著作曹)를 설치하고, 저작랑 2인, 좌랑 8인을 두었으며 양제 때 좌랑을 증원하여 12인을 두었다고 했다. 『당육전(唐六典)』 권10, "저작국(著作局)"에, 북제의 저작랑 2인은 종5품이었고, 후주(後周) 춘관부(春官府)의 저작상사(著作上士) 2인이 그 직에 해당하며, 북제의 저작좌랑은 정7품이고 후주 춘관부의 저작중사(著作中士) 4인이 그에 해당한다고 했다.

76 역주 : 대신으로서 국사 편찬을 통솔하는 경우를 감수국사(監修國史) 혹은 감국사(監國史)라고 칭하게 된 것은 북주(北周)에서 비롯된다. 북주로부터 수에 이르는 시기의 감수국사에 대하여는 왕중락(王仲犖), 『북주육전(北周六典)』 권4에 자세히 정리되어

하여 지휘하였던 것은 가까이는 북위(北魏)를 따라 배우고 멀리는 동진(東晉)의 방법을 본받았는데,[77] 그 사이에 여러 요소가 뒤섞이고 시대에 따라 변화가 있었을 뿐이다.(釋 : 북제 · 북주 · 수 세 왕조를 이와 같이 전체적으로 서술하였다) 단지 북주(北周)에서 육관(六官)을 설치하고 저작랑을 상사(上士)로, 저작좌랑을 하사(下士)로 각각 고쳤다.[78] 명칭이 비록 바뀌기는 하였지만 위계(位階)와 녹질(祿秩)은 같았다.(釋 : 우문(宇文) 씨는 옛 『주관(周官)』을 따랐기 때문에 이러한 사실을 가려내어 설명한 것이다) 예컨대 위수(魏收 : 506-572)[79]는 북제(北齊 : 550-577)에서 이름을 날렸고, 유규(柳虯 : 501-554)[80]는 서위(西魏)와 북주(北周)에서 독보적이었다. 왕소(王劭)[81] · 위담(魏澹)[82]은 수 문

있다. 趙呂甫, 『史通新校注』, p.654 주)3 참조.

77 역주 : 북위의 경우 앞에 보이는 곡찬과 산위가 그 예이고, 동진의 경우는 「변직(辨職)」편에 인용된 『진거저주(晉起居注)』에 기재된 강제(康帝)의 조서에 저술의 임무가 중요함으로 무릉왕(武陵王)에게 비서감(秘書監)을 겸하게 하여 문적(文籍)을 관리하게 하였다는 기록이 그 예라고 할 수 있다.

78 『수서(隋書)』 권27, 「백관지(百官志)」 중에, 주(周) 태조(太祖)의 건국 초기에 장정(章程)을 고치거나 새롭게 하면서 멀리 주(周)나라의 제도를 본받아 직제를 세웠다. 반서(班序) · 내명(內命) · 상사(上士) 삼명(三命) · 하사(下士) 일명(一命)을 두었다. 주(注)에, 내명은 왕조의 신하를 가리킨다.

79 역주 : 『북제서(北齊書)』 권37, 「위수전」 참조.

80 『주서(周書)』 권38, 「유규전」에, 규(虯)의 자는 중반(仲蟠)이고, 남들처럼 꾸미기를 좋아하지 않았다. 풍익왕(馮翊王) 원계해(元季海)의 행대낭중(行臺郎中)이 되어 문한(文翰)을 관장하였다. 후일 태조를 만나고 난 후 승상부기실(丞相府記室)이 되어 머물렀다. 유규가 상소하길, 옛날 사관(史官)을 세운 것은 사실을 기록하는 것만이 아니라 감계(鑑戒)를 하기 위함이었다. 그러나 한위(漢魏) 이래 비밀리에 기주(記注)를 함으로 후세가 되어 알려질 뿐 당시에는 아무런 도움이 되지 않았다. 비록 직필이었다고 해도 아무도 알지 못했다. 그렇다면 어찌 자기 마음대로 판단하여 기록하는 것과 또한 이단(異端)의 발생을 막을 수 있겠는가. 때문에 반고(班固)가 금품을 받았다는 오명과 진수(陳壽)가 쌀을 원했다는 비난이 있었던 것이다. 청하건대 사실을 기록하는 사관은 당시의 사실을 분명하게 기록하고 난 후에 사각(史閣)으로 그 기록을 넘겨야 시비가 분명히 드러나고 득실이 은폐되지 않는다고 했다. 이러한 건의는 받아들여져 시행되었다. 본래 비서(秘書)가 비록 영저작(領著作)을 겸한다고 해도 사사(史事)에는 참여하지 못하도록 하였지만, 유규가 비서승(秘書丞)이 되고부터 비로소 사관의 일을 겸장(兼掌)하기 시작했다.

81 역주 : 「육가(六家)」편 주)20 참조.

82 「본기(本紀)」편 '위저작(魏著作)'의 주)17을 보라.

제(隋文帝)의 개황(開皇 : 581-600) 연간에 활약하였고, 제갈영(諸葛穎)[83] · 유현(劉炫)[84]은 수 양제(煬帝) 대업(大業 : 605-617) 연간에 능력을 발휘하였다. 이들은 모두 각 시대를 대표하는 사관이었다.(釋 : 각각 인물들을 거론하여 증거하였다)

高齊及周, 迄於隋氏, 其史官以大臣統領者, 謂之監修. 國史自領, 則近循魏代, 遠效江南, 參雜其間, 變通而已.(釋 : 統述三朝如此) 唯周建六官, 改著作之正郎爲上士 · 佐郎爲下士, 名諡(當作'號')雖易, 而班秩不殊.(釋 : 宇文襲古『周官』, 故抽述) 如魏收之擅名河朔,(高齊) 柳虯之獨步關右,(宇文周) 王劭 · 魏澹展效於開皇之朝, 諸葛穎 · 劉炫宣功於大業之世, 亦各一時也.(釋 : 各擧其人以徵之)

按 : 제8절은 북제(北齊) · 북주(北周) 그리고 아울러 수(隋)를 설명하고 있다.(第八節述高齊 · 宇文周而幷及於隋也)

앞의 「변직(辨職)」편에서 이르기를, 조정의 대신들이 사국(史局)을 통령(統領)한 것은 진 강제(晉康帝) 때 시작되었다고 했는데, 이 편에서는 진대(晉代)에 대하여 아무 말이 없다가 여기에 처음으로 보인다. 갑자기 앞뒤가 맞지 않는다는 회의가 든다. 다음의 문장 "가까이는 북위(北魏)를 따라 배우고 멀리는 동진(東晉)의 방법을 본받았는데"라는 관점을 보고 나서

83 『수서(隋書)』 권76, 「문학전(文學傳)」에, 제갈영의 자는 한(漢)이고, 건강(建康) 사람이다. 양제(煬帝)가 즉위하고 저작랑이 되었다. 양제가 일찍이 영에게 시(詩)를 써주었는데 그 마지막 구절에, "사실을 그대로 기록함은 옛 책들의 평윤(平允)함을 돕고, 아름다운 이름을 전하여 후세의 인재를 이끈다네"라고 할 정도로 대우하였다. 『난가북순(鑾駕北巡)』 · 『행강도도리(幸江都道里)』 · 『낙양고금(洛陽古今)』 등의 기록을 편찬하였다.

84 「핵재(覈才)」편 주)11을 보라. 그리고 『수서(隋書)』 권75, 「유림전(儒林傳)」에, 유현과 저작랑 왕소(王劭)가 함께 국사를 편수하였고, 술(術)에 능한 자와 함께 천문(天文) · 율력(律曆) 등을 편수하였으며, 내사성(內史省)에서 다양한 말들을 살펴 정하는 일을 겸하였다. 내사령 이덕림(李德林)이 잘 예우하였다. 현이 일찍이 말하기를, 관(官)을 줄이는 일은 사무를 줄이는 것만 못하고 사무를 줄이는 것은 관리들이 마음을 평정(平靜)하게 하는 것만 못하다고 했는데, 우홍(牛弘)이 그 말을 매우 좋게 여겼다.

곧 문장은 서로 감추어주는 작용이 있음을 알게 되었다. 옛 제도를 분석하고 연구하려면 반드시 피차 서로 자세히 참고하여 살펴야 더욱 정확하게 파악할 수 있다. 독서는 원래 경솔한 마음으로 해서는 안 된다.(前「辨職」篇云大臣領史局, 自晉康帝始. 而本篇於晉代不言, 至此始見, 乍疑前後不符. 及觀下文"近循魏代, 遠效江南"之云, 乃知文章有互藏之用. 凡研辨古制, 必彼此參詳, 愈得定準. 書固不可以輕心掉)

1-12

당(唐)이 건국되자 별도로 사관(史館)을 황궁 안에 설치함에 따라 사신(史臣)은 궁중을 출입하게 되었다.[85] 사관(史館)은 서경(西京)[長安]의 경우 문하성(門下省)의 북쪽에 위치하고 있었으며, 동도(東都)[洛陽]의 경우 중서성(中書省)과 붙어 있었다.[86] 사관(史館의 건물은 화려하였고, 제공되는 음식은 풍부하여 당시 사관(史館)에 재직하던 사람들은 모두 영예롭다고 여겼다.(釋:

---

85 「변직(辨職)」편을 보라. 역주 : 『당회요(唐會要)』 권63, 「사관(史館)」 상, "사관이치(史館移置)", 『구당서(舊唐書)』 권43, 「직관지(職官志)」 참조.

86 즉 난대(鸞臺)와 봉각(鳳閣)을 가리킨다. 『구당서(舊唐書)』 권43, 「백관지」에, 용삭(龍朔) 2년(662) 문하성을 동대(東臺)로, 중서성을 서대(西臺)로 개명하였다. 무후(武后) 광택(光宅) 원년(684) 문하성을 난대(鸞臺)로, 중서성을 봉각(鳳閣)으로 개명하였다. 신룡(神龍) 초에 복구(復舊)되었다. **按** : 두 성(省)의 명칭은 위(魏)·진(晉) 사이에 비롯되었고, 문하성에는 황문(黃門)·급(給)·간(諫)·유(遺)·보(補) 등의 관속이 있었는데, 두보(杜甫)의 시(詩) 「만출좌액(晩出左掖)」이 바로 이곳이다. 중서성에는 주서(主書)·통사사인(通事舍人) 등의 관속이 있었는데, 개원(開元) 연간에 또 자미성(紫微省)이라 불렀다. 문하성과 중서성은 모두 금문(禁門)과 가까운 관계로 북성(北省)이라 통칭되었는데, 남성(南省)은 상서성이었다. **按** : 문장은 양경(兩京)을 모두 말하고 있는데, 무후가 임조(臨朝)한 곳은 동경(東京)[낙양]이었다. 정대창(程大昌)의 『옹록(雍錄)』은 오류가 많다.

첫머리에서는 나라의 법으로 사직(史職)을 매우 추숭하여 그 지위가 매우 존귀하였다고 설명하였다) 함형(咸亨 : 670-674) 연간에 이르러 사관(史館)의 근무자가 너무 많아지자 고종(高宗)이 탄식하여 말하기를, "짐은 이 같은 상황에 마음이 어둡다"라고 하면서, 관련부서로 하여금 사관(史官)에 대한 추천과 선발을 엄격하게 하여, 사관(史官)이면서도 능력을 갖추지 못한 자는 모두 편찬작업에 참여할 수 없게 하였다.(原注 : 조서에 이르기를, "국사(國史)를 편찬하는 의의는 국가의 중요한 제도와 실제 일어났던 사실들을 기록으로 남기는데 있다. 한 사람이 만일 인품과 덕망이 고상(高尙)하지 않고, 식견이 막히고 재학(才學)이 뛰어나지 못하다면 사관의 직무를 맡기가 어렵다. 짐이 듣기에 근래의 사관들은 그저 편찬하는 일에만 참여할 뿐 편집에도 잘못이 많고 편찬 사실 중에는 누락된 사실이 많을 수 있다. 그러므로 지금부터 사관(史館)의 주관부서에 영을 내려 사학에 대한 재능이 출중한 사람들을 고르게 하고 믿을 만한 사람을 사관에 근무하게 하라. 사관(史館)의 그 외 사람들은 비록 사관의 직무를 맡고 있지만 편찬된 사서를 열람할 수 없으며 사관의 직능을 행사할 수 없다"라고 했다.[87] ○按 : 이 주(注)가 어떤 책에는 큰 글자가 섞여 쓰여 있지만 잘못된 것이다) 그리하여 사관들 대부분을 사관(史館) 이외의 부서에서 뽑았으므로 저작랑이라는 관직은 허직(虛職)이 되었다.[88](이 구절은 즉 조서 중에 "비록 사관의 직무를 맡고 있지만 편찬된 사서를 열람할 수 없으며" 등 구절의 의미이다) 무릇 국사편찬의 임무가 모두 다른 부서로 넘어갔다.(말의 의미가 그다지 분명하지 않다. 틀린 글자가 있는 듯하다. 釋 : 중간 단락은 시국(時局)의 대강을 설명하고 있다) 무덕(武德 : 618-626) 연간에서 장수(長壽 : 692-694) 연간에 이르기까지 이인실(李仁實)[89]은 직서(直書)함으로써

---

87 역주 : 이는 『당회요』 권63, 「사관(史館)」 상에 기재된 함형(咸亨) 원년(670) 11월 21일의 조서에 근거한 것이다.

88 역주 : 『통전(通典)』 권26, 「직관(職官)」 8, 「비서감(秘書監)」 "저작랑" 참조.

89 『구당서(舊唐書)』 권73, 「영호덕분전(令狐德棻傳)」에, 무덕(武德) 연간 이후 등세륭(鄧世隆) · 고윤(顧胤) · 이연수(李延壽) · 이인실 등이 전후하여 국사를 수찬(修撰)하여 당시에 좋은 평을 받았다. 인실은 돈구(頓丘) 사람으로 좌사(左史)를 지냈다고 했다. 「정사(正史)」편에 인실이 우지녕(于志寧) · 허경종(許敬宗) · 이의부(李義府) 등의 열전을 속찬(續撰)하였는데 사실에 대한 기록이 직필(直筆)이었다고 평가되었다.

사람들이 두려워하였고, 경파(敬播 : ?-663)[90]는 서사(敍事)에 힘을 기울여 사람들로부터 양사(良史)로 불렸지만, 허경종(許敬宗 : 592-672)[91]은 사실을 왜곡하여 헛되이 미화하거나 은폐하였고, 우봉급(牛鳳及)[92]은 상궤(常軌)를 벗어난 글을 썼다. 이들은 모두 좋고 나쁨이 특히 두드러진 경우이다.(釋 : 끝 문단에서는 사직에 임명되었던 사람들을 증거로 들었다. ○여기서 (다른 문단과 달리) 홀로 좋고 나쁜 이들을 함께 거론한 것은 마음속의 옳고 그른 것이 쌓여 융화되지 않은데서 비롯된 것이다. 일단 글을 마치면 자연히 그 모순된 마음을 노출하게 되는데 이는 함양하는 곳이 적기 때문이며 「사관건치」편 본래의 뜻은 아니다)

暨皇家之建國也, 乃別置史館, 通籍禁門. 西京則與鸞渚爲鄰, 東都則與鳳池相接. 而(一無'而'字)館宇華麗, 酒饌豊厚, 得厠其流者, 實一時之美事.(釋 : 首述國典敦崇史職, 密近清華) 至咸亨年, 以職司多濫, 高宗喟然而稱曰 : "朕甚憎焉." 乃命所司曲加推擇, 如有居其職而闕其才者, 皆不得預於修撰.(原注 : 詔曰 : "修撰國史, 義存典實, 自非操履忠正, 識量該通, 才學有聞, 難堪斯任. 如聞近日以來, 但居此職, 卽知修撰, 非唯編輯訛舛, 亦恐泄漏史事. 自今宜遣史

---

90 『당서(唐書)』 권189상, 「유학전(儒學傳)」 상에, 경파는 포주(蒲州) 사람으로 정관(貞觀) 초의 진사(進士)였다. 당시 안사고(顏師古) · 공영달(孔穎達) 등이 차례로 수사(隋史)를 편찬할 때 조서를 내려 경파를 비서내성(秘書內省)으로 보내 편찬에 참여하게 하였다. 다시 저작좌랑(著作佐郞)이 되어 겸수국사(兼修國史)하였다. 다시 영호덕분 등과 『진서(晉書)』를 편찬하였는데 대체로 그 범례(凡例)는 모두 경파가 제시한 것이다. 방현령(房玄齡)이 일찍이 경파를 진수(陳壽)와 비슷하다고 칭찬하였다.

91 『구당서(舊唐書)』 권82, 「허경종전」에, 경종은 선심(善心)의 아들이다. 정관(貞觀) 연간에 저작랑으로 겸수국사를 지냈다. 용삭(龍朔 : 661-663) 연간에 태자소사(太子少師)가 되었다. 국사를 관장하면서 사실에 대한 기록을 아부를 위해 왜곡하여 헛되이 미화하거나 잘못을 은폐하였다. 고조와 태종 두 황제의 실록 중에 경파(敬播)가 찬수한 것은 대부분 상세하게 사실을 그대로 기록하였지만, 허경종은 자신의 애증(愛憎)으로써 사실을 왜곡하거나 산개(刪改)하였으므로 논자들이 이를 비판하였다.

92 신 · 구 『당서(唐書)』에 모두 그의 열전이 없다. 왕유검(王維儉)의 『사통훈고(史通訓故)』에, 우봉급이 장수(長壽) 연간에 『당서(唐書)』를 편찬하였는데, 무덕(武德)부터 홍도(弘道 : 683) 연간까지 110권으로 편찬하였다. 按 : 이 책은 『당서예문지』에는 수록되어 있지 않아 송(宋)의 조(晁) · 진(陳) · 정(鄭) · 마(馬) 제 공(公) 역시 언급하지 않았다. 우봉급과 그의 책은 이미 오래 전부터 폐기되어 전하지 않았던 것 같다. 역주 : 「고금정사(古今正史)」편에도 보인다.

司, 精簡堪修史人, 灼然爲衆所推者, 錄名進內. 自余雖居史職, 不得輒聞見所修史籍及未行用國史等之事." ○**按** : 此注一本混作大書, 非是) 由是史臣拜職, 多取外司, 著作一曹, 殆(一作'始')成虛設.(此四句, 卽制詔中"雖居史職不得輒聞見所修"等句之意) 凡有筆削, 畢歸於餘館.(語意不甚淸豁, 恐有訛字. **釋** : 中段述事局之大槪) 始自武德, 迄乎長壽, 其間若李仁實以直辭見憚, 敬播以敍事推工, 許敬宗之矯妄, 牛鳳及之狂惑, 此其善惡尤著者也.(**釋** : 末亦證擧任職之人. ○此獨善惡兼擧, 由其胸中皀白積而不化, 一涉筆輒露乖角. 是其少涵養處, 非本篇正義也)

按 : 제9절에서는 본조[唐朝] 사국(史局)제도를 설명하였다. 성전(盛典)을 서술할 때는 곧 내용을 자세하게 서술하였고, 사실의 정황을 서술할 때는 그 대강을 간략하게 기재하였다. 이는 대체로 지체(志體)에 부합(符合)한다. 이 구절의 끝 부분에 이르러 유지기가 이야기한 말이 조화롭지 않은 것에 대하여는 내가 (바로 앞의) 소주(小注)에서 이미 논하였다.(第九節述本朝史局之制也. 敍盛典則備其辭, 敍事局則略其槪, 蓋志體應爾. 至其節尾之未融, 小注論之矣)

「사관건치(史官建置)」편의 주요한 내용은 여기까지이다.(「史官建置」正局盡此)

1-13

또 『진령(晉令)』[93]이라는 책을 살펴보니, 저작랑(著作郎)은 황제의 기거

---

93 역주 : 『수서경적지』 「사부(史部)」 "형법편(刑法篇)"에, 「진령(晉令)」 40권이 보인다. 또 같은 책 "구사편(舊事篇)"서(序)에, 진초(晉初)에 갑령(甲令) 이하 900여권에 이른다. 진 무제(晉武帝)는 거기장군(車騎將軍) 가충(賈充)에게 명하여 널리 군유(群儒)들의 관점을 인증(引證)하여 그 중 정요(精要)한 것만을 골라 10편의 법률을 더하였다. 그 외에 오래되지 않은 것을 법령으로, 제도로 시행된 것을 영(令)으로, 품식(品式)이나 규장(規章)을 고사(故事)로 하여 각각 관부(官府)로 보내 진신지사(縉紳之士)들이

주(起居注)를 모아 주기(注記)하는 일을 담당하고, 옛 사서에 실린 황제의 여러 언행과 공적, 정벌에 관한 것을 편찬하는 일을 맡았다.[94] 북위(北魏) 때 기거령사(起居令史)[95]를 두어 황제가 순행하거나 연회를 베풀 때마다 그 곁에서 황제와 빈객(賓客)이 주고받는 대화를 기록하였다. 후에 별도로 수기거주(修起居注) 2인을 두었지만, 대부분 다른 관리가 겸임하였다. (釋 : 북위에서는 오로지 당시의 기록을 전담하였지만 대부분 타관(他官)이 겸직하였다) 수(隋)에 이르러 이부(吏部)의 산관(散官)과 교서(校書)·정자(正字)가운데서 저술과 교주(校注)에 능한 사람들을 골라 기거주의 편찬을 맡기고, 문하성(門下省)의 납언(納言)이 그 일을 겸령(兼領)하도록 하였다.[96] 수 양제는 옛날에는 내사(內史)와 외사(外史)가 있었지만, 지금은 외사에 해당하는 저작랑이 있을 뿐이니 마땅히 내사에 해당하는 기거(起居)관을 두게 하여, 기거사인(起居舍人) 2인을 두고 중서성(中書省)에 속하게 했다.[97] 유자직(庾自直)·최조준(崔祖濬)·우세남(虞世南)·채윤공(蔡允恭) 등이 모두 기거사인을 지낸 적이 있는데,[98] 당시 사람들은 그들이 모두 적임자였다고 칭찬

찬집하여 도서문적(圖書文籍)이 되도록 하였다. 그러나 세월이 흘러가면서 유실(遺失)되었다고 했다.

94 역주 : 저작랑에 대하여는 『진서(晉書)』 권24, 「직관지」를 참조.

95 역주 : 『위서(魏書)』 권113, 「관씨지(官氏志)」에는 기거주령사(起居注令史)가 종제7품상(從第七品上)이라 하였다.

96 역주 : 『수서(隋書)』 권28, 「백관지」 하에, 문하성에는 납언 2인, 급사황문시랑(給事黃門侍郎) 4인, 녹사(錄事)·통사령사(通事令史) 각각 6인이 있었다고 했다.

97 역주 : 『책부원구(冊府元龜)』 권554, 「국사부(國史部)」 "총서(總序)", 『수서(隋書)』 권28, 「백관지」 하 참조.

98 『수서(隋書)』 권76, 「문학전(文學傳)」에, 유자직(庾自直)은 대업(大業) 초에 저작랑에 임명되었다. 성품이 공손하고 신중하여 함부로 경솔하게 교유하지 않았다. 저작랑으로써 기거사인의 직무를 겸하였다고 했다. 『당서(唐書)』 권73, 「요사렴전(姚思廉傳)」 부(附)에, 수 양제(煬帝) 때 조서를 내려 기거사인 최조준(崔祖濬)에게 『구우도지(區宇圖志)』를 편찬하게 하였다고 했다. 또 『당서』 권72, 「우세남전(虞世南傳)」에, 세남의 자는 백시(伯施)이고, 여요(餘姚) 사람이다. 수 대업(大業 : 605-616) 연간에 여러 관직을 거쳐 비서랑(秘書郎)이 되었다. 그러나 양제는 그가 너무 강직하여 중용하지 않았다. 또 『당서』 권190상, 「문원전(文苑傳)」 상에, 채윤공은 기거사인을 역임하였다. 양제가 궁인(宮人)을 통해 교지(敎旨)를 보내자 윤공이 이를 부끄럽게 여겨 여러 차례

하였다.(釋 : 수대(隋代)의 기거직(起居職)은 처음에는 정원(正員)이 없이 겸임이었는데, 양제(煬帝)에 이르러 처음으로 전임을 두었다) 당나라[皇家]에서도 수(隋)를 계승하고 다시 기거랑(起居郎) 2인을 두었는데 그 직무는 기거사인(起居舍人)과 같았다. 천자가 조정에 임할 때마다 옥계(玉階) 아래에 시립(侍立)하였는데, 기거랑은 왼쪽에, 기거사인은 오른쪽에 각각 섰다.[99] 제왕의 명(命)이 있으면 즉시 가까이에 있는 계단에서 머리를 내밀어 귀기울여 듣고, 조정에서 물러 나와 편록(編錄)하였는데 이를 기거주(起居注)라고 하였다. 고종 용삭(龍朔 : 661-663) 연간에 기거랑과 기거사인을 각각 좌사(左史)와 우사(右史)로 고쳤다. 금상(今上)[中宗]이 즉위한 후 건국초기의 관직명을 회복하였다. 고조(高祖) · 태종(太宗) 때 영호덕분(令狐德棻 : 583-666)[100] · 여재(呂才 : ?-665)[101] · 소균(蕭鈞)[102] · 저수량(褚遂良 : 596-658)[103] · 상관의(上官儀 : ?-66

병을 핑계되고 나아가지 않았다. 후일 내사사인(內史舍人)에 임명하여 입궁토록 하였지만 고사하였다고 했다. 또 살펴보니 『수서』 권76, 「문학전(文學傳)」 「우작전(虞綽傳)」에, 우작과 우세남 · 유자직 · 채윤공 등은 항상 금중(禁中)에 있으면서 문한(文翰)으로 조서를 꾸몄으며 황제로부터 좋은 대우를 받았다.

99 『신당서(新唐書)』 권47, 「백관지(百官志)」二에, 당의 관제는 대체로 모두 수나라의 것을 계승하였다. 문하성의 속관으로 기거랑(起居郎) 2인, 종6품상(從六品上)으로 천자의 기거(起居)와 그 법도의 기록을 관장하였다. 후에 다시 기거사인(起居舍人) 2인을 두었는데 종6품상으로 사실의 기록을 맡았다. 천자가 정전(正殿)에 임하면 기거랑은 왼쪽, 기거사인은 오른쪽에 서는데, 황제의 명이 있으면 옥계에 엎드려서 듣고 물러나 이를 기록하였다. 만약 자신내합(紫宸內閤)에서 의례가 치루어질 경우 향안(香案)을 들고 전하(殿下)에 분립(分立)하였는데 바로 두 번째 이수(螭首)가 위치한 곳이었다. 화묵(和墨)과 유필(濡筆) 모두를 이수의 오목한 곳에 두었으므로 당시에는 이를 이두(螭頭)라고 불렀다.

100 『당서(唐書)』 권73, 「영호덕분전」에, 덕분은 문사(文史)에 널리 관통하였다. 무덕(武德 : 618-626) 초에 기거사인을 지내고, 비서승(秘書丞)이 되었다. 가까운 왕조에 대한 정사(正史)가 없음을 건의하였다. 양(梁) · 진(陳) · 제(齊) · 주(周) · 수(隋)의 정사가 수찬(修撰)된 것은 영호덕분이 발의하여 이루어진 것이다.

101 『당서』 권79, 「여재전」에, 정관(貞觀 : 627-649) 연간에 조효손(祖孝孫)이 악률(樂律)을 증감할 때 왕규(王珪) · 위징(魏徵)은 여재가 제척(製尺)에 아주 능하다고 칭찬을 하며 홍문관(弘文館)의 당직으로 불렀다. 태종은 음양가들의 책에 거짓과 악함이 많아 세상 사람들이 더욱 구애받고 두려워함을 크게 걱정하고, 여재에게 명하여 번거로운 것을 없애고 쓸 만한 내용만 모으게 하였다. 여재는 작업의 원칙을 가짐에 있어서 부드러우면서도 상스럽지 않았다. 按 : 열전에는 기거관이었다는 기록이 없다.

4)[104]등이 있었고, 고종(高宗)·측천무후(則天武后) 때 이안기(李安期)[105]·고윤(顧胤)[106]·고지주(高智周 : 602-683)[107]·장태소(張太素)·능계우(淩季友)[108] 등

102 『당서』 권63, 「소우전(蕭瑀傳)」에, 우의 조카 균(鈞)은 영휘(永徽 : 650-655) 연간에 간의대부(諫議大夫)·홍문관학사(弘文館學士)를 지냈다. 좌무후(左武侯)의 속관 노문조(盧文操)가 창고의 재물을 몰래 훔쳤다가 발각 나자 고종은 사형에 처해야 마땅하다고 했다. 소균이 말하기를, 천하의 사람들이 황제가 재물을 중히 여기고 법을 가볍게 여기고 자기 마음대로 한다고 할까 두렵다고 하자, 황제가 정말 자기 직분에 충실한 간의대부라고 했다. 按 : 역시 기거관이었다는 기록이 없다.

103 『당서(唐書)』 권80, 「저수량전」에, 수량의 자는 등선(登善)이다. 정관(貞觀) 연간에 기거랑을 지냈다. 예서(隸書)와 해서(楷書)에 능했다. 황제가 말하기를, '경은 황제의 거동[起居]를 기록하는데 내가 보아도 되겠는가' 하니 대답하기를 '오늘날의 기거(起居)는 옛 좌사(左史)와 우사(右史)에 해당하여 선악을 반드시 기록하여 군주가 비법(非法)을 행하지 못하도록 경계하는데 있음으로 아직 천자가 스스로 그 내용을 보았다는 이야기를 듣지 못했습니다'라고 하니, 황제가 말하기를, '짐에게 잘못된 점이 있으면 경은 반드시 기록할 것인가'라고 물으니 대답하길, '신은 사관의 직무를 맡아 있음으로 군주의 그러한 점을 반드시 기록할 것'이라고 하였다. 유기(劉洎)가 말하기를 저수량으로 하여금 쓰지 못하게 하면 천하의 모든 사람이 이를 기록할 것이라 했다.

104 『당서』 권80, 「상관의전」에, 자는 유소(游韶)이고, 고전[賁典]에 두루 밝았다. 정관(貞觀) 초에 진사제(進士第)로 발탁되어 홍문관직학사(弘文館直學士)를 지내고 비서랑(秘書郎)이 되었다. 태종(太宗)이 문장을 지을 때마다 상관의를 보내 원고를 보게하였다. 기거랑(起居郎)으로 옮겼다. 고종 때 무후(武后)가 정권을 장악한 후 상관의를 매우 미워하여 허경종(許敬宗)으로 하여금 상관의를 대역(大逆)으로 몰아 죽였다. 저수량(楮遂良) 등의 원로들이 죽임을 당하고 상관의가 홀로 충심을 보였지만 이후 정권은 무후에게 독차지되어 황제는 아무런 역할도 할 수 없었다.

105 『당서』 권72, 「이백약전(李百藥傳)」에, 백약은 일곱 살에 벌써 글을 지었다. 그의 아들 안기(安期) 역시 일곱 살에 글을 지었다. 이백약이 계주(桂州)로 좌전되었을 때 도적을 만나 죽임을 당하려 할 때 안기가 대신 죽기를 눈물로 청하자 이를 가상하다고 여겨 도적들이 풀어주었다. 정관 초에 부새랑(符璽郎)이 되었다. 고종이 즉위하자 중서사인(中書舍人)이 되었고 곧 동동서대삼품(同東西臺三品)이 되었다. 이덕림(李德林)부터 이안기까지 3대가 제고(制誥)를 관장하였다.

106 『당서』 권73, 「영호적분전」부(附)에, 고윤은 오(吳) 사람이다. 그의 부(父) 람(覽)은 수나라 비서학사(秘書學士)를 지냈다. 고윤은 영휘(永徽 : 650-655) 연간에 기거랑 겸수국사(兼修國史)를 지냈다. 『태종실록(太宗實錄)』을 편찬한 공로로 조산대부(朝散大夫)·홍문관학사(弘文館學士)가 되었다. 국사(國史)를 차례로 편찬하였으므로 끝까지 사문랑(司文郎)으로 남아 있었다.

107 『당서(唐書)』 권185상, 「양리전(良吏傳)」 상, 「고지주전」에, 지주는 진릉(晉陵) 사람이다. 진사로 급제하여 비서랑·홍문관직학사로 발탁되었다. 세 차례 전보 후에 난대대부(蘭臺大夫)가 되었다. 의봉(儀鳳 : 676-678) 초에, 동중서문하삼품(同中書門下三品)

이 있었는데 모두 당시에 명성을 얻었고 조정에서도 중시하였다.(釋 : 당의 제도에는 기거랑(起居郎)과 기거사인(起居舍人)은 같은 직위로 좌우에 시립하였다) 무릇 기거주(起居注)란 황제의 일상의 언행을 날짜별로 매일 기록하는 것[甲子之書][109]을 의미한다. 그리고 (황제가 봉토와 작위를 수여하는) 책명(策命), (신하가 황제에게 올리는) 장주(章奏), (황제가 신하에게 작위를 수여하는 고명(誥命)인) 봉배(封拜), (대신의 사망과 면직을 알리는) 홍면(薨免) 등을 사실에 따라 모두 기록하였다. 그 기록이 상세하여 작은 사실까지 두루 포함하였다. 따라서 황제의 본기(本紀)를 편찬하려면 모두 기거주에 의거하여 완성하였다. 즉 기거주를 편찬하는 관리는 현재 사서편찬의 별조(別曹)였고, 사관에 버금가는 직무를 담당하였다. 때문에 기거관(起居官)에 대하여 그 대략을 서술하여 이 편에 부록하였다.(釋 : 이 문단을 보충하여 특별히 기거관에 대한 각주(脚注)를 달았다)

又案『晉令』,(書名) 著作郎掌起居集注,(彙集而注記之) 撰錄諸言行勛伐舊載史籍者.(釋 : 本節另述起居注一職. ○首述晉制, 則兼編舊籍) 元魏置起居令史, 每行幸宴會, 則在御左右, 記(一作'紀')錄帝言及賓客酬對. 後別置修起居注二人, 多以餘官兼掌.(釋 : 至元魏則專掌當時記錄, 但多他官兼職耳) 至隋, 以吏部散宮及校書 · 正字閑於述注者修之, 納言監領其事. 煬帝以爲古有內史 · 外史, 今旣有著作,(是外史) 宜立起居.(是內史) 遂置起居舍人二員, 職隸中書省. 如庾自直 · 崔浚祖 · 虞世南 · 蔡允恭等, 咸居其職, 時

이 되었다. 이때 최지온(崔知溫) 등이 국사를 편찬하였고 고지주가 감수(監修)하였다. 퇴임하여 죽었다. 82세였다.

108 장태소는 「언어(言語)」편을 보라. 계우의 경우 열전이 없다.

109 역주 : '갑자지서'는 매일 조정의 정사(政事)를 기록한 내용을 정리한 것으로 일력(日曆)이라고도 한다. 『당육전』 권8, 「문하성」 "기거랑"에, 기거랑은 황제의 행동법도를 기록하여 기사(記事)의 사책(史冊)을 수찬(修撰)하는 일을 맡는다. 무릇 기사의 제도는 (황제의) 일을 일별로 기록하고, 이것을 다시 월 단위로 묶고, 다시 계절 단위로 묶은 다음, 1년 단위로 편집한다. 때에 따라 초하루와 간지를 적어 역수를 나타내고, 전례와 문물을 적어 제도를 참고하며 관직의 수여와 표창하고 상을 준 일을 적어 선(善)을 권하고, 주벌(誅罰)하고 관직을 떨어뜨리거나 파면한 일을 적어 악을 징계한다. 계절이 끝날 때마다 이를 사관(史館)에 송부한다고 했다.

謂得人.(釋 : 隋代起居之職, 則始無正員, 至煬帝乃始專置) 皇家因之, 又加置起居郎二員, 職與舍人同.(此之舍人, 亦曰起居舍人) 每天子臨軒, 侍立於玉階之下, 郎居其左, 舍人居其右. 人主有命, 則逼階延首而听之, 退而編錄, 以爲起居注. 龍朔中, 改名左史 · 右史. 今上卽位, 仍從國初之號焉. 高祖 · 太宗時, 有令狐德棻, 呂才, 蕭鈞, 楮遂良, 上官儀;高宗,則天時, 有李安期 · 顧胤 · 高智周 · 張太素 · 凌季友. 斯並當時得名, 朝廷所屬者(一無'者'字)也.(釋 : 唐制, 起居郎與舍人同職分侍) 夫起居注者, 編次甲子之書, 至於策命 · 章奏 · 封拜 · 薨免, 莫不隨事記錄, 言惟(二字恐當作'載言')詳審. 凡欲撰帝紀者, 皆稱(恐是'藉'字之訛. 王本作'因')之以成功. 卽(依義門訂本. 一無'卽'字, 一誤作'命'字)今爲載筆之別曹, 立言之貳職. 故略述其事, 附於斯篇. (釋 : 找此一層, 特爲此官作注脚也)

按 : 제10절은 따로 기거주(起居注)라는 관직을 설명하였는데, 소위 사서 편찬의 별조(別曹)였다. 소위 재필(載筆)이란 바로 사국(史局)에 참여하여 사서를 찬수하는 사람들로서 앞에서 이야기한 모두가 해당된다. 기거주는 전문적으로 제왕의 기거(起居)와 언행의 기록을 관장하였다. 두보(杜甫)[子美]가 시에서, "여러 지역에서 황제와 가까이 할 수 있는 관직에 능력 있고 어진 사람을 골라 임명하였고, 기거사인(起居舍人)은 물러나서도 식읍과 봉토를 하사하는 일에 종사하였다"라고 한 것이 바로 이 직위를 읊은 것이다. 왜냐하면 일반적으로 사관(史官)이라 칭하던 직책과 구별되는 점이 있었기 때문에 "그 대략을 서술하여 이 편에 부록하였다"라고 한 것이다.(第十節別述起居注一職, 所謂載筆之別曹也. 載筆者, 開局纂修之員, 已前所述皆是. 起居注則專掌侍朝記錄, 杜子美詩云, "地分清切任才賢, 舍人退食收封事."正詠是官也. 以其與泛稱史官者職有攸分, 故曰述附於斯).

1-14

또한 『시경(詩經)』 「패풍(邶風)」 "정녀(靜女)"의 3장[110]에서는 어떤 남자가 사랑하는 여인이 보낸 자루가 붉은 붓[彤管][111]을 받았다고 묘사하였다.(釋 : 『시경』의 내용으로써 여사(女史)의 옛 이름을 지적하였다) 자루가 붉은 붓은 여사(女史)가 사실을 기록하여 권고하고 가르칠 때 사용하던 것이다. 옛날 제왕들은 외조(外朝)에는 국사(國史)를 두었고, 내조(內朝)에는 여사(女史)를 두었다. 내조의 여사(女史)와 외조의 국사(國史)는 그 임무가 같았다.[112] 때문에 진 헌공(晉獻公)이 여희(驪姬)에게 미혹되어 정사가 어지러웠을 때 신생(申生)이 헌공을 깨우치게 하자 여희(麗姬)가 밤중에 슬피 울며 교언(巧言)을 했다[113]고 하는, 침상(寢牀)에서 주고받은 말이나 규방(閨房)에서 일어난 일까지도 모두 숨길 수가 없었다. 초 소왕(楚昭王)이 연회를 열

---

110 역주 : "조용한 여인은 아름다워라[靜女其孌], 자루가 붉은 붓[彤管]을 나에게 주었으니[貽我彤管], 자루가 붉은 붓은 붉고 아름다워라[彤管有煒], 나는 여인의 아름다움을 좋아해[說懌女美]"라는 구절을 말한다.

111 모전(毛傳)에, 옛 적 후부인(后夫人)들에게는 반드시 여사(女史)의 동관지법(彤管之法)이 있었다고 했다. 정전(鄭箋)에, 동관(彤管)은 자루가 붉은 붓을 말한다고 했다. 按 : 「정녀(靜女)」 네 구절은 본래 『좌전』 정공(定公) 9년(B.C. 501)의 두예(杜預)의 주(注)에 보이는 문장이다. 역주 : 두예의 주에는 여사(女史)가 사실을 기록하여 규회(規誨)하기 위한 도구였다고 했다.

112 역주 : 이 문장은 『공총자(孔叢子)』 卷中, 「답문편(答問篇)」을 인용한 것이다. 여사(女史)는 『주례(周禮)』 「천관(天官)」 "총재(冢宰)"하에, 여사는 왕후의 전례(典禮)의 직을 맡아 내궁을 다스리는 법과 왕후가 내정을 다스리기 위해 내리는 명을 기록하고, 육궁(六宮)에 소요되는 재물을 파악하고 왕후의 행례(行禮)와 관련한 사실을 수시로 기록한다고 했다. 여사에 관한 보다 자세한 내용은 趙呂甫, 『史通新校注』, p.664 주)2 참조.

113 『국어(國語)』 「진어(晉語)」一에, 배우(俳優) 시(施)가 사통(私通)하던 여희(麗姬)로 하여금 야반에 헌공(獻公)에게 읍소하여, (신생(申生)을 모함하기 위하여) '군주[獻公]께서는 나를 죽여 첩 같은 사람이 백성을 어지럽게 하지 마소서'라고 하였고, 다시 말하기를, '군주께서는 나이가 들었으니 정치를 신생(申生)에게 맡겨 그가 마음대로 하도록 해야 군주께서도 무고하실 것'이라 하였다. 헌공이 '그렇게 할 수 없다. 내가 그에 대한 대책을 세울 것'이라고 했다.

었을 때 채희(蔡姬)가 소왕에게 바라는 바를 말하자, 왕이 사신(史臣)에게 말하기를, “적어라(이상의 열 두 글자는 구본(舊本)에는 없었는데 분명히 문장이 빠진 것이었다. 만약 이 열 두 글자들이 없으면 문장이 되지 않는다), 채희(蔡姬)가 나를 따라 죽기를 원하였다”[114]라고 하였다. 제왕이 한가하게 지낼 적의 사적인 일도 기록한 서책(書冊)이 있으니 대개 기록하라는 명을 받은 사람은 여사(女史)부류가 아니었겠는가.(釋 : 진(晉)과 초(楚)의 사례를 가지고 황제가 한가하게 지낼 적의 사적인 일도 기록되었다는 증거가 있음으로 여사(女史)의 직(職)이 두어졌음을 볼 수 있다) 한 무제(漢武帝) 때에 이르러 『금중기거주(禁中起居注)』가 있었고, 명덕마황후(明德馬皇后)는 『명제기거주(明帝起居注)』를 편찬하였다. 이 같은 저술들은 궁중에서 편찬된 것이지만 그 일을 담당한 부서의 지위와 명칭은 들은 바 없다.[115](釋 : 또 양한(兩漢)의 금중(禁中)에서 찬술하였다는 증거로 하였다) 수(隋)나라 때 왕소(王劭)[116]가 상소를 올려 옛 법에 따라 다시 여사(女史)의 관직을 두고 궁중에서 일어나는 일을 모두 기록한 후 외성(外省)의 사관에게 보낼 것을 청하였지만,(『주례(周禮)』에 보이는 궁인(宮人)·여사(女史)의 직(職)은 천관(天官)이 관장하였는데, 이 상소에 여전히 그러한 뜻이 남아 있다) 문제(文帝)가 허락하지 않아 시행되지 않았다.(釋 : 마지막은 수나라 때 상소를 올려 설치를 건의하였지만 시행되지 않았다고 끝맺었다. ○ 구본(舊本)에는 이 문장과 다음 절(節)과 연결이 되어 있지만, 잘못이다)

又案『詩』「邶風」「靜女」之三章, 君子取其彤管. 夫彤管者, 女史記事規誨之所執也.(釋 : 就『詩』指出女史之古名) 古者人君, 外朝則有國史, 內

114 『열녀전(列女傳)』에, 초(楚) 소왕(昭王)이 연회를 할 때 채희(蔡姬)와 월희(越姬)가 좌우에 함께 참석하였다. 소공이 두 사람을 돌아보고 말하기를, ‘즐거운가? 나는 바라건대 그대들과 즐겁게 사는 것도 이처럼, 죽을 때도 이와 같이 하고 싶다’라고 하자, 채희가 말하기를, ‘비첩이 이제 비빈(妃嬪)에 견줄만한 신분이 되었으니 삶에 있어서 즐거움을 함께 하고 죽음에 있어 때를 같이 하기를 바랍니다’라고 하자, 소왕이 사신(史臣)에게 명하여 ‘채희는 나를 따라 죽기를 원하였다고 기록하라’고 하였다.

115 이 문장은 『수서경적지』「사부」“기거주(起居注)”의 술어(述語)와 내용이 대체로 비슷하다. 또 「재문(載文)」편의 주(注)에도 보인다.

116 역주 : 『수서』 권69, 『주서(周書)』 권35에 열전이 보인다.

朝則有女史, 內之與外, 其任皆同. 故晉獻惑亂, 驪姬夜泣, 床笫之私, 房中之事, 不得掩焉. 楚昭王宴游, 蔡姬對以其願, 王顧謂史 : "書之,(此十二字舊本無之, 必是脫文. 無此十二字不成語矣) 蔡姬許從孤死矣." 夫宴私而有書事之冊, 蓋受命者卽女史之流乎?(釋 : 就晉 · 楚事證出宴私有記, 則可見女史之置職) 至漢武帝時, 有『禁中起居注』; 明德馬皇后撰『明帝起居注』. 凡斯著述, 似出宮中, 求其職司, 未聞位號.(釋 : 又以兩漢禁中撰述爲證) 隋世王劭上疏, 請依古法, 復置女史之班, 具錄內儀, 付於外省.(『周禮』宮人 · 女史之職, 掌於天官. 此疏猶存此意) 文帝不許, 遂不施行.(釋 : 終以隋世奏置不行結之. ○舊本此處連下節, 非是)

按 : 제11절은 더욱 실속이 없는 건의의 말이다. 여사(女史) 역시 수사(修史)의 직책을 담당하였고 고대에는 증거가 있었지만 결국 그 설치가 실행되지 못하여 아깝다고 했다. 사직(史職)에 대한 열거는 여기까지 모든 것을 포함하였으며 그 견식과 논의가 매우 뛰어나다.(第十一節更是空中建議之詞. 謂女史亦當修職, 古有證據, 卒莫興行, 可惜也. 該擧史職至此, 備悉包羅, 識議卓絶)

『당지(唐志)』를 살펴보면, 내관(內官)으로 육상사기(六尙司記) · 장언(掌言) · 사부(司簿) · 전위(典闈) · 장적(掌籍) 등의 직관이 있는데 모두 여사(女史)의 인원을 적고 있다. 그런데도 『사통』에는 어찌 언급하지 않았는가? 대개 제왕의 궁내(宮內)활동을 기록하여 사관(史官)이 소재한 관아에 넘기는 제도가 행해지지 않았다면 여사(女史)가 설치되었더라도 없는 것과 같다.(考唐志, 內官如六尙司記, 掌言, 司簿, 典闈, 掌籍等職, 皆載有女史員額, 『史通』何不及之? 蓋所謂錄內儀, 付外省之制旣格不行, 則女史雖設猶不設也)

1-15

대체로 자고이래 사관의 연혁과 폐치(廢置)는 이와 같았다.(釋 : 두 구절은 전체적으로 건치(建置)를 결론짓는 문장이다) 무릇 공자가 『춘추』를 편찬하고, 공양고(公羊高)(곡량적(穀梁赤)이라는 글자가 빠진 것 같다)가 『춘추』 경에 전(傳)을 지었다. 한(漢)·위(魏)의 육가(陸賈)·어환(魚豢), 진(晉)과 남조(南朝) 송(宋)의 장번(張璠)·범엽(范曄)은 비록 사관은 아니었지만 개인적으로 일국(一國)의 사서를 편찬하였다.[117] 이들은 위에서 소개한 사관(史官)들과는 다르기 때문에 다시 상세하게 서술하지 않는다.(釋 : 사관이 아니면서도 사서를 편찬했다는 내용으로 끝을 맺었다)

大抵自古史官, 其沿革廢置如此.(釋 : 二句是總統兜結建置之文) 夫仲尼修『春秋』, 公羊高(疑脫穀梁赤)作傳. 漢·魏之陸賈·魚豢, 晉·宋之張璠·范曄, 雖身非史職, 而私撰國書. 若斯人者, 有異於是, 故不復詳而錄之.(釋 : 以官非史職而成書者終焉)

按 : 제12절은 두 구절을 한 문단으로 한 전체의 결론이다. 나머지 여덟 구절을 따로 한 문단으로 하여 기재가 상세하지 못한 것을 상세하게 서술하여 다시 누락된 것이 없도록 하였다.(第十二節兩句作一截, 是爲總收. 八句另一截, 是爲以不詳詳之, 蔑復遺餘矣)

---

117 역주 : 육가와 어환은 「제목(題目)」편, 장번은 「육가(六家)」편, 범엽은 「논찬(論贊)」편 각각 참조.

1-16

무릇 수사(修史)에는 두 가지 유형이 있다. 무엇인가? 사실을 쓰고 말을 기록하는 것은 당시의 간(簡)으로부터 나왔고, (이러한 자료에 근거하여) 편찬하여 완성한 책들은 후일 사가들의 서술에서 나온 것이다. 그렇다면 당시의 말과 사실을 처음으로 기록하는 사람들은 넓은 견문과 진실한 기록에 의거해야 하는데, 동호(董狐)와 남사(南史)[118]가 바로 그러하다. 후세에 사서를 편찬할 경우에는 뛰어난 견식과 다방면에 걸친 광범위한 지식이 존중되어야 하는데, 반고(班固)와 진수(陳壽)가 바로 그러하다.(釋 : 먼저 구분됨을 지적하였다) 만약 반드시 그들이 종사했던 두 가지 작업을 가지고 말한다면, 비록 (말과 사실을 기록하는 것과 이들에 근거하여 사서를 편찬하는) 전후의 유형은 다르지만, 이 둘은 서로 의존하고 도와가며 이루어지는 것으로써 추구하는 목표는 일치한다.(○釋 : 마침내 동일한 것으로 귀결된다)

夫爲史之道, 其流有二. 何者? 書事記言, 出自當時之簡; 勒成删定, 歸於後來之筆. 然則當時草創者, 資乎博聞實錄, 若董狐 · 南史是也. 後來經始者, 貴乎俊識通才, 若班固 · 陳壽是也.(釋 : 先指其分) 必論其事業, 前後不同. 然相須而成, 其歸一揆.(本音上聲. ○釋 : 卒歸於同)

按 : 제13절은 수사(修史)작업을 당시와 후일의 두 유형으로 판단하였다. 두 유형의 작업은 서로 의존하고 보충함으로 목표가 일치한다. 이러한 것으로 수사(修史) 작업을 귀결하면 명확하고 분명한 판별은 물론 원만하고 조화로워 마치 모래에 글을 쓰듯 모나지 않고 꿰어 있는 옥과 같이

118 역주 : 동호와 남사는 모두 춘추시대 진(晉)과 제(齊)의 직필(直筆)의 사가들이다. 동호는 『좌전』 선공(宣公) 2년(B.C. 607), 남사는 『좌전』 양공(襄公) 25년(B.C. 548)에 각각 그 사적이 보인다. 「채찬(採撰)」편 주)22-23 참조.

문장의 논술이 가지런하여 모든 것을 포함하면서도 더욱이 거듭 정해진 법도에 맞는다.(第十三節判出當時, 後日之二流, 匯爲相須成業之一揆. 以此歸宿史事, 亦辨晰, 亦融洽, 如畫沙, 如連璐, 而論文於兎羅收裏處, 更復矩疊規重)

1-17

주(周) · 진(秦) 이전을 살펴보면, 사관에 어떠한 인물이 채용되었는지 상세한 것을 알 수가 없다. 한(漢) · 위(魏) 이후가 되면 그 정황을 말할 수 있다. 그러나 대부분 사관이라는 허호(虛號)만 횡행했을 뿐, 유명무실한 경우가 많았다.(釋 : 이상이 마지막 절의 중심이다) 후한과 삼국시대 위나라 두 시대의 사서로서 당대(當代) 사람들이 편찬한 것으로써 실제 그 직무를 수행한 경우는 다만 유진(劉珍)[119] · 채옹(蔡邕)[120] · 왕침(王沈 : ?-266)[121] · 어환(魚豢)[122] 등이 있을 뿐이다. 그러나 옛날 기록에는 당시 후한과 위나라의 역사를 쓴 사람은 한, 둘이 아니었다. 즉 왕일(王逸)[123] · 완적(阮籍)[124]

119 역주 : 『동관한기(東觀漢記)』의 저자로 알려져 있다. 「핵재(覈才)」편 주)38 참조.

120 역주 : 「서지(書志)」편 주(注) 참조.

121 역주 : 『위서(魏書)』를 편찬하였는데, 그 내용에 시휘(時諱)가 많다고 지적되었다. 『진서(晉書)』 권39, 「왕침전」 참조.

122 역주 : 삼국 위(魏)의 사가로써 『위략(魏略)』 · 『전략(典略)』를 편찬하였다.

123 『후한서』 권80상, 「문원전(文苑傳)」 상에, 왕일의 자는 숙사(叔師)이고, 순제(順帝) 때 시중(侍中)을 지냈다. 『초사장구(楚辭章句)』를 지어 간행하였다. 부(賦) · 뇌(誄) · 잡문(雜文) 등 21편의 저작이 있다. 按 : 왕일의 이름이 열거된 역사적 사실은 아직 확인되지 않는다.

124 『진서(晉書)』 권49, 「완적전」에, 적의 자는 사종(嗣宗)이다. 부(父) 우(瑀)는 위(魏) 승상의 연속(掾屬)이었다. 완적은 술을 좋아하고 휘파람을 잘 불었다. 위(魏) · 진(晉) 교체기에 명사(名士)로써 화(禍)를 당하지 않는 사람이 적었다. 때문에 세상사에 간여하지 않고 늘 술에 취해 살았다. 보병(步兵) 군영에 술을 잘 담그는 사람이 있어서 술 300곡(斛)이 저장되어 있다는 소문을 듣고 보병교위(步兵校尉)가 되기를 원할 정

같은 사람들 역시 사서 편찬에 참여하였다고 쓰여 있다. 왕일은 한 갓 장구(章句)나 뒤지는 융통성 없는 유생[腐儒]이고, 완적은 하루종일 술독에만 파묻혀 있는 일개 술주정뱅이일 뿐이다. 이러한 사람들이 어찌 당시의 역사적 사실을 종합하여 국사를 편찬할 수 있겠는가?(釋 : 두 사서에 열거된 작자 중 왕일(王逸)과 완적(阮籍) 두 사람의 경우를 빌려 이들이 다만 저작에 이름을 걸었을 뿐이라는 사례로써 설명하였다)

그런데도 근대에 명예와 이익을 다투는 사람들은 사관이 되는 것을 더욱 좋아하였다. 그렇지만 실제 역사를 편찬할 수 있는 사람은 열 명 중 한, 두 명밖에 없었으며, 사서를 완성하고 나면 정서(淨書)하고 편찬자들이 서명하여 황제에게 바치고 표창을 받게 되는데 그들은 그 상을 서로 다투어 받고자 했다. 그러나 시비(是非)에 기준이 없고, 진위(眞僞)가 뒤섞여 있었다.(시비와 진위를 판별하면서 저명한 말을 나열함을 가리킨다) 그들이 살아 있을 때에는 당시 사람들을 심하게 모함하고, 죽은 다음에는 후세 사람들을 미혹에 빠지게 하였다. 그런데도 그들의 사적은 가보(家譜)와 전기(傳記)에 기록되어 찬양되고, 이름은 비갈(碑碣)에 새겨져 영광을 더하였다. (구본(舊本)에, 이미 그들은 자기의 이력을 쓸 때나 자기의 장점을 이야기할 때 모(某) 시대에 모 책을 쓰고 모 해[年]에 모 사서를 편찬하였다고 말한다. 얼마간의 호(戶)를 가봉(加封)하고 얼마간의 표창을 받는다. 이러한 부류에 대한 논조는 늘 들을 수 있다. 그리하여 독자로 하여금 반드시 이름이 사실에 부합되고 공(功)과 상(賞)이 서로 부합된다고 인식하게 한다. ○이 문단이 어떤 책에는 협주(夾注)로 되어 있고, 어떤 책에는 본문[正文]으로 되어 있다. 按 : 만약 본문이라면 그 문장이 중복되어 사리에 맞지 않고, 협주로 쓰여졌다고 해도 잘못이다. 주소(注疏)의 체례가 아니고 또 별다른 뜻이 없다. 마찬가지로 '이미[旣而]' 두 글자로 시작되는 형식도 아니다. 자세히 살펴보면 대개 초본(初本)이 이와 같았을 것이다. 후일 금본(今本)으로 고치면서 잘못하여 없어졌다. 책을 편집한 사람이 그 문장을 어지럽게 모았지만 실재로는

도였다. 또 「왕침전(王沈傳)」에, 왕침과 완적이 함께 『위서(魏書)』를 편찬하였다고 했다.

군더더기 문장이다.) 그 전에 위 문제(魏文帝)가 말하기를, "순(舜)과 우(禹)의 선양에 관한 일을 내가 알겠노라"[125]고 하였는데, 이들은 위 문제를 흉내내고 있는 것이다.(釋 : 말을 인용하여 그 뜻을 취하면서 사실과 다르고 이름을 도용한 것을 비난하였다. 마지막 구절은 대개 개탄하는 말이다)

觀夫周·秦已往, 史官之取人, 其詳不可得而聞也. 至於漢·魏已降, 則可得而言. 然多竊虛號, 有聲無實.(釋 : 此八字是末節之主) 案劉(後漢)·曹(『魏志』)二史, 皆當代所撰, 能成其事者, 蓋唯劉珍·蔡邕·王沈·魚豢之徒耳. 而舊史載其同作, 非止一家. 如王逸·阮籍亦預其列.(一訛作'例') 且叔師硏尋章句, 儒生之腐者也; 嗣宗沉湎曲糵, 酒徒之狂者也. 斯豈能錯綜(一作'措置')時事, 裁成國典乎?(釋 : 借二史所列逸·籍二人爲附名起例)

而近代趨競之士, 尤喜居於史職, 至於措辭下筆者, 十無一二焉. 旣而書成繕寫, 則署名同獻; 爵賞旣行, 則攘袂爭受. 遂使是非無準, 眞僞相雜.(是非眞僞, 指列名言) 生則厚誣當時, 死則致惑來代. 而書之譜傳, 借(一作'以')爲美談; 載之碑碣, 增其壯觀.(舊本 : 旣而自歷行事, 稱其所長, 則云"某代著某書, 某年成某史. 加封若干戶, 獲賜若干段."諸如此說, 往往而有. 遂使讀者皆以爲名實相符, 功唶相副. ○此段一本作夾注, 一本作正文. 按 : 若作正文, 其文複沓無理. 作夾注者亦誤. 旣非疏體, 又無別義. 亦無'旣而'二字起法. 細玩之, 蓋是初本如此, 後來改就今本, 失於途汰, 編書者混綴其間, 實乃羨文耳) 昔魏帝有言,(一脫'言'字) "舜·禹之事, 吾知之矣." 此其(舊作'則')效歟!(釋 : 引言取義, 譏其無實盜名也. 末節蓋慨憤之辭)

按 : 이는 「사관건치(史官建置)」편의 마지막 구절로서 내용이 「자서(自敍)」·「오시(忤時)」편과 같다. 익숙한 곳은 사람들이 잊기 어렵다. 이는 습관과 기질이 그렇기 때문이다.(此爲篇尾末節, 其言仍與「自敍」·「忤時」一合, 相熟處難忘, 習氣如此)

125 『삼국지』 권2, 「문제기(文帝紀)」 배송지주(裴松之注) 『위춘추(魏春秋)』에, 문제(文帝)가 단상에 올라 예(禮)를 마치고, 여러 신하들을 돌아보며 말하기를, '순(舜)·우(禹)의 선양에 관한 사실을 이제 내가 알겠노라'고 하였다.

구절의 내용이 매우 자세하고, 반복하여 연구하고 분석하였지만, 때로는 바르지 않은 문장을 골라내지 못하였는데도 자신이 깊은 이해를 얻었다고 기뻐하면서 고인(古人)에 대하여 공(功)이 있다고 하였다.(節內細書, 反覆硏辨, 悟到失汰羨文, 私喜得解, 自謂有功古人)

사서를 논할 때는 반드시 사서를 쓴 사람을 살펴야 한다. 이는 마치 보주(寶珠)를 사려면 아울러 그것을 담고 있는 갑[匵]을 함께 사야 하는 것과 같다. 때문에 유지기는 이 편을 「외편(外篇)」의 첫머리에 배열하였다. 그 내용으로 말하자면, 주로 상고(詳考)하여 헤아리는 것이었다. 그 문장으로 말하자면, 주로 서술이었다. 이는 사가의 직책과 일치하는 것으로써 두우(杜佑) · 정초(鄭樵) · 마단림(馬端臨)의 삼통(三通) 즉 『통전(通典)』 · 『통지(通志)』 · 『문헌통고(文獻通考)』의 시발점이 되었다.(論史必原職史之官, 猶買珠幷買其匵也, 故首「外篇」焉. 其爲體也主考稽, 其爲文也主敍述, 與史家職官志同方, 爲杜 · 鄭 · 馬『三通』發軔)

전체적으로 보면, 문제를 제시한 것도 있고 마무리한 것도 있으며, 순서에 따라 편사(編寫)한 것도 있고 다른 문장에서 뽑아 합친 것도 있다. 그렇지만 본원(本源)을 찾아 한 숨에 꾸짖으며 완성한 것도 있으니 어찌 그것을 간단하게 조목을 배열한 것으로 볼 수 있겠는가?(通觀之, 有提有束, 有挨編, 有抽幷, 元元本本, 一氣呵成, 烏得以條例之例例之?)

『사통통석』 권12

「고금정사(古今正史)」 제2

구주(舊注)에 '총 18조(條)' 네 글자는 살펴보니 합당하지 않아 삭제하였다.[舊注總十八條四字, 按之不合, 削之]

소위 '정사(正史)'라는 명칭은 남조(南朝) 양(梁)의 완효서(阮孝緖)가 쓴 『정사삭번(正史削繁)』에 처음 보인다. 그 책은 이미 실전(失傳)되었지만 그의 『칠록(七錄)』의 기전록(紀傳錄)에 보이는 '국사부(國史部)'가 대체로 정사를 포함한다는 사실을 알 수 있다. '국사부'에는 기전체 사서뿐만이 아니라 편년체 사서도 포함하였다. 『수서경적지』는 '칠록(七錄)'을 사부(四部) 즉 경(經)·사(史)·자(子)·집(集)으로 분류하고 사부(史部)의 첫머리에 정사(正史)를 배열하면서 편년체 사서는 다음의 '고사(古史)'에 배열하였다. 이후 정사는 기전체 사서를 가리키는 용어가 되었다. 유지기는 앞의 「육가(六家)」편에서 당(唐) 이전 고대사서의 체례와 각 가(家)의 유파적 특징을 논하였고, 「이체(二體)」편에서는 편년체와 기전체 사서를 중심으로 그 득실을 설명하였다. 이 「고금정사」편은 「육가」편과 「이체」편의 기초 위에 각 시대별 기전체와 편년체 사서 중에 소위 정사에 속하는 사서를 시대 순으로 나열하며 그 편찬과정과 구성 그리고 수정 등과 관련한 전반적인 특징을 설명하였다. 유지기는 『수서경적지』와 달리 기전체와 편년체 사서는 물론 『상서』와 『춘추』, 최홍(崔鴻)의 『16국춘추(十六國春秋)』까지도 정사로 보았다. 따라서 이후 『명사예문지(明史藝文志)』가 다시 기전체와 편년체 사서를 모두 정사로 분류한 것은 『사통』의 분류와 무관하지 않다. 청대(淸代)에 들어와 『사기』로부터 『명사』에 이르는 24사(史)만을 정사로 지칭함에 따라 정사라는 용어가 관찬(官撰)으로 이루어진 이전 왕조의 기전체 사서만을 가리키는 제한적인 의미로 사용되기도 하였지만, 지금은 기전체와 편년체 그리고 기사본말체를 모두 포함하는 보다 넓은 의미로 사용된다.

2-1

『역』(易)에 이르기를 "상고시대에는 새끼를 매듭지어[結繩] (기록이나 계약 등에 도움이 되도록 하여) 천하를 다스렸고, 후세에는 성인이 문자[書契]로 바꾸어서 (백관이 다스려지고)"[1]라고 하였고, 유생[儒]('전(傳)'이라고 해야할 것이다. 대체로 경(經)에 주(注)를 다는 것을 가리킨다)[2]들은 말하기를, "복희씨(伏羲氏)는 처음으로 팔괘(八卦)를 그렸고 문자를 만들어 결승(結繩)을 대신하여 나라를 다스렸으며 이로 인해 서적이 생겨났다"라고 하였다.[3] 또 말하기를 "복희(伏羲)·신농(神農)·황제(黃帝)의 기록을 『삼분(三墳)』이

---

1 역주 : 『주역(周易)』 「계사하전(繫辭下傳)」의 문장이다. 유지기는 이 문장을 인용하면서 '치(治)'를 '이(理)'로 쓴 것은 당 고종(唐高宗) 이치(李治)를 피휘한 때문이다.

2 역주 : 이 같은 포기룡의 견해와는 달리 인용된 '유생들은 말하기를' 이하 문장은 공안국(孔安國), 「상서서(尙書序)」에 보이는 문장이다.

3 역주 : 『주역』 「계사하전」에, 옛날 천하를 다스리던 포희(包羲) 씨는 위로는 일월성진(日月星辰)의 천상(天象)을, 아래로는 산천의 지형을 관찰하고 나아가서는 새와 짐승의 모양, 초목의 상태에서 가까이는 자기의 신체에 이르기까지 온갖 것을 모두 관찰하여 그것을 종합하여 8괘를 창조하였다. 그리고 이 8괘에 의해서 천지의 영묘한 덕을 밝히고 만물의 성질과 그 활동을 구별한 것이라고 하였다.

라 하였는데 대도(大道)를 말하는 것이었다. 소호(少昊)·전욱(顓頊)·고신(高辛)·당(唐)·우(虞)의 기록을 『오전(五典)』이라 하였는데 상도(常道)를 말하는 것이었다"라고 했다.[4] 『춘추좌씨전(春秋左氏傳)』에서는 초(楚) 좌사(左史)('의상(倚相)' 두 글자가 있었을 것이다)가 『삼분』·『오전』을 읽었다는 내용을 싣고 있다.[5] 『예기』(禮記)』에 이르기를 "외사(外史)는 삼황오제(三皇五帝)의 글을 맡아보았다"[6]고 하였다. 이를 통해 '분(墳)'과 '전(典)'이 글의 의미를 지니고 있고, 『삼분』·『오전』이 춘추시대에 이르러서도 여전히 널리 유행되었음을 말해준다.(釋 : 이상은 기원에 관한 문장이다) 뒤에 오면 이 책들은 전해지지 않았으므로 요순[唐虞] 이후의 역사만을 사람들이 서술할 수 있었다. 그러나 요(堯)임금 이전의 역사적 사실들은 성현(聖賢)들이 말한 것이 있었지만 전해지고 있는 것은 겨우 열 가운데 한, 둘이었다. 그런데도 후세의 많은 사람들은 요순 이전의 사실에 대하여 기이한 설을 제멋대로 만들어냈다. 말은 정도에 어긋나는 황당한 것이었고, 책은 성인이 말한 것과 달랐다.[7] 때문에 사마천(司馬遷)은 말하기를 "신농(神農) 이전의 상황은 나도 모른다"[8]고 하였고, 반고(班固) 역시 "전욱(顓頊)에 대한 사실은 분명히 말할 수 없다[9]고 하였다. 이러한 말들은 『삼분』·『오

4 이상은 모두 공안국(孔安國), 「상서서(尙書序)」(『문선(文選)』 권45 所收)를 인용한 문장이다.

5 역주 : 『좌전』 소공(昭公) 12년(B.C. 530)에, 초 영왕(楚靈王)이 좌사(左史) 의상(倚相)을 평하면서 하는 말 중에 그는 양사(良史)로서 『삼분(三墳)』·『오전(五典)』·『팔색(八索)』·『구구(九丘)』 등을 모두 읽었다고 하였다.

6 역주 : 유지기는 이 문장을 『예기』에서 인용한 것으로 적고 있지만, 실제로는 『주례(周禮)』 「춘관(春官)」 "외사(外史)"에 보이는 문장이다.

7 역주 : 이러한 유지기의 견해는 후일 최술(崔述), 『고신록제요(考信錄提要)』 권하(下), 「보상고고신록(補上古考信錄)」에 보이는 소위 탁고개제(託故改制)에 대한 비판적 견해에 적지 않은 영향을 주었다. 程千帆, 『史通箋記』, pp.199-200 참조.

8 『사기』 권129, 「화식열전(貨殖列傳)」에, 노자(老子)가 말하기를 지극히 잘 다스려지는 시대는 …… 백성들은 각자 자신들의 음식을 맛있게 먹고, 그들의 의복을 아름답게 여기고, 풍속을 편안히 여기며, …… 늙어 죽을 때까지 서로 왕래하지 않는 것이고 하였다. 태사공은 신농(神農) 이전의 상황은 나도 모른다고 하였다.

9 『한서』 권62, 「사마천전」 찬(贊)에, 당(唐)·우(虞) 이전은 비록 남겨진 글이 있지만

전』에 기록된 내용을 알 수 없게 되었다는 것이다.(釋: 이 구절에서는 아주 먼 시기의 이야기는 살필 방법이 없고 증거가 부족하다고 했다. 대개 생략된 문장이다)

『易』曰: "上古結繩以理, 後世聖人易之以書契." 儒(疑當作'傳', 蓋指注經者)者云: 伏羲氏"始畫八卦, 造書契, 以代結繩之政, 由是文籍生焉." 又曰: "伏羲 · 神農 · 黃帝之書謂之'三墳', 言大道也; 少昊 · 顓頊 · 高辛 · 唐 · 虞之書謂之'五典', 言常道也." 『春秋傳』載楚左史(疑當有'倚相'二字)能讀三墳 · 五典. 『禮記』曰: "外史掌三皇 · 五帝之書." 由斯而言, 則墳 · 典文義, 三 · 五史(一作'典')策, 至於春秋之時猶大行於世.(釋: 已上是原始之文) 爰及後古,(一作'世') 其書不傳. 惟唐 · 虞已降, 可得言者. 然自堯而往, 聖賢猶述, 求其一二, 仿佛存焉. 而後來諸子, 廣造奇說, 造唐 · 虞已上之說. 其語不經, 其書非聖. 故馬遷有言: "神農已前, 吾不知矣." 班固亦曰: "顓頊之事, 未可明也." 斯則墳 · 典所記, 無得而稱者焉.(釋: 此層言荒遠無稽, 不足證擧. 蓋是撇掠之文)

按: 제1절은 「고금정사(古今正史)」편의 시작이고 머리말이므로 정문(正文)으로 볼 수 없다.(第一節爲正史發端, 是裝頭體, 不作正文用)

구본(舊本)에는 "우(右)에서 『삼분(三墳)』·『오전(五典)』을 말했다"라는 행(行)이 있었지만, 검증되지 않은 사실은 믿지 않는 것이 사가가 견지하는 첫 번째 원칙인데, 구본(舊本)의 이 행(行)의 글자와 특히 본절 끝에서 말한 문장의 뜻이 서로 모순된다. 대체로 이는 모두 원래의 문장에 있었던 글자들이 아니었으므로 이제 모두 삭제하였다. 뒤에서도 이러한 방법을 따랐다.(舊本有'右說三墳 · 五典'一行. 是以無徵不信之書爲史家首項, 殊與節末文義自相違反矣. 凡此皆非原有之文, 今概削之. 後仿此)

그 언사가 법도에 맞지 않다. 그러므로 황제(黃帝)와 전욱(顓頊)의 일에 관해서는 분명히 말할 수 없다고 했다.

2-2

요와 순이 서로 이어 천하를 다스린 내용은 이미 옛 서적에 보인다. 주나라는 하·상 두 시대를 살펴서 각기 그에 대한 서적이 있었다.[10] 공자(孔子)에 이르러 과거 서적들의 의의를 자세히 살피고 정리하여 『상서(尙書)』를 편찬하였다. 이 책은 요(堯)임금부터 시작하여 진 목공(秦穆公)때까지를 다루었는데 그 내용이 100편(篇)에 이른다.[11] 공자는 각 편마다 모두 서문을 달았다.[12](釋 : 몇 마디 말로 『상서』 원본(原本)을 분명히 하였다) 진(秦)나라는 포악무도하여 유생들을 생매장하고 책을 불사르게 하여 유학을 금지시켰지만,[13] 공자(孔子)의 먼 자손인 공혜(孔惠)가 이 책들을 벽 속에 감추었다.[14] 한(漢)이 천하를 통일한 후 유가 저작과 학술을 널리 구하였는데, 진(秦)나라 박사(博士) 복생(伏生)이 『상서』를 전수할 수 있음을 듣

10 역주 : 『논어』 「팔일(八佾)」편에, 주나라는 하·상 두 시대를 살펴서 그 문화가 매우 찬란하니, 나는 주나라를 따르겠노라고 하였다.

11 역주 : 『사기』 권47, 「공자세가」에, 공자의 시대에는 주 왕실이 쇠퇴하여 예악은 폐지되었고, 『시』와 『서』가 흩어졌다. 이에 공자는 3대의 예를 추적하여 서전(書傳)의 편차를 정하되, 위로는 요순(堯舜)으로부터 아래로는 진 목공(秦穆公)에 이르기까지 그 사적을 순서에 따라 정리하였다고 했다.

12 『서경전설(書經傳說)』에, 반고는 공자가 『상서』 100편을 편찬하고 각각 '서(序)'를 달아 편찬의도를 설명하였다고 했다. 공영달(孔穎達)의 소(疏)에, 이 '서'를 통해 공자가 작자임을 알 수 있다. 위문(緯文)으로 알 수 있다. 이 100편을 검토해보면 모두 63개의 '서(序)'가 있다. 「명거(明居)」·「함유일덕(咸有一德)」·「입정(立政)」·「무일(無逸)」편 등에는 '서'를 쓰지 않은 이유가 있다. '서'가 같으면서도 편이 다른 경우가 33편으로서 「명거」편 등 4편을 더하면 37편이고 여기에 63편의 '서'를 더하면 곧 100편이 된다고 했다.

13 역주 : 『사기』 권121, 「유림전(儒林傳)」 참조.

14 『한서예문지』 주(注)에, 안사고(顔師古)는 『공자가어(孔子家語)』에 공등(孔騰)의 자는 자양(子襄)인데, 진(秦)의 법을 두려워하여 『상서』를 공자의 옛 집 벽 속에 숨겨두었다고 했다. 그러나 『한기(漢記)』 「윤민전(尹敏傳)」에는 공부(孔鮒)가 숨겼다고 하여 두 주장이 다르다. 按 : 『수서경적지』 「사부(史部)」 "서서(書序)"의 내용이 또 달라 공자의 먼 자손인 공혜(孔惠)가 숨겼다고 했다. 『사통』과 『수서경적지』의 내용이 같다.

고 태상(太常)에 조서를 내려 장고(掌故) 조조(晁錯 : B.C. 200-154)[15]에게 명령하여 받아 오게 하였다. 당시 복생은 나이가 근 100살이 되었고 말도 잘 알아듣지 못할 정도였다. 구술하는 것을 받아 적었는데 그것도 다만 29편이었다.[16] 이때부터 『상서』를 전수하는 자로써 구양씨(歐陽氏), 대·소 하후씨(夏侯氏)가 있었다. 선제(宣帝)때 또 하내(河內)의 한 여자가 「태서(泰誓)」 1편을 구해바쳤다.[17] 복생이 외워 전한 것과 합쳐 모두 30편이 세상에 알려졌다. 이 편에 기재된 연월이 『상서』의 서문과 맞지 않았으며, 또한 『좌전(左傳)』·『국어(國語)』·『맹자(孟子)』에 인용된 「태서」편의 내용과 같지 않기 때문에 한(漢)·위(魏)의 여러 유생들(原注 : 마융(馬融 : 79-166)·정현(鄭玄 : 127-200)·왕숙(王肅 : 195-256)을 말한다)[18]이 모두 본래의 내용이 아니라고 의심하였다.(釋 : 한차례 드러남[顯]과 감추어짐[晦]이다)

『고문상서』는 공혜(孔惠)가 벽에 감춘 것으로 과두문(科斗文)으로 쓰여진 것이었다.[19] 노 공왕(魯恭王)[20]이 공자의 옛집을 허물었을 때 비로소 벽

---

15 역주 : 조조(晁錯)는 『사기』 권101·『한서』 권49에 열전이 보인다. 이름이 때로는 조조(鼂錯) 혹은 조조(朝錯)라고도 불렸다.

16 역주 : 『사기』 권121, 「유림전」 참조. 복생(伏生)의 이름은 승(勝)이다.

17 『한서』 권88, 「유림전(儒林傳)」에, 복생은 제남(濟南) 사람이다. 『상서(尙書)』에 밝아 제남의 장생(張生)과 구양생(歐陽生)을 가르쳤다. 구양생이 아관(兒貫)에게 전수하고, 아관은 구양생의 아들에게 전하였다. 대대로 전해져 증손인 고(高), 고의 손자인 지여(地餘)에게 전해졌다. 이리하여 구양씨(歐陽氏)의 학(學)이 있게 되었다. 하후승(夏侯勝)의 선조는 하후(夏侯)의 도위(都尉)였다. 제남의 장생에게 『상서』를 전수받았다. 족자(族子) 시창(始昌)에게 전하였고, 시창은 승(勝)에게, 승은 종형의 아들 건(建)에게, 건은 다시 구양고(歐陽高)에게 사사받았다. 이리하여 대·소 하후(夏侯)의 학(學)이 있게 되었다. 주(注)에, 복생의 이름은 승(勝)이라 했다. 『수서경적지』에, 하내(河內)의 여인이 「태서(泰誓)」 1편을 얻어 바쳤다고 했다.

18 역주 : 『수서경적지』 「경부(經部)」 "상서(尙書)"에, 『상서』 11권, 마융이 주를 달았다. 『상서』 9권, 정현이 주를 달았다. 『상서』 11권, 왕숙이 주를 달았다고 했다.

19 역주 : 공안국, 「상서서(尙書序)」(『문선(文選)』 권45 所收) 참조. 과두(科斗)문자는 전문(篆文) 이전에 사용된 고문자로서, 글자의 획이 올챙이 모양을 닮아서 과두(蝌蚪)문자라고도 한다.

20 역주 : 『한서(漢書)』 권53, 「경십삼왕전(景十三王傳)」에, 효경제(孝景帝) 정희(程姬)가 노공왕(魯 恭王) 정여(程餘)를 낳았다. 노 공왕 초에 궁실을 건설하면서 공자의 옛집을 허물어 궁전을 확장하였다. 그리하여 벽에서 고문경전(古文經傳)을 얻었다고 했

속에서 그것을 얻었다. 박사 공안국(孔安國)은 복생이 외워 전한 것과 대조하여 25편을 증가시켰다. 다시 한 행은 과두문자로 또 한 행은 예서체(隷書體)로 정하여 베껴[21] 46권으로 편찬하였다. 사마천(司馬遷)이 여러 차례 공안국에게 『상서』의 내용을 문의하였기 때문에[22] 『사기』에는 『고문상서』의 관점을 많이 받아들였다. 공안국이 황제의 명을 받아 『상서』에 대한 주석을 만들었다.[23] 무제(武帝) 말기에 이르러 무고(巫蠱)사건[24]이 발생하여 경전서적들을 구하고자 하는 전통이 없어졌기 때문에, 공안국의 작업은 황제에게 올려지지 못하고 사가(私家)에 보관되었다.[25] 유향(劉向 : B.C. 77-A.D. 6)이 구양씨(歐陽氏)와 대·소 하후씨(夏侯氏) 3가에 전해지는 『상서』를 교감(校勘)하면서 탈자(脫字)와 오자(誤字)가 매우 많음을 발견하였다.[26] 후한(後漢)에 이르러 공안국의 『고문상서』 원본은 마침내 사라졌다.

21 공안국의 「『상서』 서(序)」에, 예서로서 고문을 쓰기로 결정[隷古定]하였다고 했다. 염약거(閻若璩)는 '예서로서 고문을 쓰기로 결정'했다 함은 한 행은 과두체로 쓰고, 한 행은 진서체(眞書體)로 썼다고 했다. 공영달(孔穎達)은 고문체가 이로부터 예서로 결정되었다. 고서체를 보존하고 앙모하였음을 예문으로 알 수 있다고 했다. **按** : 예서는 곧 지금의 진서(眞書)이다.

22 『한서』 권88, 「유림전」에, 공씨(孔氏)에게 『고문상서(古文尚書)』가 전하고 있었는데 공안국(孔安國)이 이를 얻었다. 공안국이 간대부(諫大夫)로 있을 때 사마천은 공안국에게 『고문상서』의 뜻을 물었다. 때문에 사마천은 「요전(堯典)」·「미자(微子)」·「금등(金縢)」 등 제편(諸篇)의 고문의 견해를 많이 인용하였던 것이다.

23 **역주** : 공안국, 「상서서」(『문서』 권45 所收)에, 황제의 명을 받아 59편에 대한 전(傳)을 지으면서 정심(精心)으로 연구하고 깊이 생각하여, 널리 경적(經籍)을 참고하고 많은 사람들의 이야기를 받아들여 『상서』에 대한 주석을 만들었다고 했다.

24 **역주** : 『품조(品藻)』편 주)21 참조.

25 **역주** : 『한서예문지』 「육예략」 "서(書)"에, 공안국은 공자의 후손이다. 벽 속에서 나온 『상서』를 모두 구하니 29편으로 생각했던 것이 16편을 더 많이 구했다. 공안국은 그것을 헌상하였는데, 무고(巫蠱)의 사건을 만나 학관(學官)의 열(列)에 들지 못하였다고 했다. 공안국, 「상서서」에서는 이를 자손에게 전했다고 했다.

26 **역주** : 『한서예문지』 「육예략」 "서(書)"에, 유향이 궁중의 고문(古文)으로 구양·대, 소하후(夏侯) 3가(家)의 경문(經文)을 교수하는, 「주고(酒誥)」에 탈간(脫簡)이 하나, 「소고(召誥)」에 탈간 둘이 있었다. 간(簡) 하나에 25자 되는 것은 탈자 역시 25자요, 간이 22자 되는 것은 탈자 역시 22자로 문자가 다른 것이 7백여, 탈자가 수십자라고 하였다.

고, 내용 중 일부가 다른 경전(經典)에 보이는데 많은 유생들이(原注 : 마융(馬融) · 정현(鄭玄) · 두예(杜預) 등을 가리킨다) 그것을 '일서(逸書)'라고 불렀다. 왕숙(王肅)도 『금문상서(今文尙書)』에 주를 달았지만, 그 주해한 것이 대체로 공안국의 『고문상서』와 비슷하니 혹시 왕숙이 개인적으로 그 원본을 보고 그것을 감춘 것은 아닐는지?(釋 : 또 한 차례 명암이 분명치 않고 현은(顯晦)을 가리기 어렵다)

동진(東晉) 원제(元帝 : 317-323재위) 때 예장내사(豫章內史) 매색(梅賾)이 공안국이 전(傳)한 『고문상서』를 바쳤는데 그 안에 「순전(舜典)」편이 빠져 있었다. 그리하여 왕숙(王肅)의 『금문상서』 주해 중의 「요전(堯典)」편 내용 가운데 '신휘(愼徽)' 이하 부분을 따로 떼어 「순전」을 만들고 그 내용을 이어놓았다.[27] 이때부터 구양씨와 대 · 소 하후씨 등의 『상서』에 관한 해석과 마융 · 정현 · 왕숙 등의 주(注)가 모두 폐기되고, 공안국이 전한 『고문상서』만이 홀로 유행되었으며 학관(學官)에 배열되어 오래도록 세상사람들의 교범(教範)이 되었다.[28]

남조 제(齊) 건무(建武) 연간 중에 오흥(吳興)사람 요방흥(姚方興)이 마융 · 왕숙의 해석을 골라 모아 공안국이 주해(注解)한 「순전(舜典)」이라 위조하고 대항(大航)에서 구입하였다고 하며 조정에 바쳤다.[29] 조정대신들이 모여 심의하고 모두 위조한 것이라고 인정하였다.[30](原注 : 양 무제(梁武帝) 때

27 왕숙은 「육가(六家)」편 상서가(尙書家)에 보이고, 매색은 「감식(鑒識)」편에 보인다. **按** : 이 구절에서 서술한 내용은 『사통』의 내편(內篇) 중 곳곳에 산견(散見)된다. 『한서예문지』 · 『한서』 「유림전」 · 『수서경적지』 등과 공안국의 『상서』 서(序), 공영달(孔穎達)의 「순전(舜典)」소(疏)를 서로 비교하여 살펴보면 이러한 문장이 모두 갖추어져 있다. 역주 : 매색이 원제 건무(建武) 원년(317)에 자칭 공벽(孔壁)의 구본(舊本)인 『고문상서』를 구하였다고 하여 상주하였는데, 그 「서(序)」는 공안국이 지었다고 했다. 「서(序)」에는 그 책이 모두 59편 46권이라 하였다.

28 역주 : 이상의 내용은 당(唐) 육덕명(陸德明), 『경전석문(經典釋文)』 「서록(序錄)」(上海古籍出版社, 1980, 영인본)과 『수서경적지』 「경부(經部)」 "상서" 각각 참조.

29 역주 : 『수서경적지』 「경부(經部)」 "상서(尙書)" 참조.

30 역주 : 이상의 『상서공씨전(尙書孔氏傳)』 즉 『위공안국상서전(僞孔安國尙書傳)』은 후한 때 이미 산일(散佚)되었다. 동진(東晉) 때 예장내사 매색이 공안국이 '전(傳)'한 것

박사들이 의론하여 말하기를, 공안국은 『상서』 서(序)에서 복생이 다섯 편을 잘못 합하였는데 이것은 편(篇)과 편의 문구들이 서로 연결되었기 때문에 합쳐지게 된 것이라 하였다. 그러나 이 「순전(舜典)」편에서는 "이르기를, 만약 옛 임금 순(舜)을 상고한다면[曰若稽古]"이라는 글자가 있다. 복생이 "비록 연로하고 정신이 혼미하지만 어찌 □□합칠 수 있겠는가"고 하였다. 이리하여 그것을 받아들이지 않았다. 按 : 다섯 편을 잘못 합하였다고 한 것을 공안국은 『상서』 서(序)에서 이르기를, 복생은 「순전」을 「요전(堯典)」에 합치고, 「익직(益稷)」을 「고요모(皐陶謨)」·「반경(盤庚)」 등과 합쳐 세 편을 하나로 하였다. 「강왕지고(康王之誥)」를 「고명(顧命)」과 합하였다고 했다) 강릉(江陵)에 동란이 일어나자[31] 요방흥의 「순전」편이 화북지역에 전해지니 중원의 학자들이 보고 기이하게 여겼다. 수(隋)나라 박사(博士) 유현(劉炫)[32]은 이 편을 취하여 그것을 공안국이 주해한 『고문상서(古文尙書)』안에 수록하였다. 때문에 오늘 사람들이 학습하는 『상서』 「순전(舜典)」은 원래 요방흥에게서 나온 것이다.(釋 : 여기에 이르러 현재의 판본이 정해진 것을 설명하였다)

案(一無'案'字)堯·舜相承, 已見墳·典; 周監二代, 各有書籍. 至孔子討論其義, 刪爲『尙書』. 始自唐堯, 下終秦穆, 其言百篇, 而各爲之序.(釋 : 數語提淸『尙書』原本) 屬秦爲不道, 坑儒禁學, 孔子之末孫曰(一多'孔'字)惠, 壁

이라 하면서 『고문상서』 59권을 헌납하여 학관을 세웠고, 남조 제(齊)의 요방흥이 다시 공안국 '전(傳)' 중 한 편인 「요전(堯典)」을 헌상하여 따로 경문(經文) 28자를 덧붙였다. 당나라 때 공영달이 칙명을 받들어 『상서정의(尙書正義)』를 지었는데, 매색이 헌상한 공안국의 『고문상서』를 근본으로 했다. 이후 송의 주희(朱熹)·오역(吳棫), 명의 매작(梅鷟) 등이 모두 일찍부터 의심하였고, 청 염약거(閻若璩)·혜동(惠棟)이 계속해서 많은 자료를 들어 변증(辨證)을 진행하여 위서임이 밝혀졌다.

31 역주 : 양 무제(梁武帝) 말에 후경(侯景)의 난과 북조 서위(西魏)의 공격으로 양이 혼란에 빠진 상황을 일컫는다.

32 유현의 자는 광백(光伯)이고, 태학박사(太學博士)를 지냈다. 「핵재(覈才)」편에 보인다. 또 『수서』 권75, 「유림전」에, 유현은 스스로 장(狀)을 써서 이르기를, 『예기』·『시경』·『상서』·『공양전』·『좌전』 등에 공안국(孔按國)·정현(鄭玄)·왕숙(王肅)·하휴(何休) 등의 주(注)가 있는데, 비록 그 해석한 뜻에 정교함과 조잡함의 차이가 있기는 하지만 나는 모두 강수(講授)할 수가 있다고 했다. 저서로는 『상서』 등 경술(經術)에 관한 의론 100여 권이 있다.

藏其書. 漢室龍興, 旁求儒雅, 聞故秦博士伏勝能傳其業, 詔太常使掌故.(一本作'固', 據『漢書』作'故') 晁錯受焉. 時伏生年且百歲, 言不可曉. 口授其書, 才二十九篇. 自是傳其學者, 有歐陽氏 · 大小夏侯. 宣帝時, 復有河內女子, 得『泰誓』一篇獻之, 與伏生所誦合三十篇, 行之於世. 其篇所載年月, 不與序相符會, 又與『左傳』 · 『國語』 · 『孟子』所引『泰誓』不同, 故漢 · 魏諸儒(原注 : 謂馬融 · 鄭玄 · 王肅也) 咸疑其繆.(釋 : 一番顯晦)

『古文尚書』者, 卽孔惠之所藏, 科斗之文字也. 魯恭王壞孔子舊宅, 始得之於壁中. 博士孔安國以校伏生所誦, 增多二十五篇. 更以隸古字寫之, 編爲四十六卷. 司馬遷('遷'字舊訛在'故'字下)屢訪(一作'採')其事, 故多有古說. 安國又受詔爲之訓傳. 値武帝末, 巫蠱事起, 經籍道息, 不獲奏上, 藏諸私家. 劉向取校歐陽 · 大小夏侯三家經文, 脫誤甚衆. 至於後漢, 孔氏之本遂絶. 其有見於經典者, 諸儒皆謂之逸書.(原注 : 謂馬融 · 鄭玄 · 杜預也) 王肅亦注『今文尚書』, 而大與『古文』孔『傳』相類, 或肅私見其本而獨秘之乎?(釋 : 又一番顯晦)

晉元帝時, 豫章(一多'王'字)內史梅賾始以孔『傳』奏上, 而缺『舜典』一篇, 乃取肅之『堯典』, 從"愼徽"以下, 分爲『舜典』以續之. 自是歐陽 · 大小夏侯家等學, 馬融 · 鄭玄 · 王肅諸注廢, 而『古文』孔『傳』獨行, 列於學官,(或作'宮', 非) 永爲世範.

齊建武中, 吳興人姚方興(孔穎達作'方興'. 『隋書』'方'字在下)採馬 · 王之義以造孔『傳 · 舜典』, 云於大航(『隋書』作'杭')購得, 詣闕以獻. 擧朝集議, 咸以爲非.(原注 : 梁武帝時, 博士議曰 : 孔敍稱伏生誤合五篇, 蓋文句相連, 所以成合. 『舜典』必有'曰若稽古', 伏生雖云昏耄, 何容□□. 由是遂不見用也. 按 : 誤合五篇者, 孔序云 : 伏生以「舜典」合於「堯典」, 「益稷」合於「臯陶謨」, 「盤庚」三篇合爲一, 「康王之誥合於「顧命」也) 及江陵板蕩, 其文入北, 中原學者得而異之. 隋學(當作'博')士劉炫遂取此一篇, 列諸本第. 故今人所習『尙書』「舜典」, 元出於姚氏者焉.(釋 : 至此所述始爲定著今本)

按 : 제2절은 『상서』를 설명하고 있다. 『사통(史通)』의 제일 첫 권인 「육가(六家)」편에서는 『상서』와 『춘추』를 으뜸으로 하여 사가(史家)의 비조(鼻祖)라 하였다. 때문에 여기서 고금정사(古今正史)를 설명하려면 마찬가지로 반드시 이 두 경(經)으로부터 시작해야 한다. 이 구절이 비록 본 편에서의 순서가 두 번째이지만 실제로는 정사(正史)를 다루는 첫 번째 구절이다. 처음과 끝의 사정이 의거하는 바가 구절마다 상세하고 분명한 것은 이 구절부터 시작된다(第二節述『尙書』也. 『史通』 卷首「六家」, 冠以『尙書』·『春秋』爲史家之祖, 故玆敍列古今正史, 亦必從二經起元. 本節雖次第二, 實正史之初節也. 顚末依據, 節節詳明, 自此節始)

2-3

주 왕실[周室]이 쇠퇴하자 제후들이 힘을 다투었다. 공자(孔子)는 열국(列國)을 주유하며 중용되기를 원했지만 그 누구도 그를 초빙하지 않아 위(衛)나라로부터 귀국하였다.[33] 그리하여 노나라의 군자인 좌구명(左丘明)과 함께 사관(史官)[太史氏]에게서 책을 읽었고, 노나라 역사기록[史記]에 의거하여 『춘추(春秋)』를 저술하였다. 위로는 주공(周公)이 남긴 문물제도를 따르고, 아래로는 장래의 법을 밝혔으며,[34] 노나라 은공(隱公)으로부터 애공(哀公)까지 12공(公)의 행적을 서술하였다.(釋 : 이상에서는 공자의 『춘추』를, 이하에서는 『춘추』의 전(傳)을 말하였다) 『춘추』 경(經)이 완성된 후 제자들에게 강의하였고, 제자들은 강의를 듣고 물러 나와서는 이를 각기 다르게

33 역주 : 공자가 위(衛)로부터 노나라로 돌아온 사실에 대하여는 『좌전』 애공(哀公) 11년(B.C. 484)에 기록되어 있다.

34 역주 : 두예(杜預), 「춘추좌씨전서(春秋左氏傳序)」(『문선』 권45 所收) 참조.

해석하였다. 좌구명(左丘明)은 『춘추』의 진의(眞意)를 잃을까 두려워[35] 『춘추』에 간략하게 기재된 역사적 사실을 상세히 서술하여 『좌전』을 지어 사람들에게 공자가 공허한 말로 『춘추』를 서술한 것이 아님을 분명히 알리려 하였다. 『춘추』에서 폄하된 당시의 군신(君臣)들은 그들이 행한 사실에 근거하여 『좌전』에 기재되었다. 이 책을 숨겨두고 세상에 알리지 않았기 때문에 시국의 재난(災難)을 면할 수 있었다.[36](釋 : 『춘추』에 대한 전(傳)으로써 먼저 『좌전』을 들었다)

전국말기에 이르러 구두(口頭)로 『춘추』를 해석하는 것이 유행하였기 때문에, 『공양전(公羊傳)』[37] · 『곡량전(穀梁傳)』[38] · 『추씨전(鄒氏傳)』 · 『협씨전(夾氏傳)』이 있었다. 추씨(鄒氏)는 사승(師承)됨이 없었고, 협씨(夾氏)는 목록에는 있지만, 책이 전하지 않았기 때문에 세상에 알려지지 못했다.[39] 한

---

35 『사기』 권14, 「십이제후연표(十二諸侯年表)」에, 공자가 서쪽 주 왕실의 서적을 살펴보고 역사기록과 예전의 견문들을 논술하여 노나라 사적을 위시하여 『춘추』를 편찬하였다. 70명의 제자들이 스승의 주장을 구전으로 전해받았는데 그 중에는 비판과 권고, 찬양과 은휘, 힐난과 훼손 등의 문장이 있어 겉으로는 표현하지 않았다. 노나라의 군자 좌구명은 제자들이 각각 오류를 범하고, 제각기 주관에 사로잡혀 그 진의를 잃는 것을 두려워하여 공자의 역사기록에 연유하여 그 구절을 상세하게 논술하여 『좌씨춘추』를 지었다고 했다.

36 역주 : '『춘추』 경(經)이 완성된 후' 이하 여기까지 문장은 『한서예문지』 「육예략(六藝略)」 "춘추"에 보인다.

37 하휴(何休)의 『공양서(公羊序)』 소(疏)에, 대홍(戴弘)이 소(序)에 이르기를 자하(子夏)가 공양고(公羊高)에게 전하고, 고가 그 아들 평(平)에게, 평이 아들 지(地), 지는 아들 감(敢), 감은 아들 수(壽)에게 전하였다. 한 경제(漢景帝) 때 이르러 수(壽)는 제자 호모자(胡母子)와 함께 죽백(竹帛)에 그 내용을 기록하였다고 했다. 『수서경적지』에, 자도(子都)가 영공(嬴公)에게 전하고, 영공이 맹경(孟卿), 맹경이 휴맹(眭孟), 휴맹이 엄팽조(嚴彭祖) · 안안락(顔安樂)에게 각각 전하였다. 따라서 후한(後漢)의 『공양전』에 엄씨(嚴氏)와 안씨(顔氏)의 학(學)이 있었다.

38 범녕(范寧)의 『곡량서(穀梁序)』 소(疏)에, 곡량자(穀梁子)의 이름은 숙(淑)이고 자는 원시(元始) 혹은 적(赤)이었다. 자하(子夏)에게서 경을 받아 전(傳)을 지었다. 손경(孫卿)에게 전수하고, 손경은 신공(申公), 신공은 채천추(蔡千秋)에게 각각 전하였다. 한 선제(漢宣帝)가 『곡량전』을 좋아하여 천추를 낭(郎)으로 발탁하였다.

39 『한서예문지』에, 『추씨전』 11권. 『협씨전』 11권, 목록에는 있지만 책은 전하지 않는다고 했고, 또 『춘추』 조에 『추씨전』은 계승됨이 없고, 『협씨전』은 책이 전하지 않는다고 했다. 역주 : 추씨와 협씨의 학(學)이 『수서경적지』에는 왕망의 시대에 단절되

(漢)이 흥하여 동중서(董仲舒)·공손홍(公孫弘)이 함께 『공양전』을 연구하였고,[40] 이를 이어받은 자가 엄팽조(嚴彭祖)·안안락(顔安樂)[41]이었다. 선제(宣帝)가 즉위하여 위태자(衛太子)가 사적(私的)으로 『곡량전』을 좋아한다는 것을 듣고 명유(名儒) 채천추(蔡千秋)·소망지(蕭望之) 등을 궁전에 불러들여 의논하고 이를 가르치는 박사(博士)를 두었다.[42](釋 : 이어서 『공양전』·『곡량전』·『추전』·『협전』 등 네 전(傳)을 거론하면서 그 중 『공양전』과 『곡량전』 두 전이 보존되었다고 했다)

평제(平帝)초기 학관(學官)에 『좌씨전(左氏傳)』을 세웠다.[43] 후한(後漢)에

었다고 보았지만, 『후한서』 권38, 「범승전(范升傳)」의 기록에 보이는 것으로 보아 최소한 후한 영평(永平 : 58-75) 연간까지는 존속하였던 것 같다.

40 동중서(B.C. 179-104)는 「이체(二體)」편에 보인다. 『한서』 권58, 「공손홍전」에, 공손홍(B.C. 200-121)은 집이 가난하여 바닷가에서 돼지를 길렀다. 나이 40여 세가 되어 『춘추』의 잡설을 배웠다고 했다. 『한서(漢書)』 권88, 「유림전(儒林傳)」에 호모생(胡母生)·자도(子都)가 『공양춘추』에 능하여 경제(景帝) 때 박사가 되어 동중서와 함께 가르쳤다. 나이가 들어 제(齊)로 돌아가 후학을 가르쳤고 공손홍이 공부하였다고 했다. 또 하구(瑕丘)의 강공(江公)이 노신공(魯申公)에게서 『곡량전』을 전수받았다. 무제(武帝)가 동중서와 의론하게 하였지만 동중서만 못하였다. 그리고 승상 공손홍은 『공양전』을 학술의 근본으로 삼았고 그에 관한 의론을 수집하였고, 그가 죽자 동중서가 그 자료를 이용하였다. 그리하여 무제는 『공양』가(家)를 존중하고 태자에게 『공양춘추』를 학습하게 하였다. 이로 말미암아 공양학(公羊學)이 크게 흥하였다.

41 **역주** : 이들 두 사람은 모두 『한서』 권88, 「유림전」에 보인다.

42 **按** : 『한서』 권88, 「유림전」에, 패(沛)의 채천추(蔡千秋)의 자는 소군(少君)이다. 『한서』 권78, 「소망지전(蕭望之傳)」에, 망지의 자는 장천(長倩)이라 했다. 또 「유림전」에, 여태자(戾太子)가 『공양전』을 전수받고 그 뜻에 통하자 다시 사사로이 『곡량전』을 공부하여 그에 능통하였다. 선제(宣帝)가 그러한 사실을 위현(韋賢)과 하후승(夏侯勝)에게 묻자 모두 마땅히 『곡량전』을 학관에 세워 가르치는 것이 좋다고 했다. 당시 채천추는 낭관(郎官)으로 있다가 간대부(諫大夫) 낭중호장(郎中戶將)으로 발탁되었다. 낭관 10명을 뽑아 『곡량전』을 배우게 하여 10여 년이 지나자 모두 그 뜻에 밝게 되었다. 이에 『오경(五經)』의 명유(名儒) 태자태부(太子太傅) 소망지 등을 불러 궁전에서 크게 의론을 벌여 『춘추』가 지닌 뜻의 이동(異同)을 평론하고, 30여 가지 사실을 논하였는데 대부분 『곡량전』의 뜻을 따랐다. 이리하여 곡량학(穀梁學)이 크게 성하였다.

43 **역주** : 『한서』 권88, 「유림전」 찬왈(贊曰)에, 무제가 오경박사(五經博士)를 세우고 제자원(弟子員)을 선발하여 설과사책(設科史冊)을 관록(官祿)으로 권하였다는데 원시(元始 : A.D. 1-5) 연간까지 100여 년간 학업을 전승하는 자들이 점점 많아지고, 그 분지(分枝) 또한 증가하여 1경(經)에 대한 해석에 100여만 자가 쓰였고, 대사(大師)들의

이르러 많은 유생들이 여러 차례 조정에서 그것을 비난하였다. 박사 이봉(李封)[44]이 죽자 조정에서는 다시 보충하지 않았다. 화제(和帝) 원흥(元興) 11년[45]에 이르러 정흥(鄭興)부자[46]가 상소하여 학관에 다시 『좌씨전』을 세울 것을 요구하였다. 위(魏)·진(晉)에 이르러 『좌전』은 점차 유행되었으나 『공양전』과 『곡량전』은 점차 폐기되었다.[47] 오늘날 이용하는 『좌씨전』 책은 두예(杜預 : 222-284)가 주석을 단 것이다.[48](釋 : 후일 결국 오로지 『좌

숫자가 천여 명에 달했다. 대체로 이는 이록(利祿)을 취하는 길이었다. 처음에 『서(書)』에는 다만 구양(歐陽)이 있었고, 『예(禮)』에는 후(后), 『역(易)』에는 양(楊), 『춘추』에는 공양(公羊)이 있을 뿐이었다. 효선(孝宣) 시대에 다시 대·소 하후씨의 『상서』, 『시(施)』·『맹(孟)』·『양구역(梁丘易)』·『곡량춘추(穀梁春秋)』를 세웠고, 원제(元帝) 시대에 이르러 다시 『경씨역(京氏易)』이 세워졌다. 평제 때에 다시 『좌씨춘추』·『모시(毛詩)』·『일례(逸禮)』·『고문상서』가 세워졌다. 유실(遺失)된 것을 망라하여 모두 보존하였음으로 도리가 곧 그 안에 존재한다고 했다.

44 『후한서』 권79하, 「유림전」 하에, 건무(建武 : 25-55) 연간에 정흥(鄭興)과 진원(陳元)이 『춘추좌씨(春秋左氏)』학을 전하였고, 한흠(韓歆)이 『좌전』을 박사에 세우려 했지만 결말을 보지 못했다. 진원이 글을 올려 상소하니 드디어 위군(魏郡) 사람 이봉을 박사로 임명하였다. 완고한 많은 유생들이 여러 차례 조정에서 그것을 쟁론하였다. 이봉이 죽자 광무(光武)는 다시 중의(衆議)를 어기고 다시는 보임(補任)하지 않았다고 했다.

45 역주 : 원흥(元興) 11년은 원년을 잘못 기재한 것으로 짐작된다. 원흥 연간은 단지 원년(105)에 그친다.

46 『후한서』 권36, 「정흥전(鄭興傳)」에, 정흥의 자는 소공(少贛)으로 어릴 적에 『공양춘추』를 배웠고, 만년에는 『좌씨전』을 좋아하여 그 공부에 정신을 집중하여 심사숙고하였다. 문인들을 거느리고 유흠(劉歆)에게서 『좌전』의 대의(大義)를 바르게 하는 강의를 들었다. 유흠은 정흥에게 조례(條例)·장구(章句)·훈고(訓詁)를 편찬하게 하였다. 세상에서 『좌전』을 말하는 사람들은 대부분 정흥을 조사(祖師)로 삼았다. 그리고 가규(賈逵)는 스스로 그 부업을 전수 받았음으로 정(鄭)·가(賈)의 학이 있게 되었다. 정흥의 아들 정중(鄭衆)은 자가 중사(仲師)이고 아버지를 따라 『좌씨춘추』를 공부하였다. 그 학문에 정력을 다하여 『춘추난기조례(春秋難記條例)』를 지었다. 건초(建初) 6년(81), 등표(鄧彪)에 이어 대사농(大司農)이 되었고, 조서를 받아 『춘추산(春秋刪)』 19편을 지었다.

47 역주 : 『수서경적지』 「경부(經部)」 "춘추"에, 수(隋)에 이르러 두예(杜預)의 학설이 크게 유행하고, 복건(服虔)의 학설과 『공양』·『곡량』 학파가 점점 쇠미(衰微)하여 이제는 그것을 전하는 스승이 없다고 했다.

48 두예의 주(注)에 대하여는 「감식(鑒識)」편을 보라. 역주 : 『진서(晉書)』 권44에 열전이 있다. 저서로는 『춘추좌씨경전집해(春秋左氏經傳集解)』 30권, 『춘추석례(春秋釋例)』 15권이 있다.

씨전』만이 중시되었다)

當周室微弱, 諸侯力爭. 孔子應聘不遇, 自衛而歸. 乃與魯君子左丘明觀書於太史氏, 因魯史記而(一誤作'所')作『春秋』. 上遵周公遺制, 下明將來之法, 自隱及哀(一有'盡'字)十二公行事.(釋 : 已上言『春秋』之經, 已下言傳) 經成以授弟子, 弟子退而異言. 丘明恐失其眞, 故論本事而爲傳, 明夫子不以空言說經也. 『春秋』所貶當世君臣, 其事實皆形於傳. 故隱其書而不宣, 所以免時難矣.(釋 : 述傳先揭『左氏』)

及末世, 口說流行, 故有『公羊』·『穀梁』·『鄒』·『夾』之傳. 鄒氏無師, 夾氏有錄無書, 故不顯於世. 漢興, 董仲舒·公孫弘並治『公羊』, 其傳習者有嚴·顔二家之學. 宣帝卽位, 聞衛太子私好『穀梁』, 乃召名儒蔡千秋·蕭望之等大議殿中, 因置博士.(釋 : 次及『公』·『穀』及『鄒』·『夾』, 而就四傳中抽存『公』·『穀』二家)

平帝初, 立『左氏』. 逮於後漢, 儒者數廷毁之. 會博士李封卒, 遂不復補.(一作'用') 逮(一無'逮'字)和帝元興十一年, 鄭興父子奏請重立於學官. 至魏·晉, 其書漸行, 而二傳亦廢. 今所用『左氏』本, 卽杜預所注者.(釋 : 後卒專歸『左氏』)

按 : 제3절은 『춘추』를 설명하고 있다. 그리고 반드시 『춘추』의 전(傳)과 서로 관련되는 까닭은 왜냐하면 『춘추』와 『상서』는 달라서 『상서』의 의(義)는 경(經) 중에 갖추어져 있고, 『춘추』의 사실은 전(傳) 안에 상세하기 때문이다. 따라서 『춘추』 경(經)을 살피려면 반드시 『춘추』 전(傳)을 살펴야 한다. 유지기의 관점은 이미 「육가」편에서 표명하였다. 『춘추』 전(傳)에는 『좌씨전(左氏傳)』과 『공양전(公羊傳)』·『곡량전(穀梁傳)』·『추씨전(鄒氏傳)』·『협씨전(夾氏傳)』 등 5가(家)가 있는데, 『좌전』을 4전(傳)의 제일 앞에 두고, 넷을 합쳐 둘로 한다면 『공양전』·『곡량전』을 들고, 셋을 고르면 『좌씨전』·『공양전』·『곡량전』이요, 하나만 남긴다면 『좌씨전』이었다. 이는 5가의 『춘추』 전(傳) 중에 『좌전』이 가장 중요하다는 것을 말하는

것이다. 5전(傳)이 세상에 크게 알려지거나 그렇지 못한 경우를 가지고 우열을 말할 수는 없다. 단지 각 가(家)의 성쇠 · 소장(消長)에 의거하여 각 가의 유변(流變)을 살펴보면 확실히 이와 같다.(第三節述『春秋』也. 而必牽連傳家者, 『春秋』與『尙書』不同, 『尙書』義具經中, 『春秋』事詳傳內, 故原經者必原傳. 其說已著於「六家」也. 傳凡五家, 而擧一(『左氏』)冠四(『公』·『穀』·『鄒』·『夾』)倂四歸兩(『公』·『穀』)抽三(『左』·『公』·『穀』)乘一, (『左氏』)則專以『左傳』爲主中主焉. 五傳顯晦, 不以優劣言, 但以乘除言, 考古之體則然)

『상서』와 『춘추』의 전(傳)은 「육가」편에서 단지 어느 가(家)에 속하는가를 살폈고, 이 편에서는 그 원류의 시말을 서술하였다. 생략과 상세함이 각각 달라 바로 각기 드러내어 서술하고자 하는 내용에 적합하다.(『尙書』·『春秋』傳在「六家」篇只辨家數, 在本篇必求原委. 一略一詳, 各適分際)

이 구절은 또 편년체의 기초가 되었다.(本節又爲編年體立根脚)

2-4

또 춘추시대에는 제후국에 각기 사관(史官)이 있었다.[49] 때문에 공자는 많은 역사기록[史記]들을 구하여 120개 나라의 사서[50]를 얻었다. 예컨대 (그 중에는) 초나라의 『서(書)』, 정(鄭)의 『지(志)』,[51] 노의 『춘추』, 위(魏)의

49 역주 : 『수서경적지』 "총서(總序)"와 「사부(史部)」 "정사"에 각 제후국마다 국사가 있어서 제후들의 언행을 기록하였고, 사관들이 설치되었음을 적고 있다.

50 「육가(六家)」편 춘추가(春秋家)(역주 : 포기룡이 '좌전가'라고 한 것은 잘못이다)의 『백국춘추(百國春秋)』에 대한 주)35 참조

51 역주 : 정의 『지(志)』는 『좌전』 양공(襄公) 30년(B.C. 543)과 소공(昭公) 28년(B.C. 514)에 모두 『정서(鄭書)』라고 하였고, 두예의 주(注)에는 정나라의 사서(史書)를 가리킨다고 했다.

『기년(紀年)』 등이 있었다.(여러 책을 잡술(雜述)하였지만 『국어』에 인용한 것들이다) 좌구명(左丘明)이 『춘추』 경(經)에 맞추어 전(傳)[『左傳』]을 짓고, 또 각국의 역사기록의 이동(異同)을 찬술하여 『외전국어(外傳國語)』 21편을 편찬했다.(釋 : 『국어(國語)』를 설명한 것이다. 역주 : 『외전국어』란 『좌전』을 『춘추내전(春秋內傳)』이라 칭하는 것에 대한 상대적인 칭호이다) 그 자료는 노의 역사기록 뿐만 아니라 여러 제후국들의 『서(書)』 · 『지(志)』에서 취하였다.[52] 초(楚) · 한(漢) 교체기에 사서편찬을 좋아하는 사람이 있어 고대로부터 진(秦)말기까지의 제왕(帝王) · 공후(公侯) · 경대부(卿大夫) 등의 활동을 기록하여 『세본(世本)』 15편을 편찬하였다. 춘추이후 전국시대 칠웅(七雄)이 다투었고 후에 진(秦)이 제후들을 병합하였는데 그러한 사실을 기록한 『전국책(戰國策)』 33편이 있다. 한(漢)이 건국되고 태중대부(太中大夫) 육가(陸賈)가 당시의 공적을 기록하여 『초한춘추(楚漢春秋)』 9편을 지었다.[53](釋 : 이 구절에서는 『춘추』 이후 한초(漢初)에 이르는 시기의 여러 책을 설명하고 있다. ○구본(舊本)은 다음 단락과 이어져 있다)

又當春秋之世, 諸侯國自有史. 故孔子求衆家史記, 而得百二十國書. 如楚之書, 鄭之志, 魯之春秋, 魏之紀年, 此其可得言者.(釋 : 雜述諸書, 爲『國語』作引) 左丘明旣配經立傳, 又撰諸異同, 號曰『外(一訛'小')傳國語』, 二十一篇. 斯蓋採書志等文, 非唯魯之史記而已.(釋 : 述『國語』) 楚 · 漢之

52 역주 : 두예, 「춘추좌씨전」 「서(序)」(『문선』 권45 所收)에, 좌구명은 공자로부터 『춘추』 경을 받은 후에 경문(經文)은 삭제하거나 고칠 수 없다고 여겼다. 때문에 그는 『좌전』에서 경문보다 먼저 그와 관계있는 사건으로 시작하기도 하고, 혹은 뒤에 경의 의의를 말해 마치기도 했으며, 혹은 경문에 의거하여 그 이치를 밝혀 말하고 혹은 경문을 섞어서 글의 다름을 맞추어 경의 의의를 따라 말했다. …… (좌구명은) 자신이 노나라의 사관이 되어 몸소 널리 전하는 책을 읽었다. 그래서 사건마다 반드시 널리 기록하고 갖추어 말했다. 그 문장은 유창하고 뜻은 심원하다고 했다.

53 이상의 문장은 대부분 『후한서』 권40상, 「반표전(班彪傳)」 상에 보이는 반표의 「약론(略論)」을 인용하였다. 역주 : 다만 「반표전」에서는 초의 『서(書)』를 『도올(檮杌)』이라 표기하였다. 『맹자』 「이루하(離婁下)」편에도 진(晉)의 『승(乘)』, 초의 『도올』, 노의 『춘추』라고 표기하였다. 아울러 『세본』 · 『전국책』 · 『초한춘추』 등은 모두 『한서』 권62, 「사마천전(司馬遷傳)」, 『한서예문지』 「육예략」 "춘추" 등에 보인다.

際, 有好事者, 錄自古帝王·公侯·卿大夫之世, 終乎秦末, 號曰『世本』十五篇. 春秋之後, 七雄並爭, 秦並諸侯, 則有『戰國策』三十三篇. 漢興, 太中大夫陸賈紀錄時功,(一作'政') 作『楚漢春秋』九篇.(釋 : 此述『春秋』已後迄於漢初諸書. ○舊本連下段)

按 : 제4절은 『상서』와 『춘추』의 뒤에 그리고 『사기』의 앞에 두어 상하를 서로 연결하는 통로(通路)로 하였다. 대체로 정사는 『상서』와 『춘추』를 발원의 시조로 삼고, 『사기』를 별자(別子)의 종(宗)으로 여겼다. 원칙적으로 따로 구별하여 설명하였다. 구본(舊本)에는 이 구절과 다음 구절이 이어져 있어서 분절(分節)의 기준이 잘못되었다.(第四節介在二經之後, 『史記』之前, 作上下束峽. 蓋正史以二經爲發原之祖, 以『史記』爲別子之宗, 法應分別標擧. 舊本此節與下一連, 殊失斷制)

2-5

한 무제(漢武帝) 때 태사공 사마담(司馬談)이 고금의 사서(史書)들을 종합·정리하여 통사(通史)를 편찬하려고 하였지만, 그 뜻을 이루지 못하고 죽었다.[54] 아들 사마천(司馬遷)이 부친의 유지(遺志)를 계승하여, 『좌전(左

54 역주 : 『사기』 권130, 「태사공자서」에, (사마)담(談)은 태사공이 되었다. 태사공은 당도(唐都)에게서 천문을 배웠고, 양하(楊何)로부터 역(易)을 전수받았으며, 황자(黃子)에게서 도(道)를 배웠다. 태사공은 건원(建元 : B.C. 140-135)·원봉(元封 : B.C. 110-105) 연간에 관직에 있었다. 그는 학자들이 충분히 이해하지도 못할뿐더러 잘못된 가르침을 받는 것을 민망히 여겨 여섯 학파[六家]의 요지(要旨)에 대하여 논하였다. …… 태사공[사마담]은 아들[사마천]의 손을 잡고 눈물을 흘리며 말했다. …… "공자는 옛날의 도를 되살리고 무너진 것을 다시 일으켰으며, 『시경』과 『서경』을 논하고 『춘추』를 지었다. 그때로부터 지금까지 학자들은 그것을 규범으로 하고 있다. 기린을 잡은

傳)』·『국어(國語)』의 자료를 채용하고, 『세본(世本)』·『전국책(戰國策)』을 산정(刪訂)하고, 초(楚)·한(漢) 여러 나라[列國](구본(舊本)에는 '국(國)'자가 빠졌지만, 이제 반표(班彪)의 「약론(略論)」에 의거하여 보완하였다)의 당시 사실에 근거하여, 위로는 황제(黃帝)로부터 아래로는 한 무제(漢武帝)에 이르기까지 12본기(本紀)·10표(表)·8서(書)·30세가(世家)·70열전(列傳)을 썼는데, 모두 130편이며[55] 그것을 『사기(史記)』라고 명명하였다. 『시』·『서』·『예』·『악』·『역』·『춘추』 등 6경(六經)에 대한 서로 다른 해석[傳]들을 합하고, 백가(百家)의 다양한 말들을 정리하였으며, 정본(正本)은 명산에 간직해 두고 부본(副本)은 경사(京師)에 남겨두어 후세의 성인·군자가 읽기를 기다렸다.[56](釋 : 이상은 바로 『사기』의 기원이다) 선제(宣帝) 때에 이르러 사마천의 외손인 양운(楊惲)[57]이 이 책을 조술(祖述)하여 세상에 공포되었다. 그러나 그 중에서 10편은 목록만 있고 내용이 없다.[58](原注 : 장안(張晏)의 『한서주(漢書注)』에서 10편은 사마천이 죽은 후 유실되었다고 하였지만 이는 잘못된 말이다. 按

때로부터 지금까지 400여 년이 되었다. 제후들은 겸병에 힘쓰고 역사기록은 내팽개쳐져 끊어져버렸다. 지금 한(漢)나라가 일어나 해내(海內)는 통일되고 명군(明君)·현주(賢主)·충신(忠臣)·의사(義士)가 있다. 나는 태사로 있으면서 그것을 논하여 기록하지 못하였고, 역사의 기록을 방치하였다. 나는 이 일을 심히 두려워하고 있다. 너는 이를 명심해다오"라고 하였다. 그리고 『사기』 중에 보이는 사마담의 저술로 보이는 내용에 대하여는 趙呂甫, 『史通新校注』, pp.686-687 주)2 참조.

55 모두 『한서』 권40상, 「반표전(班彪傳)」 상의 「약론(略論)」에 보이는 문장이다.

56 『사기』 권130, 「태사공자서」에 보이는 문장이다. **역주** : 이렇게 하여 편찬된 『태사공서』[『사기』]는 모두 130편, 52만 6천5백자라고 하였다.

57 『한서』 권66, 「양창전(楊敞傳)」에, 양창의 아들 운(惲)의 자는 자유(子幼)이다. 형 충(忠)의 지위에 따라 낭관이 되었다가 상시기(常侍騎)에 보임되었다. 운의 모친은 사마천의 딸이다. 양운이 가장 먼저 외조부 사마천의 『태사공기(太史公記)』를 읽었고, 『춘추』에도 상당히 밝았다. 재능이 있다고 하여 세상의 칭찬을 받았다고 했다.

58 **역주** : 『한서』 권62, 「사마천전」 안사고(顔師古)의 주(注)에 장안(張晏)의 말을 인용하여 정리한 10편은 「경제본기(景帝本紀)」·「무제본기(武帝本紀)」·「예서(禮書)」·「악서(樂書)」·「병서(兵書)」·「한흥이래장상연표(漢興以來將相年表)」·「일자열전(日者列傳)」·「삼왕세가(三王世家)」·「귀책열전(龜策列傳)」·「부근열전(傅靳列傳)」 등이다. 이 같은 『사기』의 망편(亡篇)과 관련한 문제에 대하여는 여가석(余嘉錫), 「태사공서망편고(太史公書亡篇考)」를 인용하여 설명한 程千帆, 『史通箋記』, pp,202-202 참조.

: 왕유검(王維儉)의 『사통훈고(史通訓故)』에는 이 주(注)를 큰 글씨로 적었다) 원제(元帝)·성제(成帝) 연간에 다시 저소손(褚少孫)[59]이 빠진 것 중 「무제본기(武帝本紀)」·「삼왕세가(三王世家)」·「귀책열전(龜策列傳)」·「일자열전(日者列傳)」 등을 보충하였다. 그 중 「귀책」·「일자」 열전은 말이 대부분 비루(鄙陋)한 것으로 보아 사마천의 본의(本意)가 아니다.[60](釋 : 여기서는 『사기』가 완성되고 난 이후의 사실을 설명하고 있다) 진(晉)의 산기상시(散埼常侍) 파서(巴西) 사람 초주(譙周)는 사마천이 주(周)·진(秦) 이전의 역사서술에 사용한 사료가 대부분 민간구전과 제자백가의 말로써 오로지 정사에만 의거한 자료가 아니었음으로 『고사고(古史考)』 25편을 저술하였는데, 모두 옛 전적에 근거하여 『사기』의 잘못을 바로 잡았다. 현재에도 『사기』와 함께 세상에 유행하고 있다.[61](釋 : 여기서는 후세 사람들이 잘못을 바로잡은 사실을 설명하고 있다)

孝武之世, 太史公司馬談欲錯綜古今, 勒成一史, 其意未就而卒. 子遷乃述父遺志, 採『左傳』·『國語』, 刪『世本』·『戰國策』, 據楚·漢列國(舊本脫'國'字, 今照班彪『略論』補)時事, 上自黃帝, 下訖麟止,(一誤作'趾') 作十二本紀·十表·八書·三十世家·七十列傳, 凡百三十篇, 都謂之『史記』. 厥協(一本二字倒置)『六經』異傳, 整齊百家雜言, 藏諸名山, 副在京師, 以俟後聖君子.(釋 : 已上正原『史記』) 至宣帝時, 遷外孫楊惲祖述其書, 遂宣布

59 역주 : 『한서』 권88, 「유림전」에 열전이 보인다.

60 『사기』 권130, 「태사공자서」 배인(裴駰)의 주(注)와 『한서』 권62, 「사마천전」 안사고(顔師古)의 주에 보이는 장안(張晏)의 말과 모두 같다. 장안의 말에는 원래 '귀책일자(龜策日者)' 구절이 없었는데 장수절(張守節)이 따로 인용하면서 있게 되었다.

61 초주에 대하여는 「모의(摸擬)」편 참조. 이상의 구절은 『진서(晉書)』 권82, 「사마표전(司馬彪傳)」에 보인다. '민간구전과 제자백가[家人諸子]' 구절은 「사마표전」에는 '속어백가(俗語百家)'라고 하였는데, 『사통』에서는 두 차례 모두 '가인(家人)'이라 표기하였다. 왕(王)·장(臧) 등의 구본(舊本)의 문장에는 초주의 원구(原句)가 이와 같았다. 역주 : 장종원(章宗源), 『수서경적지고증(隋書經籍志考證)』에서는 유지기가 『수서경적지』의 견해에 따라 『고사고(古史考)』를 정사(正史)로 보고 『사기』와 함께 논하고 있는 것에 대하여 타당하지 않다고 보았다. 『신당서예문지』에는 『고사고』를 잡사류(雜史類)에 배열하였다. 趙呂甫, 『史通新校注』, p.689 주)17 참조.

焉. 而十篇未成, 有錄而已.(原注 : 張晏『漢書』注云 : 十篇, 遷歿後亡失. 此說非也. ○按 : 王本此注作大書) 元 · 成之間,(一多'會稽'二字) 褚先生更補其缺, 作『武帝紀』·『三王世家』, 『龜策』·『日者』等傳,(古本脫'等'字, 今本於'等傳'下有'其龜策日者'五字) 辭多鄙陋, 非遷本意也.(釋 : 此述書成已後事) 晉散騎常侍巴西譙周, 以遷書周 · 秦已上或採家人諸子, 不專據正經, 於是作『古史考』二十五篇, 皆憑舊典以糾(一作'彈')其繆. 今則與『史記』並行於代焉.(釋 : 此述後人糾擧事)

按 : 제5절에서는 『사기』를 설명하였다. 반고의 『한서예문지』는 원래 『칠략(七略)』을 본 따 지은 것이기 때문에 아직 사부(史部)가 세워져 있지 않아 『태사공서』 즉 『사기』는 『춘추』의 뒤에 부록되어 있었다. 『수서경적지』에 이르러 '경부(經部)'를 이어 '사부(史部)'를 표방함에 따라 『사기』가 사부(史部)의 첫 번째 자리에 오르게 되어 마침내 그 순서가 정해진 것이다. 때문에 모름지기 이와 같이 구절을 배열한 것이다.(第五節述『史記』也. 考班史「藝文志」原本『七略』, 未立史部, 以『太史公書』附著『春秋』之後. 至隋「經籍志」, 繼經標史, 『史記』升居部元, 遂爲定次. 故須如此列節也)

2-6

『사기(史記)』에 기록된 바는 한 무제시기까지이며, 태초(太初) 이후는 기록되지 않았다.[62] 그 후 유향(劉向)과 그의 아들 흠(歆) 그리고 역사편찬

62 이 구절은 (『후한서』의) 반표(班彪)와 반고(班固)의 열전에 보이는 문장이다. 장회태자(章懷太子)의 주(注)에, 태초(太初 : B.C. 104-101)는 무제(武帝)의 연호라고 했다. 역주 : 「육가(六家)」편의 "한서가(漢書家)" 참조.

에 관심이 많았던 사람들,[63] 예컨대 풍상(馮商)[64] · 위형(衛衡) · 양웅(揚雄) · 사잠(史岑) · 양심(梁審) · 사인(肆仁) · 진풍(晉馮) · 단숙(段肅)[65] · 김단(金丹) · 풍연(馮衍)[66] · 위융(韋融) · 소분(蕭奮) · 유순(劉恂) 등이 계속하여 역사를 편찬하여 한 애제(漢哀帝) · 평제(平帝) 연간까지를 기록하였는데,[67] 여전히 『사기』라고 칭하였다.(釋 : 먼저 『한서』의 기원을 설명하였다) 광무제 건무(建武 : 25-56) 연간에 이르러 사도연(司徒掾) 반표(班彪)는 이후 편찬된 사서(史書)의 언사가 비속하여[68] 이전 『사기』를 계승하기에 부족하다고 여기고, 또 양웅(揚雄) · 유흠(劉歆) 등은 왕망의 한을 찬탈하고 세운 신(新)을 찬미하여[69]

63 유향을 포함한 이들 15명은 모두 반고의 『한서』가 편찬되기 전의 인물들이다. 이제 살펴보니, 유향 · 유흠 · 양웅은 각각 열전이 있고, 풍상은 『한서예문지』에, 사잠은 「인물(人物)」편에, 진풍 · 단숙은 『후한서』 권40상, 「반고전」에 각각 보이고, 풍연은 열전이 있다. 나머지 7명은 자세히 알 수 없다. **역주** : 『사기』 이후의 역사편찬에 관심이 있었던 사람으로 유지기가 언급하지 않은 인물에 대한 설명은 程千帆, 『史通箋記』, p.203 참조.

64 **역주** : 『한서예문지』 「육예략」 "춘추"에, 『풍상소속태사공(馮商所續太史公)』 7편이 보인다. 이 책은 『사기』에서 다루지 않은 태초 이후의 사실을 편찬한 것이다. 풍상의 자는 자고(子高)이고 『역』에 능하고 오록충종(五鹿充宗)을 섬기고, 후에는 유향을 섬겼다. 문장에 능하여 후에 맹류(孟柳)와 함께 왕명을 받들어 열전(列傳)에 서문을 썼으나 완성하지 못하고 병으로 죽었다.

65 **역주** : 『후한서』 권40상, 「반고전(班固傳)」에, 영평(永平 : 58-75) 초 동평(東平) 왕망(王莽)이 보정(輔政)하고 있을 때 반고가 왕망에게 상주하기를, 경조좨주(京兆祭酒) 진풍은 수신에 신중하여 어긋남이 없으며, 옛 것을 좋아하고 도를 즐기며 삼가 말이 없으니, 옛사람들의 미행(美行)이나 시속(時俗)이 미치지 못하는 바이고, 홍농공조사(弘農功曹史) 은숙(殷肅)은 학식이 뛰어나고 재능이 비상하다고 하였다. 반고는 은숙을 단숙(段肅)이라 하였다.

66 **역주** : 『후한서』 권28, 「풍연전(馮衍傳)」에, 연은 자가 경통(敬通)이고 경조(京兆)의 두릉(杜陵) 사람이다. 어려서부터 기이한 재주를 가지고 있었고 많은 책에 달통하였다. 저술한 부(賦) · 간(諫) · 명설(銘說) · 문교(問交) · 덕호(德浩) · 신정(愼情) 50편이 있다. 숙종(肅宗)이 그의 글을 매우 중시하였다고 했다.

67 **역주** : 이들에 대한 보다 자세한 언급은 趙呂甫, 『史通新校注』, p.694 주)3, 程千帆, 『史通箋記』, pp.203-206 각각 참조.

68 앞의 '역사편찬에 관심이 많았던 사람들[好事者]' 등의 구절 등과 마찬가지로 「반표전(班彪傳)」의 문장을 인용한 것이다.

69 『문선(文選)』 권48에, 「극진(劇秦)」 · 「미신(美新)」 등 문장은 양웅이 편찬하였다. 『한서』 권99상, 「왕망전」 상에, 소아(少阿) · 희(羲) · 유흠이 박사(博士) · 제유(諸儒)들이

후세사람들을 미혹시키고 군중을 오도하였으니 이러한 것들이 후세에 마땅히 전해져서는 안 된다고 하였다. 그리하여 과거의 사실을 수집하고 널리 다양한 자료들을 모아 『후전(後傳)』 65편을 지었다.[70] 그의 아들 반고(班固)는 반표가 쓴 것이 하나의 사서로 완성된 것이 아니라고 생각하고 다시 한 고조(漢高祖)로부터 왕망(王莽) 때까지 12황제 230년간의 역사를 서술하면서, 그 시기의 사실들을 모으고 상하가 서로 관통할 수 있게 하여 『한서(漢書)』의 본기(本紀)·표(表)·지(志)·열전(列傳) 100편을 편찬하였다. 이러한 편찬작업이 끝나지도 않았는데 어떤 사람이 상소하여 반고가 사사로이 『사기』를 개작(改作)한다고 하니 조정이 경조(京兆)에 영을 내려 그를 체포하여 옥에 가두고 집에 있는 책들을 봉인(封印)하여 올리도록 하였다. 반고의 동생 반초(班超 : 32-102)[71]가 궁중에 들어가 변명(辯明)하였고, 명제(明帝)가 그를 접견하자 반고는 부친이 하던 사업을 계속할 뿐 감히 옛 책을 개작하려는 것이 아니라고 하였다. 명제는 그의 뜻을 이해하고 반고를 석방시키고, 반고에게 교서(校書)를 맡게 하니 이로부터 반고는 황제의 조서를 받고 계속하여 『한서』편찬의 일을 마칠 수 있었다. 20여년이 경과하여 한 장제(漢章帝) 건초(建初 : 76-84) 연간에 이르러 완성되었다.[72](釋 : 여기서는 바로 『한서』 저작을 설명하였다)

반고는 후에 두헌(竇憲 : ?-92) 사건에 연좌되어 낙양(洛陽)의 감옥에서 죽었다.[73] 『한서』는 어지럽게 흩어져 정리할 수가 없었다. 반고의 누이동

모두 말하기를 황제(皇帝)를 섭정하여 예악(禮樂)을 제정하고 하늘의 공을 잘 완성하였으며, 주례(周禮)를 밝혀 그 교훈을 분명하게 하였으니, 성철(聖哲)의 지극함이 아니면 누가 능히 그렇게 할 수 있겠는가! 라고 하였다. 「초원왕전(楚元王傳)」에, 왕망이 찬위(簒位)하고 유흠이 국사(國師)가 되었다고 했다.

70 역주 : 『후한서』 권40상, 「반표전」 상에는 『후전』 수십 편이라 했고, 『논형』 「초기(超奇)」편에는 백여 편 이상이라고 하였다. 「육가(六家)」편 주)89-90 참조.

71 역주 : 『후한서』 권47에 열전이 보인다.

72 『한서』 권100, 「서전(敍傳)」과 범엽의 『후한서』 권40상, 「반표전」·「반고전」의 문장을 참조.

73 『후한서』 권40, 「반고전」에, 영원(永元 : 89-104) 초 대장군 두헌(竇憲)이 흉노에 출정(出征)할 때 반고를 중호군(中護軍)으로 삼아 함께 의논하였다. 후일 두헌이 패하자

생 조대가(曹大家)[班昭][74]는 박학다식하고 문장이 뛰어난지라 조서(詔書)를 받들어 반고가 남긴 책을 교정하였다. 아울러 재주가 뛰어난 마융(馬融 : 79-166) 등 10명을 선발하여 조대가가 교정한 『한서』를 학습하게 하였다. 그의 8「표(表)」와 「천문지(天文志)」 등은 제목만 있을 뿐 그 내용을 완성하지 못하였고, 대부분 동관(東觀)의 대조(待詔)로 근무하던 마속(馬續)에 의해 완성된 것이었다.[75] 특히 「고금인표(古今人表)」는 본서(本書)[『한서』]의 체례와 맞지 않았다.[76](釋 : 여기서는 계속하여 보완한 사실을 설명하고 있다) 한말(漢末)부터 남조의 진(陳)까지 『한서』의 주석(注釋)을 만든 사람이 25명이나 되었고[77] 심지어 전문적으로 『한서』를 연구하고 학습하는 사람이

반고는 연좌되어 면직되었다. 처음 낙양령(洛陽令) 종긍(種兢)이 일찍이 행차할 적에 반고의 가노(家奴)가 술에 취해 그 수레를 막고 행패를 부렸다. 그러나 종긍은 두헌이 두려워 이를 처리하지 못하고 마음에 담아두었다. 후일 두헌이 몰락하고 반고는 체포되어 옥중에서 죽었다고 했다. 역주 : 『후한서』 권23, 「두헌전」 참조.

74 『후한서』 권84, 「열녀전」에, 부풍(扶風) 사람 조세숙(曹世叔)의 처로서 같은 군(郡)의 반표(班彪)의 딸이다. 이름을 소(昭), 자를 혜반(惠班)이라 하고, 일명 희(姬)라고도 했다. 박학(博學)하고 재주가 뛰어났다. 조세숙이 일찍 죽자 절조를 지켰다. 오빠인 반고가 『한서』를 완성하지 못하자 화제(和帝)가 조서를 내려 반소에게 그 작업을 계속하여 완성하게 하였다.

75 『후한서』 권24, 「마원전(馬援傳)」에, 마원의 형의 아들 엄(嚴)에게 아들 일곱이 있었는데, 마속(馬續)과 마융(馬融)만이 유명하다. 마속의 자는 계칙(季則)이고, 널리 많은 서적들을 보았다. 『구장산술(九章算術)』에도 능했다고 했다. 왕유검(王維儉)의 『사통훈고(史通訓故)』에, 순제(順帝) 때 『한서』가 처음 나오자 많은 부분 그 뜻이 통하지 않았다. 마융이 반소(班昭)에게 받아 읽었다. 후에 마융의 형 마속에게 조서를 내려 반소를 이어 완성하게 하였다.

76 역주 : 유지기의 「고금인표」에 대한 평가는 「표력(表曆)」편 주)11 참조.

77 안사고(顔師古), 『한서서례(漢書敍例)』에, 제가(諸家) 의 주석(註釋)에 비록 씨명(氏名)이 보이지만 벼슬과 출신지에 대하여는 알기가 쉽지 않다. 열전에 기록이 없는 경우 좌(左)와 같이 열거하였다고 했다. 按 : 벼슬과 출신지에 관한 문장이 번거롭기 때문에 지금은 다만 씨명만을 열거한다. 순열(荀悅) · 복건(服虔) · 응소(應劭) 등은 모두 후한 사람이다. 복엄(伏儼) · 유덕(劉德) · 정씨(鄭氏) · 이비(李斐) · 이기(李奇) 등은 모두 언제 사람인지 기록이 없다. 등전(鄧展) · 문영(文穎) · 장읍(張揖) · 소림(蘇林) · 여순(如淳) · 맹강(孟康) 등은 모두 위(魏)나라 사람이다. 장안(張晏) · 항소(項昭) 등은 모두 언제 사람인지 기록이 없다. 위소(韋昭)는 오(吳)나라 사람이다. 진작(晉灼) · 유보(劉寶) · 곽박(郭璞) · 채모(蔡謨) 등은 모두 진(晉)나라 사람이다. 신찬(臣瓚) · 최호(崔浩)는 북위사람이다. 이상 안사고가 서술한 사람은 23명이다. 안사고를 합하여도 모

있어서 오경(五經)에 버금갔다.[78](釋 : 여기서는 주가(注家)를 함께 언급하였다. ○ 이상은 모두 전한(前漢)의 기전체를 말하고 있다)

처음 한 헌제(漢獻帝)는 반고가 쓴 『한서』의 문장이 번잡하여 이해하기 까다롭다고 여기고 시중(侍中) 순열(荀悅)에게 영을 내려 『좌씨전』의 체례에 의거하여 『한기(漢紀)』 30편으로 줄이게 하였다.[79] 비서(秘書)에 종이와 붓을 공급하도록 명하였으며, 5, 6년이 걸려 완성하였다. 그 말이 간략하면서도 요령이 있어서 『한서』와 함께 세상에 유행되었다.(釋 : 여기서는 따로 순열(荀悅)의 편년(編年)으로 된 『한기(漢紀)』를 설명하였다)

『史記』所書, 年止漢武. 太初已(「班彪傳」作'以')後, 闕而不錄. 其後劉向·向子歆及諸好事者, 若馮商·衛衡·揚雄·史岑·梁審·肆仁·晉馮·段肅(『班固集』作'段肅', 固本傳作'殷肅')·金丹·馮衍·韋融·蕭奮·劉恂等相次撰續, 迄於哀·平間, 猶名『史記』.(釋 : 首原作『漢書』緣起) 至建武中, 司徒掾班彪以爲其言鄙俗, 不足以踵前史; 又雄·歆褒美僞新,(一作'僞褒新室', 又一本'新室'作'新莽') 誤後惑衆, 不當垂之後代者也. 於是採其舊事, 旁貫異聞, 作『後傳』六十五篇. 其子固以父所撰未盡一家, 乃起元高皇, 終乎王莽, 十有二世, 二百三十年, 綜其行事, 上下通洽, 爲『漢書』紀·表·志·傳百篇. 其事未畢, 會有上書云固私改作『史記』者, 有詔京兆

두 24명에 그치는데 나머지 한 사람이 누구인지 확실치 않다. 다시 살펴보니, 신찬(臣瓚)의 경우 성(姓)이 적혀 있지 않다. 『송경문필기(宋景文筆記)』에는 우찬(于瓚)이라고 했고, 『수경주(水經注)』에서는 이를 인용하여 설찬(薛瓚)이라 했다. 이간(李衎)의 『송경문필기』 발(跋)을 보라. 역주 : 이와 관련한 자세한 내용은 張振珮, 『史通箋注』, pp.431-432. 그리고 趙呂甫, 『史通新校注』, p.696 주)18 참조.

78 역주 : 『진서(晉書)』 권88, 「효우전(孝友傳)」에, (유은(劉殷)에게) 아들 일곱이 있었는데, 다섯 아들이 각각 1경(經) 씩 가르치고, 한 아들은 『태사공서』[『사기』]를, 한 아들은 『한서』를 각각 가르쳤다. 한 가문에 일곱 수업(授業)이 모두 성(盛)하였다고 했다. 유지기의 말은 이 같은 상황을 언급한 것이다.

79 「육가(六家)」편 좌전가(左傳家)를 참조. 또 순열의 『한기』 서문에, 표(表)와 지(志)의 자료를 모아 제기(帝紀)로 기록하였다. 전체 사실을 정리하여 연월에 따라 서술하였다. 그 대략을 크게 열거하여 모두 30권, 수십만 언(言)이나 되었다. 줄이고 요약하여 익히기 쉽게 하였지만 『한서』의 이해에 장애가 되지 않고 오히려 그 이용에 편리하였다고 했다.

收繫, 悉錄家書封上. 固弟超詣闕自陳, 明帝引見, 言固續父所作, 不敢改易舊書, 帝意乃解. 卽出固, 徵詣校書, 受詔卒業. 經二十餘載, 至章帝建初中乃成.(釋 : 此正述作『漢書』)

固後坐竇氏事, 卒於洛陽獄. 書頗散亂, 莫能綜理. 其妹曹大家博學能屬文, 奉詔校敍. 又選高才郎馬融等十人, 從大家受(舊作'授')讀. 其八表及『天文志』等, 猶未克成, 多是待詔東觀馬續所作; 而『古今人表』尤(一無'尤'字)不類本書.(釋 : 此述續補事) 始自漢末, 迄乎陳世, 爲其注解者凡二十五家, 至於專門受業, 遂(一無'遂'字)與『五經』相亞.(釋 : 此兼及注家也. ○已上皆言『前漢』紀傳體)

初, 漢獻帝以固書文煩難省, 乃詔侍中荀悅依『左氏傳』體,(一無'體'字)刪爲『漢紀』三十篇, 命秘書給紙筆. 經五六(一無'六'字)年乃就, 其言簡要, 亦與紀(舊作'本', 誤)傳並行.(釋 : 此另述荀氏編年紀)

按 : 제6절에서는 반고(班固)의 『한서(漢書)』와 순열(荀悅)의 『한기(漢紀)』를 설명하였다. 두 책의 내용이 비록 번간(煩簡)에서 서로 달랐지만 기전체(紀傳體)와 편년체(編年體)를 함께 거론하였다. 구본(舊本)에서는 단지 '『한서』를 설명했다[說漢書]'는 세 글자를 가지고 이 문단을 표시하면서 하나는 취하고 다른 하나는 버렸는데, 이는 이 구절의 뜻과 맞지 않았으며 또한 사서체례 중 한 쪽이 빠지게 하였다. 「내편」의 첫 편인 「육가(六家)」편에 이르기를, "4가(家)는 오래 전에 없어지고 2체(體)가 병립(竝立)하였다"라고 하였으니 어찌 이 말을 잊었겠는가?(第六節述班氏『漢書』及荀悅『漢紀』也. 文雖煩簡不齊, 却是二體並擧. 舊本但以'說漢書'三字作標段, 拈一放一, 旣於節意不全, 且使史體偏缺矣. 「內篇」之首云"四家久廢, 二體角立,". 豈忘此提唱耶?)

2-7

후한 때 명제(明帝)가 처음으로 반고(班固)와 수양령(睢陽令) 진종(陳宗), 장릉령(長陵令) 윤민(尹敏),[80] 사예종사(司隷從事) 맹이(孟異)[81]에게 조서를 내려 『세조본기(世祖本紀)』[82]를 쓰게 하였고, 아울러 공신(功臣)과 신시(新市)[83] · 평림(平林)[84] · 공손술(公孫述)[85]의 사적을 서술하여 「열전」과 「재기(載記)」 28편을 편찬하게 하였다.[86](釋 : 『후한서』가 편집되는 단계를 설명하고 있는데 이상이 제1단계이다)

在漢中興, 明帝始詔班固與睢陽令陳宗 · 長陵令尹敏 · 司隷從事孟異(「班固傳」作'異', 舊本作'冀')作『世祖本紀』, 並撰功臣及新市 · 平林 · 公孫述事, 作列傳 · 載記二十八篇.(釋 : 歷述『後漢書』纂輯層節, 是爲第一層)

---

80 역주 : 진종과 함께 「핵재(覈才)」편 주)36 참조.

81 역주 : 『수서경적지』 「사부」 "정사(正史)"와 『후한서』 권24, 「망원전(馬援傳)」에는 모두 맹기(孟冀)라고 되어 있다.

82 역주 : 세조(世祖)는 후한의 광무제(光武帝) 유수(劉秀)를 가리킨다. 「세조본기」는 『한서』의 본기를 가리키는 것이 아니라 『동관한기』에 수록된 내용을 가리킨다. 趙呂甫, 『史通新校注』, p.704, 주)1.

83 역주 : 전한 말 초(楚) 지역의 신시에서 왕광(王匡) · 왕봉(王鳳) 등이 봉기한 내용을 가리킨다.

84 역주 : 왕망의 신(新 : 9-23) 말, 한(漢)의 수현(隨縣) 평림에서 진목(陳牧) · 요담(廖湛) 등이 봉기한 내용을 가리킨다.

85 역주 : 『후한서』 권13, 「공손술전」에, 술의 자는 자양(子陽)이며, 부풍(扶風)의 무릉(茂陵)사람이다. 왕망(王莽) 때 도강졸정(導江卒正)을 지냈다. 후에 군사를 일으켜 익주(益州)에서 봉기하여 촉왕(蜀王)이라 자칭하였고, 광무제 건무(建武) 원년(25) 4월 칭제하고 국호를 성가(成家), 연호를 용흥(龍興)이라 하였다. 건무 12년(36) 한나라 군대에 패하여 피살되었다고 했다. 공손술은 「편차(編次)」편 주(注)에도 보인다.

86 이상은 모두 『후한서』 권43상, 「반고전」 상의 문장을 인용한 것이다. 역주 : 반고의 『한서』에는 「재기」가 설정되어 있지 않다. 따라서 이는 모두 『동관한기』에 수록된 것을 가리킨다. 趙呂甫, 『史通新校注』, p.704 주)2.

2-8

『세조본기』가 편찬된 이후 광무제(光武帝)의 치세 30여 년의 사적[「春秋考紀」][87]이 세상에 알려지게 되었다. 그러나 충신의사(忠臣義士)의 사적은 편찬되지 않았다. 그리하여 또 사관(史官) 알자복야(謁者僕射) 유진(劉珍)과 간의대부(諫議大夫) 이우(李尤)에게 조서를 내려 기(記)·표(表)와 명신(名臣)·절사(節士)·유림(儒林)·외척(外戚) 등의 열전을 편찬하게 하였다.[88] 광무제 건무(建武 : 25-55)에서 안제(安帝) 영초(永初 : 107-113) 연간에 이르는 시기의 일을 기술하였는데, 이 사업이 끝나갈 무렵에 유진과 이우가 연이어 세상을 떠났다. 그리하여 다시 시중(侍中) 복무기(伏無忌)와 간의대부(諫議大夫) 황경(黃景)에게 명하여 제왕(諸王)·왕자(王子)·공신(功臣)·은택후(恩澤侯)의 표(表)와 「남선우전(南單于傳)」·「서강전(西羌傳)」 그리고 「지리지(地理志)」를 편찬하게 하였다.[89](釋 : 이상이 제2단계이다)

---

87 『한서』 권100하, 「서전(敍傳)」 하에, 「춘추고기(春秋考紀)」·「표(表)」·「지(志)」·「전(傳)」 모두 100편이라고 했고, 안사고(顔師古)의 주(注)에, 「춘추고기」란 황제의 본기(本紀)를 가리킨다고 했다. 반표(班彪)와 반고의 열전에 대한 장회태자(章懷太子)의 주에, 「본기」는 당시의 사실을 살펴 기록하는데 사시(四時)를 갖추어 기록한다. 따라서 『춘추』의 경문(經文)과 같다고 했다. 按 : 「본기」를 통칭하여 「춘추고기」라고 하였음으로 『사통』에서도 이 성어(成語)를 사용한 것이다. 구본(舊本)과 왕유검(王維儉)의 『사통훈고(史通訓故)』에 모두 잘못되고 빠져 있어서 살필 수가 없다. 역주 : 이상의 포기룡의 견해에 대한 비판적 검토는 張振珮, 『史通箋注』, p.434 참조.

88 유진은 「핵재(覈才)」편에 보인다. 『후한서』 권80상, 「문원전(文苑傳)」 상에, 이우의 자는 백인(伯仁)으로 화제(和帝) 때 동관(東觀)에 불려가 난대령사(蘭臺令史)가 되었다. 안제(安帝) 때 간의대부(諫議大夫)가 되었고, 황제의 명을 받아 알자복야(謁者僕射) 유진 등과 함께 『한기(漢記)』를 편찬하였다. 按 : 유진과 이우 두 사람은 같은 열전에 수록되었고, 같은 일에 종사하였다. 곽연년(郭延年)의 『사통평석(史通評釋)』에는 이충(李充)으로 오기(誤記)되었다. 이충은 「독행전(獨行傳)」에 보이며 사직(史職)에 참여한 적이 없다. 주(注)에서 열전을 인용하여 그 증거로 삼았으니 제대로 살피지 않은 것이 얼마나 심한지를 알 수 있다.

89 『후한서』 권26, 「복담전(伏湛傳)」에, 담은 불기후(不其侯)에 봉해졌고, 그 작위는 현손(玄孫) 무기(無忌)에 이르렀다. 환제(桓帝) 원가(元嘉 : 151-152) 연간에 무기에게 조

自是以來, 春秋考紀(此句舊本作'春秋世'三字, 王本'世'字下空一字)亦以煥炳, 而忠臣義士莫之撰勒. 於是又詔史官謁者僕射劉珍及諫議大夫李尤(或訛作'充')雜作記·表, 名臣·節士·儒林·外戚諸傳, 起自建武,(光武元) 訖乎永初.(安帝元) 事業垂竟而珍·尤(一作'等')繼卒. 復命侍中伏無忌與諫議大夫黃景作諸王·王子·功臣·恩澤侯表, 南單于·西羌傳, 地理志.
(釋 : 第二層)

2-9

환제(桓帝) 원가(元嘉) 원년(151)에 이르러 다시 태중대부(太中大夫) 변소(邊韶),[90] 대군영사마(大軍營司馬) 최식(崔寔),[91] 의랑(議郎) 주목(朱穆)·조수(曹壽)[92]에게 명하여 효목황(孝穆皇)·효숭황(孝崇皇)('효목(孝穆)' 이하 다섯 글자는 전사(傳寫)과정에서 잘못 빠졌다. 마땅히 '헌목(獻穆)', '효숭이황후(孝崇二皇后)'로 써야 한다) 2인과 순열황후(順烈皇后)의 열전을 짓게 하였으며,[93] 또 「외척전

서를 내려 황경·최식(崔寔) 등과 함께 『한기(漢記)』를 편찬하게 하였다. 역주 : 『수서 경적지』 「사부(史部)」 "정사(正史)"서(序)에, 명제(明帝)는 반고를 비서랑으로 발탁하여 비각(秘閣)의 장서에 대한 전교(典校)를 맡겼다. 반고는 후한의 사실을 편찬하여 열전·재기 28편을 지었다. 그 후 유진(劉珍)·유의(劉毅)·유도(劉陶)·복무기(伏無忌) 등이 계속하여 동관(東觀)에서 저술을 하였는데 이를 『한기『漢記)』라고 한다고 했다. 『동관한기』는 143권으로 광무제부터 영제(靈帝)까지를 적고 있다.

90 역주 : 『후한서』 권80상, 「문원전(文苑傳)」 상에 열전이 보인다.

91 역주 : 최식은 최인(崔駰)의 손자이다. 『후한서』 권52, 「최인전」에 부록 되어 있다.

92 역주 : 『후한서』 권43, 「주락하열전(朱樂何列傳)」에 주목에 관한 기록이 보이고, 조수는 반표의 딸 반소(班昭)의 남편으로 『후한서』 권47, 「반초전(班超傳)」, 권84, 「열녀전」에 보인다.

93 역주 : 환제는 즉위 후 자신의 조부와 부를 각각 효목황·효숭황으로 추존하였는데, 그에 관한 기록은 『후한서』 권7, 「환제기(桓帝紀)」에 보이고, 순제(順帝)의 황후 순열황후는 『후한서』 권10하, 「황후기(皇后紀)」 하에 보인다. 따라서 효목황·효숭황을

(外戚傳)」에는 안사황후(顔思皇后) 등의 열전을,[94] 「유림전(儒林傳)」에는 최전(崔篆)[95] 등의 열전을 각각 추가하였다. 최식과 조수 두 사람이 의랑(議郞) 연독(延篤)과 함께 「백관표(百官表)」와 순제(順帝) 때의 공신 손정(孫程)·곽원(郭原)과 정중(鄭衆)·채륜(蔡倫) 등[96]의 열전을 썼는데, 모두 114편이었으며 『한기(漢記)』라고 불렀다.[97](釋: 제3단계이다)

황후로 본 포기룡의 주(注)는 잘못되었다.

94 『후한서』 권10하, 「황후기」 하에, 헌목(獻穆) 조(曹)황후의 휘(諱)는 절(節)이고, 위공(魏公) 조조(曹操)의 둘째 딸이다. 위(魏) 수선(受禪) 후 사신을 보내어 새수(璽綬)를 찾았을 때 황후가 노하여 사자를 불러 친히 몇 차례 꾸짖고는 새(璽)를 바닥에 집어 던지고 눈물을 흘리며 말하기를, 하늘이 천자를 돌보지 않는다고 하였다. 효숭(孝崇) 언(匽)황후의 휘는 명(明)으로서 여오후(蠡吾侯)의 잉첩(媵妾)으로서 환제(桓帝)를 낳았다. 화평(和平) 원년(150)에 박릉(博陵)에서 황후가 되었다. 순열(順烈) 양(梁)황후는 휘가 납(妠)이고 대장군 양상(梁商)의 딸이다. 덕망이 있어서 교만하거나 전횡의 마음을 감히 지니지 않았다. 안사(安思) 염(閻)황후는 원초(元初) 원년(114)에 후궁에 들어왔다. 2년에 황후가 되었다. 연평(延平) 4년에 황제가 죽자 조정의 권한을 행사하였다. **按**: 후한에서 「황후기(皇后紀)」를 칭한 것은 화교(華嶠)에서 비롯되었고 범엽(范曄)이 이를 따랐다. 그 이전에는 「전(傳)」이라 칭했다. **역주**: 안제(安帝)의 사망 연도는 연평 4년이 아니라 연광(延光) 4년(125)이다.

95 현재 범엽(范曄)의 『후한서』 권79, 「유림전」에는 최전이 수록되어 있지 않다. **역주**: 그러나 최전은 최인(崔駰)의 조부로써 『후한서』 권52, 「최인전」에 보인다.

96 **按**: 범엽의 『후한서』에는 손정·정중·채륜 등이 모두 「환자열전(宦者列傳)」에 수록되어 있고, 다만 곽원이 빠져 있다. 채륜은 즉 나무껍질과 마두(麻頭)를 이용하여 처음으로 종이를 만든 인물이다. **역주**: 『후한서』 권78, 「환자열전」에, 손정의 자는 치경(稚卿)이고, 탁군(涿郡) 사람이다. 순제(順帝)를 추대한 공로가 있다고 하였다. 곽원(郭原)은 『후한서』에 열전이 없다. 「환자열전」에, 정중은 자가 계산(季產)이며 남양(南陽) 사람이다. 두태후(竇太后)가 정권을 잡고 태후의 오빠 대장군 헌(憲) 등이 권력을 장악하자 정중이 가장 먼저 그를 죽이려 하였다. 안제(安帝) 원초(元初) 원년에 죽었다. 「환자열전」에, 채륜의 자는 경중(敬中)이며 계양(桂陽) 사람이다. 화제(和帝)가 즉위한 후 군영에 참여하였고 후에 상방령(尚方令)을 겸하였다. 나무껍질, 마두(麻斗)와 헌 천, 고기그물을 이용하여 종이를 만드는 것을 고안하여 천하가 모두 이를 채후지(蔡侯紙)라 칭하였다고 했다.

97 『후한서』 권80상, 「문원전」 상에, 변소(邊韶)의 자는 효선(孝先)이고, 진류(陳留) 준의(浚儀) 사람으로 문학으로 유명하였다. 환제(桓帝) 때 태중대부(太中大夫)가 되어 동관(東觀)에서 저작활동을 하였다. 『후한서』 권52, 「최인(崔駰傳)」에, 최인의 손자 최식은 자가 자진(自眞)이다. 일명 대(台)라고 하며 자를 원시(元始)라고도 한다. 재주와 능력이 뛰어나 의랑(議郞)에 임명되어 변소·연독과 함께 동관(東觀)에서 저술하였다. 주목(朱穆)의 자는 공숙(公叔)이며 주휘(朱暉)의 손자이다. 「핵재(覈才)」편을 참조

至元嘉元年,(桓帝元) 復令太中大夫邊韶 · 大軍營司馬崔寔 · 議郎朱穆 · 曹壽雜作『孝穆』·『崇』二皇('孝穆'五字, 傳寫訛脫, 當作'獻穆 · 孝崇二皇后') 及『順烈皇后傳』, 又增『外戚傳』入安思等后, 『儒林傳』入崔篆諸人. 寔 · 壽又與議郎延篤雜作「百官表」, 順帝功臣孫程 · 郭願及鄭衆 · 蔡倫等傳. 凡百十有四篇, 號曰『漢記』.(釋 : 第三層)

2-10

한 영제(漢靈帝) 희평(熹平 : 172-177) 연간에 광록대부(光祿大夫) 마일제(馬日磾 : ?-197) · 의랑(議郎) 채옹(蔡邕 : 133-192) · 양표(楊彪) · 노식(盧植 : ?-192) 등이 동관(東觀)에서 수사(修史)하면서 본기와 열전 중에서 부족한 부분의 보완을 계속하였다.[98] 그리고 채옹은 별도로 「조회지(朝會志)」 · 「거복지(車服

조수(曹壽)는 구주(舊注)에, 자는 세숙(世叔)이며 반소(班昭)의 남편이다. 『후한서』 권64, 「연독전(延篤傳)」에, 연독은 자가 숙견(叔堅)이며 남양(南陽)사람이다. 환제(桓帝)가 박사로 모집하여 의랑(議郎)에 임명하고, 주목(朱穆) · 변소와 함께 동관(東觀)에서 저작활동을 하였다. 按 : 이상 다섯 사람의 저작은 여러 곳에 보이는데 오직 조수(曹壽)의 경우 어떤 직위에 있었다는 문장이 보이지 않는다.

98 『삼국지』 권6, 「위서」 「원술전(袁術傳)」 주(注) 「삼보결록(三輔決錄)」에, 마일제의 자는 옹숙(翁叔)이고 마융(馬融)의 자손이다. 젊어서 마융의 업적을 전하였고 재주와 학문이 뛰어났다. 양표(楊彪) · 노식(盧植) · 채옹(蔡邕) 등과 함께 전교중서(典校中書)를 맡았고, 9경(九卿)을 거쳐 대보(臺輔)의 지위에 올랐다. 채옹 · 양표 · 노식 등은 모두 「핵재(覈才)」편에 보인다. 이들 여러 사람들의 저작은 여러 곳에 보인다. 「반표전」 주(注)에, 반표와 마일제 · 노식 · 채옹 등은 동관(東觀)에서 저작활동을 하였다고 했다. 「노식전」에, 노식과 마일제 · 채옹 · 반표가 『한기(漢紀)』를 계속하여 보완하였다고 했다. 「채옹전」에, 동탁(董卓)이 주살(誅殺)되고 왕윤이 채옹을 체포하였다. 이에 마일제가 왕윤에게 달려가 채옹은 세상에 뛰어난 인재이고 한나라의 역사사실을 많이 알고 있어 후일 사서를 계속 편찬하여 한 시대의 대전(大典)으로 남길 인물이고 또한 평소 충효로도 유명하니 연좌시켜 처벌하지 않는 것이 어떤가 라고 하자 왕윤이 듣지 않았다. 이에 마일제는 물러 나와 다른 사람에게 왕공이 세상을 길게 보지

志)」를 썼다. 채옹은 후에 사건에 연루되어 삭방(朔方)으로 유배되었다가 글을 올려 돌아오기를 청하여 10지(十志)를 계속하여 완성하고자 하였으나, 마침 동탁(董卓)이 반란을 일으켜 천자를 데리고 장안[西京]으로 옮겨가 버렸으며, 이에 사신(史臣)의 직이 폐기되고 옛 문헌들도 산일(散佚)되어 버렸다. 허도(許都)[99]에 있을 때 양표(楊彪)가 많은 기록을 보존하였다. 명현(名賢)·군자(君子)들의 전기는 안제(安帝) 영초(永初 : 107-113)(어떤 책은 '본초(本初)'라고 했지만, 잘못이다)[100]연간 이후 빠져 있다.(釋 : 제4단계이다)

熹(舊訛'嘉')平中,(熹平是靈帝改元) 光祿大夫馬日磾, 議郎蔡邕·楊彪·盧植著作東觀·接續紀傳之可成者, 而邕別作「朝會」·「車服」二志. 後坐事徙朔方, 上書求還, 續成十志.(本傳作'十意') 會董卓作亂, 大駕(此二字, 一本脫)西遷, 史臣廢棄, 舊文散佚. 及(一無'及'字)在許都, 楊彪頗存注記. 至於名賢君子, 自永(一作'本', 誤)初已下闕續.(釋 : 第四層)

2-11

삼국시대 위 문제(魏文帝) 황초(黃初 : 220-226) 연간에 사관들은 단지 『동관한기(東觀漢記)』의 「선현표(先賢表)」만이 지어졌다.[101] 따라서 『동관한

않는구나. 착한 사람은 나라의 '기(紀)'요, 저작은 나라의 '전(典)'일진대, '기전(紀典)'을 멸하고 어찌 능히 오래 가리오? 라고 하였다. 채옹이 옥중에서 죽었다. 마침 『영기(靈紀)』 및 십의(十意)를 지었고, 또 여러 열전을 보안하여 42편이 있었으나 이각(李傕)의 난 때 없어지고 얼마 남지 않았다

99 역주 : 조조는 낙양으로부터 헌제(獻帝)를 맞아 건안(建安) 원년(196) 허(許)를 도읍으로 하였다.

100 역주 : 포기룡의 견해를 따르지 않고 질제(質帝)의 '본초'가 맞다는 주장도 있다. 張振珮, 『史通箋注』, p.438 주)21 참조.

101 역주 : 『동관한기』의 표(表)로는 「제왕표(諸王表)」·「왕자후표(王子侯表)」·「공신표(功

기』에는 빠진 부분이 있었지만 진대(晉代)에 들어와서도 완성하지 못하였다.(釋 : 후한에서 위까지는 '완성하지 못하였다[無成]'는 두 글자로 요약하였다) 진 무제(晉武帝) 태시(太始 : 265-274) 연간에 비서승(秘書丞) 사마표(司馬彪 : 262-?)가 비로소 많은 책들의 기록을 검토하여 그 중 얻은 자료들을 모아 한 무제(漢武帝)로부터 헌제(獻帝)까지 12대 황제의 시기를 기록하여 200년간을 정리하면서 전후의 역사적 사건을 종합적으로 관통하고 그 외 많은 사실들을 인용하여 본기(本紀)·지(志)·열전(列傳) 등 모두 80편을 쓰고 『속한서(續漢書)』라 불렀다.[102] 또한 산기상시(散騎常侍) 화교(華嶠 : ?-293)가 『동관한기(東觀漢記)』를 산정(刪定)하여 『한후서(漢後書)』를 지었는데, 「제기(帝紀)」 12편·「황후기(皇后紀)」 2편·「전(典)」 10편·「열전」 70편 등 모두 97편이다.[103] 그 중 10전(典)은 끝내 완성하지 못하고 죽었다.(釋 : 진(晉) 이후 사마표와 화교가 편찬한 것이 제5·제6단계이다) 이후부터 작자(作者)들이 계속 이어져 편년체를 쓴 자는 4명[四族],[104] 기전체를 쓴 자는 5명[五家]이

臣表)」·「은택후표(恩澤侯表)」 및 「백관표」·「선현표」까지가 완성되었지만, 현재 전하는 것은 「백관표」 중의 일부만이 남아 있다. 오수평(吳樹平), 『동관한기교주(東觀漢記校注)』, 1987, 中州古籍出版社, 上冊, p.142 이하 내용 참조.

102 이상의 문장은 모두 『진서(晉書)』 권82, 「사마표전(司馬彪傳)」에서 인용한 것이다. 按 : 사마표의 자는 소통(紹統)이고 고양왕(高陽王) 목(睦)의 장남이다. 태시(泰始 : 265-274) 연간에 비서랑·비서승을 지냈다. 역주 : 『수서경적지』 「사부(史部)」 "정사(正史)"에는 『속한서』를 83권이라 하였다.

103 『진서(晉書)』 권44, 「화교전(華嶠傳)」에 보이는 편목(篇目)의 순서와 똑같다. 화교는 「이체(二體)」편을 보라. 또 「화교전」을 살펴보면, 화교는 황후는 황제의 배우자이기 때문에 이전 사서에서 「외척전(外戚傳)」의 끝에 부록하는 것은 원칙에 어긋나는 것이라 하였다. 따라서 「황후기(皇后紀)」로 고치고 본기(帝紀)의 다음에 두었다. 또 「지(志)」를 「전(典)」으로 고쳤는데 이는 「요전(堯典)」을 본뜬 것이다. 그리고 『한기(漢紀)』를 『한후서(漢後書)』로 개명(改名)하여 상주하였다. 조서를 내려 조신(朝臣)들로 하여금 회의를 열게 하였는데 모두들 화교의 책이 실록(實錄)의 풍모를 갖추었다고 하여 비부(秘府)에 보관하기로 하였다.

104 역주 : 진한장(陳漢章), 『사통보석(史通補釋)』에서는 장번(張璠)의 『후한기(後漢紀)』 30권, 유애(劉艾)의 『영헌이제기(靈獻二帝紀)』 6권, 원엽(袁曄)의 『헌제춘추(獻帝春秋)』 10권, 공연(孔衍)의 『한춘추(漢春秋)』 10권으로 비정(比定)하였지만, 때로는 유애 대신에 사마표(司馬彪)의 『구주춘추(九州春秋)』를 넣기도 한다. 張振珮, 『史通箋注』, p.439 주24 참조.

었다.[105] 그 중에서 제일 우수한 것은 화교의 『한후서』이다. 그러나 진(晉)왕조가 건업(建業)으로 도읍을 옮기는 혼란을 거치면서 이 사서들은 3개 중 1개만이 남게 되었다.[106](**釋** : 이상의 구절은 앞의 내용을 총괄하여 다시 정리하였다. **按** : 이상에서는 편년(編年)에 관한 말이 적고 기전(紀傳)에 관한 내용이 많았다. 만약 편년과 기전 두 체재를 모두 정리하려면 이 구절 안의 '사족(四族)' · '오가(五家)' 두 문구는 그냥 지나치면 안 된다)

魏黃初中,(文帝元) 唯著『先賢表』, 故『漢(一脫'漢'字)記』殘缺, 至晉無成, (**釋** : 自漢訖魏, 以'無成'二字作一勒) 泰始中,(晉武帝元) 秘書丞司馬彪始討論衆書,(一作'說', 一作'作'. 今依「彪傳」) 綴其所聞, 起元(傳作'於')光武, 終於孝獻. 錄世十二, 編年二百, 通綜上下, 旁引(傳作'貫')庶事, 爲紀 · 志 · 傳凡八十(依本傳. 舊作'一十三')篇, 號曰『續漢書』. 又散騎常侍華嶠, 删定『東觀記』爲『漢後(或作'後漢', 誤)書』, 帝紀十二(或訛作'三') · 皇后紀二 · 典十(一作'十典', 又以'三譜'置'十典'上) · 列傳七十 · 譜三,(嶠本傳作'三譜序傳目錄') 總九十七(或誤作'二')篇. 其十典竟不成而卒.(**釋** : 入晉以來, 彪 · 嶠兩編爲第五 · 第六層) 自斯已往,(已往, 猶云已上, 總前而言也. 舊作'後', 非) 作者相繼, 爲編年者四族, 創紀傳者五家. 推其所長, 華氏居最. 而遭晉室東徙, 三惟一存.(所存惟三分之一也. **釋** : 此八句總前, 又一勒. **按** : 已上所述編年語少, 紀傳語多, 要是二體雙勒也. 節內'四族','五家'二句, 勿滑過)

---

105 **역주** : 진한장(陳漢章)은 사승(謝承)의 『후한서(後漢書)』 130권, 설형(薛瑩)의 『후한기(後漢紀)』 100권, 사침(謝沈)의 『후한서』 122권, 장형(張瑩)의 『후한남기(後漢南記)』 55권, 원산송(袁山松)의 『후한서』 100권을 비정(比定)하였지만, 때로는 사승 대신에 『구당서경적지』에 수록되어 있는 유의경(劉義慶)의 『후한서』 58권을 넣기도 한다. 張振珮, 『史通箋注』, p.439 주)25 참조.

106 **역주** : 『진서(晉書)』 권44, 「화교전(華嶠傳)」에, 영가(永嘉)의 상란(喪亂)으로 경적이 유목(遺沒)되어 화교의 책[『漢後書』]은 30여 권이 잔존하였다고 했다.

2-12

남조 송의 선성태수(宣城太守) 범엽(范曄 : 398-445)[107]에 이르러 널리 학자들을 모집하여 옛 기록들을 자세히 열람하여 번잡한 것은 삭제하고 소략한 것은 보충하여 『후한서』를 만들었다. 10본기(本紀) · 10지(志) · 80열전(列傳)인데 합하여 100편이었다. 마침 범엽이 죄를 짓고 수감되어 「10지(志)」를 완성하지 못하고 죽었다.[108](釋 : 기전체는 범엽의 『후한서』에서 그친다) 범엽 이전에 진(晉) 동양태수(東陽太守) 원굉(袁宏 : 328-376)이 각종 후한의 사적(史籍)을 베끼고 순열(荀悅)의 체제를 모방하여[109] 『후한기(後漢紀)』[110] 30편을 저술하였다.(釋 : 편년체는 원굉의 『후한기(後漢紀)』에서 그친다)

---

107 『송서(宋書)』 권69, 「범엽전」에, 범엽의 자는 울종(蔚宗)이고 팽성왕 의강(彭城王義康)의 관군참군(冠軍參軍)으로 있다가 상서랑(尙書郎)이 되었다. 선성태수(宣城太守)로 좌천되어 여러 사람의 책을 정리하여 『후한서』를 편찬하였다. 후에 광패(狂悖)의 죄목으로 주살되었다. 「옥중여생질서(獄中與甥姪書)」에서 이르기를, "내가 망녕된 모반으로 죽음을 당함에 어찌 할말이 있겠는가. 항상 문사(文士)가 된 것을 수치로 여긴다. 글의 우환은 그 내용이 형식에 구속되는 것이다. 그렇게 되면 사조(詞藻) 정감으로 흐르게 된다. 어의(語義)가 주지(主旨)를 당기게 되면 운율이 문장의 뜻을 바꾸게 된다. 나는 항상 말하기를 문장은 정감을 전달하는 것이다. 때문에 마땅히 뜻을 위주로 해야 하고, 문사(文詞)는 뜻을 전달하는 것이다. 문장 중의 굴곡(屈曲)이 모두 일정한 도리가 있다. 나는 스스로 문장의 규율에 대하여 어느 정도 안다"라고 운운했다.

108 진진손(陳振孫), 『직재서록해제(直齋書錄解題)』에, 지(志) 30권 사마표가 편찬하였다. 양(梁) 유소(劉昭)의 보주(補注)가 있지만 범엽의 『후한서』에는 본래 지(志)가 없었다. 이에 옛 지(志)를 빌려 보완하였다. 그 후 본기와 열전만이 전해지고 지(志)는 드러나지 않았다. 당대(唐代)의 건흥(乾興) 초에 판국자감(判國子監) 손석(孫奭)이 비로소 건의하여 합쳤다. 그러나 그것이 사마표가 지은 것을 표시하지 않았다. 이제 장회태자(章懷太子)의 주에 인용된 『속한지(續漢志)』의 문장을 살펴보니 지금의 『후한서』 「지(志)」와 같아 그것이 사마표가 지은 것이라는 것은 의심의 여지가 없다. 按 : 당나라 때 범엽의 『후한서』는 보완된 지(志)가 본기 · 열전과 합쳐 유행하였음은 「편차(編次)」편에 보인다. 또 『후한서』 「본기」의 주에 실린 『송서(宋書)』 「사엄전(謝儼傳)」에, 십지(十志)는 엄에게 조사하여 편찬하도록 맡겨진 것이었으나 범엽이 죽고 모조리 밀랍하여 수레에 덮어놓았는데, 지금은 없어졌다. 『용재사필(容齋四筆)』에도 언급하고 있는데, 이들 서로 다른 견해들을 모아 살필 필요가 있다.

109 역주 : 순열에 대하여는 「육가(六家)」편 주)53 참조.

세상 사람들은 후한의 사서를 말할 경우 오직 범엽과 원굉 두 사람만을 거론한다.(釋 : 두 문구는 오로지 두 책으로만 결론지어 본절(本節)의 제6단계를 마무리하였다)

至宋宣城太守范曄, 乃廣集學徒, 窮覽舊籍, 刪煩補略, 作『後漢書』, 凡十紀 · 十志 · 八十列傳, 合爲百篇. 會曄以罪被收, 其十志亦未成而死.(釋 : 紀傳體結到范『書』止) 先是, 晉東陽太守袁宏抄撮『漢氏後書』, 依荀悅體, 著『後漢紀』三十(或誤作'十三')篇.(釋 : 編年體結到袁『紀』止) 世言漢中興史者, 唯范 · 袁(一作'袁 · 范')二家而已.(釋 : 二句專結二書, 爲本節六層束勒)

按 : 제7절에서는 후한의 여러 사서를 설명하면서 마찬가지로 기전과 편년 두 체례를 함께 설명하였다. 후한이후 남조의 송까지 네 왕조동안 사서를 저술한 사람들이 특히 많았다. 때문에 유지기가 그 원류를 설명하면서 다른 시대의 사서와 비교하여 곱절이나 많은 내용을 써야 했다.(第七節述後漢諸史也, 亦紀傳,編年二體並述. 自漢中興, 下暨劉宋, 時閱四朝, 作者尤夥, 故其敍述源流, 較他史倍煩)

110 『진서(晉書)』 권92, 「문원전(文苑傳)」에, 원굉의 자는 언백(彦伯)이다. 부(父) 욱(勖)은 임여령(臨汝令)을 지냈다. 사상(謝尙)이 우저(牛渚)에 진을 치고 있으면서 원굉을 참군(參軍)으로 불렀다. 그러한 내용이 「점번(點煩)」편에 보인다. 후에 동양군(東陽郡)으로 출임하여 『후한기』 30권을 지었다고 했다. 『수서(隋書)』 · 『구당서(舊唐書)』 「예문지」 "편년류"에, 이 책 이전에 장번(張璠)이 편찬한 책이 있었는데 「육가(六家)」편 좌전가(左傳家)에 보인다. 원굉은 장번의 기록을 모아 책을 편찬하였다. 원굉은 「자서(自序)」에서, 사전(史傳)의 편찬은 고금에 통하고 명교(名敎)를 돈독(敦篤)히 하기 위함이다. 좌구명의 저작은 널리 많은 자료를 모았다. 사마천은 형식을 분명히 가려 기전체를 세웠고, 반고는 전적에 따라 그 원류를 정리하였으며, 순열은 천하를 다스리는 이치를 정리하였다는 점에서 모두 좋은 사서로서 충분하다. 그러나 지금은 과거의 남겨진 사실을 통해 대략 그 뜻을 거론하는 것으로 교화의 귀결로 삼고, 말리(末吏)인 나는 주소(注疏)를 달 뿐이라고 했다. 역주 : 원굉은 『후한기』 「자서(自序)」에서 자신이 참고한 책으로 『한기(漢紀)』 · 『사승서(謝承書)』 · 『사마표서(司馬彪書)』 · 『화교서(華嶠書)』 · 『사침서(謝沈書)』 · 『한산양공기(漢山陽公記)』 · 『한영헌기거주(漢靈獻起居注)』 · 『한명신주(漢名臣奏)』 등과 제군(諸郡)의 기구실현전(耆舊失賢傳) 자료를 모아 8년 동안을 정리하였다고 했다.

2-13

삼국시대 위(魏)의 사서는 황초(黃初 : 220-226) · 태화(太和 : 227-233) 연간에 처음으로 상서(尙書) 위기(衛覬)와 무습(繆襲 : 186-245)[111]에게 명하여 본기와 열전을 초안하게 하였는데 몇 해가 지나도 완성하지 못했다. 또 시중(侍中) 위탄(韋誕) · 응거(應璩 : ?-252), 비서감(秘書監) 왕침(王沈 : ?-266), 대장군종사중랑(大將軍從事中郎) 완적(阮籍 : 210-263), 사도우장사(司徒右長史) 손해(孫該 : ?-261), 사예교위(司隸校尉) 부현(傅玄 : 217-278) 등에게 명하여 다시 함께 편찬하도록 하였다.[112] 그 후 왕침이 혼자 이 작업을 맡아 『위서(魏書)』 44

111 『삼국지』 권21, 「위지」 「위개전」에, 위개의 자는 백유(伯儒)이고, 하동(河東)의 안읍(安邑) 사람이다. 태조(太祖 : 조조)가 사공연속(司空掾屬)으로 삼고 무릉령(茂陵令)으로 임명하였다. 문제(文帝)가 즉위하자 상서(尙書)에 임명되었다. 후일 시중(侍中)이 되었고, 왕찬(王粲)과 함께 전장(典章)제도를 맡아보았다. 명제(明帝)가 즉위한 후 저작을 담당하고, 『위관의(魏官儀)』를 편찬하였다. 또 『삼국지』 권21, 「위지」 「유소전(劉劭傳)」에, 유소와 같은 시기에 동해(東海) 사람 무습(繆襲) 역시 재주와 학식이 있어 많은 저술을 하였다고 했다. 배송지(裴松之)의 주(注)에 『문장지(文章志)』를 인용하여, "무습의 자는 희백(熙伯)이고 어사대부(御師大夫)를 지냈다고 했다

112 『삼국지』 권21, 「위지」 「유소전(劉劭傳)」 부록에, 광록대부(光祿大夫) 경조(京兆) 사람 위탄(韋誕)이라 하였다. 배송지의 주(注)에 『문장서록(文章序錄)』을 인용하여, 위탄의 자는 중장(仲將)이다. 건안(建安 : 196-219) 연간에 낭중(郎中)으로 임명되었고, 시중(侍中) · 중서감(中書監)을 지냈는데, 문장을 매우 잘 지었다고 했다. 『삼국지』 권21, 「위지」 「왕찬전(王粲傳)」 부록에, 응거(應璩)는 관직이 시중에 이르렀다고 했다. 배송지의 주에 『문장서록』을 인용하여, 응거의 자는 휴련(休璉)이고, 박식하고 글을 잘 지었다. 제왕(齊王)이 즉위하자 저작(著作)을 맡았다고 했다. 왕침(王沈)은 「서사(敍事)」편에 보인다. 『진서(晉書)』 권39, 「왕침전」에, 순의(荀顗) · 완적(阮籍)과 함께 『위서(魏書)』를 편찬하였다고 했다. 완적은 「사관건치(史官建置)」편에 보인다. 손해의 경우, 『삼국지』 권21, 「위지」 「유소전(劉劭傳)」 부록에, 진군태수(陳郡太守) 임성(任城) 사람 손해라고 하였고, 배송지의 주에 『문장서록』를 인용하여 손해의 자는 공달(公達)이고, 20세에 낭중이 되어 『위서(魏書)』를 지었다고 했다. 『진서(晉書)』 권47, 「부현전(傅玄傳)」에, 위(魏)에서 낭중을 지냈고, 동해(東海) 사람 무시(繆施)와 함께 저작으로 뛰어난 인재라고 칭찬을 받았고, 『위서(魏書)』를 편찬했다고 했다. 또 「서사(敍事)」편에도 보인다. 按 : 무시가 혹 『삼국지』 「위지」에 보이는 무습(繆襲)인지 여부는 좀 더 살펴야 한다.

권을 완성하였는데,[113] 그 책은 당시의 여러 사실들에 대해 꺼리거나 피한 내용[時諱]이 많아 결코 사실을 그대로 기록한 사서[實錄]는 아니었다. (釋 : 이 문단은 위(魏)나라 사서의 초기 저작들이 모두 위나라 때 편찬된 것이라 했다. 이 다음의 책으로는 당연히 촉(蜀)의 사서의 초기 저작들을 다루어야 하는데, 촉에는 사관이 조칙으로 책을 편찬한 것이 없었기 때문에 빠져 있다)

魏史, 黃初·太和中始命尙書衛覬·繆襲草創紀傳, 累載不成. 又命侍中韋延·應璩, 秘書監(一無'監'字)王沈, 大將軍從事中郎阮籍, 司徒右長史孫該, 司隸校尉傅玄等, 復共撰(一作'撰')定. 其後王沈獨就其業, 勒成『魏書』四十四卷. 其書多爲時諱, 殊非實錄.(釋 : 此一段原魏志起本, 皆魏世所撰者. 此下本應入蜀志起本, 而蜀無史局勅授之書, 故闕之)

2-14

오의 대제(大帝) 손권(孫權 : 182-252) 말년에 처음으로 태사령(太史令) 정부(丁孚), 낭중(郎中) 항준(項峻)에게 명하여 『오서(吳書)』를 편찬하게 하였다. 정부와 항준은 모두 사가의 재능이 없었음으로 그들이 편찬한 문장은 역사의 기록으로써 부족하였다. 소제(少帝) 손호(孫皓) 때에 다시 위요(韋曜)·주소(周昭)·설형(薛瑩)·양광(梁廣)·화핵(華覈 : ?-277) 등에게 명하여 과거의 사실들을 조사하여 시간의 선후(先後)에 따라 기록하게 하였다. 이들 가운데 위요와 설형의 문장이 가장 뛰어났다. 귀명후(歸命侯)[114]때 주

113 역주 : 왕침의 『위서』의 권수(卷數)가 『수서경적지』 「사부(史部)」 "정사"에는 48권, 『신당서예문지』에는 47권, 『구당서경적지』에는 44권으로 되어 있다.

114 역주 : 오(吳) 소제(少帝)가 천기(天紀) 4년(280) 진(晉)에 항복하여 귀명후(歸命侯)에 봉해졌다.

소와 양관은 먼저 죽고, 위요와 설형은 유배되거나 좌천되어 사관(史官)이 오래 동안 없었기 때문에 사서 편찬이 진행되지 않았다. 그리하여 화핵이 상소하여 위요와 설형을 불러 사서편찬을 계속하여 완성하게 할 것을 청하였다.[115] 그 후 위요가 혼자서 그 책을 완성하였는데 모두 55권이었다.[116](釋 : 이 문단에서는 오나라 사서의 처음 저작들 역시 오가 망하기 전 편찬된 것이라 했다)

吳大帝之季年, 始命太史令丁孚 · 郎中項峻撰『吳書』. 孚 · 峻(一作'峻孚')俱非史才, 其文不足紀錄. 至少帝時, 更敕韋曜 · 周昭 · 薛瑩 · 梁廣 · 華覈訪求往事, 相與記述. 並作之中, 曜(一作'推') · 瑩爲首. 當歸命侯時, 昭 · 廣(一作'廣昭')先亡, 曜 · 瑩徙黜, 史官久闕, 書遂無聞. 覈表請召(一無'召'字)曜 · 瑩續成前史, 其後曜獨終其書, 定爲五十五卷.(釋 : 此段原吳志起本, 亦吳有國時所撰)

2-15

진(晉)이 천명(天命)을 받아 천하를 통일하였다. 저작랑 진수(陳壽 : 233-297)가 삼국의 사서들을 수집하여(앞에서는 다만 위 · 오 두 나라를 말했는데, 여기

115 모두 화핵의 상소문에 나오는 글이다. 『삼국지』 권53, 「오지」 「설형전(薛瑩傳)」에 보인다. 그 중 위요 · 설형 · 화핵 세 사람은 모두 「사관건치(史官建置)」편에 보인다. 그리고 정부 · 항준 · 주소 · 양광 네 사람은 모두 화핵의 상소문에는 보이지만, 「오지」에는 열전이 없다.

116 按 : 위요가 그 책을 완성하였다는 분명한 내용이 사서에는 없다. 배송지의 주(注)에 근거하여 위요가 『오서(吳書)』를 지었다는 내용으로 보아 마지막으로 완성한 사람이 위요라는 것을 알 수 있다. 역주 : 위요의 열전이 『삼국지』 권65에 보인다. 『수서 경적지』 「사부(史部)」 "정사(正史)"에는 위소(韋昭) 즉 위요가 편찬한 『오서』를 25권이라 하였다. 본래는 55권이었는데, 25권만이 남았다고 했다.

서 삼국이라 말한 것은 진수가 편찬한 책에 근거하여 말한 것이다) 『삼국지(三國志)』를 편찬하였는데 모두 65편이었다. 하후담(夏侯湛 : 243-291)[117]도 당시 『위서(魏書)』를 저술하였는데 진수가 쓴 것을 보고 자기가 쓴 초고를 없애버렸다. 진수가 죽자 양주대중정(梁州大中正) 범군(范頵)이 표를 올려, 『삼국지』는 정치의 득실을 분명히 밝히고, 권계(勸誡)하는 내용이 많아 백성들의 교화에 유익하니 조정에서 이 책을 채록(採錄)할 것을 청하였다. 그리하여 하남윤(河南尹)에게 조서를 내려 진수의 집으로 가서 그 책을 베껴오게 하였다.[118](釋 : 이 문단에서는 진수의 『삼국지』 편찬과 아울러 그 책이 세상에 알려지게 된 사실을 설명하였다)

至晉受命, 海內大同, 著作陳壽, 乃集三國史,(前但述二國, 此云三國者, 據陳所撰書爲言也) 撰爲『國志』, 凡六十五篇. 夏侯湛時亦著『魏書』, 見壽所作, 便壞己草而罷. 及壽卒, 梁州大中正范頵表言『國志』明乎得失, 辭多勸誡, 有益風化, 願垂採錄. 於是詔下河南尹, 就家寫其書.(釋 : 此段述陳壽撰志, 并其書出顯之事)

2-16

그 이전에 위나라 경조(京兆) 사람 어환(魚豢)이 개인적으로 『위략(魏略)』을 썼는데 명제(明帝 : 227-236재위)까지의 사실기록에 그쳤다.[119] 그 후

117 『진서(晉書)』 권55, 「하후담전」에, 담의 자는 효약(孝若)이고, 반악(潘岳)과 친하였다. 행차 때에는 항상 같은 수레에 타고 함께 다닌 관계로 세간에서는 연벽(連璧)이라 불렀다. 산기상시(散騎常侍)를 지냈다. 30여편의 논저가 있었는데, 따로 일가지언(一家之言)을 이룰 만한 것이었다.

118 이상의 내용은 『진서(晉書)』 권82, 「진수전(陳壽傳)」과 내용이 같다. 진수는 「육가(六家)」편 "한서가(漢書家)"에 보인다.

손성(孫盛 : 302-373)이 『위씨춘추(魏氏春秋)』[120]를 쓰고, 왕은(王隱)이 『촉기(蜀記)』,[121] 장발(張勃)이 『오록(吳錄)』[122]을 각각 썼다. 기이한 이야기들이 정리되어 세상에 나와 유행되는 것이 가장 많았다.[123] 송 문제(宋文帝 :

119 역주 : 어환은 「재문(載文)」편에도 보인다. 『수서경적지』 「사부(史部)」 "잡사(雜史)"에, 『전략(典略)』 89권, 위(魏)의 낭중(郎中) 어환이 편찬했다고 했는데, 89권이란 『위략』 38권과 『전략』 50권, 그리고 「목록」 1권을 합한 숫자라고 여겨진다. 이에 대한 상세한 설명은 요진종(姚振宗), 『수서경적지고증(隋書經籍志考證)』 권13(『二十五史補編』 제4책 所收) 참조. 장붕일(張鵬一), 『위략지본(魏略輯本)』 「서(序)」에서는 그 기재가 『사통의 주장과는 달리 진류왕(陳留王) 조환(曹奐)까지 기록되어 있다고 했다. 趙呂甫, 『史通新校注』, p.716 주)20 참조.

120 역주 : 「육가(六家)」편 주)55, 「모의(摸擬)」편 주)21-23 참조.

121 역주 : 왕은은 동진(東晉) 사람으로 「이체(二體)」편에도 보인다. 『신당서예문지』 「사부(史部)」 "잡사류"에 왕은이 『촉기』 7권을 산보(刪補)하였다고 했다. 『삼국지』에 대한 배송지의 주(注)에도 『촉기』를 인용한 곳이 여러 차례 보인다.

122 역주 : 장발은 서진(西晉) 사람으로 무제 때 태자복(太子僕)을 지냈고, 『오록』 30권을 지었다. 「서지(書志)」편 주(注)에도 장발에 관한 기록이 보인다.

123 **按** : 배송지의 주(注)에 인용된 한(漢)·진(晉) 간의 군서(群書)는 모두 100여 종이나 된다. 위(魏)의 사실을 기록한 것으로는 어환(魚豢)의 『위략(魏略)』, 손성(孫盛)의 『위씨춘추(魏氏春秋)』, 왕침(王沈)의 『위서(魏書)』, 음담(陰澹)의 『위기(魏紀)』, 순욱(荀勖)의 『문장서록(文章敍錄)』과 그 외 『조만전(曹瞞傳)』·『위무고사(魏武故事)』·『포상령(褒賞令)』·『한위춘추(漢魏春秋)』·『전론(典論)』·『위말전(魏末傳)』·『위명신주(魏名臣奏)』·『위세보(魏世譜)』 등이 있다. 촉(蜀)에 관한 사실을 기록한 것으로는 왕은(王隱)의 『촉기(蜀記)』, 초주(譙周)의 『촉본기(蜀本紀)』, 진수(陳壽)의 『익부기구전(益部耆舊傳)』과 『잡기(雜記)』, 상거(常璩)의 『화양국지(華陽國志)』, 곽충(郭沖)의 『오사(五事)』, 장엄(張儼)의 『묵기(嘿記)』·『제갈집(諸葛集)』 등이 있다. 오(吳)에 관한 사실을 기록한 것으로는, 장발(張勃)의 『오록(吳錄)』, 오충(吳沖)의 『오력(吳歷)』, 위요(韋曜)의 『오서(吳書)』, 우부(虞溥)의 『강표전(江表傳)』, 환씨(環氏)의 『오기(吳記)』·『회계전록(會稽典錄)』 등이 있다. 몇 시기를 아울러 기록한 것[統錄]으로는, 사마표(司馬彪)의 『속한서(續漢書)』·『구주춘추(九州春秋)』, 사승(謝承)의 『후한서』, 장번(張璠)·원굉(袁宏)의 『후한기(後漢紀)』, 화교(華嶠)의 『한후서(漢後書)』, 공연(孔衍)의 『한위상서(漢魏尙書)』, 습착치(習鑿齒)의 『한진춘추(漢晉春秋)』·『헌제춘추(獻帝春秋)』·『헌제기(獻帝紀)』·『헌제기거주(獻帝起居注)』·『산양공재기(山陽公載記)』·『한말명사록(漢末名士錄)』·『선현행장(先賢行狀)』·『영웅기(英雄記)』, 간보(干寶)의 『진기(晉紀)』, 우예(虞預)의 『진서(晉書)』, 왕은(王隱)의 『진서(晉書)』, 육기(陸機)의 『진혜기거주(晉惠起居注)』·『진양추(晉陽秋)』·『진제공찬(晉諸公贊)』·『진류기구전(陳留耆舊傳)』, 서중(徐衆)의 『이동평(異同評)』·『고사전(高士傳)』·『문사전(文士傳)』·『열사전(烈士傳)』·『신선전(神仙傳)』·『문장지(文章志)』 등이 있다. 또 여러 명신(名臣)들의 열전과 명족세보(名族世譜)·명인집(名人集) 등이 있는데 너무 많아 그 모두를 헤아리기 어렵다. 서술한

424-453 재위)는 『삼국지(三國志)』가 역사를 기록함이 너무 간략하다고 여기고 중서랑 배송지(裴松之 : 372-451)에게 명하여 널리 많은 책들을 수집하여 그 빠진 부분을 주(注)로 보완하게 하였다.[124] 이로 말미암아 세상 사람들이 말하는 『삼국지』는 배송지의 주(注)를 기본으로 하였다.(釋 : 끝 문단에서는 배송지의 주(注)가 상보(相輔)되어 유행되었음을 설명하였다)

先是, 魏時京兆魚豢私撰『魏略』, 事止明帝. 其後孫盛撰『魏氏春秋』, 王隱撰『蜀記』, 張勃撰『吳錄』. 異聞錯出, 其流最(一作'甚')多. 宋文帝以『國志』載事,(一作'紀') 傷於簡略, 乃命中書郎裴松之兼採衆書, 補注其闕. 由是世(一無'世'字)言『三國志』者, 以裴『注』爲本焉.(釋 : 末段述裴注相輔而行)

按 : 제8절에서는 진수(陳壽)[承祚]의 『삼국지』를 설명하였다. 사마천과 반고 이후 사가들이 지은 사서 중에 뜻이 고상하면서 간요(簡要)한 것으로 말하자면 이 책 만한 것이 없다. 그러나 간요함의 결점은 너무 간략하여 반드시 배송지(裴松之)[西鄕侯]의 『삼국지주(三國志注)』의 도움을 받지 않으면 사실을 검증하고 말을 살피는데 취하는 바가 적지 않게 감소하게 된다. 때문에 뒤의 문단에서는 배송지의 저작을 상세하게 소개하였다. 유지기는 앞의 「보주(補注)」편에서 배송지 주(注)의 번무(煩蕪)함을 비판한 적이 있는데 여기에서는 또 반드시 주(注)로써 『삼국지』를 보전(補全)해야 한다고 했다. 유지기의 이 같은 관점은 논의에서는 엄격함을 취하고 글에서는 완비함을 취해야 한다는 것이다.(第八節述承祚『三國志』也. 馬班而後, 史家之作, 高簡無如此書. 然簡失則略, 非得西鄕注輔之, 徵事考言, 減趣不少. 故後段持詳裴作. 前於「補注」篇以煩蕪刺之, 而於此必以注本全之, 論取嚴, 文取備也)

「곡필(曲筆)」·「사관건치(史官建置)」 두 편에서 "촉(蜀)에 사직(史職)이 없다"는 말을 크게 비판하면서 진수(陳壽)가 그의 군상(君相)을 크게 모함하

것이 모두 이상(異常)한 내용이었음으로 기이한 이야기를 다룬 사서들이 유행하였다고 한 것이다.

124 「보주(補注)」편 참조.

였다고 했다. 그러나 이 구절을 통해 『삼국지』 「촉지(蜀志)」 이전에 편찬된 저술이 아무 것도 없었다는 것을 알 수 있으니 진수의 말이 모두 모함인 것은 아니었다. 혹 관방(官方)에 사직(史職)이 비록 설치되기는 했지만 칙수(勅修)가 진행되지 않았던 것이 아닐까? 혹은 유지기가 사서체례를 존숭(尊崇)하고 무향후(武鄕侯)[諸葛亮]를 변호하기 위하여 이 같은 조화롭게 중재하는 말이 있게 된 것인가?(「曲筆」·「史官」二篇深斥蜀無史職之言, 謂陳壽厚誣其君相. 然觀此節, 「蜀志」之先, 獨無撰著, 又似壽言未必盡誣. 意或官局雖存, 而敕修不預與? 抑子玄尊崇史體, 回護武鄕, 姑爲斡全之說歟?)

2-17

진(晉)의 사서로는 도읍을 낙양(洛陽)에 두었던 서진(西晉) 때 저작랑 육기(陸機)[125]가 처음으로 「선제기(宣帝紀)」·「경제기(景帝紀)」·「문제기(文帝紀)」를 썼고, 좌저작랑(佐著作郎) 속석(束晳)이 또 십지(十志)를 썼다.[126] 서진 멸망의 혼란을 맞아 그 책들은 전하지 않는다. 그 전에 역양령(歷陽令) 진군(陳郡) 사람 왕전(王銓)이 저술에 재능이 있어 사적(私的)으로 진나라의 사적(事迹)과 공신들의 행장(行狀)을 기록하였으나 완성하지 못하고 죽었

125 역주 : 「본기(本紀)」편 주)54 참조. 그의 열전이 『진서(晉書)』 권54에 보인다.

126 육기는 『진기(晉紀)』를 편찬하였는데, 『수서경적지』와 신·구 『당서』의 지(志)에 보인다. 이 책은 이미 「본기(本紀)」편에 보인다. 그 주(注)에 존의(存疑)에 관한 내용은 참고할 만 하다. 속석은 「사관건치(史官建置)」편에 보인다. 제기(帝紀)와 십지(十志)를 편찬하였다. 역주 : 특히 속석은 위 양왕(魏襄王) 묘에서 출토된 죽서문자(竹書文字)의 해독에 힘을 많이 기울였던 인물이다. 재학(才學)이 뛰어나 『삼위인사전(三魏人士傳)』·『칠대통기(七代通記)』 외에도 「오경통론(五經通論)」·「발몽기(發蒙記)」·「보망시(補亡詩)」·문집 등의 문장 수십 편이 세상에 유행하였다. 『진서(晉書)』 권51, 「속석전」 참조.

다.[127] 아들 왕은(王隱)은 박학다문(博學多聞)하여 부친의 유업을 이어받아 서진(西晉)의 사적(事迹)을 대부분 상세히 살폈다. 강남으로 옮겨간 동진(東晉) 이후 저작랑이 되어 황제의 명에 따라 진사(晉史)를 편찬하였다. 그의 동료 우예(虞預)[128]에 의해 피소된 사건에 연루되어 면관(免官)되었다. 집이 가난하여 자산(資産)이 없었음으로 책을 완성하지 못하였는데, 정서장군(征西將軍) 유량(庾亮 : 289-340)[129]에게 의지하여 무창진(武昌鎭)에 있을 때 유량이 그에게 종이와 먹을 주어 드디어 완성할 수 있었다. 『진서(晉書)』 89권이었다. 성제(成帝) 함강(咸康) 6년(340)에 비로소 조정에 바쳤다. 왕은이 비록 저술을 좋아했지만 문사(文辭)가 졸렬하고 재능이 우둔하였다. 그 책 중에 서술이 조리 정연한 것은 모두 왕전(王銓)이 편찬한 부분이고, 문장이 혼란스럽고 어지러운 것은 분명히 왕은(王隱)이 쓴 부분이었다.[130] 이때 상서랑(尙書郎)으로 국사 찬수를 겸하여 맡았던[領國史] 간보(干寶)도 『진기(晉紀)』를 썼는데,[131] 선제(宣帝)로부터 민제(愍帝)까지 일곱 황제, 53년의 기간으로 모두 22권이었다. 이 책은 문장이 간략하고, 직설적이면서도 완곡하여 당시 사람들에 의해 크게 칭찬 받았다.(釋 : 이 구절의 처음부터 여기까지 설명한 것은 모두 서진(西晉) 말까지이다)

동진(東晉)의 사서는 등찬(鄧粲 : ?-384?) · 손성(孫盛 : 302-373) · 왕소지(王韶之 : 380-435) · 단도란(檀道鸞) 등[132]이 계속하여 저작하였다. 등찬은 멀리 원제

127 「이체(二體)」편 왕전과 우예(虞預)의 주)24 참조.

128 역주 : 『진서(晉書)』 권82, 「우예전」에, 비서승 · 저작랑은 지낸 경력이 보이고, 『진서(晉書)』 40여 권 외에도 『회계전록(會稽典錄)』 20편, 『제우전(諸虞傳)』 12편 등을 지었다고 했다.

129 역주 : 『진서(晉書)』 권73, 「유량전」 참조.

130 왕전과 그 아들 왕은 그리고 우예는 모두 「이체(二體)」편과 「곡필(曲筆)」편에 보인다. 역주 : 이상의 내용은 모두 『진서(晉書)』 권82, 「왕은전」의 문장을 정리한 것이다.

131 「육가(六家)」편 좌전가(左傳家) 참조. 按 : 간보의 『진기』는 편년체인데, 『신진서(新晉書)』(역주 : 현재 통용되는 정사인 『진서(晉書)』를 가리킨다)가 널리 유행되자 이 책은 폐기되었다. 역주 : 『문선(文選)』 권49에는 간보의 「진기론진무제혁명(晉紀論晉武帝革命)」 · 「진기총론(晉紀總論)」이 수록되어 있다. 『진기(晉紀)』의 경우 양사(良史)라고 칭송되었다. 『진서(晉書)』 권82, 「간보전」 참조.

(元帝)·명제(明帝)만을 기록하였으나, 왕소지 등은 명제부터 안제(安帝)까지의 가까운 여덟 황제를 서술하였다.[133] 남조의 송(宋)에 이르러 상동태수(湘東太守) 하법성(何法盛)[134]이 처음으로 『진중흥서(晉中興書)』를 써서 일가(一家)를 이루었는데 동진 왕조의 처음과 끝이 모두 기록되어 있었다. (釋: 여기서는 동진의 사서를 설명하고 있다) 제(齊) 은사(隱士) 동완(東莞) 사람 장영서(臧榮緖: 415-488)[135]도 서진과 동진의 사서들을 수집하여 한 책[『晉書』]으로 만들었다.(釋: 이 세 구절에서는 두 책이 비로소 합해졌음을 설명하였다)

당나라[皇家]의 정관(貞觀: 627-649) 연간에 황제는 과거 동진·서진의 사서가 18가(十八家)[136]가 될 정도로 많은 저작이 있었지만 아직은 완전하지

132 등찬은 「서례(序例)」편에 보이는데, 「원제기(元帝紀)」와 「명제기(明帝紀)」 10편을 저술하였다. 손성은 「논찬(論贊)」편에 보이는데, 『진양추(晉陽秋)』와 『위씨춘추(魏氏春秋)』를 지었고, 특히 『진양추』는 글이 진실하고 이치에 합당하여 모두가 양사(良史)라고 칭하였다. 단도란은 「서례(序例)」편에 보이는데, 『속진양추(續晉陽秋)』를 지었다. 왕소지는 「잡술(雜述)」편에 보인다. 『송서(宋書)』 권60, 「왕소지전」에, 소지의 아버지 위지(偉之)는 고상한 뜻을 지니고 있었다. 태원(泰元: 376-396)·융안(隆安: 397-401) 연간의 크고 작은 사실들을 모두 기록하였다. 소지는 따라서 개인적으로 『진안제양추(晉安帝陽秋)』를 편찬하였다. 완성되자 당시 사람들이 마땅히 사직(史職)에 있어야 할 인재라고 하였다. 저작좌랑이 되어 그 이후의 사실들을 계속하여 기록하게 하여 의희(義熙) 9년(413년)까지 정리하였다고 했다.

133 按: 동진은 모두 11명의 황제가 재위하였다. 원제(元帝)·명제(明帝)로부터 안제(安帝)·공제(恭帝)까지이다. 등찬은 「원제기」와 「명제기」만을 편찬하였으니 이를 멀리 두 황제라 한 것이고, 그 후 왕소지는 계속하여 안제(安帝)의 의희(義熙: 405-418) 연간까지 기록하면서도 공제(恭帝)를 본기에 수록하지 않았으니 이를 가까운 여덟 황제라고 한 것이다.

134 『송서(宋書)』에는 열전이 없다. 『수서경적지』 「사부(史部)」 "정사(正史)"에, 『진중흥서(晉中興書)』 78권은 동진(東晉)에서 기가(起家)한 송의 상동태수(湘東太守) 하법성이 편찬하였다고 했다. 按: 하법성의 이 책은 치소(郗紹)의 견해를 몰래 베껴 쓴 곳이 있다. 「잡설(雜說)중」편 참조. 역주: 자세한 내용은 「표력(表曆)」편 하법성의 『진중흥서』에 대한 주)16 참조.

135 『남제서(南齊書)』 권54, 「고일전(高逸傳)」에, 장영서는 동완(東莞)의 거(莒) 지방 사람인데 순수하고 독실하며 배우기를 좋아하였다. 서진과 동진을 함께 한 책으로 편찬하였는데, 기(紀)·록(錄)·지(志)·전(傳) 모두 110권이다. 경구(京口)에 은거하여 제자를 가르쳤는데, 남서주(南徐州)의 연속(掾屬)인 서조(西曹)와 수재(秀才) 등에 천거되었지만 취임하지 않았다. 태조가 양주(揚州)에 있을 때 그를 주부(主簿)로 임명하였으나 가지 않았다고 하였다. 역주: 「서지(書志)」편 주)91에도 보인다.

못하다고 여기고, 사관(史官)에 조서를 내려 다시 보완하여 편찬하게 하였다.[137] 정전(正典)과 잡설(雜說) 수십여 부(部)를 수집하고 위사(僞史)인 『십육국서(十六國書)』[138]를 이용하여, 「본기(本紀)」 10권, 「지(志)」 20권, 「열전」 70권, 「재기(載記)」 30권과 「서례(序例)」·「목록」을 합하여 모두 132권을 편찬하였다. 이후부터 진나라 역사를 언급하는 사람들은 구본(舊本)을 버리고 새롭게 편찬한 책을 따랐다.(釋 : 당초(唐初)에 와서야 『진서(晉書)』가 중수(重修)되어 널리 유행하는 책이 되었다. ○이 책이 완성되고 나서 진은 편년체 사서가 결여되었다. 때문에 기전체 하나만 유행하였다)

晉史, 洛京時, 著作郎陸機始撰三祖紀, 佐著作郎(一脫'郎'字)束晳又撰十志. 會中朝喪亂, 其書不存. 先是, 歷陽令陳郡(一作'留')王銓(一誤作'鈴', 下同)有著述才, 每私錄晉事(舊誤作『晉書』)及功臣行狀, 未就而卒. 子隱,

136 按 : 『수서』·신·구 『당서』의 「예문지」와 「경적지」의 "정사(正史)"에는 모두 8가(家)가 있고, 그 편찬자는 왕은(王隱)·우예(虞預)·주봉(朱鳳)·하법성(何法盛)·사령운(謝靈運)·장영서(臧榮緒)·소자운(蕭子雲)·소자현(蕭子顯) 등이다. "편년(編年)"으로는 모두 11가(家)가 있는데, 그 편찬자는 육기(陸機)·간보(干寶)·조가지(曹嘉之)·습착치(習鑿齒)·등찬(鄧粲)·장성(張盛)·유겸지(劉謙之)·왕소지(王韶之)·서광(徐廣)·단도란(檀道鸞)·곽계산(郭季産) 등이다. 다른 지(志)에는 모두 19가(家)라고 하였다. 어찌 습착치의 책만이 한을 정통으로 하고 위(魏)를 배척하였기 때문에 이의(異議)로 여겨 폐기하고 이용하지 않았겠는가? 역주 : 이와 관련한 보다 자세한 설명은 程千帆, 『史通箋記』, p.221 이하 참조.

137 『구당서』 권66, 「방현령전(房玄齡傳)」에, 정관(貞觀) 18년 방현령과 저수량(褚遂良)이 다시 『진서(晉書)』 편찬의 명을 받았다. 그리하여 허경종(許敬宗)·내제(來濟)·육원사(陸元仕)·유자익(劉子翼)·영호덕분(令狐德棻)·이의부(李義府)·설원초(薛元超)·상관의(上官儀) 등 8명과 분담하여 편찬할 것을 주청(奏請)하였다. 장영서(臧榮緒)의 『진서(晉書)』를 위주로 하면서 다른 자료들을 상세하게 참고하였다. 그러나 사관(史官)들이 대부분 문영지사(文詠之士)들이기 때문에 아주 지엽적인 사실 모으기를 좋아하고 문장에 멋 내기를 다툴 뿐이었다. 이순풍(李淳風)이 편찬한 「천문지(天文志)」·「율력지(律曆志)」·「오행지(五行志)」는 가장 볼만한 것이었다. 태종은 직접 선제(宣帝)·무제(武帝)·육기(陸機)·왕희지(王羲之)에 관한 논(論)을 썼다. 그리하여 전체 제목을 어찬(御撰)이라 하였는데, 모두 130권이었다. 『통지략(通志略)』에, 옛날에는 한 사람 혹은 한 가문이 책을 편찬하였지만 당나라에 이르러 비로소 여러 사람에 의해 사서가 편찬되기 시작되었는데 『진서(晉書)』와 『수서(隋書)』가 바로 그렇다고 했다.

138 다음에 보이는 제13절에 상세하다.

博學多聞,(郭作'文') 受父遺業, 西都事迹, 多所詳究. 過江爲著作郎, 受詔撰晉史. 爲其同僚虞預所訴,(舊作'斥', 誤) 坐事免官. 家貧無資, 書未遂就, 乃依徵西將軍庾亮於武昌鎭. 亮給其紙筆, 由是獲成, 凡爲『晉書』八十九卷. 咸康六年, 始詣闕奏上. 隱雖好述作, 而辭拙才鈍. 其書編次有序者, 皆銓所修; 章句混漫者, 必隱所作. 時尙書郎領國史干寶, 亦撰『晉紀』, 自宣迄愍七帝, 五十三年, 凡二十二卷. 其書簡略, 直而能婉, 甚爲當時所稱.(釋 : 自節首至此所述, 盡西晉而止)

晉江左史,(一有'官'字) 自鄧粲 · 孫盛 · 檀道鸞 · 王韶之(王韶之, 舊在檀道鸞上)已下, 相次繼作. 遠則偏記兩帝, 近則唯敍八(舊作'六', 誤)朝, 至宋湘東太守何法盛, 始撰『晉中興書』, 勒成一家, 首尾該備.(釋 : 此層述東晉書) 齊隱士東莞臧榮緖又集東 · 西二史, 合成一書.(釋 : 此三句述兩書始合)

皇家貞觀中, 有詔以前後晉(一脫'晉'字)史十有八家, 制作雖多, 未能盡善, 乃敕史官更加纂錄. 採正典與雜 說數十餘部, 兼引僞史十六國書, 爲紀(一訛'記')十 · 志二十 · 列傳七十 · 載記三十, 並敍例 · 目錄合爲百三十二卷. 自是言晉史者, 皆棄其舊本,(內有編年體, 並棄之矣) 竟從新撰者焉.(釋 : 歸到唐初重修『晉書』, 遂爲行本. ○自此本定, 而晉缺編年矣. 故一體單行)

按 : 제9절에서는 당(唐)에서 편찬한 『진서(晉書)』를 설명하였는데, 구본(舊本)에 대한 서술은 상세하고, 신본(新本)에 대한 서술은 간략하여, 후한사에 대한 서술과 비슷하였다.(第九節述唐修晉書也. 敍舊本詳, 敍新本簡, 與後漢史相類)

위로는 삼국부터 아래로는 남조 · 수 등 다섯 왕조까지 편년체가 폐기되고 기전체가 유행하여 사서체례는 오백여 년 한 쪽이 결여되었다. 송대 사마광(司馬光)이 비로소 『자치통감(資治通鑑)』을 편찬한 이후 편년체와 기전체 두 체례가 오늘날까지 함께 유행되었다. 단절된 전통을 거듭 새롭게 이어지게 한 공로는 정말 위대하다.(上起三國, 下終五季, 棄編年而行紀傳, 史體偏缺者五百餘年. 至宋司馬氏光始有『通鑑』之作, 而後史家二體到今兩行. 墜緖復續, 厥功偉哉)

진(晉) 이후 송(宋)·제(齊)의 정사(正史) 이외에 배자야(裴子野)·오균(吳均)의 두 종류의 편년체 사서가 있었지만 결국 실전(失傳)되었다.(晉之後, 宋·齊正史外, 尙有裴·吳二編年, 卒亦失傳)

2-18

남조 송(宋)의 사서로는 문제(文帝) 원가(元嘉 : 424-453) 연간에 저작랑 하승천(何承天 : 370-447)[139]이 처음으로 본기(本紀)와 열전(列傳)을 썼다. 이 밖에는 모두 봉조청(奉朝請) 산겸지(山謙之)[140]에게 위임하여 하승천이 남겨놓은 빠진 부분을 보완하게 하였다. 후에 다시 배송지(裴松之)에게 명하여 국사를 계속 완성하게 하였다. 배송지가 얼마 있지 않아 죽자 저작좌랑[史佐] 손충지(孫沖之)[141]가 표를 올려 별도로 자기가 새로 편찬할 것을 요청하였다. 효무제(孝武帝) 효건(孝建 : 454-456) 초에 다시 남대시어사(南臺侍御史) 소보생(蘇寶生)에게 명하여 여러 열전(列傳)을 계속 쓰게 하였는데, 원가(元嘉) 연간 명신(名臣)들의 전기는 모두 그가 쓴 것이었다.[142] 소보생이

139 역주 :『송서』 권64,「하승천전」 참조.

140 역주 : 산겸지에 관하여는『송서』 권94,「은행전(恩倖傳)」「서원전(徐爰傳)」에 보인다.

141 역주 : 손충지는 진(晉)의 비서감(秘書監) 손성(孫盛)의 증손자로서 우군장군(右軍將軍)을 지냈다.『송서』 권74,「장질전(臧質傳)」 참조. 손충지와 그가 편찬한『송서(宋書)』에 대한 보다 자세한 내용은 趙呂甫,『史通新校注』, p.727 주)5, 張振珮,『史通箋注』, p.447, 주)5 각각 참조.

142 『송서(宋書)』 권64,「하승천전」에, 5세에 아버지를 잃었지만, 어머니 서씨(徐氏)가 박학하여 어릴 적부터 문자의 뜻을 알았고 유가 경전과 사서를 두루 보았다. 저작좌랑이 되어 국사를 편찬하였다고 했다. 산겸지는『송서』 권94,「은행전(恩倖傳)」「서원전(徐爰傳)」에 보인다. 배송지는「보주(補注)」편에 보인다. 또『송서』 권64,「배송지전」에, 영국자박사(領國子博士)로서 하승천의 국사를 계속하여 편찬하였지만 완성하지 못하였다고 했다. 손충지는『송서』 권74,「장질전(臧質傳)」에 보인다. 진(晉)의 비

죽임을 당하고 효무제 대명(大明) 6년(462)에 다시 저작랑 서원(徐爰 : 394-475)[143]에게 명하여 이전의 작업을 계속하여 완성하게 하였다. 이에 따라 서원은 하승천 · 손충지 · 산겸지 · 소보생의 서술들을 모아 하나의 책[『宋書』]으로 묶었다. 그 책 가운데 장질(臧質) · 노상(魯爽) · 왕승달(王僧達) 등의 열전은[144] 모두 효무제(孝武帝)가 직접 쓴 것이다. 그러나 사실의 서술에 허위(虛僞)가 많아 내용을 믿기 어렵다. 폐제(廢帝) 영광(永光 : 464-465) 이후부터 순제(順帝)가 제위를 선양할 때까지의 10여년간의 사실은 누락되어 기재되지 않았다.(釋 : 이상에서는 송대에 편찬된 책을 살폈다)

남조의 제(齊)에 이르러 저작랑 심약(沈約 : 441-513)[145]이 다시 남아 있는 자료들을 모아 보충하여 새로 사서를 편찬하였다. 동진 안제(安帝) 의희(義熙 : 405-418) 초부터 순제(順帝) 승명(昇明) 3년(479)까지 본기(本紀) 10권, 지(志) 30권, 열전(列傳) 60권 등 모두 100권으로 편찬하고 『송서(宋書)』라 불렀다.[146] 영명(永明 : 483-493)말기에 이 책이 세상에 유행하였는데, 하동

서감(秘書監) 장성(臧盛)의 증손이다. 또 『송서』 권84, 「등완전(鄧琬傳)」에 보이는데 역모에 연좌되어 죽임을 당했다는 사실만 보일 뿐 역사적 사실을 편찬했다는 내용은 보이지 않는다. 소보생 역시 「서원전(徐爰傳)」에 보이고 또 『송서』 권75, 「왕승달전(王僧達傳)」에도 보이는데 이르기를, 소보(蘇寶)는 이름이 보생(寶生)이고 본래 보잘 것 없는 가문[寒門]이었지만 문장의 뜻이 아름다웠다. 관직이 남대시어사(南臺侍御史) · 강녕령(江寧令)에 이르렀다. 고도(高闍)의 반란에 연루되어 그 해명도 못하고 주살되었다고 했다. 按 : 고도라는 자는 승려 석담표(釋曇標)와 함께 서로 속이고 반란을 일으킨 자이다.

143 『송서(宋書)』 권94, 「은행전(恩倖傳)」 「서원전」에, 원의 본명은 원(瑗)이고 자는 장옥(長玉)이다. 여러 관리를 거쳐 좌승(左丞)이 되었다. 이전에 원가(元嘉 : 424-453) 연간에 저작랑 하승천이 처음으로 국사를 편찬하게 하였다. 세조(世祖) 초에 다시 봉조청(奉朝請) 산겸지와 남대시어사 소보생에게 후속작업을 하여 완성하게 하였다. 원가 6년(429)에 서원이 저작을 겸하여[領著作] 그 작업을 마쳤다. 서원은 비록 이전에 편찬된 책을 따랐지만 자신만의 독특한 관점을 세우려 했다. 서원은 아첨하는 사람만을 좋아하였고, 황제의 의견에 영합하는 것을 잘하였기 때문에 더욱 중요한 임무를 맡겼다고 했다. 앞의 「이체(二體)」편을 보라.

144 이들의 열전은 『송서(宋書)』 권74 · 75에 수록되어 있는데, 모두 군사를 일으켜 반란을 꾀한 자들이었다.

145 역주 : 『남사(南史)』 권57, 「심약전」 참조.

146 역주 : 조익(趙翼), 『이십이사차기(二十二史箚記)』 권9, 「『송서』에는 서원이 지은 구본

(河東)사람 배자야(裴子野)가 다시 『송략(宋略)』 20권으로 축소하였다. 심약이 보고 감탄하여 말하기를, "나는 배자야에 미치지 못하는구나!"라고 하였다. 이때부터 세상에서 송(宋)의 사서를 말할 때 배자야의 『송략』이 으뜸이고, 심약의 『송서』는 그 다음이라고 하였다.[147]

宋史, 元嘉中,(文帝元) 著作郎何承天草創紀傳. 自此以外, 悉委奉朝請山謙之補承天殘缺. 後又命裴松之續成國史. 松之尋卒, 史佐孫冲之表求別自創立, 爲一家之(一無'之'字)言. 孝建初,(孝武元) 又敕南台侍御史蘇宝生(或訛'山', 下同)續造諸傳, 元嘉名臣, 皆其所撰. 宝生被誅, 大明(孝武改元)六年, 又命著作郎徐爰踵成前作. 爰因門·孫·山·蘇所述, 勒爲(一作'成')一書, 其「臧質」·「魯爽」·「王僧達」諸傳, 又皆孝武自造. 而序事多虛, 難以取信. 自永光(廢帝元)已後, 至禪讓十餘年中, 闕而不載.(釋: 已上原宋世所撰)

至齊, 著作郎沈約, 更補綴所遺, 制成新(舊訛作'雜')史. 始(一脫'始'字)自義熙肇號,(晉安帝改元) 終乎昇明三年,(順帝末) 爲紀十·志三十·列傳六十, 合百卷, 名曰『宋書』.(釋: 此述沈氏『宋書』. ○已上言紀傳體) 永明末, 其書旣行, 河東裴子野更删爲『宋略』二十卷. 沈約見而嘆曰: "吾所不逮也."(釋: 此述裴『略』, 係編年體) 由是世之言宋史者, 以裴『略』爲上, 沈『書』次之.

按: 제10절은 유송(劉宋)의 두 사서(史書)를 설명하면서 기전체와 편년체를 함께 거론하였다.(第十節述劉宋二史也, 紀傳, 編年兼擧)

강엄(江淹)은 "사서편찬의 어려움이 지(志)보다 어려운 것이 없다"라고 했는데, 세상에서는 삼국시대와 남북조의 양(梁)·진(陳)·제(齊)·주(周) 네

이 많다[宋書多徐爰舊本]」에 의하면, 심약은 제(齊) 영명(永明) 5년(487)에 칙명으로 『송서』의 편찬을 시작하여 다음 해 2월에 100권을 완성하였는데 이는 유래없이 빠른 편찬이었다. 이는 심약의 『송서』가 서원(徐爰)의 구본(舊本)에 근거하여 단지 약간의 증삭(增削)을 가한 정도였기 때문에 가능한 것이라 하였다.

147 심약은 「이체(二體)」편, 배자야는 「육가(六家)」편 좌전가(左傳家)에 보인다. 역주: 유지기는 「논찬(論贊)」편과 「잡설(雜說)중」편에서 배자야를 매우 긍정적으로 평가하였다.

왕조에 모두 지(志)가 없음을 의심하였고 아울러 이를 결점이 있는 사실이라 여겼다. 그러나 실제로는 없었던 것이 아니란 것을 몰랐다. 「단한(斷限)」편에 이르기를, "『송사(宋史)』는 위로 위조(魏朝)를 포함하고, 『수서(隋書)』는 위로 양대(梁代)를 포함한다"에 이미 그 단서가 보인다. 아깝게도 이 구절에서는 따로 상세하게 『송사』가 포함한 내용을 서술하지 않아 뒤의 제18절이 『수지(隋志)』를 보완하여 서술하면서 그렇게 분명하게 완비(完備)함만 못하였다. 명말(明末) 태창(太倉) 주명호(朱明鎬)가 지은 『사규(史糾)』에서는 일찍이 촉(蜀)·위(魏)·오(吳)의 지(志)가 『송서(宋書)』에 들어 있고, 양(梁)·진(陳)·제(齊)·북주(北周)의 지(志)가 『수서(隋書)』에 들어 있는데 관건(關鍵)은 사법(史法)이 마땅히 고쳐져야 하는데 있다. 이 말은 이 구절의 누락을 보충할 수 있다. 고쳐졌는지의 여부를 잠시 논하지 말고 사서를 읽는 사람에게 갑자기 지(志)체가 없었던 것이 아니라는 것을 깨닫게 한 것은 확실히 옛 책을 읽는 사람들에게 미혹한 것을 깨뜨리는 통쾌한 말이었다. 주명호의 자는 소기(昭芑)이고, 벼슬에 나아가지 않았다. 『매촌집(梅村集)』에 보인다. 채작(蔡焯)이 말했다.(江淹有言 : "修史之難, 無出於志"而世頗疑三國及南北之梁·陳·周四朝皆無志, 以爲欠事, 不知實無缺也. 「斷限」篇云 : "『宋史』上括魏朝, 『隋書』仰苞梁代."已見其端矣. 惜此節不另詳宋史之所該, 不若後十八節補述『隋志』之爲明備耳. 及晚明太倉朱明鎬『史糾』, 嘗言蜀·魏·吳之志入於『宋書』, 梁·陳·齊·周之志入於『隋書』, 在史法宜改. 其言可補此節之遺. 改不改姑勿論, 而使觀史者恍然悟志體之皆全, 洵讀古破迷一快語也. 明鎬字昭芑, 老布衣, 見『梅村集』. 蔡焯云)

2-19

남조 제(齊)의 사서는 강엄(江淹 : 444-505)이 처음으로 명을 받아 저술하였는데, 사서를 편찬하는데 있어서 지(志)보다 어려운 것이 없다고 여겼기 때문에 먼저 10지(志)를 저술하여 자기의 재능을 보였다.[148] 심약(沈約 : 441-513)이 다시 『제기(齊紀)』 20권을 저술하였다.[149] (釋 : 이상에서는 제나라 때 편찬된 책을 살폈다. ○이 다음에 마땅히 문장이 있어야 한다) 양 무제(梁武帝) 천감(天監 : 502-519) 연간에 태위녹사(太尉錄事) 소자현(蕭子顯 : 489-537)이 처음으로 『제사(齊史)』를 편찬하여 완성되자 표를 올리고 헌상하였다.[150] 조서를 내려 비각(秘閣)에 보관토록 명하였다. 송 순제(宋順帝) 승명(昇明 : 477-479) 연간부터 남제(南齊) 동혼후(東昏侯) 영원(永元 : 499-501) 연간까지(이 여덟 구절은 여러 판본에 빠진 것을 이제 강엄(江淹)의 열전에 근거하여 보입(補入)한 것이다. 차라리 망녕되게 보완했다는 비난을 받을지언정 사실을 거칠고 경솔하게 할 수 없다) 본기(本紀) 8권, 지(志) 11권, 열전 40권, 모두 합하여 59권이었

---

148 『양서(梁書)』 권14, 「강엄전」에, 강엄의 자는 문통(文通)이고, 제양(濟陽)의 고성(考城) 사람이다. 남서주(南徐州)의 종사(從事)로 기가(起家)하였다. 건원(建元 : 479-482) 초에 건안왕(建安王)의 기실(記室)이 되어 조책(詔冊)을 관장하고 아울러 국사를 맡았다. 정초(鄭樵)의 『통지(通志)』 서(序)에, 강엄은 "수사(修史)의 어려움 중에 지(志)의 편찬이 가장 어렵다"라고 했는데, 진실로 지(志)란 헌장(憲章)과 관련이 밀접하여 전고(典故)에 익숙하지 않으면 그 작업이 불가능하다고 했다. 按 : 『수서경적지』에, 강엄의 『제사(齊史)』 13권, 전하지 않는다고 했다. 『남사(南史)』 권59, 「강엄전」에, 사도좌장사(司徒左長史) 단초(檀超)와 함께 조례(條例)를 세웠지만 왕검에게 반박되었다. 편찬한 13편이 결국 차서(次序)가 없었다는 것은 이를 가리키는 것이다. 그 열전의 마지막에, 『제사(齊史)』 10지(志)가 세상에 유행하였다고 했다. 역주 : 10지(志)의 편목과 그와 관련한 자세한 내용은 『남제서』 권52, 「문학전(文學傳)」 「단초전(檀超傳)」에 잘 정리되어 있다.

149 「이체(二體)」편을 보라. 또 『양서(梁書)』 권13, 「심약전」에, 『제기(齊紀)』 20권을 지었다고 했다.

150 이 구절은 『양서(梁書)』 권35, 「소자현전」에 보인다. 按 : 심약의 『제기(齊紀)』와 소자현의 『남제서(南齊書)』는 별도의 사서가 되었다. 구본(舊本)에는 소자현이 처음으로 제사(齊史)를 편찬하여 완성되자 조정에 올렸다는 구절이 없기 때문에 심약의 책과 혼동하여 같은 책이라고 하였다. 본문의 "20권" 이하의 "기(紀) 8권, 지(志) 11권, 열전 40권, 모두 59권이었다"는 문장을 어떻게 해석해야 하는가? 또한 그 다음의 "소자현이 편찬한 책과 함께 후세에 전해졌다"라고 한 말은 어디에 근거한 말인가? 「소자현전」에는 명문(明文)이 있고, 『남제서』는 일사(逸史)가 아니므로 내용의 탈간(脫簡)을 분명 의심할 바 없으므로 감히 이러한 내용을 보입(補入)한 것이다.

다.[151](釋 : 이는 소자현의 『남제서』를 설명한 것이다. ○이상에서는 기전체를 서술하였다)

당시 봉조청(奉朝請) 오균(吳均 : 469-520)도 표를 올려 제사(齊史) 편찬을 요청하면서 자기에게 황제의 기거주(起居注)와 군신(群臣)들의 행장(行狀)을 제공해 줄 것을 원하였다. 조서에 이르기를, "제나라 고사(故事)는 민간에 분포되어 있어 직접 보고 들을 수 있는 내용들이 많을 터이니 스스로 수집할 수 있을 것이다"라고 하였다. 오균이 드디어 『제춘추(齊春秋)』 30편을 편찬하였다.[152] 이 책 중에 양 무제(梁武帝)가 제 명제(齊明帝)때 신하였다고 하였으므로 양 무제는 그러한 사실을 싫어하여 불살라 버릴 것을 명하였다.[153] 그러나 오균이 몰래 보존한 책이 소자현이 편찬한 책과 함께 후세에 전해졌다.(釋 : 이 구절에서는 오균의 책을 설명하고 있는데, 편년체 사서이다)

齊史, 江淹始受詔著述, 以爲史之所難, 無出於志, 故先著十(一作'其', 非)志, 以見其才. 沈約復著『齊紀』二十篇.(釋 : 已上原齊世所撰. ○此下當有文云) 梁天監中, 太尉錄事蕭子顯啓撰齊史. 書成, 表奏之, 詔付秘閣. 起昇明(宋順帝元)之年, 盡永元(東昏元)之代,(此八句諸本脫簡, 今據本傳補入. 寧冒妄綴之譏, 不敢疏率了事也)爲(此亦補字)紀八 · 志十一 · 列傳四十, 合成五十九篇.(釋 : 此述子顯『齊書』. ○已上述紀傳體)

時奉朝請吳均亦表請撰齊史, 乞給起居注, 並群臣行狀. 有詔 : "齊氏故事, 布在流俗, 聞見旣多, 可自搜訪也." 均遂撰『齊春秋』三十篇. 其書稱梁帝爲齊明佐命, 帝惡其實, 詔燔之, 然其私本竟能與蕭氏所撰並

---

151 역주 : 『남제서』의 권수(卷數)를 『수서경적지』에는 60권이라 했고, 『구당서경적지』에서는 『사통』과 마찬가지로 59권이라 했는데, 『신당서예문지』에서는 다시 60권이라 하여 나머지 1권의 망실여부가 문제가 되었다. 그러나 대체로 『남제서』에도 「서록(序錄)」 1권이 있었으며 『사통』 「서례(序例)」편에 보이듯 유지기도 이를 보았지만 권수에 포함하지 않았을 것이라 하였다. 이상 程千帆, 『史通箋記』, pp.231-232 참조.

152 「육가(六家)」편 좌전가(左傳家) 참조.

153 역주 : 이상의 내용은 『남사(南史)』 권72, 「문학전(文學傳)」 「오균전」 참조.

傳於後.(釋 : 此述吳均書, 係編年體)

按 : 제11절은 남조의 두 사서를 설명하였고, 마찬가지로 기전체와 편년체를 함께 거론하였다. ○이상의 두 구절은 『수지(隋志)』와 『당지(唐志)』에 배자야(裴子野) · 오균(吳均)의 두 책이 모두 편년부(編年部)에 편입되어 있음을 살폈고, 『사통』 내편의 첫 편인 「육가(六家)」편에는 이 두 책이 좌전가(左傳家)에 속해 있어서 심약(沈約) · 소자현(蕭子顯)과는 같은 부류가 아니었다. 이를 통해 송 · 제 두 시대에는 기전체와 편년체가 함께 거론되었음을 알 수 있다. 아깝게도 두 책이 후일 끝내 없어졌다. 나는 이 때문에 오백년 사서체례가 한 쪽이 결여되었음을 개탄한다.(第十一節述南齊二史也, 亦紀傳 · 編年兼擧. ○已上二節, 考隋 · 唐志, 裴 · 吳二書並入編年部, 而『史通』「內篇」之首, 亦以附『左傳』家, 不與沈,蕭本同門. 以此知宋,齊兩代亦二體兼擧. 惜此二書後竟廢亡, 愚是以歎五百年史體偏缺也)

2-20

양(梁)의 사서는 무제(武帝 : 502-549) 때 심약(沈約 : 441-513)과 급사중(給事中) 주홍사(周洪嗣 : ?-521) · 보병교위(步兵校尉) 포행경(鮑行卿) · 비서감(秘書監) 사호(謝昊)가 계속하여 편찬하였는데,[154] 100편이나 되었다. 그러나 원제(元

154 심약은 이미 여러 차례 보인다. 또 『양서(梁書)』 권13, 「심약전」에, 『고조기(高祖紀)』 14권을 지었다고 했다. 주홍사는 『양서』 권49, 「문학전(文學傳)」 상에, 자는 사찬(思纂)이고 원외산기랑(員外散騎郎)이 되어 국사편찬을 도왔다. 급사중(給事中)으로 옮겼지만 국사 편찬은 예전과 같았다. 『신당서예문지』에, 주홍사가 『양황제실록(梁皇帝實錄)』 5권을 지었다고 했다. 포행경은 『양서』에 열전이 없다. 『신당서예문지』에 포행경의 『승여비룡기(乘輿飛龍記)』 2권이 보인다. 사호는 『양서』에 열전이 없다. 앞

帝) 승성(承聖 : 552-555) 연간에 강릉(江陵)이 함락되면서 유실되거나 불타버렸다.[155] 여강(廬江) 사람 하지원(何之元 ?-593), 패국(沛國) 사람 유번(劉璠)이 듣고 본 것에 의거하여 그의 시말(始末)을 조사하고 이들을 모아 『양전(梁典)』 30권을 편찬하였다.[156] 그러나 기전체(紀傳體) 사서는 아무도 쓴 사람이 없었다. 진(陳) 사부낭중(祠部郎中) 요찰(姚察 : 533-606)[157]이 그것을 쓰는 데 뜻을 두고 이전 사람들이 못 다한 바를 보완하고자 노력하였다. 그러나 조정업무를 맡고 있으면서 국사편찬을 겸하였음으로 진(陳)이 망할 때에 이르러서도 완성하지 못하였다.(釋 : 이 문단에서는 양사(梁史)의 저작이 이루어지지 못함을 설명하였다. ○구본(舊本)에는 여기에서 다음 문단과 나뉘어지지만 옳지 않다)

진(陳)의 사서는 처음에 오군(吳郡) 사람 고야왕(顧野王 : 519-581), 북지(北地) 사람 부재(傅縡)가 각기 찬사학사(撰史學士)로서 무제기(武帝紀)와 문제기(文帝紀)를 썼다.[158] 선제(宣帝) 태건(太建 : 569-582) 연간 초에 중서랑 육경

권(卷)의 다섯 번째 구절을 참조. 역주 : 주홍사의 경우 그 외에도 『황덕기(皇德記)』·『기거주(起居注)』·『직의(職儀)』 등 100여 권과 『문집(文集)』 10권이 있다. 포행경의 경우 그 외에도 『황실의(皇室儀)』 13권이 있다.

155 역주 : 『양서(梁書)』 100편과 관련한 자세한 내용은 朱希祖, 「蕭梁舊史考」, 『朱希祖先生文集』(全6冊), 臺北 九思出版社, 1979 참조.

156 『진서(陳書)』 권34, 「문학전(文學傳)」 「하지원전」과 『주서(周書)』 권42, 「유번전」에 각각 『양전(梁典)』 30권을 편찬하였다고 했다. 『수서경적지』·『신당서예문지』에도 마찬가지로 『양전』이 둘인 것처럼 기록하였다. 그런데도 『사통(史通)』에서는 두 사람이 공동으로 편찬한 것이라 하였다. 그렇다면 『양전』은 단지 한 책인 것이다. 두 지(志)의 착오를 바로 잡았다. 역주 : 하지원은 「육가(六家)」편 주)60에도 보인다.

157 역주 : 「제목(題目)」편 주)8 참조.

158 고야왕은 앞 권(卷) 다섯 번째 구절을 참조. 부재는 『진서(陳書)』 권30, 「부재전」에, 자는 의사(宜事)이고 북지(北地) 사람이다. 양(梁) 태청(太淸) 말에 자신의 어머니와 함께 남쪽으로 도망하였다. 얼마 지나지 않아 모친상을 당하자 병란 중임에도 상례를 다하고 슬퍼함에 신체가 상할 정도였다. 세조(世祖)가 불러 찬사학사(撰史學士)로 삼았다고 했다. 『신당서예문지』에, 고야왕의 『진서(陳書)』 3권, 부재의 『진서(陳書)』 3권이 수록되어 있다. 역주 : 고야왕은 오군(吳郡) 사람으로 어려서부터 경사(經史)에 밝았으며, 그 외에도 천문지리·시귀점후(蓍龜占候)·충전기자(蟲篆奇字) 등에도 능통하였다. 강총(江總)·육경(陸瓊)·부재(傅縡)·요찰(姚察) 등과 함께 궁료(宮僚)를 지냈다. 『통사요략(通史要略)』 100권, 『국사기전(國史紀傳)』 200권을 편찬하였지만 완

(陸瓊)이 계속하여 여러 편을 편찬하였는데[159] 사실의 기록이 번잡한 단점이 있었다. 요찰(姚察)이 삭제하고 수정하니 어설프게나마 조리가 있었다. 진(陳)이 망하자 그것을 가지고 관중으로 갔다. 수 문제(隋文帝)가 일찍이 양(梁)·진(陳)의 사적을 찾자 요찰이 완성된 편(篇)마다 문제에게 바쳤으나 망설이고 주저하다가 시간만 보내고 결국 끝내지 못하였다.[160](釋 : 이 문단에서는 진사(陳史)의 저작이 초기의 노력 역시 아직 이루어지지 않았음을 설명하였다. ○두 사서 모두 요찰이 마치지 못한 작업이었다. '수 문제'부터 다섯 구절은 양·진을 합쳐 거론하였다)

당나라 정관(貞觀 : 627-649) 초에 요찰의 아들 요사렴(姚思廉 : 557-637)[161]이

성하지 못하고 죽었다.

159 『진서(陳書)』 권30, 「육경전」에, 경의 자는 백옥(伯玉)으로 지극한 성품을 지녔다. 종조(從祖)인 육양(陸襄)이 말하기를, 이 아이는 반드시 가문을 빛나게 할 것이다. (아이가) 하나지만 적은 것이 아니라고 할 수 있다. 후에 대저작(大著作)을 겸하였다. 『수서경적지』 「사부(史部)」 "정사(正史)"에, 『진서(陳書)』 42권, 선제(宣帝)까지 기록하고 있으며, 진(陳) 이부상서(吏部尙書) 육경이 편찬하였다고 했다.

160 역주 : 『진서(陳書)』 권27, 「요찰전」에, 진(陳)이 멸망하자 수에 들어가, 개황(開皇) 9년(589)에 비서승(秘書丞)을 제수 받고 별도로 양·진 두 왕조의 역사를 완성하게 하였지만, 결국 끝내지 못하였다. 수 문제가 개황 때 내사사인(內史舍人) 우세기(虞世基)를 보내 그 원고를 찾아 황제에게 바치게 하여 지금 내전(內殿)에 보관하고 있다. 양·진 두 사서는 본래 대부분 요찰이 편찬한 것이고 그 중 서론과 기전(紀傳)의 누락된 부분에 대하여 요찰은 죽기 직전 그 체례(體例)를 아들 요사렴에게 가르쳐 다시 광범위하게 자료를 수집하여 편찬을 계속하게 하였다. 요사렴이 눈물을 흘리며 유언을 따랐다. 요사렴은 진(陳)왕조에서 형양왕부(衡陽王府)의 법조참군(法曹參軍)과 회계왕주부(會稽王主簿)를 지냈고, 수에 와서는 한왕부(漢王府)의 행참군(行參軍)에 임명되고 기실(記室)을 관장하고, 이어서 하간군(河間郡)의 사법(司法)에 보임되었다. 대업(大業 : 605-616) 초에 내사시랑(內史侍郎) 우세기가 요사렴을 추천하여 양·진 두 사서를 계속하여 완성하게 할 것을 상주하였다. 이후 조금씩 계속하여 보완하는 임무를 완성하였다고 했다.

161 요찰은 「제목(題目)」편에 보인다. 『구당서(舊唐書)』 권72, 「요사렴전」에, 사렴의 본명은 간(簡)이지만, 자(字)로 불렸다. 진(陳) 이부상서 요찰의 아들이다. 진왕부(秦王府)의 문학(文學)이 되었다가 왕이 제위에 오르자 저작랑·홍문관학사(弘文館學士)가 되었다. 황제의 명을 받아 위징(魏徵)과 함께 『양서(梁書)』와 『진서(陳書)』를 편찬하였다. 사렴은 사경(謝炅)과 고야왕 등의 여러 사람의 견해를 수집하고 그 종합을 위해 깊이 연구하여 양(梁)과 진(陳) 두 왕조의 역사를 편찬함으로 부업(父業)을 완성하였다. 按 : 사경은 『수서경적지』에 사호(謝昊)라고 하였다.

저작랑이 되어 명을 받고 양·진 두 나라의 사서를 편찬하였다. 그리하여 옛 원고에 의거하고, 새로운 기록을 더하여 9년 세월이 흘러서야 비로소 이 일을 완성하였다. 『양서(梁書)』 50권, 『진서(陳書)』 36권은 오늘까지 함께 세상에 유행되고 있다.(釋: 이 문단에서는 두 사서가 요씨(姚氏) 부자의 계속된 서술의 공(功)에 의해 완성되었음을 함께 설명하였다. ○두 시대 역시 편년체 사서가 결여되었다. ○두 시대의 사서에 대한 설명이 이에 이르러도 여전히 끝나지 않아, 북제(北齊)·북주(北周)·수(隋)의 사서를 설명한 연후에 별도의 절(節)에서 설명을 마쳤다)

梁史, 武帝時, 沈約與給事中周興嗣·步兵校尉鮑行卿·秘書監謝吳相承撰錄, 已有百篇. 値承聖(元帝元)淪沒, 並從焚蕩. 廬江何之元·沛國劉潘以所聞見究其始末, 合撰『梁典』三十篇, 而紀傳之書, 未有其作. 陳祠部郎中姚察有志撰勒, 施功未周.(謂加功於前人所未完者) 但旣當朝務, 兼知(一作'修', 非)國史, 至於陳亡, 其書不就.(釋: 此段述梁史之作, 其功未就. ○舊本此處與下段分節, 未是)

陳史, 初有吳郡顧野王·北地傅縡各爲撰史學士, 其武·文二帝紀卽顧·傅所修. 太建初,(宣帝元) 中書郎陸琼續撰諸篇, 事傷煩雜. 姚察就加刪改, 粗有條貫. 及江東不守, 持以入關. 隋文帝嘗索梁·陳事迹, 察具(一訛作'且')以所成每篇續奏, 而依違荏苒, 竟未絶筆.(釋: 此段述陳史之作, 前功亦未就. ○兩史皆姚察未竟之業也. 自"隋文帝"五句, 已梁陳合擧矣)

皇家貞觀初, 其子思廉爲著作郎, 奉詔撰成二史. 於是憑其舊稿, 加以新錄, 彌歷九載, 方始畢功. 定爲『梁書』五十卷·『陳書』三十六卷, 今並行世焉.(釋: 此合述兩史之成, 成於姚氏父子繼述之功也. ○二代亦缺編年書. ○敍二代史事, 至此猶未了. 越至北齊·周·隋三史後, 另節了之)

按: 제12절에서는 양(梁)·진(陳) 두 시대의 사서를 설명하였다. 두 시대의 사서는 모두 전대(前代)에 완성되지 못하다가 본조(本朝)[唐]에 와서 완성되었다. 또한 두 사서는 모두 부(父) 요찰(姚察)이 끝내지 못하고, 아들 요사렴(姚思廉)에 의해 완성되었다. 때문에 변례(變例)를 합하여 서술하는 체례를 이용하였다. 이 구절 끝 부분 문단을 보면 자연히 분명해진다. 편찬자가 자세히 살피지 않고 마음대로 갈라놓았는데, 이는 원래의 체례로서 획분(劃分)한 것이 아님이 틀림없다.(第十二節述梁·陳二代之史也. 二史皆前代未成, 成於本朝. 又皆父業未就, 就於子述, 故用變例合述之體. 看節末一段自明. 編者不察, 率意割裂, 其非元始分支益信)

2-21

십육국(十六國)의 사서[162]는 전조(前趙 : 304-329) 유총(劉聰 : 310-318 재위)[163]

162 『사통(史通)』에 기재한 여러 자질구레하고 잡다한 단편의 책들은 당시에 이미 대부분 유실된 부분이 많아서 서로 연결되지 않는다. 그러나 그러한 구절을 자세히 살펴보면 어떤 내용들은 『수서경적지』·『신당서예문지』의 내용과 맞는 부분이 있다. 按 : 『수서경적지』에 전조(前趙)에는, 『한조기(漢趙記)』 10권, 『신당서예문지』(역주 : 이하 『당지(唐志)』라 칭함)에는 14권, 화포(和苞)가 편찬하였다고 했다. 후조(後趙)에는 『조서(趙書)』 10권이 있는데, 『당지』에서는 20권, 위연(僞燕)의 태부장사(太傅長史) 전융(田融)이 편찬하였다고 했다. 또 『이석전(二石傳)』 2권, 『이석위사(二石僞事)』 2권, 『당지』에는 6권, 진(晉) 북중랑참군(北中郎參軍) 왕도(王度)가 편찬하였다고 했다. 전연(前燕)에는 『연서(燕書)』 20권이 있어서 모용준(慕容儁)의 사적(事迹)을 적고 있는데, 위연(僞燕)의 상서(尙書) 범형(范亨)이 편찬하였다. 남연(南燕)에는 『남연록(南燕錄)』 6권이 있어서 모용덕(慕容德)의 사적을 적고 있는데, 위연(僞燕) 중서랑 왕경휘(王景暉)가 편찬하였다. 촉성(蜀成)에는 『당지』에 『한지서(漢之書)』 10권, 『촉리서(蜀李書)』 9권, 『화양국지(華陽國志)』 13권, 모두 상거(常璩)가 편찬하였다. 전량(前涼)에는 『수서경적지』에 『양서(涼書)』 10권, 『돈황실록(敦煌實錄)』 10권이라 했는데, 『당지』에서는 20권, 모두 유경(劉景)이 편찬하였다고 했다. 당(唐)에서는 당 고조의 아버지 이병(李昞)의 이름 병(昞) 자를 피휘하였다. 따라서 유경(劉景)은 즉 유병(劉昞)이다. 전진(前秦)에는 『진기(秦記)』 11권, 송(宋) 전중장군(殿中將軍) 배경인(裴景仁)이 편찬하고, 두혜명(杜惠明)이 주(注)를 달았다. 후진(後秦)에는 『진기(秦記)』 10권이 있는데, 요장(姚萇)의 사적을 기록하고 있다. 위(魏) 좌민상서(左民尙書) 요화도(姚和都)가 편찬하였다. 하(夏)에는 『수서경적지』와 『당지』에 모두 책이 없다. 서량(西涼)·서진(西秦)

때 사관[領佐國史]이었던 공사욱(公師彧)이 유연(劉淵 : 304-310 재위)[164]에 대한 『고조본기(高祖本紀)』와 공신 20명의 「열전」을 썼는데 양사(良史)의 체례를 많이 갖추고 있었다. 유총은 이 책에서 무고하게 선제(先帝)를 비방하였다고 능수(淩修)가 모함하자 크게 노하여 공사욱을 죽였다. 유요(劉曜 : 318-328재위)[165] 때 평여자(平輿子) 화포(和苞)가 『한조기(漢趙記)』 10편을 편찬하였지만 그의 치세 당시의 사실기록에 그치고 유요가 사망할 때까지 기록하지는 않았다.[166](釋 : 흉노족 전조(前趙) 유씨의 사서를 첫 번째로 하면서 공사욱의 책을 거론하였고, 화포가 편찬한 책으로 끝맺었다)

후조(後趙 : 319-351)의 석륵(石勒 : 274-333)[167]은 신하인 서광(徐光)·종력(宗歷)·부창(傅暢)·정음(鄭愔) 등에게 명하여 『상당국기(上黨國記)』·『기거주(起居注)』·『조서(趙書)』 등을 편찬하게 하였다.[168] 그 후 다시 왕란(王蘭)·

도 마찬가지이다. 후량(後涼)에는 『양기(涼記)』 10권이 있는데, 여광(呂光)의 사적을 기록하고 있다. 위량(僞涼) 저작좌랑 단구룡(段龜龍)이 편찬하였다. 북량(北涼)에는 두 지(志)에 모두 『양서(涼書)』 10권이 있는데, 주(注)에, 저거국사(沮渠國史)라고 하고 편찬자를 적지 않았다. 본문과 사서를 보면 당연히 종흠(宗欽)이 그 편찬자이다. 남량(南涼)에는 두 지(志) 모두 『탁발양록(拓跋涼錄)』 10권이라 했는데 편찬자를 적지 않았고 현재에는 작자를 모른다. 북연(北燕)에는 두 지(志) 모두 『연지(燕志)』 10권이 있다고 했다. 풍발(馮跋)의 사적을 적고 있는데 모두 위(魏) 시중(侍中) 고려(高閭)가 편찬하였다고 했다. 그리고 『위서(魏書)』 「한현종전(韓顯宗傳)」에는 『풍지(馮志)』 10권을 편찬하였다는 문장이 있는데 본문과 내용이 같다 아마도 고려(高閭)와 합작한 것 같다. 이상의 16국의 사서는 『사통(史通)』에는 편찬자와 책 모두가 빠져 있다. 다만 하(夏)와 서량(西涼)·서진(西秦) 등에 대하여는 『수서경적지』와 『당지』에 모두 이 세나라에는 책이 없다고 하였다. 그 외에는 비록 이름이 전하지 않지만 서로 고증하여 보면 모두 맞는다. 이러한 작업을 통해 독서를 함에 있어서 자세히 그 뜻을 살피는 즐거움을 얻게 되었다.

163 역주 : 『진서(晉書)』 권102, 「재기(載記)」 2, 「유총전」 참조.

164 역주 : 『진서(晉書)』 권101, 「재기(載記)」 1, 「유원해전(劉元海傳)」 참조.

165 역주 : 『진서(晉書)』 권103, 「재기(載記)」 3, 「유요전」 참조.

166 역주 : 朱希祖, 「十六國舊史考」(『朱希祖先生文集』 所收) 참조.

167 역주 : 『진서(晉書)』 권104-5, 「재기(載記)」 4-5, 「석륵전」 상·하 참조.

168 역주 : 『진서(晉書)』 권105, 「재기(載記)」 5, 「석륵전」 하(下)에는 『상당국기(上黨國記)』는 후조(後趙)의 좌명해(佐明楷)·정기(程機), 『대장군기거주(大將軍起居注)』는 후조의 부표(傅彪)·가포(賈蒲)·강궤(江軌)가 각각 편찬하였다고 하여 『사통』의 기록과 다르다.

진연(陳宴)·정음(程蔭)·서기(徐機) 등에게 명하여 계속하여 찬술(撰述)하게 하였다. 석호(石虎 : ?-349)[169] 때에 이르러 그 내용을 줄여서 간행하도록 명하였는데, 그것은 석륵의 공업(功業)을 전하지 못하게 하기 위한 것이었다. 그 후 연(燕)의 태부장사(太傅長史) 전융(田融), 송(宋)의 상서고부랑(尙書庫部郎) 곽중산(郭仲産), 북중랑참군(北中郎參軍) 왕도(王度)가 석륵과 석호의 사적(事跡)을 모아 『업도기(業都記)』·『조기(趙記)』 등 사서로 편집하였다.[170](釋 : 갈족(羯族) 후조(後趙) 석씨의 사서를 두 번째로 하면서 서광·왕란 등의 책을 거론하였고, 전융과 왕도 등이 편찬한 책으로 끝맺었다)

전연(前燕 : 337-370)에는 기거주(起居注)가 있었는데, 두보전(杜輔全)이 그 기록을 정리하여 『연기(燕紀)』라고 하였다. 후연(後燕 : 384-407) 건흥(建洪) 원년(386)에 동통(董統)이 명을 받고 후연의 사서를 짓기 시작하여 본기(本紀)와 좌명공신(佐命功臣)과 왕공(王公) 귀족의 열전 등 모두 30권을 저술하였다. 모용수(慕容垂 : 384-396재위)는 이 책의 서술이 섬세하고 내용이 풍부하다고 칭찬하면서 일가지언(一家之言)이 되기에 충분하다고 했지만, 칭찬과 과장된 미화가 많아 옛날 양사(良史)였던 동호(董狐)·남사(南史)가 전해온 직필(直筆)의 전통에는 부끄러웠다.[171] 그 후 신수(申秀)와 범형(范亨)이 두보전과 동통의 전연·후연의 사서를 합하여 하나의 사서로 만들었다.[172](釋 : 선비족 전연(前燕)과 후연(後燕) 모용씨의 사서를 세 번째, 네 번째로 하면서 두보전과 동통 등의 책을 거론하였고, 범형 등이 편찬한 책으로 끝맺었다)

남연(南燕 : 398-410)에는 조군(趙郡)사람 왕경휘(王景暉)가 있었는데, 일찍이 남연의 모용덕(慕容德 : 398-405 재위)과 모용초(慕容超 : 405-410 재위)를 섬기

169 역주 : 『진서(晉書)』 권106-7, 「재기(載記)」 6-7, 「석호전」 상·하 참조.

170 역주 : 『수서경적지』 「사부」 "지리류(地理類)"에는 『업중기(鄴中記)』 2권, 진(晉) 국자조교(國子助教) 육홰(陸翽)가 편찬하고, 『조기(趙記)』 10권은 편찬자를 모른다고 하여 『사통』의 기록과 다르다. 이에 대한 자세한 논의는 程千帆, 『史通箋記』, p.240 참조.

171 역주 : 춘추시대의 사관(史官) 동호와 남사에 대하여는 「재문(載文)」편 참조.

172 역주 : 『수서경적지』와 『구당서경적지』·『신당서예문지』와 『책부원구(冊府元龜)』 등에 모두 연(燕) 사서(尙書) 범형이 『연서(燕書)』 20권을 편찬하였다고 했다. 보다 자세한 내용은 程千帆, 『史通箋記』, pp.240-241 참조.

면서 두 군주의 기거주(起居注)를 썼다. 모용초가 죽은 후 북연(北燕 : 409-438)의 풍씨(馮氏)에게 사환(仕宦)하여 관직이 중서령(中書令)에 이르렀고, 『남연록(南燕錄)』 6권을 편찬하였다.[173](釋 : 남연(南燕) 모용씨의 사서를 다섯 번째로 하여 기거주를 거론하였고, 『남연록』으로 끝맺었다)

촉(蜀)은 처음에 국호를 성(成)이라 불렀고, 후에 한(漢)이라 개칭하였다.[174] 이세(李勢)[175] 때 산기상시(散騎常侍) 상거(常璩)가 『한서(漢書)』 10권을 편찬하였다. 후에 그 책은 진(晉)의 비각(秘閣)에 수장되면서 『촉리서(蜀李書)』로 고쳐졌다. 상거는 또 『화양국지(華陽國志)』 12권을 편찬하였는데[176] 성한(成漢)의 흥망에 관한 사실이 모두 실려 있다.(釋 : 빈인(賓人) 촉성(蜀成) 이씨의 사서를 여섯 번째로 하였다. 상거가 편찬한 두 책으로 끝맺었다)

전량(前涼 : 301-376)의 장준(張駿 : 324-346 재위)이 즉위한 지 15년(338)에 서조(西曹)[兵部] 변유(邊瀏)에게 명하여 국내·외의 사건들을 수집하여 수재(秀才) 색수(索綏)에게 주도록 하여 『양국춘추(涼國春秋)』 50권을 만들었다. 또한 장중화(張重華 : 346-353 재위) 집정시 호군참군(護軍參軍) 유경(劉慶)이 동완(東莞)('완(莞)'은 '원(苑)'과 통한다)에서 20여 년 간 오로지 국사를 편찬하여 『양기(涼記)』 12권을 썼다.[177] 건강태수(建康太守) 색휘(索暉)와 종사중랑(從事中郎) 유병(劉昞)[178]이 다시 각각 『양서(涼書)』를 썼다.(釋 : 전량(前涼) 안정(安

173 역주 : 『수서경적지』 「사부(史部)」 "기거주(起居注)"에 『남연기거주(南燕起居注)』 1권이 수록되어 있지만 편찬자의 이름이 없다. 「사부」 "패사(覇史)"에, 『남연록(南燕錄)』 6권, 모용덕(慕容德)의 사실을 기록하고 있다. 위연(僞燕)의 중서랑 왕경휘가 편찬하였다고 했다. 그 외에도 상서랑 장전(張詮)이 편찬한 『남연록(南燕錄)』 5권과 유람선생(遊覽先生)이 편찬한 『남연서(南燕書)』가 보인다.

174 역주 : 성한(成漢)은 시조 이특(李特 : 302-303재위)부터 이세(李勢 : 343-347 재위)까지 7대에 걸쳐 304년에서 347년까지 존립하였다.

175 역주 : 『진서(晉書)』 권120, 「재기(載記)」 20, 「이세전」 참조.

176 역주 : 상거에 대하여는 「보주(補注)」편 주)10 참조.

177 역주 : 「사관건치(史官建置)」편 주)63에도 유경의 이름이 보인다.

178 역주 : 「잡술(雜述)」편 주)41 참조. 『수서경적지』 「사부(史部)」 "패사(覇史)"에는 『양서(涼書)』 10권의 편찬자를 유경(劉景)이라 하였다. 이는 당 고조 이연(李淵)의 부(父) 이병(李昞)을 피휘하여 개명한 것이다.

定) 장씨의 사서를 일곱 번째로 하여, 찬술한 사람이 모두 네 사람이 있지만 여기서는 그 중 하나도 정리하지 않았다)

전진(前秦 : 351-394)의 사관(史官)으로 초기에는 조연(趙淵) · 차경(車慶) · 양희(梁熙) · 위담(韋譚)이 있어 계속하여 사서를 저술하였다. 세조 부견(苻堅 : 357-385 재위)[179]이 일찍이 이들이 쓴 책을 보았는데 어머니 구태후(苟太后)가 이위(李威)를 총애한 사실을 보고 노하여 그 책을 불태워버렸다. 후에 저작랑 동의(董誼)가 불에 탄 옛 기록을 찾아 기록하였지만 원래의 10분의 1도 남아 있지 않았다. 남조의 송 무제(宋武帝) 유유(劉裕)가 관중(關中)에 진공(進攻)했을 때 전진(前秦)의 기록을 찾은 적이 있었고, 또 양주자사(梁州刺史) 길한(吉翰)[180]에게 명하여 구지(仇池)[181]에 가서 알아보게 하였으나 별 소득이 없었다. 이전에 전진(前秦)의 비서랑 조정(趙整)이 국사편찬에 참여하였는데 전진이 망하자 상락산(商洛山)에 숨어 저술을 계속하였고, 풍익(馮翊) 사람 차빈(車頻)이 그 경비를 도와주었다. 조정이 죽고 길한이 차빈에게 그 책을 완성시켜줄 것을 요청하였는데 송 문제(宋文帝) 원가(元嘉) 9년(432)에 시작하여 28년(451)이 되어서야 3권으로 완성하였다. 그러나 연월의 순서가 틀리고, 처음과 끝에 일관성이 없었다. 하동(河東) 사람 배경인(背景仁)이 다시 이 책의 오류를 시정하고, 『진기(秦記)』 11권으로 줄였다.[182](釋 : 저족(氐族) 전진(前秦) 부씨(苻氏)의 사서를 여덟 번째로 하여, 조연 등 6, 7명의 책을 거론하였고, 배경인이 편찬한 책으로 끝맺었다)

후진(後秦 : 384-417)에서는 부풍(扶風) 사람 마승건(馬僧虔), 하동(河東) 사람 위륭경(衛隆景)이 각기 진사(秦史)를 저술하였다. 요씨(姚氏)의 후진이 멸망하자 없어지고 누락된 부분이 많았다. 요홍(姚泓 : 416-417재위)의 종제(從弟)

---

179 역주 : 『진서(晉書)』 권113-4, 「재기(載記)」 13-14, 「부견전」 상 · 하 참조.

180 역주 : 『송서(宋書)』 권65, 『남사(南史)』 권70, 「길한전」 참조.

181 역주 : 저족(氐族) 양씨(楊氏)가 건국한 나라로 북위(北魏)에게 멸망하였다.

182 역주 : 『수서경적지』 「사부」 "패사(霸史)"에, 『진기(秦記)』 11권, 송(宋) 전중장군(殿中將軍) 배경인이 편찬하고, 양(梁) 옹주주부(雍州主簿) 석혜명(席惠明)이 주(注)를 달았다고 했다.

인 요화도(姚和都)가 위(魏)의 좌민상서(左民尙書)로 있을 때 다시 『진기(秦紀)』 10권을 썼다.[183](釋 : 강족(羌族) 후진(後秦) 요씨(姚氏)의 사서를 아홉 번째로 하여, 마승건과 위륭경 등의 책을 거론하였고, 요화도가 편찬한 책으로 끝맺었다)

하(夏 : 407-431)[184]에서는 천수(天水) 사람 조사군(趙思群),[185] 북지(北地) 사람 장연(張淵)[186]이 진흥(眞興 : 419-424) · 승광(承光 : 425-427) 연간에 함께 명을 받고 하(夏)의 국사(國史)를 편찬하였다. 하의 수도 통만(統萬)이 함락된 후 많은 책이 불타버렸다.(釋 : 흉노부 하(夏)나라 혁련씨의 사서를 열 번째로 하였지만, 하의 사서는 전하는 것이 없다)

서량(西涼 : 400-421)[187]과 서진(西秦 : 385-431)[188]의 사서는 어떤 것은 당대(當代)에 쓴 것이고, 어떤 것은 다른 왕조 때 쓴 것이다.[189](이 문장 아래 당연히 "여러 차례 전해 내려오다가 지금은 모두 전하지 않는다"라는 문구를 보충해야 한다. 釋 : 적도(狄道) 서량(西涼) 이씨의 사서를 열한 번째로 하고, 선비족 서진(西秦) 걸복의 사서를 열두 번째로 하였지만, 두 나라의 사서가 역시 현재 전하는 것이 없다) 저작좌랑 단구룡(段龜龍)이 여씨(呂氏)의 후량(後涼 : 386-403)의 국사를 편찬하고,[190] 종흠(宗欽)이 저거씨(沮渠氏)의 북량(北涼 : 401-439)의 국사를 편찬하

183 역주 : 『수서경적지』 「사부」 "패사(覇史)"에, 『진기(秦紀)』 10권, 요장(姚萇)의 사실을 기록하였고, 위(魏) 좌민상서 요화도가 편찬하였다고 했다.

184 역주 : 하의 사적은 『진서(晉書)』 권130, 「재기(載記)」 30, 「혁련발발전(赫連勃勃傳)」 참조.

185 역주 : 『위서(魏書)』 권52, 「조일전(趙逸傳)」 참조.

186 역주 : 『위서(魏書)』 권91, 「장연전」 참조.

187 역주 : 서량의 사적(事跡)은 『진서(晉書)』 권87, 「양무소왕이현성전(涼武昭王李玄盛傳)」과 『위서(魏書)』 권99, 「사서양왕이호전(私署涼王李暠傳)」 참조.

188 역주 : 서진의 사적은 『진서』 권125, 「재기」 25, 「걸복치반전(乞伏熾磐傳)」 참조.

189 역주 : 서량의 사서에 대하여는 『수서경적지』 「사부」 "패사(覇史)"에, 『양서(涼書)』 10권, 장궤(張軌)의 사실을 기록하고 있는데, 위량대장군종사중랑(僞涼大將軍從事中郞) 유경(劉景)이 편찬하였다고 했는데, 유경은 본명이 유병(劉昞)이지만 당 이연의 부(父) 이병(李昞)을 피휘하여 개명한 것이다. 『위서(魏書)』 권52, 「유병전」에, 유병은 자가 연명(延明)이고 돈황 사람으로 이호(李暠) 밑에서 유림좨주(儒林祭酒) · 종사중랑이 되어 『양서(涼書)』 10권, 『돈황실록(敦煌實錄)』 20권, 『방언(方言)』 3권, 『정공당명(靖恭堂銘)』 1권 등을 지었다고 했다. 『돈황실록』은 당시 이호의 세력 범위로 보아 서량의 역사를 기록하고 있는 것으로 보인다.

였다.[191] 이름을 알 수 없는 자가 독발씨(禿髮氏)의 남량(南涼 : 397-414)의 국사를 편찬하였고,[192] 북위 중서시랑 한현종(韓顯宗)이 풍씨(馮氏)의 북연(北燕 : 409-438)의 국사를 편찬하였다.[193] 이 세 저작만을 알 수 있고, 나머지는 누가 썼는지 알 수 없다.(釋 : 저족 추장 후량(後梁) 여광(呂光)의 사서를 열세 번째로 하고, 노수(盧水)의 호족(胡族) 북량(北涼) 저거몽손(沮渠蒙遜)의 사서를 열네 번째로 하고, 탁발(托跋) 남량(南涼) 독발오고(禿髮烏孤)의 사서를 열다섯 번째, 신도(信都) 북연(北燕) 풍발(馮跋)의 사서를 열여섯 번째로 하였지만, 네 나라에 모두 사서가 있었고, 하나는 이름이 유실되었다. 모두 하나로 끝맺었다. 이상에서 설명한 것은 모두 최홍(崔鴻)의 『십육국춘추(十六國春秋)』의 기초가 된 책들이다)

북위(北魏) 때 황문시랑(黃門侍郎) 최홍(崔鴻)이 (앞서 설명한) 많은 사서들을 살피면서 같은 점과 차이점을 가려내어 번잡한 것은 삭제하고 빠진 것은 보완하여 종합적으로 체계를 세우고 정리하면서, 이전의 '국사

---

190 역주 : 『수서경적지』「사부」"패사"에, 『양기(涼記)』 10권, 여광(呂光)의 사실을 기록하고 있으며, 위량저작좌랑(僞涼著作佐郎) 단구룡이 편찬하였다고 했다. 여광이 건립한 후량은 감숙지방의 고장(姑臧)에 도읍을 두고 4대 18년 동안 존립하였다. 『진서(晉書)』 권122, 「재기(載記)」 22, 「후량전」과 『위서(魏書)』 권95, 「약양저여광전(略陽氐呂光傳)」 참조.

191 역주 : 『위서(魏書)』 권52, 「종흠전」에, 종흠의 부(父) 종섭(宗燮)은 여광(呂光)의 태상경(太常卿)을 지냈고, 종흠은 저거몽손(沮渠蒙遜)에게 사환(仕宦)하여 저작랑을 지내면서 『몽손기(蒙遜記)』 10권을 편찬하였다고 했는데, 저거몽손이 건국한 나라가 북량임을 감안할 때 『몽손기』 10권이 『수서경적지』「사부」"패사"에 실린 저거(沮渠)의 국사 『양서(涼書)』 10권과 같은 책으로 짐작된다.

192 역주 : 「사관건치(史官建置)」편에는 남량(南涼)의 시사(時事)편찬을 곽소(郭韶)가 국기좨주(國紀祭酒)를 맡아 하게 하였다고 했다. 그렇다면 실명(失名)이 아닌 셈이 되므로 '세 저작'은 '네 저작'으로 바뀌어야 옳다. 남량에 대한 사실은 『진서(晉書)』 권126, 「재기(載記)」와 『위서(魏書)』 권99, 「선비독발오고전(鮮卑禿髮烏孤傳)」 참조.

193 역주 : 『위서(魏書)』 권60, 「한기린전(韓麒麟傳)」에 기린의 아들 현종에 관한 기록이 보인다. 현종은 풍씨(馮氏)의 『연지(燕志)』·『효우전(孝友傳)』 등 각각 10권을 편찬하였다고 했다. 풍씨의 북연에 대한 기록은 『위서(魏書)』 권97, 「해이풍발전(海夷馮跋傳)」과 『진서(晉書)』 권125, 「재기(載記)」「풍발전」에 보인다. 『수서경적지』「사부」"패사(覇史)"에, 『연지(燕志)』 10권, 풍발의 사실을 기록하였다. 위(魏) 시중(侍中) 고려(高閭)가 편찬하였다고 했다. 『연지』가 한현종과 고려 두 사람의 합작인지의 여부는 좀 더 살펴볼 필요가 있다.

(國史)'라는 명칭을 '록(綠)'이라 고치고, '본기(本紀)'를 '열전(列傳)'으로 하여 이를 모두 『십육국춘추(十六國春秋)』[194]라고 불렀다. 최홍이 처음 북위

194 「탐색(探賾)」편을 보라. 그리고 『위서(魏書)』 권67, 「최홍전(崔鴻傳)」에, 최홍의 아들 자원(子元)이 영안(永安 : 528-529) 연간에 자기 아버지의 책에 대하여 상주하기를, '신의 선친 홍(鴻)은 사관(史官)으로 재직하면서 조(趙)·연(燕)·진(秦)·하(夏)·양(涼)·촉(蜀) 등의 남겨진 책들을 편찬하고 그에 찬서(贊序)를 지었습니다. 선대의 황제 때에 대부분의 자료들은 모두 구하였지만 오직 이웅(李雄)의 『촉서(蜀書)』만은 구하질 못하였고, 이 책이 빠지는 바람에 완성이 늦어졌습니다. 정광(正光) 3년(522)에 이르러 이 책을 구입할 수 있어서 그동안의 조사를 마칠 수 있었습니다. 그 후 선친이 돌아가셨습니다. 16국의 자료를 모와 이름을 『춘추』라고 하였는데 모두 102권이었습니다. 이제 한 부를 베껴 감히 조정에 올리려 합니다. 아마도 그 내용이 천루(淺陋)하여 황제께서 중시하지는 않겠지만 비각(秘閣)에 소장하시고 일가(一家)의 자료를 더하였다고 여기시길 바랍니다'고 했다. ○부기(附記) : 전진(前秦)의 성(姓)에 대하여 『진서(晉書)』 권112, 「재기(載記)」 12에, 포홍(蒲洪)은 손자인 견(堅)이 태어났을 때 등에 '초부신우토(艸付臣又土)'라는 글자가 있어서 성을 부(苻)로 고쳤다고 했다. 『세설신어』 「식감(識鑒)」편 주(注)에 인용된 차빈(車頻)의 『진서(秦書)』에, 포홍이 도참문을 사칭하여 부(苻) 씨로 바꾸었는데 그것은 자신이 부명(符命)에 응하여 왕이 될 것이라는 뜻이었다. 부견이 태어날 때 등에 붉은 색으로 전서체(篆書體)의 문자 같은 것이 희미하게 돋아나 있었다고 했다. 이러한 이야기는 『진서(晉書)』와 다르다. 내가 보기에, 차빈이 부명의 징조를 말했을 뿐 등에 돋아난 전서가 어떤 내용인지는 말하지 않았다. 차빈은 즉 전진(前秦) 시기의 사람으로 성은 당연히 부씨(符氏)여야 옳다. 『진서(晉書)』는 뒤에 나왔으니 '초부신우토(艸付臣又土)'라는 다섯 글자는 다른 근거가 있을 터이니 어찌 죽부(竹付)의 와전이 아님을 알 수 있겠는가? 세상 사람들은 국사(國史)를 바르다고 여긴다. 그러나 차빈의 책은 그 일부 만을 남기고는 있지만 유효표(劉孝標) 역시 당(唐) 이전의 인물이니 어찌 서로 증거가 되는 자료로 부족하겠는가. 부기한다면 역시 일가의 자료를 더하기에 충분한 것이다. 또 고본(古本)의 기타 서(書)에 부견(符堅)이라 하여 왕왕 대죽(竹) 변을 사용하고 있다. 비록 초두(艸頭)와 죽두(竹頭)를 옛 사람들은 통용하였지만 뜻은 분명히 서로 관련이 없다. **부록 : 按** : 도씨(屠氏)가 채록한 책의 이름을 적지 않은 것은 그것을 바른 증거[正證]로 하기가 어렵기 때문일 것이다. 물론 근거가 없지는 않을 것이지만, 『사통』의 이 구절에 사람의 성씨를 열거한 사람 중에 역사적 사실과 관련이 42명과 관련이 없는 사람 1명이 있다. 이제 도씨의 책에 부견(附見)되어 있는 사람과 여러 사서나 이 책의 다른 편(篇)에 따로 보이는 사람들 역시 집어내어 정리한다. 전조(前趙)의 공사욱(公師彧)은 관상에 능하여 유연(劉淵)에게 깊은 존경을 받았다, 후일 관직이 태중대부(太中大夫)였을 때 유총(劉聰)에게 피살되었다. 화포(和苞)는 유요(劉曜) 때에 수릉(壽陵)을 만들 것을 간청하여 평여자(平輿子)에 봉해졌다. 이 두 사람은 「사관(史官)」편에도 보인다. 후조(後趙) 서광(徐光)의 자는 계무(季武)이고 돈구(頓邱) 사람이다. 석륵(石勒)의 기실참군(記室參軍)을 지내고, 중서령(中書令)·영비서감(領秘書監)을 지냈다. 부창(傅暢)의 자는 세도(世道)이고, 북지(北地) 사람이다. 대장군대사마(大將軍大司馬)

(北魏) 세종(世宗) 경명(景明 : 500-503)초부터 여러 나라의 일사(逸史)를 수집하여 세종 정시(正始) 원년(504)에 이르면 자료를 거의 다 갖추었으나 다만 촉(蜀)[成漢]의 사적(事迹)이 빠져 끝내 책을 완성하지 못하였다. 15년 동안 찾은 끝에 촉의 사적을 강남(江南)에서 구매할 수 있었다. 그리하여 그 부분의 편목(篇目)을 더하여 102권으로 만들었다.[195] 최홍이 죽은 후 북위

가 되었다. 조정의 의례에 밝아 석륵이 아꼈다. 『진제공서찬(晉諸公敍讚)』 20권, 『공경고사(公卿故事)』 9권을 지었다. 남연(南燕)의 왕경휘(王景暉)는 부진(苻秦)의 태사령(太史令) 고로(高魯)의 조카이다. 고로가 왕경휘를 보내어 함께 옥새를 모용덕(慕容德)에게 바치도록 하였다. 남아서 모용덕에게 사환(仕宦)하였고, 『남연록(南燕錄)』 6권을 지었다. 촉성(蜀成)의 상거(常璩)는 이름을 거(據)라고도 한다. 도록(屠錄)과 「보주(補注)」편 등에 기록된 내용과 비슷하다. 전량(前涼)의 색수(索綏)는 자(字)가 사애(士艾)이고, 돈황 사람이다. 어려서 효렴(孝廉)으로 천거되고 수재(秀才)로도 추천되어 유림좨주(儒林祭酒)가 되었다. 장준(張駿)이 비각(秘閣) 내외의 일을 모두 색수에게 맡겼다. 『양춘추(涼春秋)』 50권을 지었다. 유병(劉昞)은 도록(屠錄)과 「점번(點煩)」편의 내용과 비슷하다. 전진(前秦) 이위(李威)의 자는 백룡(伯龍)이고 구태후(苟太后)의 조카[姑子]이다. 이위는 높은 총애를 받는 관계로 사관이 기재하였다. 후일 부견이 그의 사실을 보고 죄를 주려 하였지만, 저작랑 차경(車敬) 등이 이미 죽었으므로 그만두었다. 조정(趙整)의 자는 문업(文業)이고, 일명 정(正)이라고 한다. 18세에 부견의 저작랑이 되었다. 성격이 도량을 갖추었고 민첩하였다[情度敏達]. 불법(佛法)을 믿어 상락산(商洛山)에 숨어 지냈다. 경률(經律)에 깊고 정교함이 있었다. 후진(後秦) 요화도(姚和都)는 벼슬이 좌병상서(左兵尙書)에 이르렀고, 『진기(秦紀)』 10권을 지어 요장(姚萇) 때의 사실을 기록하였다. 혁연하(赫連夏) 조일(趙逸)의 자는 사군(思羣)이고, 천수(天水) 사람으로서 요흥(姚興)에게 사환(仕宦)했다. 후일 혁연발발(赫連勃勃)의 포로가 되어 저작랑이 되었다. 장연(張淵)은 어느 지방 사람인지 알 수 없다. 스스로 부견(苻堅)을 섬긴 적이 있다고 하였다. 부견이 패하자 요흥 부자를 섬겼다. 요홍(姚泓)이 하(夏)를 멸하자 그의 태사령이 되었다. 북량(北涼)의 종흠(宗欽)의 자는 경약(景若)이고 금성(金城) 사람으로서 널리 많은 사실을 종합하였다. 저거몽손(沮渠蒙遜)을 섬겨 중서랑이 되었고 『양기(涼記)』 10권을 지었다. 이상 그 이름이 도(屠)의 책에 보이는 사람이 모두 15명이다. 또 따로 보이는 사람으로, 범형(范亨)은 『위서(魏書)』 권35, 「최호전(崔浩傳)」에 보이는데 다음 구절의 주(注)에서 설명한다. 길한(吉翰)은 『송서(宋書)』에 열전이 있다. 풍익(馮翊)은 지양(池陽) 사람이다. 배경인(裴景仁)은 『남사(南史)』와 『세설신어』 주(注)에 보인다. 한현종(韓顯宗)은 『위서(魏書)』에 보이는데, 한기린(韓麒麟)의 아들로 자는 무친(茂親)이다. 또 본집(本集)에 산견(散見)되는 사람으로, 동통(董統)은 「직서(直書)」편에 보이고, 유경(劉慶)은 「사관건치(史官建置)」편에 보인다. 나머지 빠진 사람들은 계속 보완하여 찾기를 기다려야 한다.

195 역주 : 『수서경적지』 「사부」 "패사(覇史)"에, 『십육국춘추』 100권, 위(魏) 최홍이 편찬하였다고 했다. 신 · 구 『당서』의 「경적지」와 「예문지」에는 모두 120[一百二十]권이

장제(莊帝) 영안(永安 : 528-530) 중에 그의 아들이 그 책을 베껴 상주(上奏)하면서 비각(秘閣)에 수장(收藏)해 줄 것을 요청하였다. 이로 말미암아 십육국의 위사(僞史)[『十六國春秋』]가 세상에 알려져 당시에 크게 유행되었다.(釋 : 최홍의 책이 모두 한 책으로 정리되어 비로소 정본(定本)으로 통행(通行)되었다)

十六國史, 前趙劉聰時, 領左國史公師彧撰『高祖(劉淵)本紀』及功臣傳二十人, 甚得良史之體. 凌修譖其訕謗先帝, 聰怒而誅之. 劉曜時, 平輿子(封號)和苞撰『漢(一脫'漢'字)趙記』十篇, 事止當年, 不終曜滅.(釋 : 前趙匈奴劉氏史第一. 揭過公師彧書, 以和苞所撰作勒)

後趙石勒命其臣徐光 · 宗歷 · 傅暢 · 鄭愔等撰『上黨國記』·『起居注』·『趙書』. 其後又令王蘭 · 陳宴 · 程陰 · 徐機等相次撰述. 至石虎, 並令刊削, 使勒功業不傳. 其後燕太傅長史田融 · 宋尚書庫部郎郭仲產 · 北中郎參軍王度追撰二(舊無'二'字)石事, 集爲(舊無'爲'字)『鄴都記』·『趙記』(一作'紀')等書.(釋 : 後趙羯種石氏史第二. 揭過徐 · 王等書, 以田融 · 王度等所撰作勒)

前燕(慕容廆 · 皝 · 儁 · 暐)有起居注, 杜輔全(疑'銓'字脫旁)錄以爲『燕紀』. 後燕(垂 · 寶 · 盛 · 熙)建興元年, 董統受詔草創後書, 著本紀並佐命功臣 · 王公列傳, 合三十卷. 慕容垂稱其敍事富贍, 足成一家之言. 但褒述過美, 有慚董 · 史之直. 其後申秀 · 范亨各取前後二燕, 合成一史.(釋 : 前 · 後燕鮮卑慕容氏史第三, 第四. 揭過杜 · 董等書, 以范亨等所撰作勒)

南燕有趙郡王景暉, 嘗事德 · 超,(南燕二主名) 撰二主起居注. 超亡, 仕於馮氏, 官至中書令, 仍撰『南燕錄』六卷.(釋 : 南燕亦慕容氏史第五. 揭過起居注, 以『南燕錄』作勒)

라 하여 '십(十)'자가 덧붙여진 것이다. 102권이라 한 것은 「서례(序例)」와 「연표(年表)」 각 1권이 더해졌기 때문이다. 최홍의 『십육국춘추』는 송초(宋初)의 『태평어람(太平御覽)』에는 인용되고 있지만, 이후 『군재독서지(郡齋讀書志)』와 『직재서록해제(直齋書錄解題)』 등에 보이지 않는 것으로 보아 이미 북송 초기에는 일서(佚書)가 되었을 가능성이 크다. 청대(淸代)에 이르러 탕구(湯球)는 산일(散佚)된 자료를 모아 『십육국춘추집보(十六國春秋輯補)』를 지었다. 이에 대하여는 金毓黻, 『中國史學史』 第4章 참조.

蜀初號曰成, 後改稱漢. 李勢散騎常侍常璩撰『漢書』十卷. 後入晉秘閣, 改爲『蜀李(一脫'李'字)書』. 璩又撰『華陽國志』, 具載李氏興滅.(釋 : 蜀成賨人李氏史第六. 以常璩所撰二書作勒)

前涼張駿十五年, 命其西曹邊瀏集內外事, 以付秀才索綏, 作『涼國春秋』五十卷. 又張重華護軍參軍劉慶在東苑.('苑'通) 專修國史二十餘年, 著『涼記』十二卷. 建康太守索暉(一作'琿')·從事中郞劉昞又各著『涼書』.(釋 : 前涼安定張氏史第七. 所述撰人凡四, 唯此無專勒)

前秦(苻堅)史官, 初有趙淵·車敬·梁熙·韋譚相繼著述. 苻堅嘗取而觀之, 見苟太后幸李威事, 怒而焚滅其本. 後著作郞董誼追錄舊語, 十不一存. 及宋武帝入關, 曾訪秦國事, 又命梁州刺史吉翰問諸仇池, 並無所獲. 先是, 秦秘書郞趙整參撰國史, 値秦滅, 隱於商(一作'南')洛山, 著書不輟, 有馮翊·車頻助其經費.(一作'始') 整卒, 翰乃啓頻纂成其書, 以元嘉九年起, 至二十八年方罷, 定爲三卷. 而年月失次, 首尾不倫. 河東裴景仁又正其訛僻, 刪爲『秦紀』十一篇.(釋 : 前秦氐人苻氏史第八. 揭過趙淵等六七人書, 以裴景仁所撰作勒)

後秦(姚弋仲)扶風馬僧虔·河東衛隆景並著『秦史』. 及姚氏之滅, 殘缺者多. 泓從弟和都, 仕魏爲左民尚書, 又追撰『秦紀』十卷.(釋 : 後秦羌種姚氏史第九. 揭過馬·衛等書, 以姚和都所撰作勒)

夏(赫連勃勃)天水趙思群·北地張淵, 於眞興(勃勃元)·承光(昌元)之(一無'之'字)世, 並受命著其國書. 及統萬(夏城)之亡, 多見焚燒.(一脫'燒'字. 釋 : 夏國匈奴部赫連氏第十, 其史無存)

西涼(李暠)與西秦,(乞伏國仁. ○此下誤衍'北燕'二字) 其史或當代所書, 或他邦所錄.(此下當補"累經過轉, 今並失傳"八字. 釋 : 西涼狄道李氏第十一; 西秦鮮卑乞伏第十二. 二國史亦無存) 段龜龍記呂氏,(後涼) 宗欽記沮渠氏,(北涼) 失名記(舊本「宗欽記」誤粘'禿髮', 脫去沮渠一家, 今照史補此六字)禿發氏,(南涼) 韓顯宗記(舊衍'呂'字)馮氏.(北燕) 唯有(舊訛'此')三者(本有四種, 其一失名, 故云三者)可知, 自餘不詳誰作.(釋 : 後梁氐酋呂光第十三; 北涼盧水胡沮渠蒙遜第十四; 南涼拓跋禿髮烏孤第十五; 北

燕信都馮跋第十六. 四國皆有史, 而一失名, 幷作一勒. ○從上所述, 皆爲崔氏『春秋』起本也)

魏世黃門侍郎崔鴻, 乃考核衆家, 辨其同異, 除煩補闕, 錯綜綱紀, 易其國書曰錄, 主(一訛'正')紀曰傳, 都謂之『十六國春秋』. 鴻始以景明之初(魏世宗宣武元)求諸國逸史, 逮正(一訛'至')始元年,(亦宣武元) 鳩集稽備, 而(一本有'以'字. 一本'而'作'已', 屬上句)猶闕蜀事, 不果成書. 推求十有五年, 始於江東購獲, 乃增其篇目, 勒爲一百二(此三字舊訛作'十')卷. 鴻歿後, 永安中,(魏莊帝元) 其子繕寫奏上, 請藏諸秘閣. 由是僞史宣布, 大行於時.(釋 : 歸到崔書都爲一集, 始成通行定本)

按 : 제13절에서는 『십육국춘추(十六國春秋)』에 대하여 설명하였다. 비록 정사에 포함되지는 못하지만 강계(疆界)를 분명히 하여 각 지역을 차지하고 있었고, 땅이 널리 뻗어 있고 냇물이 아득한 곳까지 흐를 정도였으며, 전쟁이 빈번하여 사실들이 강의 양안(兩岸)과 관련되어 있으니 그 책을 어찌 폐기할 수 있겠는가? 최홍(崔鴻)의 『십육국춘추』를 살펴보니 『송사 예문지(宋史藝文志)』와 마단림(馬端臨)의 『문헌통고(文獻通考)』에 모두 이미 기재되어 있지 않았다. 명대(明代)에 와서 비로소 도교손(屠喬孫)의 판본이 있었다. 하찬연(賀燦然)이 그 책에 서문을 지어 이르기를, "진기(晉紀)가 유행함에 따라 최홍의 책은 이리저리 흩어졌다. 도교손이 널리 고증하고 각 방면으로 조사하여 누락된 자료들을 모았기 때문에 비로소 이 책을 찬정(撰訂)하게 되었다"라고 했다. 아! 얼마나 학식이 부족한가? 도교손이 과연 널리 견문을 구하여 이 시기의 역사를 새롭게 진실하게 기재할 수 있다면 원래의 명칭을 빌릴 필요가 없고 전해오는 편목(篇目)의 수를 따를 필요도 없다. 편찬체례를 신중하게 따르고 없어진 것을 보완한다는 것을 드러내 강조하면서 각기 정사(正史)의 「재기(載記)」이외에 사람을 보면 그 사람을 기록하고, 사실을 보면 그 사실을 기록하였다. 그리고 각 조목(條目)의 설명 아래 이르기를, "어떤[某] 사람은 어떤 책에 보이고, 어떤 사실은 어떤 책에 보인다"라고 하였다. 이렇게 하는 것이 어찌 뛰어

나 큰 공을 이룬 것이 아니겠는가? 그러나 그는 이같이 하지 않았다. 은익(隱匿)한 자료의 내원(來源)으로 자기에게 있지 않은 것을 가려서 덮고 열거한 일체의 진짜 책들이 곧 변하여 가짜 책이 되었다. 나는 이 때문에 책이 직면한 화(禍)로서 책이 불타거나 없어지는 것은 작은 것이지만, 거짓으로 난잡하게 책을 꾸민 것이 더 심각한 것이라 생각한다. 그리고 이름을 속여 책을 세상에 내놓는 것은 앞의 두 경우보다 더욱 심한 것이다. 명(明) 목종(穆宗)·신종(神宗)의 사이가 그러하였다. 당시에는 풍방(豊坊)의 노시세학(魯詩世學) 같은 것이 헛된 말로써 경전을 전수(傳授)한다고 했고, 왕모(王某)의 『천록각외사(天祿閣外史)』가 괴이하게 옛 자료들을 모았다고 하였다. 어지럽게 모방하여 위서(僞書)들이 무리를 지어 일어났다. 만약 도교손의 이 같은 이름을 속여 책을 세상에 내놓는 행위를 만약 음양(陰陽)·형영(形影) 간의 문제라고 한다면, 앞서 말한 몇 사람을 다시 보더라도 그 차이가 조금도 줄어들지 않는다. 어떤 사람은 항본(杭本)『한위총서(漢魏叢書)』에 수록된 십육록(十六錄)이 본래 최홍[彦鸞]의 책이라고 말하지만 이 같은 말 또한 나는 여전히 의심한다.(第十三節述『十六國春秋』也. 雖不得並於正史, 而巖疆分據, 地亘川遼, 戎馬交馳, 事關江介, 其書顧可廢哉! 顧崔氏書自『宋史藝文志』·馬貴與『通考』皆已闕載, 至明乃有屠喬孫之本. 賀燦然序之曰: "晉紀流行, 崔書放散. 遷之博考旁稽, 綴遺搜逸, 爰訂斯編." 吁! 何其不學也. 屠果博聞, 欲起斯廢, 毋假初名, 毋襲原數. 謹循纂體, 顯號補亡, 各於正史載記之餘, 人見書其人, 事見書其事, 而條疏其下曰某人見某書, 某事見某書, 豈不卓爾大雅, 功高津逮哉! 乃計不出此, 而匿所自來, 掩非已有, 擧一切眞書, 胥變而爲贋書. 愚因是歎書之禍, 焚棄者猶小, 竄亂者甚焉, 冒出者又甚焉, 明穆·神之際是已. 時則有若豊坊之魯詩世學, 矯語傳經; 王某之『天祿閣外史』, 侻稱蓄古. 紛紛倣效, 僞種朋興. 若屠氏者, 其爲冒出, 猶在陰陽形影間, 視彼諸家, 差當未減耳. 或云杭本『漢魏叢書』所收十六錄故是彦鸞之書, 是說也余猶疑之)

2-22

원위(元魏 : 386-534)[196]의 사서는 도무제(道武帝 : 386-409 재위)[拓跋珪] 때 처음으로 등연(鄧淵)[197]에게 명하여 국기(國記)를 쓰게 하여 10권을 지었지만 체례를 갖추어 완성하지 못하였다. 명원제(明元帝 : 409-423 재위)[拓跋嗣]에 이르러 편찬을 그만두게 하였다. 태무제(太武帝 : 423-452 재위) 신가(神麚) 2년(429)에 다시 최호(崔浩 : ?-450)와 최호의 동생 최람(崔覽)·고당(高讜)·등영(鄧穎)·조계(晁繼)·범형(范亨)·황보(黃輔) 등 여러 문사(文士)들을 모집하여 국서(國書)를 편찬하도록 명하여, 30권을 완성하였다.[198] 또 특별히 최호에게 사서편찬을 총감독하게 하여 사실을 그대로 기록하는데 힘쓸 것을 명하였다. 다시 중서랑(中書郎) 고윤(高允)·산기시랑(散騎侍郎) 장위(張偉)도 저술에 참여하여 이전의 책을 계속 완성하게 하였다. 국사(國事)를 서술함에 나쁜 것을 숨기지 않았고, 그것을 돌에 새겨 사람들이 다니는 길에 보이도록 했다. 최호는 이 사건으로 인하여 삼족(三族)이 죽음을 당했고, 이때 죽은 자가 128명이나 되었다.[199] 이 사건 이후 사관을 폐지하였다. (釋 : 이는 북위의 사서에 대한 초기의 사실을 설명한 것이다) 문성제(文成帝 :

---

196 역주 : 선비(鮮卑)족 탁발부(拓跋部)가 화북지방에 건립한 왕조로 북위(北魏) 혹은 후위(後魏)라고도 부른다. 원위(元魏)라고 부르는 것은 효문제(孝文帝)가 낙양(洛陽)으로 천도한 후 496년 원씨(元氏)로 개성(改姓)하였기 때문이다.

197 『위서(魏書)』 권24, 「등연전」에, 등연의 자는 언해(彦海)이고 안정(安定) 사람이다. 태조가 중원을 평정한 후 저작랑으로 발탁하여 국기(國記)의 편찬을 명하였다. 등연이 10여권을 편찬하였지만 다만 연월에 따라 기거(起居)와 행사(行事)를 정리하였을 뿐 체례(體例)를 갖추지 못하였다고 했다.

198 이러한 사실은 「직서(直書)」편 참조. 또 『위서(魏書)』 권35, 「최호전(崔浩傳)」에, 처음, 태조가 상서랑 등연(鄧淵)에게 명하여 국기(國記)를 짓도록 하였지만 완성하지 못하였다. 태종 때에 와서 버리고 서술하지 않았다. 신가(神麚) 2년(429) 여러 문인들을 불러모아 편찬하도록 하였는데, 최호와 그의 동생 최람·고당·등영·조계·범형·황보 등이 함께 그 저작에 참여하여 국서(國書) 30권을 완성하였다고 했다. 按 : 등영은 즉 등연의 아들이다.

199 역주 : 자세한 내용이 『위서(魏書)』 권35, 「최호전」에 보인다.

452-465 재위) 화평(和平) 원년(460)에 이르러 비로소 그 직무를 회복하고, 고윤(高允)이 저작을 맡아 국사를 편찬하였다. 그러나 고윤은 이미 90세가 되어 붓을 들고 책을 보기가 힘들었다. 이때 교서랑(校書郎) 유모(劉模)가 문장의 정리에 재능이 있었음으로 그에게 붓을 들고 자신이 말하는 내용을 받아 기록하게 하였다. 5, 6년 동안 이렇게 하였으니 책을 완성하는 데 유모(劉模)의 노력이 컸다.[200] (釋 : 이는 편찬을 계속한 일을 설명한 것이다)

처음 북위의 국사편찬은 등연(鄧淵) · 최호(崔浩) 이후 모두 편년체로 썼다. 효문제(孝武帝 : 471-499) 태화(太和) 11년(487)에 이르러 비서승(秘書丞) 이표(李彪 : 444-501) · 저작랑 최광(崔光 : 451-523)에게 조서를 내려 비로소 별도의 기전체 사서를 편찬하게 하였다.[201] 선무제(宣武帝 : 499-515) 때 형만(邢巒

200 상세한 사실은 『위서(魏書)』 권48, 「고윤전」과 권84, 「유림전(儒林傳)」에 보인다. 유모(劉模)는 「고윤전」에 부록되어 있다. 본문은 모두 열전의 문장을 모은 것이다. 다시 「고윤전」을 살펴보면, 최호(崔浩)가 국사문제로 체포되어 옥에 갇혀 있을 때 고윤은 중서성에 재직하였다. 당시 공종(恭宗)이 태자로 있었는데 고윤을 불러 유숙(留宿)하게 하였다. 다음날 고윤에게 입궐을 명하였고 궁문에 이르자 말하기를, '황제를 알현할 때 내가 그대를 인도하여 갈 것이오, 질문을 하면 내가 말하는 것을 따르라' 고 하였다. 입궐하였을 때 공종이 말하기를, '고윤은 신의 궁에 있으며 비록 최호와 함께 역사편찬에 참여하였지만 최호의 명에 따랐을 뿐이라'고 변호하였다. 이에 세조(世祖)가 묻기를, '국서는 모두 최호가 지은 것인가'라고 하자 고윤이 대답하기를, '신과 최호가 함께 편찬하였는데 신이 최호에 비해 작성한 내용이 많다'라고 하자, 세조가 대노하였고, 이에 공종이 대답하기를 '황제의 위엄이 엄중하니 고윤이 혼동하여 사리판단을 잘못한 것입니다. 제가 조목조목 물어보니 모두 최호의 저작이라 하였습니다'라고 말하자, 고윤이 다시 '신이 저작에 참여하여 잘못한 것만으로도 마땅히 죽음을 당할 죄인데 감히 허망함을 말하지 못합니다. 지금 공종[殿下]께서는 신의 목숨을 딱하게 여겨 그렇게 말씀하고 있으나 신께 직접 묻지 않았으니 신이 사실대로 말씀을 드리지 못한 것'이라고 하였다. 이에 세조가 '바르구나! 죽음을 두고도 자신의 뜻을 숨기지 않으니 정신(貞臣)이로다. 죄를 사하여 줌이 마땅하다'라고 하였다. 按 : 고윤의 자는 백공(伯恭)으로 98세까지 살았다.

201 『위서(魏書)』 권62, 「이표전」에, 이표의 자는 도고(道固)이고, 저작에 참여하였다. 성제(成帝) 이래 최호와 고윤이 편년으로 서록(序錄)하여 『춘추』의 체례로 하였다. 이표가 처음으로 상주하여 사마천 · 반고의 체례를 사용하여 본기(本紀) · 열전(列傳) · 표(表) · 지(志)의 목차를 처음으로 사용하였다고 했다. 『위서』 권67, 「최광전」에, 광의 본명은 이백(李伯)이고, 자는 장인(長仁)으로 고조가 이름을 하사하였다. 중서박사(中書博士)로 있다가 저작랑으로 옮겼고 비서승 이표와 함께 국서(國書)의 편찬에 국사편찬에 참여하였다고 했다. 按 : 최광은 최홍(崔鴻)의 백부(伯父)이다.

: 464-514)[202]에게 명하여 효문제의 기거주(起居注)[203]를 소급하여 편찬하게 하였다. 얼마 후에 최광과 왕준업(王遵業)[204]이 그것을 보완하여 집필을 계속하였는데 효명제(孝明帝 : 515-528)까지였다. 온자승(溫子昇)[205]이 다시 『효장기(孝莊紀)』를 썼고, 제음왕(濟陰王) 휘업(暉業)이 『변종실록(辨宗室錄)』[206]을 썼다. 북위에 관한 관찬(官撰)과 사찬(私撰)의 사서들 모두를 이상에서 망라하였다.(釋 : 여기서는 사체(史體)를 달리하여 편찬한 사실 등을 설명하였다. ○이상은 모두 북위 때의 사서이다)

북제(北齊) 문선제(文宣帝) 천보(天保 : 550-559) 2년(551)에 비서감(秘書監) 위수(魏收)에게 명하여 종래의 기록들을 널리 수집하여 북위의 사서를 편찬하도록 하였다. 또한 조유(刁柔)·신원식(辛元植)·방연우(房延祐)·목중양(眭仲讓)·배앙지(裴昂之)·고효간(高孝幹) 등에게 명하여 위수의 편찬작업을 돕게 하였다. 위수는 편찬작업을 돕는 사관들이 자기를 멸시할까 두려워하였다. 따라서 조유·신원식 등은 사재(史才)가 결핍되어 겉보기엔 학자 같았지만 단지 다른 사람을 그대로 따라 하는 무리들이었기 때문에 사관이 되었다. 그리하여 널리 백가(百家)의 가보(家譜)와 행장(行狀)을 수집하고, 그 내용을 검토하여 『위서(魏書)』를 완성하였다. 위로는 도무제(道武帝)로부터 아래로는 효정제(孝靖帝)까지 본기(本紀)·열전(列傳)·지(志) 모두

---

202 역주 : 『위서』 권65, 「형만열전」 참조.

203 역주 : 북위의 기거주(起居注)에 대하여는 『수서경적지』 「사부」 "기거주"에 『후위기거주(後魏起居注)』 336권이라 했다.

204 역주 : 왕준업은 왕혜룡(王慧龍)의 증손으로서 『위서』 권38, 「왕혜룡전」에 부록되어 있다. 기거주 외에도 『삼진기(三晉記)』 10권을 저술하였다.

205 역주 : 『위서』 권85, 「문원전(文苑傳)」 참조. 온자승은 기거주 외에도 『영안기(永安記)』 3권을 저술하였다.

206 『위서(魏書)』 권19상, 「종실전(宗室傳)」에, 제음왕(濟陰王) 휘업(暉業)은 제자서(諸子書)와 사서를 널리 읽었고, 강개(慷慨)한 지절(志節)을 갖추고 있었다. 제문양(齊文襄)의 물음에 대답하기를, 여러 차례 이윤(伊尹)과 곽광(霍光)의 열전은 읽었지만, 조조(曹操)와 사마의(司馬懿)의 책은 읽지 않았다고 했다. 휘업은 당시 국운(國運)이 점차 쇠망하여 감을 알고 더 이상 보전(保全)을 도모하지 않았다. 진양(晉陽)에 있을 때에는 누구와도 교왕하지 않았다. 위(魏) 번왕(藩王)의 가세(家世)를 편찬하여 『변종실록』(40권)이라 불렀다.

130권이었다.(釋 : 여기서는 바로 위수가 편찬한 『위서(魏書)』를 설명하고 있다) 위수는 남조의 제(齊)를 헐뜯고, 북위에 대하여는 대부분 공정하지 못하였다. 북조(北朝)는 감싸주고 남조는 몹시 모함하였다. 위수는 자기보다 우월한 사람을 증오하면서 옛날의 나쁜 것만 생각하였고, 명문가로서 비록 덕행이 고상(高尙)하여도 자기와 원한이 있는 사람에 대하여는 나쁜 말만 하고 그의 선행(善行)과 공적을 없애버렸다. 그의 헐뜯는 말은 고조(高祖)·증조(曾祖)세대까지 미쳤다. 책[『魏書』]이 완성된 후 황제에게 올리니 위수에게 명하여 상서성(尙書省)에서 여러 사람들과 그 내용에 대하여 토론하도록 하였다. 앞서거니 뒤서거니 내용의 문제점을 아뢴 사람이 100여 명이나 되었다. 당시 상서령(尙書令) 양준언(楊遵彦)은 황제의 신임을 받는 신하로서 권세를 조야(朝野)에 크게 떨치고 있었는데, 위수는 그의 가문의 전기를 지나치게 미화하여 준 대가로 그의 커다란 비호를 받았다. 『위서(魏書)』의 문제점을 주장한 여러 사람들이 모두 중벌을 받았는데, 어떤 사람은 감옥에서 죽기까지 하였다. 때문에 많은 사람의 원망과 비방이 그치지 않았다. 효소제(孝昭帝) 때 위수에게 명하여 다시 깊이 있게 잘 살피게 한 후 세상에 선포하도록 하였다. 무성제(武成帝)가 일찍이 여러 신하들의 의견을 물으니 『위서』에 기록된 내용이 사실과 다르다고 하자, 다시 명하여 고치도록 하니 바뀌고 고쳐진 것이 매우 많았다. 이때부터 사람들이 『위서』를 경시하여 "더러운 사서[穢史]"라고 불렀다.[207] (釋

207 '선무제(宣武帝) 때 형만(邢巒)에게 명하여 효문제의 기거주를 소급하여~'부터 '사람들이 『위서』를 경시하여 "더러운 사서[穢史]"라고 불렀다'라고 한 내용은 『북제서(北齊書)』 권37, 「위수전(魏收傳)」에 사실과 말 모두가 보인다. 인용한 사람들 즉 형만(邢巒)의 자는 홍빈(洪賓)이고 중서시랑(中書侍郎)·상서(尙書)를 지냈다. 왕준업(王遵業)은 저작좌랑을 지냈고, 온자승(溫子昇)은 「서사(敍事)」편에 보인다. 휘업(暉業)은 위(魏) 제음왕(濟陰王) 신성(新成)의 증손이다. 이상 네 사람은 『위서(魏書)』에 열전이 있다. 조유(刁柔)는 국자박사(國子博士)를 지냈고, 신원식(辛元植)은 사공(司空)·사마(司馬)를 지냈다. 방연우(房延祐)는 통직상시(通直常侍)를 지냈다. 목중양(睦仲讓)은 관질(官秩)이 보이지 않는다. 배앙지(裴昂之)는 국자박사를 지냈고, 고효간(高孝幹)은 상서랑을 지냈다. 이상 여섯 사람은 열전이 없다. 양준언(楊遵彦)은 양음(楊愔)의 자(字)인데, 『북제서』 권34, 「양음전」에, 태원장공주(太原長公主)에게 장가를 갔고, 상

: 이 부분에서 한차례 평론을 더하였다)

수 문제(隋文帝) 개황(開皇 : 581-600) 연간에 이르러 저작랑 위담(魏澹) · 안지추(顔之推) · 신덕원(辛德源) 등에게 명하여 다시 『위서』를 편찬하여 위수의 잘못을 바로 잡게 하였다.[208] 위담은 서위(西魏)를 정통으로 보고, 동위(東魏)를 참위(僭僞)로 보았다. 때문에 문제(文帝) · 공제(恭帝)는 「본기(本紀)」에 열거하고, 효정제(孝靖帝)는 「열전」에 배열하였다. 본기(本紀) · 열전(列傳) · 사론(史論) · 사례(史例) 등을 합하여 모두 92권이었다. 양제(煬帝)는 위담의 책이 아직 부족한 부분이 있다고 여기고, 다시 좌복야(左僕射) 양소(楊素)에게 명하여 따로 『위서(魏書)』를 편찬하게 하고,[209] 학사(學士) 반휘(潘徽) · 저량(褚亮) · 구양순(歐陽詢) 등으로 하여금 그를 돕게 하였다.[210] 양소가 죽자 그 일은 중지되었다. 오늘날 위나라의 사서로서 주로 읽혀지는 것은 여전히 위수가 쓴 『위서(魏書)』이다.(釋 : 여기서 위담(魏澹)의 책을 함

서좌복야(尙書左僕射)를 지내고 개봉왕(開封王)에 봉해졌다고 했다.

208 위담은 「본기(本紀)」편에 보인다. 또 『수서(隋書)』 권58, 「위담전」에, 고조는 위수(魏收)의 책이 포폄에서 사실과 다르고, 평회(平繪)의 『중흥서(中興書)』는 사실의 순서가 맞지 않는다고 하여 위담에게 따로 위사(魏史)를 완성하게 하였다. 위담은 도무제(道武帝)로부터 공제(恭帝)까지 「본기(本紀)」 12권, 「열전(列傳)」 78권과 별도로 사론(史論)과 예(例) 1권, 그리고 목록 1권을 합하여 92권으로 완성하였다. 책이 매우 간요(簡要)하였고, 위수와 평회의 잘못을 크게 바로잡았다. 황제가 보고 칭찬하였다. 안지추는 『북제서』 권45, 「안지추전」에, 자는 개(介)이고, 수(隋) 개황(開皇) 연간에 태자가 불러 학사(學士)로 삼았는데 매우 예를 중히 하여 대우하였다고 했다. 按 : 안지추가 『위서(魏書)』 편찬에 참여했다는 문장이 그의 열전에는 실려 있지 않다. 신덕원은 『수서』 권58, 「신덕원전」에, 자는 효기(孝基)이고, 고조(高祖)가 수선(受禪)하자 임려산(林慮山)에 근거하였다. 비서감 우홍(牛弘)은 신덕원의 재주와 학식이 뛰어남으로 상주(上奏)하여 저작랑 왕소(王劭)와 함께 국사를 편찬하도록 하였다.

209 『수서』 권48, 「양소전」에, 양소의 자는 처도(處道)이고, 고조가 수선(受禪)하고 가상주국(加上柱國)이 되어 월국공(越國公)에 봉해졌다. 대업(大業) 2년(606) 초공(楚公)으로 고쳐 봉해졌다. 문집 10권이 있고, 따로 편찬한 사실은 이하 문장에 보인다.

210 『수서』 권76, 「문학전(文學傳)」에, 반휘(潘徽)의 자는 백언(伯彦)이고 오군(吳郡) 사람이다. 양제(煬帝)가 즉위한 후 반휘와 태상박사(太常博士) 저량(褚亮), 구양순(歐陽詢) 등에게 명하여 월공(越公) 양소(揚素)를 도와 『위서(魏書)』를 편찬하게 하였다. 얼마 후 양소가 죽자 그 일은 그만두었다고 했다. 역주 : 저량의 열전은 『구당서』 권72 · 『신당서』 권102에, 구양순의 열전은 『구당서』 권189상, 「유학전」 상과 『신당서』 권198, 「유학전」 상에 수록되어 있다.

께 설명하고 있지만, 여전히 세상에서는 위수의 『위서』를 높이 여겼다고 끝맺었다)

元魏史, 道武時, 始令鄧淵著國記, 唯(一脫'唯'字)爲十卷, 而條例未成. 暨乎明元, 廢而不述. 神䴥二年,(太武元) 又詔集諸文士崔浩·浩弟覽·高讜(舊作'闇', 誤)·鄧穎·晁繼(一訛'維')·范亨·黃輔等撰國書. 爲三(舊脫'三'字)十卷. 又特命浩總監史任, 務從實錄. 復以中書郎高允·散騎侍郎張偉並參著作, 續成前史('史'字疑衍)書. 敍述國事, 無隱所(一無'所'字)惡, 而刊石寫之, 以示行路. 浩坐此夷三族, 同作死者百二十八人. 自是遂廢史官.(釋: 此述魏史初時事) 至文成帝和平元年, 始復其職, 而以高允典著作, 修國記. 允年已九十, 手目俱衰. 時有校書郎(一有'中'字)劉模, 長於緝綴, 乃令執筆而口占授之. 如是者五六歲. 所成篇卷, 模有力焉.(釋: 此述續修事)

初, 國記自鄧·崔以下, 皆相承作編年體. 至孝文太和十一年, 詔秘書丞李彪·著作郎崔光始分紀傳異科. 宣武時, 命邢巒追撰『孝文起居注』. 旣而崔光·王(舊脫'王'字)遵業補續, 下訖孝明之世, 溫子升復修『孝莊(一訛'武')紀』, 濟陰王暉業撰『辨宗室錄』. 魏史官私(官私, 謂官本·私本) 所撰, 盡於斯矣.(釋: 此述分體撰次等事. 已上皆在魏世)

齊天保二年,(顯祖元) 敕秘書監魏收博採舊聞, 勒成一史. 又命(一作'令')刁柔·辛元植·房延祐·睦(一訛'陸')仲讓·裴昂之·高孝幹等助其編次. 收所取史官, 懼相凌忽, 故刁·辛諸子並乏史才, 唯以仿佛學流, 憑附得進. 於是大徵百家譜狀, 斟酌以成『魏書』. 上自道武, 下終孝靖, 紀·傳與志, 凡百三十卷.(釋: 此正述魏收撰『魏書』) 收諂齊氏, 於魏室多不平. 旣黨北朝, 又厚誣江左. 性憎勝己, 喜念舊惡, 甲門盛德與之有怨者, 莫不被以醜言, 沒其善事. 遷怒所至, 毁及高曾. 書成始奏, 詔收於尙書省與諸家論討. 前後列訴者百有餘人. 時尙書令楊遵彦, 一代貴臣, 勢傾朝野, 收撰其家傳甚美, 是以深被黨援. 諸訟史者皆獲重罰, 或有(一無'有'字)斃於獄中. 群怨謗聲不息. 孝昭世, 敕收更加硏審, 然後宣布於外. 武成(武成, 孝武弟世祖諡也. 王本改作'書成', 非)嘗訪諸群臣, 猶云不實, 又令治改, 其所變易甚多. 由是世薄其書, 號爲"穢史".(釋: 此段加一層評論)

至隋開皇，敕著作郎魏澹與顔之椎·辛德源更撰『魏書』，矯正收失. 澹以西魏爲眞，東魏爲僞，故文·恭列紀，孝靖稱傳. 合紀·傳·論例，總九十二篇. 煬帝以澹書猶未能善，又敕左僕射楊素別撰，學士潘徽·褚亮·歐陽詢等佐之. 會素薨而止. 今世稱魏史者，猶以收本爲主焉.(釋：此帶述魏澹書，而以世尙收書勒住)

按：제14절에서는 『후위서(後魏書)』를 설명하였다. 처음에는 편년체를 사용하여 편찬하였지만 그 후 기전체만을 사용하였다.(第十四節述『後魏書』也. 其初但作編年體，其後專行紀傳書)

유지기[公]는 위수(魏收)의 책에 가장 큰 불만을 가졌기 때문에 일단의 평론을 다시 더하였다. 그러나 이러한 사정을 제시하여 칙명으로 새롭게 고쳐 편찬하기를 바랐다. 여기서는 어느 한 쪽에만 집착하여 보면 안 된다.(公最不滿收書，故加多一段評泊，然亦以托起勅改耳. 本處勿粘看)

2-23

북제(北齊：550-577)의 사서는 후주(後主)[高緯] 천통(天統：565-569)초 태상소경(太常少卿) 조효징(祖孝徵)[211]이 헌무제(獻武帝)[高歡]의 기거주(起居注)를 서

211 효징은 조정(祖珽)의 자(字)이다. 그 사람됨이 음란하고 더러워 부끄러움을 몰랐다. 『북제서』 권39, 「조정전」에, 후주(後主)가 조정을 상서좌복야(尙書左僕射)로 임명하여 감수국사(監修國史)·가특진(加特進)으로 삼았다. 문림관(文林官)에 들어가 편찬을 총감독하였다고 했다. 按：『황초전천록(黃初傳天錄)』은 조정이 처음 기록한 기거실록(起居實錄)의 책명이다. 위 문제(魏文帝)가 수선(受禪)한 것에 비유하여 북제 고조(高祖) 고환(高歡) 즉 헌무(獻武)에게 아부를 한 것이다. 혹 잘못하여 '전(傳)'자(字)로부터 절구(截句)하여 거성(去聲)으로 읽음에 따라 '녹(錄)'을 '녹(祿)'으로 고쳐 연호(年號)가 아닌가 했지만, 당시 실제로 이러한 연호는 없었다.

술하여 이름을 『황초전천록(黃初傳天綠)』이라 하였다. 당시 중서시랑(中書侍郎) 육원규(陸元規)[212]는 항상 문선제(文宣帝)[高洋]의 정벌을 따라다니며 『황제실록(皇帝實錄)』을 지었는데, 다만 싸움에 관한 것만 기록하고 다른 사실은 싣지 않았다. 후주(後主) 무평(武平 : 570-576) 이후 사관(史官) 양휴지(陽休之)·두대경(杜臺卿)·조숭유(祖崇儒)·최자발(崔子發) 등이 계속 기거주(起居注)와 국사(國史)를 편수하였다.[213](釋 : 북제(北齊) 때의 찬술(撰述)을 설명하였다)

북제가 멸망한 후 수나라 비서감 왕소(王劭), 내사령(內史令) 이덕림(李德林)이 모두 젊어서부터 북제[鄴中]에서 벼슬을 지낸 적이 있어서 북제의 고사(故事)를 많이 알고 있었다. 그리하여 왕소는 북제의 기거주(起居注)에 의거하고 다시 널리 다른 자료들을 모아 편년의 형식으로 책을 편찬하고 이름을 『제지(齊志)』라고 하였는데, 16권이었다.[214](原注 : 그 서(序)에는 20권이라고 했는데 지금 세상에 전하는 것은 16권뿐이다) 이덕림은 북제에서 국사 편찬에 참가하여 기전체로 된 사서 27권을 처음으로 편찬하였다.[215] 수

212 이름이 『북제서』 권39, 「조정전(祖珽傳)」에 보인다. 역주 : 『북사(北史)』 권 28, 「육사전(陸俟傳)」에도 육사의 현손(玄孫)으로서 무정(武定 : 543-550) 연간에 상서랑을 지냈다는 사실이 보이고, 『북제서』 권45, 「문원전(文苑傳)」에는 천보(天保 : 550-559) 연간에 이석(李惜)·최첨(崔瞻) 등과 중서(中書)로 있으면서 윤고(綸誥)를 맡았다는 기록이 있지만, 실록의 편찬에 대한 언급은 보이지 않는다.

213 『북제서』 권42, 「양휴지전」에, 휴지의 자는 자열(子烈)이고 북제가 수선(受禪)한 후 산기상시(散騎常侍)에 임명되어 기거주(起居注) 편수를 맡았다. 천통(天統) 초에 광록경(光祿卿)이 되어 국사(國史)를 감수(監修)하였다. 두대경의 이름은 『수서(隋書)』 권42, 「이덕림전(李德林傳)」에 보인다. 구주(舊注)에, 자는 소산(少山)이고 제(齊)의 중서시랑을 지냈다고 했다. 조숭유는 구주(舊注)에, 조정(祖珽)의 족제(族弟)로서 무평(武平) 말에 통직상시(通直常侍)를 지냈다고 했다. 『수서경적지』에 『제기(齊紀)』 30권은 후제(後齊)의 사실을 기록하고 있는데 최자발이 편찬하였다고 했다.

214 왕소의 『제지(齊志)』는 「육가(六家)」편 좌전가(左傳家)에 인용된 책이다. 按 : 16권인데 『신당서예문지』에는 17권으로 되어 있다. 역주 : 『수서(隋書)』 권69, 「왕소전」에는 기전체 사서인 『제서(齊書)』 100권을 편찬하였다고 했는데, 『수서경적지』에는 단지 『제지(齊志)』 10권만을 수록하였다. 『제서』 100권은 완성되지 않았기 때문에 『사통』과 『수서경적지』에 모두 언급하지 않았을 것이라 했다. 趙呂甫, 『史通新校注』, p.759 주)10 참조.

나라 개황(開皇 : 581-600) 초에 이르러 황제의 명에 의해 계속 편찬하여 증보된 제사(齊史) 38권을 조정에 올려 비부(祕府)에 수장하였다.(釋 : 수나라 때에도 계속 편찬되었음을 설명하였다. 왕소(王劭)의 『제지(齊志)』는 이미 완성되었지만, 이덕림의 기전체 사서는 마치지 못했다) 당나라 정관(貞觀 : 627-649)초 이덕림의 아들 중서사인(中書舍人) 이백약(李百藥 : 565-648)[216]에게 명하여 옛 기록에 의거하고 다시 다른 사서들을 널리 수집하여 50권으로 늘려 쓰게 하였다.[217](釋 : 당나라 초에 와서야 기전체 사서가 완성되었다) 오늘날 말하는 북제의 사서는 다만 왕소의 『제지(齊志)』와 이백약의 『북제서(北齊書)』가 있을 뿐이다.(釋 : 북제[高齊]의 편년체, 기전체로 된 사서를 함께 묶었다. ○이 구절과 후주(後周)·수(隋) 관련 두 구절의 사실이 모두 아직 끝나지 않았다)

高齊史, 天統初,(後主緯元) 太常少卿祖孝徵述獻武起居, 名曰『黃初傳天錄』.(或謬改爲'祿') 時中書侍郎陸元規常從文宣征討, 著『皇帝實錄』, 唯記行師, 不載它事. 自武平後,(亦後主元) 史官陽休之·杜臺卿·祖崇儒·崔子發等相繼注記.(釋 : 述齊世撰述)

逮(一作'迄')於齊滅, 隋秘書監王劭·內史令李德林並少仕鄴中, 多識故事. 王乃憑述起居注, 廣以異聞, 造編年書, 號曰『齊志』, 十有六卷.(原注 : 其序云二十卷, 今世間傳者唯十六卷焉) 李在齊預修國史, 創紀傳書二十七卷. 至開皇初,(一有'又'字) 奉詔續撰, 增多齊史三十八篇, 以(舊作'已')上送官, 藏之秘府.(釋 : 述隋時續撰. 王志編年已成, 李書紀傳未竟) 皇家貞觀初, 敕其子中書舍人百藥仍其舊錄, 雜採它書, 演爲五十卷.(釋 : 至唐初紀傳乃成) 今之言齊史者, 唯王·李二家云.(釋 : 高齊史二體並束. ○此節與後周·隋二節, 事皆未了)

---

215 이덕림은 「탐색(探賾)」편 참조.

216 「본기(本紀)」편 이안평(李安平)의 주)18 참조.

217 역주 : 현행본 『북제서』 50권은 「본기」 8권, 「열전」 42권인데, 이백약의 원서(原書)는 북송 때에 이미 상당한 부분이 산일(散佚)되었기 때문에 『북사(北史)』의 기록을 이용하여 보완한 것이다. 이러한 문제점은 조익(趙翼), 『해여총고(陔餘叢考)』 권7, 전대흔(錢大昕), 『이십이사고이(二十二史考異)』 권31 등에서 자세히 분석하고 있다. 趙呂甫, 『史通新校注』, pp.759-760 주)12 참조.

按 : 제15절에서는 북제의 사서를 설명하였다. 당시에는 기전체와 편년체 모두를 사용하였지만, 그 후 왕소(王劭)의 『제지(齊志)』에 이르러 없어졌다.(第十五節述北齊史也. 當時兼有二體, 迨後王志廢矣)

2-24

우문(宇文) 씨가 세운 북주(北周 : 556-581)의 사서는 서위(西魏) 문제(文帝) 대통(大統 : 535-551) 연간에 비서승 유규(柳虯 : 501-554)[218]가 저작(著作)을 겸령(兼領)하면서 사실을 정직하게 기록하고 엄정한 태도를 지켰으며, 기록된 사실마다 반드시 근거가 있었다.[219](釋 : 북주 초기의 사서를 말한다) 수나라 개황(開皇 : 581-600) 연간에 비서감 우홍(牛弘 : 501-554)이 소급하여 『주기(周紀)』 18편을 썼는데,[220] 다만 중대한 사실만을 대략 적고 있어서 기록들이 서로 모순되는 경우가 많았다.[221](釋 : 수나라 때 계속하여 편찬하였다) 당[皇家] 정관(貞觀 : 627-649) 초에 비서승(秘書丞) 영호덕분(令狐德棻 : 583-666), 비서랑 잠문본(岑文本)에게 함께 편집하도록 명하여 『주서(周書)』 50권을 완성하였다.[222](釋 : 당초(唐初)에 이르러서야 북주(北周)의 사서가 완성되었다. 그러나

---

218 『사통』 권11, 제8절(節)을 참조. 또 『주서(周書)』 권38, 「유규전」에, 서위(西魏) 대통(大統) 14년에 비서승이 되어 저작(著作)을 지휘하였다고 했다.

219 역주 : 이 같은 내용에 대하여는 「사관건치(史官建置)」편 주)80 참조.

220 「세가(世家)」편 참조. 역주 : 사서 편찬에 대한 기록은 『수서』 권49, 「우홍전」에 보이지 않고, 『수서경적지』 「사부」 "정사(正史)"에, 주사(周史) 18권, 미완성이다. 이부상서(吏部尙書) 우홍이 편찬하였다고 했다.

221 역주 : 북주의 사서에 대하여는 「잡설(雜說)」 중(中)편 『주서(周書)』조 참조.

222 영호덕분은 「사관건치(史官建置)」편, 제10절(節)에 보인다. 또 후에 상세하게 설명될 것이다. 『구당서』 권70, 「잠문본전」에, 자는 경인(景仁)이고, 발탁되어 중서사인이 되었다. 당시 중서시랑 안사고(顔師古)가 면직되었는데 온언박(溫彦博)이 다시 임용하도록 주청하였다. 태종(太宗)이 말하기를, '내가 직접 한 사람을 천거할 것이니 공은

기전체만 있을 뿐 편년체는 없다)

宇文周史, 大統年有秘書丞柳虯兼領著作, 直辭正色, 事有可稱.(釋 : 周世初著) 至隋開皇中, 秘書監牛弘追撰『周紀』十有八篇, 略述紀綱, 仍皆抵忤.(王本作'抵捂'. 釋 : 隋時續撰) 皇家貞觀初, 敕秘書丞令狐德棻, 秘書郞岑文本共加修緝, 定爲『周書』五十卷.(釋 : 至唐初乃成宇文史. 但有紀傳, 無編年)

按 : 제16절에서는 『후주서(後周書)』를 설명하였다.(第十六節述『後周書』)

2-25

수나라의 사서는 문제(文帝) 개황(開皇 : 581-600)·인수(仁壽 : 601-604) 연간에 왕소(王劭)가 『수서(隋書)』 80권을 썼는데,[223] 비슷한 것끼리 묶고 그에 따라 편목(篇目)을 정하였다. 편년체와 기전체로 된 사서는 없었다. 양제(煬帝) 때에는 단지 왕주(王胄)[224] 등이 편찬한 『대업기거주(大業起居注)』가 있을 뿐이었다. 그러나 양제가 강도(江都)에서 죽임을 당하고 수나라가

걱정하지 마라'고 하였다. 그리하여 잠문본이 중서시랑이 되어 기밀(機密)을 관장하였다. 또 먼저 영호덕분과 함께 주사(周史)를 편찬하였는데 그 사론(史論)의 대부분은 잠문본에게서 비롯되었다. 10년이 지나서야 사서가 완성되었다. 역주 : 『주서(周書)』 50권은 「본기」 8권, 「열전」 42권으로 구성되었는데, 원서(原書)는 북송 때 이미 산일(散佚)된 것이 있었다. 현재 통행되고 있는 『주서』는 후일 『북사(北史)』 등을 참고하여 보완한 것이다. 이 문제는 『사고제요(四庫提要)』 권45, 전대흔(錢大昕), 『이십이사고이(二十二史考異)』 권32 등에서 지적하였다. 趙呂甫, 『史通新校注』, pp.761-762 참조.

223 왕소의 『수서(隋書)』는 즉 「육가(六家)」편의 상서가(尙書家)에 인용된 책으로, 『제지(齊志)』와 체례가 달라 읽는 사람이 잘 가려야 한다.

224 『수서』 권76, 「문학전(文學傳)」에, 왕주의 자는 승기(承其)이며, 대업(大業 : 605-618) 초에 저작좌랑을 지냈다. 『신당서예문지』에 『개황기거주(開皇起居注)』는 보이지만 『대업기거주(大業起居注)』는 보이지 않는다. 흩어져 없어졌기 때문이다.

망하면서 대부분이 흩어져 없어졌다.(釋 : 수나라의 정사(正史)는 본래 편찬된 원고가 없었다)[225] 당[皇家] 정관(貞觀) 초에 중서시랑(中書侍郎) 안사고(顔師古 : 581-645), 급사중(給事中) 공영달(孔穎達 : 574-648)에게 명하여 함께 『수서(隋書)』 55권을 편찬하게 하였는데[226] 새로 편찬된 『주서(周書)』와 더불어 당시 유행되었다.(釋 : 당대에 와서야 비로소 편찬이 완성되었다. 당의 건국은 북주와 수를 거쳐 일어난 것이었기 때문에 북주의 역사에 이어 묶었던 것이다. ○구본(舊本)은 여기서 다음 구절과 이어져 있지만, 잘못이다)

隋史, 當開皇 · 仁壽時, 王劭爲書八十卷, 以類相從, 定其篇目. 至於編年 · 紀傳, 並闕其體. 煬帝世, 唯有王胄等所修『大業起居注』. 及江都之禍, 仍多散逸.(釋 : 隋之正史, 本無撰稿) 皇家貞觀初, 敕中書侍郎顔師古 · 給事中孔穎達共撰成『隋書』五十五卷, 與新撰『周書』並行於時.(釋 : 至唐方經始撰定. 唐業由周 · 隋而起, 故牽連周史東之. ○舊本此處連下, 非)

按 : 제17절(節)에서는 『수서(隋書)』를 설명하였다. 우문씨(宇文氏)[北周]의 사

225 역주 : 이 같은 포기룡의 견해와는 달리 왕적(王績), 「여진숙달서(與陳叔達書)」(『전당문(全唐文)』 권132 所收)와 『신당서(新唐書)』 권196, 「왕적전」에는 수왕조의 관수국사(官修國史)가 이미 양제 즉위 후까지를 쓰고 있다고 했다. 趙呂甫, 『史通新校注』, p.763 주)4 참조.

226 『구당서』 권73, 「안주전(顔籀傳)」에, 안주의 자는 사고(師古)이고, 제(齊) 황문랑(黃門郎) 안지추(顔之推)의 손자이다. 어려서부터 가업(家業)을 전하였다. 고조(高祖) 무덕(武德 : 618-626) 초에 진왕부(秦王府)의 기실(記室)을 지내고 중서사인이 되었다. 「영호덕분전(令狐德棻傳)」에, 고조는 중서사인 안사고에게 명을 내려 수사(隋史)를 편찬하게 하였다고 했다. 「공영달전(孔穎達傳)」에, 영달의 자는 중달(仲達)이고, 특히 『좌씨전(左氏傳)』 · 『정씨상서(鄭氏尚書)』 · 『왕씨역(王氏易)』 · 『모시(毛詩)』 · 『예기(禮記)』 등에 밝았다. 아울러 산술(算術)과 역법(曆法)에도 능하고 문장을 잘 지었다. 태종(太宗)이 즉위하고 국자사업(國子司業)에 임명되었다. 이후 태자우서자(太子右庶子)로서 국자사업을 겸하면서, 위징(魏徵)과 함께 『수서(隋書)』를 편찬하여 완성하였다고 했다. 역주 : 『구당서경적지』와 『신당서예문지』에는 모두 『수서(隋書)』 85권이라 했다. 85권 중 「지(志)」가 30권이고, 「본기」 5권, 「열전」 50권이다. 안사고는 특히 반고의 『한서』에 주(注)를 달았는데 그 해석이 상세하고 분명하여 학자들에게 중시되었다는 평가를 받았고, 공영달은 안사고 등 제유(諸儒)와 황제의 명을 받아 『오경정의(五經正義)』를 편찬하였다.

서에는 본래 편년으로 된 것이 없었다. 수(隋)에 비록 왕소(王劭)의 책이 있었지만 조칙(詔勅) 등을 기록하는 것에 그치고 있어서 기언체(記言體)였지 편년류(編年類)는 아니었다. 때문에 북주(北周)와 수(隋)의 역사를 모두 『수서(隋書)』에 정리하였다.(第十七節述『隋書』也. 宇文周史, 本無編年. 隋雖有王劭書, 止錄詔敕等, 爲記言體, 亦非編年類也. 故二代皆一書歸束)

2-26

처음에 당 태종(唐太宗)은 양(梁)·진(陳) 및 북제(北齊)·북주(北周)·수(隋) 등에 사서가 완비되지 않았다고 생각하고, 학사(學士)들에게 명하여 각기 분담하여 편찬하도록 하였다. 그러한 사실은 앞에서 상세히 서술하였다.('앞에서'란 양(梁)·진(陳) 및 북제(北齊)·북주(北周)에 관한 네 구절에서 언급한 것을 말한다) 여전히 비서감 위징(魏徵 : 579-642)에게 그 일을 총괄하게 하였다.[227] 각 사서의 논찬(論贊)이 있는 경우 대부분 위징이 썼다. 정관(貞觀) 3년(629)에 편찬을 시작하여 정관 18년(644)에 이르러 비로소 완성하였다.[228](原注 : 요사렴(姚思廉)만이 정관 2년에 시작하였으니 다른 사서들보다 1년 더 공을 들였다) 다섯 왕조의 본기와 열전[『五代紀傳』] 및 목록을 합하여 모두 252권이었다.[229] 책이 완성된 후 사각(史閣)[230]에 내려보냈다.(釋 : 이상에서

---

227 역주 : 위징은 태종을 도왔던 간관(諫官)으로 유명하지만, 양사(良史)의 평가를 받기도 하였다. 『구당서』 권71, 「위징전」 참조

228 역주 : 『당회요(唐會要)』 권63, 「사관(史館)상」 "전대수사(前代修史)"에서는 이 책의 완성을 정관 10년(636)이라 하였다.

229 『구당서(舊唐書)』 권73, 「영호덕분전」에, 덕분이 고조(高祖)에게 말하기를, '근대에는 모두 정사(正史)가 없습니다. 양(梁)·진(陳)·북제(北齊)에는 아직 문적(文籍)이 남아 있고, 북주(北周)·수(隋)의 경우 대업(大業) 연간의 상란(喪亂)을 만나 대부분 자료가 유실되었습니다. 그래도 지금은 듣고 볼 수 있는 자료들이 아직 확인될 수 있으나

는 『오대기전(五代紀傳)』의 권목(卷目)을 총괄하였다) 다만 「10지(志)」를 30권의 분량으로 계속 편찬하여 바치려 했지만 결국 완성하지 못했다. 다시 좌복야(左僕射) 우지녕(于志寧), 태사령(太史令) 이순풍(李淳風), 저작랑 위안인(韋安仁), 부새랑(符璽郎) 이연수(李延壽) 등에게 함께 편찬하라고 명하였다. 그들 중 이전에 편찬에 참여했던 사람으로는 오직 영호덕분(令狐德棻)만이 다시 참여하였다. 태종이 죽은 후 비로소 이를 완성하여 간행하였다. 「10지(志)」가 비록 『수서』에 편입되었으나 실제로는 따로 유행(流行)되어 세간에서는 이를 『오대사지(五代史志)』[231]라고 불렀다.(釋 : 여기서는 따로 『오

다시 십여 년이 지나면 아마도 모두 없어질 것입니다. 신은 이들 자료를 모아 편찬할 것을 청합니다'라고 하였다. 고조는 상주한 내용이 옳다고 여기고 조서를 내리기를, '유위(有魏)가 남천(南遷)한 후 기운(機運)을 타고 주(周)·수(隋)가 선대(禪代)하고, 양(梁)·제(齊)·진(陳) 등이 국가를 칭하면서 황실을 세우고, 입언(立言)과 공적의 세움이 부단하게 쏟아져 나왔다. 그러나 사서(史書)가 편찬되지 않은 지가 오래되었다. 짐이 천하를 통할(統轄)하고 전적(典籍)을 세우고자 마음을 두고 찬수(撰修)하고자 하며 선량하고 정직한 신하들에게 그 일을 맡기고자 한다'라고 했다. 정관(貞觀) 3년에 태종이 영호덕분과 잠문본(岑文本)에게 명하여 주사(周史)를 편찬하게 하였고, 이백약(李百藥)에게 제사(齊史)를, 요사렴(姚思廉)에게 양(梁)·진(陳)의 사서를 편찬하도록 하였다. 위징(魏徵)에게 수사(隋史)를 편찬하게 하고 방현령(房玄齡)과 함께 그 작업 전체를 감수(監修)하게 하였다. 영호덕분은 또 상주(上奏)하여 최인사(崔仁師)를 불러들여 주사(周史)의 편찬을 돕게 하였는데, 덕분은 여전히 수사(修史)를 총괄하였다. 「위징전(魏徵傳)」에, 징의 자는 현성(玄成)이다. 처음에 영호덕분 등과 함께 여러 사서를 찬수하였고, 위징은 조서를 받아 전체적인 찬정(撰定)을 맡았다. 『수서(隋書)』의 서론(序論)은 모두 위징이 지은 것이다. 按 : 『수서』는 본래 안사고(顏師古)와 공영달(孔穎達) 등이 함께 편찬한 것이다. 17절(節) 아래 조항의 주(注)에 그 내용 모두가 보인다. 다시 살펴보건대, 송(宋)·제(齊)·북위(北魏)에 관한 세 왕조의 사서는 전대(前代)에 이미 완성되었기 때문에 당(唐)에서는 다섯 사서를 편찬하는데 그쳤다.

230 역주 : 사관(史館)을 가리킨다.

231 『사통』에서는 함께 편찬에 참여한 사람 4인을 열거했다. 신·구 『당서』에는 이러한 사실에 맞는 기록으로, 「이순풍전(李淳風傳)」에는, 태사승(太史丞)이 되어 『오대사(五代史)』의 편찬에 참여하여 「천문지(天文志)」·「율력지(律曆志)」·오행지(五行志)는 모두 이순풍의 저작이라 했다. 「이연수전(李延壽傳)」에는, 숭현관학사(崇賢館學士)에 보임되어 조서를 받아 경파(敬播)와 함께 『오대사지(五代史志)』를 편찬하였다고 했다. 그리고 「우지녕전(于志寧傳)」에는 단지 예(禮)를 편찬하고 수사(修史)의 공으로 상을 받았다고 했을 뿐 어떠한 사서를 편찬하였는지에 대하여는 말하지 않았다. 위안인(韋安仁)은 열전이 없기 때문에 마땅히 『사통』의 말을 증거로 보완한다. 진진손(陳振孫)의 『직재서록해제(直齋書錄解題)』에, 십지(十志)는 고종(高宗) 때에 비로소 완

대지[五代史志]』를 설명하면서 『수서』의 지(志)가 오로지 수(隋)만을 다룬 것이 아니란 것을 밝히고 있다)

初, 太宗以梁·陳及齊·周·隋氏並未有書, 乃命學士分修, 事具於上.(上, 謂梁·陳及齊·周·隋四節所云) 仍使秘書監魏徵總知其務, 凡有贊論, 徵多預焉. 始以貞觀三年創造, 至十八年方就,(原注 : 唯姚思廉貞觀二年起, 功多於諸史一歲) 合爲(一脫'爲'字)五代紀傳, 並目錄凡二百五十二卷. 書成, 下於史閣.(釋 : 已上統括五代紀傳卷目) 唯有十志, 斷爲三十卷, 尋擬續奏, 未有其文. 又詔左僕射於志寧·太史令李淳風·著作郎韋安仁·符璽郎李延壽同撰. 其先撰史人, 唯令狐德棻重預其事. 太宗崩後, 刊勒始成. 其篇第雖編入『隋書』, 其實別行, 俗呼爲『五代史志』.(釋 : 此層另述『五代志』, 明『隋書』之志非專志隋也)

按 : 제18절은 다섯 왕조의 각 사서들을 총괄하는 말이다. 이 다섯 사서에 기재된 사실은 이전에 발생한 것들이지만 사서로 완성된 것은 당(唐)이 흥성하던 때로서 지(志)는 단독으로 함께 기재된 것이고 다섯 왕조를 자세히 살피고 있기 때문에 따로 『오대사지(五代史志)』라고 하여 자세히 설명한 것이다.(第十八節乃總括五代諸書之詞. 此五書事垂往代, 史定熙朝, 志入一家, 典稽五族, 故另詳之)

처음 『구당서』 「직관지」를 보면, 정관(貞觀) 연간에 편찬된 『오대사(五代史)』의 '오대(五代)' 두 글자에 대하여 특별히 의혹을 갖게 된다. 진(晉) 이후 당(唐) 이전까지 단지 남북조에는 각기 네 왕조가 있었을 뿐 '오대(五代)'라는 명칭은 없었다. 이 편을 읽고 나서 다시 영호덕분(令狐德棻) 등

성되었다. 위로 양(梁)·진(陳)·제(齊)·주(周)의 사실을 총괄하고 있어서 세상에서는 이를 『오대지(五代志)』라 불렀다고 했다. 按 : 진진손은 『사통』에 근거하여 해석을 한 것이다. 정초(鄭樵 : 자, 夾漈)의 『통지략(通志略)』도 역시 그렇다. 역주 : 『당회요』 권63, 「사관(史館)」 상 "전대수사(前代修史)"에서는 『오대사지』의 완성을 고종 현경(顯慶) 원년(656)의 일로 기록하였다. 오대(五代)란 남조의 양(梁)·진(陳) 및 북제(北齊)·북주(北周)·수(隋) 등 다섯 왕조를 가리킨다.

의 열전을 검토하면 비로소 분명해진다. 원래 당시에는 모두 8사(史)가 있었는데, 다만 남조의 양(梁)·진(陳)과 북조의 제(齊)·주(周)·수(隋)의 사서가 당대(唐代)에 편찬되었다. 때문에 '오대사'라고 한 것이다. 선어(禪語)에 이르기를 "정월 15일 원소절(元宵節) 즉 상원절(上元節)은 속칭 정월반(正月半)이라고 한다"라고 했다. 따라서 자신의 일생 동안 눈으로만 보았지 마음을 두지 않은 곳이 얼마나 되는지도 모르고 다만 앉아 미끄러지듯 책장을 넘길 뿐이라고 스스로 웃게 된다.(初閱『舊書職官志』, 貞觀年修『五代史』, '五代'二字殊鶻突. 晉後唐前, 唯有南北各四朝, 無五代之名也. 及閱是篇, 翻檢令狐德棻等傳, 乃始爽然. 蓋其時八史, 唯南之梁·陳, 北之齊·周·隋是唐修故也. 禪語有云"上元卽是正月半", 因自笑平生經眼不經心處不知凡幾, 只坐翻書溜滑耳)

2-27

대당(大唐)이 천명(天命)을 받아 천하를 다스리면서 수 공제(隋恭帝) 의녕(義寧 : 617-618)·당 고조(唐高祖) 무덕(武德 : 618-626) 연간에 공부상서(工部尙書) 온대아(溫大雅)가 가장 먼저 『창업기거주(創業起居注)』 3편을 편찬하였다.[232] 이때부터 사공(司空) 방현령(房玄齡 : 578-648), 급사중(給事中) 허경종(許敬宗 : 592-672), 저작좌랑 경파(敬播 : ?-663)가 차례대로 편년체의 사서를 짓고[233] 그것을 『실록』[234]이라 칭하였다. 세 황제에 대하여는 대대로 계속

232 『구당서(舊唐書)』 권61, 「온대아전」에, 대아의 자는 언홍(彦弘)이고 태원(太原)사람이다. 무덕(武德) 원년, 황문시랑을 역임하였고, 『창업기거주』 3권을 썼다고 했다. 조공무(晁公武)의 『군재독서지(郡齋讀書志)』에, 『대당창업기거주(大唐創業起居注)』 3권, 고조(高祖)가 처음 봉기하였을 때부터 수(隋)로부터 수선(受禪)할 때까지의 용사(用師)·부참(符讖)·수명(受命)·전책(典冊) 등을 기록하였다고 했다.

233 『구당서』 권66, 「방현령전」에, 방교(房喬)의 자는 현령(玄齡)이다.(역주 : 일설에 의하

실록이 편찬되었다.[235] (釋 : 본왕조[唐]의 국사를 설명하면서 기전체와 편년체를 모두 설명하고 있다. ○이상에서는 편년체로 된 책을 다루었다)

정관(貞觀) 초 요사렴(姚思廉)이 비로소 기전체(紀傳體) 사서를 편찬하여 대충 30권을 완성하였다. 고종(高宗) 현경(顯慶) 원년(656)에 이르러 태위(太尉) 장손무기(長孫無忌)와 우지녕(于志寧)·영호덕분(令狐德棻) 그리고 저작랑 유윤지(劉胤之)·양인경(楊仁卿), 기거랑 고윤(顧胤) 등이 이전 저작에 의거하고 이후의 사실들을 연결하여 다시 50권으로 하였다.[236] 비록 번잡하

면 이름이 현령, 자가 교(喬)라고도 한다) 진왕부(秦王府)에 있으면서 전적(典籍)과 기록을 관장하였다. 정관(貞觀) 4년, 장손무기를 이어 상서좌복야(尙書左僕射)로서 국사(國史)를 감수(監修)하였다. 허경종과 경파에 관한 사실은 「사관건치(史官建置)」편의 제9절(節)에 보인다. 또 『구당서』 권189상, 「유학열전(儒學列傳)」 상, 「경파전」에, 허경종과 함께 『고조실록』·『태종실록』을 편찬하였는데, 창업(創業)한 이래 정관 14년까지로서 40권이다. 후에 다시 계속 편찬한 『태종실록』은 정관 15년부터 23년까지로서 20권이라고 했다. 역주 : 경파는 이외에도 『수략(隋略)』 20권을 지었다.

234 역주 : 『당육전(唐六典)』 권9, 「사관(史館)」에, 사관(史官)은 국사의 편찬을 관장하는데, 아름다움을 근거 없이 칭송하지 않고 악함을 숨기지 않으며 사실을 직서(直書)한다. 무릇 천지와 일월의 상서(祥瑞)와 산천과 봉역(封域)의 구획, 소목(昭穆)과 계대(繼代)의 순서, 예악과 군대의 행사, 주상(誅賞)과 폐흥(廢興)의 정사(政事)는 모두 기거주(起居注)에 근본하여 『실록』이 되고, 연후에 편년의 체례를 세워 포폄한다. 끝난 뒤 관부에 이를 소장한다고 했다. 고사손(高似孫), 『사략(史略)』 권2에도, 『실록』은 사서(史書)의 기초이고, 사서에 수록한 내용도 실록이 없으면 필삭(筆削)할 것이 없다고 하였다. 『수서경적지』에 보이는 가장 오래된 실록은 양(梁) 주흥사(周興嗣) 등이 편찬한 『양황제실록(梁皇帝實錄)』 3권이며, 현존하는 가장 오래된 실록은 한유(韓愈)의 『순종실록(順宗實錄)』이다.

235 역주 : 세 황제란 고조·태종·고종을 말하는데, 앞에서 유지기는 『고조실록』과 『태종실록』에 대하여는 언급하면서도 고종의 실록에 대하여는 언급이 없다. 『구당서경적지』 「사부」에, 『고종실록』 30권, 허경종이 편찬하였다고 했다.

236 신·구 『당서』의 「요사렴전」에는 국사를 편찬한 사실이 빠져 있다. 장손무기·우지녕·영호덕분 세 사람의 열전에는 감수국사(監修國史)를 지낸 사실이 뒤섞여 있다. 『구당서』 권190상, 「문원전(文苑傳)」 「유윤지전(劉胤之傳)」에, 영휘(永徽) 연간에 다른 관직을 역임하다가 저작랑이 되어 영호덕분·양인경 등과 함께 국사를 찬성(撰成)하였고, 양성현남(陽城縣男)에 봉해졌다. 그의 종손이 바로 유지기(劉知幾)라고 했다. 양인경은 열전이 없다. 『구당서』 권73, 「고윤전(顧胤傳)」에, 무덕(武德)·정관(貞觀) 두 시기의 국사 80권을 완성하였고, 조산대부(加朝散大夫)로 가관(加官)되었다. 按 : 신·구 『당서』에는 모두 국사(國史)라고 적고 있지만 혹은 전체를 말하고 혹은 기전(紀傳)만을 말하지만 그 책이 전하지 않는다. 『사통』의 이러한 기록들을 사보(史補)

다고 이르기는 하나 그 중에는 볼만한 것이 있다.(釋 : 이상에서는 기전체 사서로 된 책을 다루었다) 고종 용삭(龍朔 : 661-663) 연간에 허경종이 태자소사(太子少師)로서 국사편찬의 임무[史任]를 총지휘하여 이전의 저작을 증수(增修)하고 이를 합쳐 100권으로 만들었다. 예컨대 『고종본기』와 고종 영휘(永徽 : 650-655) 연간의 「명신열전(名臣列傳)」·「사이열전(四夷列傳)」 등은 대부분 그가 쓴 것이다. 또한 「10 지(志)」를 기초(起草)하였지만 절반도 완성 못하고 죽었다. 허경종이 쓴 본기와 열전은 당시 시류[時旨]에 왜곡되게 영합하거나 혹은 개인적인 감정으로 함부로 왜곡하여 칭찬과 비판 대부분은 실록(實錄)이 아니었다.[237] 허경종을 위수(魏收)와 비교한다면 한(漢)의 장형(張衡 : 78-139)을 채옹(蔡邕 : 132-192)에 비교하는 것과 같다.[238] 그 후 좌사(左史) 이인실(李仁實)[239]이 우지녕·허경종·이의부(李義府) 등의 열전을 계속 편찬하였는데 기록된 말과 글이 직필(直筆)로 칭찬 받았다. 그의 수명이 짧아 작업을 끝내지 못한 것이 아깝다. 장수(長壽 : 692-694) 연간(무후(武后) 9년)에 춘관시랑(春官侍郎) 우봉급(牛鳳及)[240]이 고조 무덕(武德 : 618-626) 연간부터 고종 홍도(弘道)(683) 연간까지를 기록한 『당서(唐書)』 110권을 편찬하였다. 우봉급은 벙어리와 장님처럼 아무런 능력이 없는 인물인데도 오히려 경솔하게 한 시대의 국사를 맡았다. 그가 편찬하여 기록

로 삼거나 사주(史注)로도 삼을 수 있겠다. 역주 : 『당회요(唐會要)』 권63, 「사관(史館)」 상, "수국사(修國史)"에는 81권이라 하였다. 이는 요사렴이 편찬한 30권과 장손무기 등이 새롭게 편찬한 50권을 더하고 목록 1권을 포함한 권수를 말하는 것이다.

237 역주 : 『구당서』 권82, 「허경종전」 참조.

238 『상운소설(商芸小說)』(역주 : 양(梁) 은예(殷藝)의 『소설(小說)』을 가리킨다)에, 장형(張衡)이 죽던 날 채옹의 어머니가 잉태하였다. 두 사람의 재주와 용모가 비슷하여 사람들은 채옹이 장형의 후신(後身)이라 했다. 按 : 『사통』의 이 말은 대체로 반어(反語)로서 상황을 설명한 것이다. 후한의 영제(靈帝)가 시중(侍中) 양기(楊奇)에게 묻기를 '짐을 환제(桓帝)와 비교하면 어떤가' 하자, 양기가 대답하기를 '폐하를 환제에 비교하는 것은 우순(虞舜)을 당요(唐堯)의 덕과 비교하는 것과 같습니다'라고 한 의미와 서로 비슷하다.

239 「사관건치(史官建置)」편 제9절(節)에 보인다. 역주 : 그에 대한 열전이 『구당서』 권73에 수록되어 있다.

240 열전이 없다. 「사관건치」편 제9절을 참조.

한 내용이 모두 개인들이 기록한 행장(行狀)에 근거하고 있기 때문에 사람들에 관한 사실을 서술함에 있어서 높은 관점으로 멀리 보는 견해가 거의 없었다.(사가의 관점과 멀어짐을 말한다) 그가 사가(私家)의 기록을 이용하여 기록한 내용도 어떤 것은 비흥(比興)[241]의 수법과 같아 그 말이 모두 시가(詩歌)의 유(類)였고, 어떤 것은 말이 대부분 비루하고 소박하여 실제 공문[文案]과 같았다.(이 구절은 모두 사가(私家)의 행장(行狀)에 서술된 것을 말한다) 그런데도 모두 편입시키면서 조금도 바르게 고치지 않았다. 그 중 어떤 내용은 우봉급 스스로 쓴 것인데, 자신의 생각을 자기 서술방법을 사용하였으므로 그 이야기가 비루하고 황당하여 비웃음을 받았고, 사실의 서술은 앞뒤가 뒤섞이고 모순이 많았다. 때문에 그 내용을 읽어보면 볼만한 것이 없고, 문장을 펼쳐보면 그렇게 쓴 까닭을 알 수 없었다. 그리고는 요사렴 · 허경종이 지은 사서들을 모두 거두어들이고 자기의 책만 홀로 세상에 유행하도록 하였다. 이때부터 당[皇家]의 옛 사적(事迹)들이 빠지고 없어져 전하는 것이 거의 없다.(釋 : 이 긴 문단 중에는 세 층면으로 설명되어 있다. 허경종은 함부로 왜곡하여 모함하였고, 이인실은 직필이었지만 수명이 짧았고, 우봉급은 속되고 난잡하였다고 했는데, 이는 모두 다시 편찬해야 하는 연유(緣由)를 설명한 것이다)

장안(長安 : 701-705) 연간(무후 18년), 나[劉知幾]와 정간대부(正諫大夫) 주경칙(朱敬則), 사봉낭중(司封郎中) 서견(徐堅), 좌습유(左拾遺) 오긍(吳兢)이 황제의 명을 받들어 다시 『당서(唐書)』를 편찬하여 80권으로 완성하였다.[242](釋 :

---

241 역주 : 유협(劉勰), 『문심조룡(文心雕龍)』 「비흥(比興)」편에, 사물과의 접촉을 통해 정서가 발생하기 때문에 '흥(興)'을 이용하는 수법이 성립되며, 비유를 통해서 사물의 이치를 드러낼 수 있기 때문에 '비(比)'의 수법이 만들어지는 것이다. '비'란 격분의 감정을 품은 채로 잘못을 지적하는 것이고, '흥'이란 완곡한 비유를 사용하여 그것에 숨겨진 의도를 의탁하는 것이다. 일반적으로 시간의 추이에 따라 감정과 생각은 변화하게 마련이니, 시인들이 지향하는 표현수법에는 항상 그 두 가지가 함께 포함되어 있었다고 했다.

242 이 세 사람은 모두 「자서(自敍)」편에 보인다. 여기서 『당서』 80권, 『측천실록(則天實錄)』 30권을 편찬하였다고 한 것은 「유지기전(劉知幾傳)」을 참고로 보완할 수 있다.

이는 바로 다시 편찬한 사실을 설명한 것이고, 80권은 기전체이다) 중종(中宗) 신룡(神龍) 원년(705)에 또 서견과 오긍 등이 다시 『측천실록(則天實錄)』을 편수하여 30권으로 만들었다.(釋 : 이 30권은 편년체이다) 무릇 옛 사서의 잘못이 마치 실타래처럼 어지럽고, 이리저리 엉킨[錯綜] 내용을 풀기 어려워 1년이 지나서야 정리할 수 있었다. 비록 언어는 선택할만한 것이 없고 사실이 많이 빠진 것이 유감이지만 장래에 개정(改訂)할 경우 이에 의거할 수 있을 것이다.(釋 : 기전체와 편년체 모두를 다루고 있다. ○구본(舊本)에는 다음 구절과 이어져 있지만 잘못이다)

惟大唐之受命也, 義寧(隋恭帝元) · 武德(唐高祖元)間, 工部尙書溫大雅首撰『創業起居注』三篇. 自是司空房玄齡 · 給事中許敬宗 · 著作佐郎敬播相次立(一作'相與自立')編年體, 號爲“實錄”. 迄乎三帝, 世有其書.(釋 : 述本朝國史, 二體並陳. 已上爲編年起本. ○已上爲編年起本)

貞觀初, 姚思廉始撰紀傳, 粗成三十卷. 至顯慶(高宗改元)元年, 太尉長孫無忌與于志寧 · 令狐德棻,著作郎劉胤之,楊仁卿 · 起居郎顧胤等, 因其舊作,(一作'書') 綴以後事, 復爲五十卷. 雖云繁雜, 時有可觀.(釋 : 已上爲紀傳起本) 龍朔(亦高宗元)中, 敬宗又以太子少師.(一作'卿', 誤) 總統史任, 更增前作, 混成百卷. 如『高宗本紀』及永徽(高宗初元)名臣 · 四夷等傳, 多是其所造. 又起草十志, 未半而終. 敬宗所作紀傳, 或曲希時旨, 或猥飾(一作'釋')私憾, 凡有毁譽, 多非實錄. 必方諸魏伯起, 亦猶張衡之蔡邕焉. 其後左史李仁實續撰『于志寧』·『許敬宗』·『李義府』等傳, 載言記事, 見推直筆. 惜其短歲,(一作'世') 功業未終. 至長壽中,(武后九年) 春官侍郞牛鳳及又斷自武德, 終於弘道,(高宗末元) 撰爲『唐書』百有十卷. 鳳及以暗聾

按 : 숭문총목(崇文總目)』에, 오긍이 당사(唐史)를 편찬하였는데, 창업으로부터 개원(開元) 연간까지 모두 110권이다. 위술(韋述)은 이 책에 근거하여 다시 필삭(筆削)을 더하였다고 했다. 이는 바로 80과 30이라는 수를 서로 합한 것이다. 그러나 『숭문총목』에서 110권이라 한 것은 기전과 편년을 구분한 것이 아니고 오로지 오긍이 편찬한 것만을 말하는 것이므로, 모두 이곳의 본문과 서로 참고가 될만한 증거가 될 수 있다.

不才，而輒議一代大典，凡所撰錄，皆素責私家行狀，而世人敍事(謂家狀)罕能自遠.(謂遠於俗. 一作'達'，非) 或言皆比興，全類咏歌；或語多鄙朴，實同文案，(四語皆謂家狀所敍) 而總入編次，了無厘革. 其有出自胸臆，申其機抒，發言則嗤鄙怪誕，敍事則參差倒錯. 故閱其篇第，豈謂可觀；披其章句，不識所以. 旣而悉收姚·許諸本，(繳去之也) 欲使其書獨行. 由是皇家舊事，殘缺殆盡.(釋：此一長段中具三層：許飾而誣，李直而年促，牛冗俗而亂. 總以推出重撰緣由也)

長安中，(武后十八年) 余與正諫大夫朱敬則·司封郎中徐堅·左拾遺吳兢，奉詔更撰『唐書』，勒成八十卷.(釋：此正敍重撰事. 八十卷是紀傳體) 神龍元年，又與堅(一無'堅'字)·兢等重修『則天實錄』，編爲三(或作'二')十卷.(釋：此三十卷是編年體) 夫舊史之壞，其亂如繩，錯綜艱難，期月方畢. 雖言無可擇，事多遺恨，庶將來削稿，猶有憑焉.(釋：二體並攝. ○舊本連下節，非)

按：제19절에서는 본조(本朝)[唐]의 국사(國史)를 설명하면서 사관(史官)이 직접 수찬(修撰)한 것으로 끝마쳤다.(第十九節述本朝國史，而當職手撰者終之)

모름지기 알아야 할 것은 80권과 30권이라 말하는 것은 바로 예컨대 왕은(王隱)의 『진서(晉書)』，간보(干寶)의 『진기(晉紀)』，산겸지(山謙之)·배송지(裴松之)의 『송사(宋史)』 등의 초고본(草稿本)으로서 모두 후일 사국(史局)에서 수사(修史)할 때 저본(底本)으로 이용한 것이지, 완성된 책이 아니다. 수찬(修撰)을 마친 책이 유행하면 본래의 저본들은 결국 산일(散佚)된다. 이왕의 시대가 모두 그러했다. 비평하는 사람들이 말하기를 유지기는 단지 다른 사람을 비난하는 것을 좋아할 뿐 스스로 책을 저술한 것은 드물다고 했는데 이는 억울한 것이 아니겠는가?(須知所云八十卷·三十卷者，正如王隱之『晉書』，干寶之『晉紀』，山謙之·裴松之之『宋史』，草創起本，爲後來史局之稿底耳，非完書也. 修本旣行，其書遂佚，往代皆然. 說者乃謂知幾善譏訶，鮮撰著，不亦寃乎?)

고금정사에 관한 설명은 여기에서 마친다.(敍古今正史畢)

2-28

무릇 자고(自古) 이래로 사신(史臣)들의 정사(正史) 편찬의 개요는 이상과 같다. 언사를 교묘히 연결하고 사물를 비교하여 포폄하면서[屬詞比事][243] 그 사건이 일어난 달에 맞추어 해[年]를 기록하는 것은 사가[史氏]의 근본이며, 세상 사람들이 역사를 알게 되는 길은 대체로 모두 여기에 있다. 그 나머지 편기(偏記)·소설(小說) 따위는 여기서 상세히 논할 겨를이 없다.(**釋**: 이 두 문구를 가지고 '정사(正史)' 두 글자의 의미를 분명히 하였다)

大抵自古史臣撰錄, 其梗概如此. 蓋屬詞比事, 以月繫年, 爲史氏之根本, 作生人之耳目者, 略盡於斯矣. 自餘偏(一訛作'編')記·小說, 則不暇具而論之.(**釋**: 得此二句, 繳得'正史'二字碧淸)

按: 제20절은 「고금정사(古今正史)」편 전체를 총괄하였다.(第二十節乃通篇總結)

이 편을 읽을 때에는 반드시 「이체(二體)」편의 여러 내용과 함께 읽어야 한다.(讀此篇須將「二體」篇處處印合)

『사통』이란 책은 모두 의론체(議論體)로 되어 있는데, 「사관건치(史官建置)」·「고금정사」편 두 편만이 서사체(敍事體)에 속한다. 서술된 것을 보면, 『사기(史記)』·『한서(漢書)』 이하 모두 서전(序傳)의 원문을 인용하였고, 양(梁)·진(陳) 이후는 모두 견문(見聞)을 들어 설명한 것이다. 책 전체에서 사서를 말하면서 어찌 사조(史曹)를 자세히 살피지 않겠는가? 전체 사서

---

243 역주: 『예기』「경해(經解)」편에, 공자가 말하기를, "그 나라에 들어가 보면 그 가르침을 알 수가 있다. …… 언사를 교묘히 연결하고 사물을 비교하여 포폄함[屬辭比事]은 『춘추』의 가르침이다. …… 『춘추』의 가르침을 잘 배우지 못한 자는 상규를 잃어 어지럽고 사특하게 된다. …… 언사를 교묘히 연결하고 사물을 비교하여 포폄하면서도 난사(亂邪)하지 않으면 이는 『춘추』의 가르침을 깊이 이해하여 몸에 체득한 자이다"라고 했다.

를 평론하면서 어떻게 사부(史部)를 한데 모아 정리하지 않겠는가? 의론(議論)·서사(敍事) 둘은 모름지기 함께 해야 쓸모가 있다. 이 두 편이 비록 「외편(外篇)」의 가장 뛰어난 부분[壓卷]이지만 실제로는 「내편(內篇)」의 총괄이다. 『사통』의 정본(正本)은 여기에서 끝난다.(『史通』一書皆議論體, 獨「史官」·「正史」二篇屬敘事體. 觀其所述, 自『史』·『漢』而下, 悉援序傳原文. 至梁·陳以還, 咸擧見聞所接. 全書談史, 安可不辨史曹? 全史就評, 安可不綜史部? 議論·敍事, 相須爲用. 是二篇者, 雖「外篇」之壓卷, 實「內篇」之括囊. 『史通』正本已盡於是)

『사통통석』 권13

「의고(疑古)」 제3

구주(舊注)에는 11조(條) 혹은 12조라고 했지만, 지금은 삭제하였다.[舊注十一條, 或作十二條, 今刊去]

이 편에서는 유가의 주요 경전인 『상서(尙書)』에 담긴 고사(古史) 가운데 사실과 다르다고 의심되는 사례를 지적하였다. 고대의 사서는 말을 기록하는 것을 중시하였으므로 사실에 대한 기록이 소략(疏略)하였다. 때문에 후세의 사람들이 당시의 역사적 진상을 제대로 이해하기에 어려움이 많았다. 따라서 유지기는 이 「의고」편에서 사학의 관점으로 『상서』와 『논어』에서 미화한 상고시대의 인사(人事)에 대하여 10가지의 의문점을 구체적으로 제기하였던 것이다. 유지기는 특히 공자이래 유가에 의해 미화된 요(堯)·순(舜)·우(禹)·탕(湯) 등 고대 제왕의 사적(事迹)에 대해 회의(懷疑)하고, 『춘추』와 마찬가지로 『상서』가 지닌 현자(賢者)와 본국(本國)에 불리한 사실을 숨기고 기록하지 않은 일, 자신의 애증에 따라 사실을 평가하는 일, 사실에 대한 언사가 너무 간략하여 그 자세한 사정을 알기 어려운 일 등에 대하여 매우 강하게 비판하였다. 유지기가 열거한 사례들은 특히 유가가 굳게 믿었던 고대 제왕과 성현의 품덕(品德)과 그에 기반한 선양(禪讓)과 관련한 사실이었다. 물론 유지기가 이러한 사실을 통하여 그 사실의 배경에 담긴 보다 정치적인 문제점들을 파악하는 수준에까지 이르지는 못하였지만, 사학의 관점에서 역사적 진실을 강조하면서 그의 일관된 주장인 '직서(直書)' · '실록(實錄)' 등을 주장하고, 왜곡이나 은휘(隱諱)를 반대하면서 유가 경전인 『상서』에 대하여 과감한 의문을 제기한 점은 경(經) · 사(史) 모두에 있어서 매우 중요한 의미를 갖는다.

3-1

대개 고대의 사관(史官)은 둘로 구분된다. 하나는 말[言]을 기록하는 것이고, 다른 하나는 사실[事]을 기록하는 것이었다.[1] 그리고 옛 사람들은 말을 배우는 것을 으뜸으로 하였다.(釋 : 기사(記事)는 기언(記言)에 의탁한다는 것으로 논의를 시작했다) 우(虞) · 하(夏)의 「전(典)」,[2] 상(商) · 주(周)의 「고(誥)」[3]와 함께 중훼(仲虺) · 주임(周任)의 말,[4] 사일(史佚) · 장문(臧文)의 이야기들

1 역주 : 『한서예문지』 「육예략(六藝略)」 "춘추"에, 옛날 왕자(王者)에게는 대대로 사관(史官)이 있어 군주가 행하는 일을 반드시 기록하였는데, 언행을 삼가고, 법식을 밝히기 위한 까닭이었다. 좌사(左史)는 말을 기록하고, 우사(右史)는 사실을 기록하였다. 사실을 기록한 것을 『춘추』라 하고, 말을 기록한 것을 『상서』라고 하였다고 했다.

2 역주 : 『상서』의 「우서(虞書)」와 「하서(夏書)」를 가리킨다. 『위고문상서(僞古文尚書)』에는 「우서」에 「요전(堯典)」 · 「순전(舜典)」 · 「대우모(大禹謨)」 · 「고요모(皐陶謨)」 · 「익직(益稷)」편이, 「하서」에 「우공(禹貢)」 · 「감서(甘誓)」 · 「오자지가(五子之歌)」 · 「윤정(胤征)」편이 수록되어 있다. 우(虞)는 순(舜)을 가리킨다. 하(夏)는 우(禹)를 가리킨다.

3 역주 : 『위고문상서』의 「상서(商書)」와 「주서(周書)」에 「중훼지고(仲虺之誥)」 · 「탕고(湯誥)」 · 「대고(大誥)」 · 「강고(康誥)」 · 「주고(酒誥)」 · 「소고(召誥)」 · 「낙고(洛誥)」 · 「강왕지고(康王之誥)」 등이 보인다.

4 역주 : 중훼는 이윤(伊尹)과 함께 탕(湯)의 고굉지신(股肱之臣)으로 좌상(左相)이었다고 한다. 「중훼지고」는 탕이 하의 걸을 내쫓는 이유를 상세히 논한 것이다. 주임은 『좌전』 은공(隱公) 6년(B.C. 717)의 기록과 『논어』 「계씨(季氏)」편에 보인다. 주대(周代)의 양사(良史)로 알려져 있다.

이,[5](이는 모두 말[言]이다) 제후들에게 정책을 말하거나[游談], 각지에 파견되어 임기응변으로 대처할 경우[專對], 혹은 조정에 대책을 올리거나[獻策], 상서(上書)할 때, 그 단서(端緖)로 인용하거나 확실한 기준으로 삼지 않는 경우가 없었다.(말은 사람들이 대부분 익혀 알았다) 그러나 사실[事]의 경우에는 그렇지 않았다. 예컨대 소호(少昊)가 새 이름을 관명(官名)으로 했던 사실,[6] 도당씨(陶唐氏)가 용(龍)을 부리던 재능으로 관직을 얻은 사실,[7] 또 하

---

5 역주 : 사일은 「변직(辨職)」편 · 「사관건치(史官建置)」편의 주(注) 참조. 장문은 노(魯)나라 대부 장문중(臧文仲)을 말한다. 그의 말이 『좌전』 장공(莊公) 11년(B.C. 683), 희공(僖公) 20년(B.C. 640), 문공(文公) 17년(B.C. 610) 등의 기록에 보인다.

6 이 내용은 「서지(書志)」편에 보인다. 또 『죽서기년(竹書紀年)』에, 소호(少昊)가 제위에 오르자 봉황(鳳凰)의 상서(祥瑞)가 있었다. 혹자가 말하기를, 명청(名淸)이 제위에 머물러 있지 않고 조사(鳥師)를 거느리고 서방(西方)에 있으면서 새의 이름으로 관명을 정했다고 했다. 按 : 명청(名淸)은 상고(上古)의 사람 이름이다. 역주 : 『좌전』 소공(昭公) 17년(B.C. 525)에, 가을에 담(郯)나라 군주[郯子]가 노나라에 찾아왔으므로 소공이 그에게 연회를 열어주었다. 그 자리에서 소자(昭子)가 묻기를, '소호씨(少皞氏)의 시대에 새 이름으로써 관명을 삼은 것은 무슨 까닭입니까 라고 하자, 담자가 말하기를 나의 조상이시니 내가 그 일을 알고 있소. 옛날 황제씨(黃帝氏)는 구름의 서기(瑞氣)를 타고 태어나 그것으로 기강을 세워 운사(雲師)가 되어 구름의 이름으로 관명을 삼았으며, 염제씨(炎帝氏)는 불의 서기를 타고 태어나 그것으로 기강을 세워 화사(火師)가 되어 불의 이름으로 관명을 삼았다. …… 나의 선조인 소호지(少皞摯)께서는 임금이 되시니 봉조(鳳鳥)가 날아왔다. 그러므로 새를 수호신으로 삼아 조사(鳥師)가 되어 새의 이름으로 관명으로 삼았던 것입니다. 봉조씨(鳳鳥氏)는 역(曆)을 주관하는 장(長)이었고, 현조씨(玄鳥氏)는 춘분과 추분의 시기를 구별하는 일을 맡았고' …… 운운(云云)" 하였다.

7 『사기』 권2, 「하본기(夏本紀)」에, 제(帝) 공갑(孔甲)이 즉위하여 귀신 섬기는 일을 좋아하였다. 하늘에서 용 두 마리가 내려왔는데 암수[雌雄]가 있었다. 공갑이 음식을 먹을 수가 없었다. 도당(陶唐)의 후예로 유루(劉累)가 있었는데 용을 움직이는 것을 환룡씨(豢龍氏)에게 배워 공갑을 섬겼다. 공갑이 성을 하사하여 어룡씨(御龍氏)라 하였다. 시위(豕韋)의 후계자가 되었다. 역주 : 이러한 내용이 『좌전』에는 다음과 같이 기록되어 있다. 『좌전』 소공(昭公) 29년(B.C. 513)에, (채묵(蔡墨)이 위헌자(魏獻子)에게 말하기를) 하왕조 공갑(孔甲)의 시대에 이르러 상제(上帝)에게 잘 보여서 상제가 그에게 네 마리 용[乘龍]을 주었고, 황하와 한수(漢水)에 각각 두 마리씩을 두었는데 두 곳에 모두 암놈과 수놈이 있었습니다. 공갑은 그 용을 먹여 기를 수가 없었으므로 용을 기를 수 있는 환룡씨(豢龍氏) 사람을 구하였지만 얻지 못했습니다. 그때 도당씨(陶唐氏)가 다스리던 땅은 이미 쇠퇴해 있었습니다. 뒤에 유루(劉累)라는 사람이 있어 용 길들이는 법을 환룡씨에게 배워서 공갑을 섬겨 그 용들을 먹여 기를 수 있었습니다. 하후(夏后)는 그를 좋아하여 씨(氏)를 하사하고 어룡(御龍)이라 부르고 시

(夏)가 쇠약한 이후 권력을 찬탈한 후예(后羿)와 한착(寒浞)이 출현한 사실,[8] 제(齊)나라가 처음 건국되었을 때의 국군(國君)으로 백릉(伯陵)과 포고(蒲姑)가 있었던 사실[9] 등이 그것이다.(이는 모두 사실[事]이다) 위에서 이야기 한 이들 사실은 모두 제후를 봉하고 대부의 벼슬을 준 것[開國承家][10]에 관한 남다른 특별한 소문[異聞]이고 기이한 사실들인데도 후세의 학자들은 그 이야기를 전하는 사람이 거의 없다. 다만 박식한 군자(君子)가 혹 그 중 일부 사실을 대충 알뿐이었다. 이를 통해 사실을 기록한 사서는 유행하지 않았고, 말을 기록한 책이 중시되었음을 분명히 알 수 있다.(釋 : 의고(疑古)에 있어서의 '회의[疑]'는 그 회의가 모두 사실[事]에 있었다. 때문에 말은 상세하게 사실은 생략함으로 전체 국면을 이끌었다)

蓋古之史氏, 區分有二焉 : 一曰記言, 二曰記事. 而古人所學, 以言爲首.(釋 : 以記事託記言, 發端起議) 至若虞·夏之典, 商·周之誥, 仲虺·周任之言, 史佚·臧文之說,(此皆言也) 凡有游談·專對·獻策·上書者, 莫不

위(豕韋)의 후계자를 대신하게 하였습니다고 했다.

8 두 사실이 모두 『좌전』 양공(襄公) 4년(B.C. 569)의 기록에 보인다. 또 『죽서기년』에, 제(帝) 태강(太康)이 짐심(斟鄩)에 있을 때 낙(洛) 부근에서 사냥하였다. 예(羿)가 짐심에 들어왔다. 제(帝) 중강(仲康) 7년에 세자(世子) 상(相)이 상구(商丘)에 나가 거주하였다. 제(帝) 상(相) 8년에 한착(寒浞)이 예(羿)를 죽였다. 9년에 상(相)은 짐관(斟灌)에 거주하였다. 26년에 한착이 그 아들 요(澆)로 하여금 짐관을 멸하게 하였다. 27년에 짐심을 정벌하여 멸망시켰다. 28년에 제(帝)를 시해하였다. 후(后) 민(緡)이 유잉(有仍)으로 돌아오자 백미(伯靡)가 격(鬲)으로 달아났다. 세자 소강(少康)이 병인(丙寅)년에 태어났다. 을유(乙酉)에, 소강이 우(虞)로 달아났다. 갑신(甲辰)에 소강이 여애(女艾)를 시켜 요(澆)를 죽였다. 을사(乙巳)에, 백미가 한착을 죽였고, 소강이 하읍(夏邑)으로 돌아왔다고 했다.

9 『좌전』 소공(昭公) 20년(B.C. 522)에, 제후(齊侯)가 사냥에서 돌아오자 안자(晏子)가 천대(遄臺)에서 모시고 있었다. 안자가 말하기를, 옛날 상구씨(爽鳩氏)가 비로소 이 땅을 차지하여 살았고, 계즉씨(季萴氏)가 그 뒤를 이어받았고, 봉백릉(逢伯陵)이 이어받았고, 포고씨(蒲姑氏)가 이어받았으며, 그런 뒤에 태공(太公)이 이어받았다고 하였다. 역주 : 봉백릉과 포고씨는 모두 은대(殷代)의 제후였다고 전해진다.

10 역주 : 『역(易)』 「사괘(師卦)」의 상육(上六)의 효사(爻辭)에 보인다. 천자의 명령이 있다. 제후를 봉하고[開國], 대부의 벼슬을 준다[承家]. 소인(小人)을 써서는 안 된다고 했다.

引爲端緒, 歸其的準.(言則世多習知) 其干事也則不然. 至(一作'乃')若少昊之以鳥名官, 陶唐之(舊有'以'字)御龍拜職. 夏氏之中衰也, 其資有後羿·寒浞 : 齊邦之始建也, 其君有蒲姑·伯陵.(此皆事也) 斯並開國承家, 異聞奇事, 而後世學者, 罕傳其說. 唯夫博物君子, 或粗知其一隅.(事而少僻, 則聞者希矣) 此則記事之史不行, 而記言之書見重, 斷可知矣.(釋 : 疑古之疑, 疑皆在事, 故以言詳事略領局也)

3-2

좌구명(左丘明)이 『좌전(左傳)』을 지음에 있어서 비록 『춘추(春秋)』 경(經)의 대의를 해석하였지만 경문(經文)과 관계없는 사실들을 섞음으로써[11] 양한(兩漢)의 유자(儒者)들은 『좌전』을 원수처럼 미워하였다.[12] 때문에 한대(漢代)에는 『공양전』과 『곡량전』이 크게 유행하여 세상에 명망이 높았다.(釋 : 두 전(傳)에는 말을 해석한 것이 많다) 또 공자의 제자들이 저록(著錄)한 것으로서 『논어(論語)』는 오로지 공자의 말을 저술하였고,[13] 『공자가어(孔

---

11 역주 : 『좌전』이 『춘추』의 뜻을 해석한 것인가의 여부에 대하여는 주지하다시피 이론(異論)이 분분하다. 진한장(陳漢章)은 『사통보석(史通補釋)』에서 「의고(疑古)」편의 저작의도는 유지기가 당초(唐初) 군신(君臣)·부자(父子)·형제(兄弟) 사이의 도덕적 해이를 지적하기 위해 옛 사실에 가탁한 것이라 하였고, 포기룡과 전대흔(錢大昕) 역시 당시 사국(史局)에 대한 불만과 선대(禪代)를 둘러싼 문제를 지적한 것이라 해석하였다. 이러한 견해에 대한 평가는 程千帆, 『史通箋記』, pp.259-261 참조.

12 역주 : 『후한서』 권36, 「범승전(范升傳)」에, 범승은 『좌전』의 잘못된 사실 열네 가지를 열거하여 상주(上奏)하였고, 『사기』가 『좌전』을 많이 인용한 것을 비판하여 5경의 뜻과 어긋나고 공자의 말과 다르다고 비판하였다. 『후한서』 권36, 「가규전(賈逵傳)」에, 가규가 상주하여 이르기를, 제유(諸儒)가 좌구명을 원수를 대하듯 공격하였다고 했다.

13 역주 : 『한서예문지』 「육예략」 "『논어』"에, "『논어』라는 것은 공자가 제자들과 당시

子家語)』는 말과 함께 약간의 사실을 겸하여 기록하였다.[14] 그러나 예로부터 학자들이 대대로 전한 것은 『논어』뿐이다. 이러한 사실은 옛 사람들이 사실의 기록을 경시하고 말의 기록을 중시하였음을 말하는 분명한 효험이다.(釋 : 또 『좌전』과 『논어』로 그러한 사실을 증명하였다) 따라서 당요(唐堯)로부터 진 목공(秦穆公)까지 『상서』에 기록된 것은 단지 100편(篇)이 있을 뿐이다.[15] 그러나 『상서』에 기재된 것은 말이 중심이었다. 나라의 흥폐(興廢)와 관련한 사실은 전혀 기록되지 않았다. 없어지거나 생략된 것을 어찌 말로 다 할 수 있겠는가.(釋 : 『상서』가 말을 기록하고 사실을 생략하였다는 것이 이 편의 주요내용이다) 때문에 후세 사람들이 당[堯] · 우[舜] 이하 제왕의 사적을 분명하게 알기가 어렵다고 말한 것이다.[16](釋 : 이 편이 이 문단에 이르러 일단락된 것은 그 의도가 전체적으로 악을 피하기 위하여 복선(伏線)을 남겨 두는 것이었다)

及左氏之爲傳也, 雖義釋本經, 而語雜它事. 遂使兩漢儒者, 嫉之若

사람들에게 응답하고, 또 제자들이 서로 더불어 말하고, 부자(夫子)에게 직접 들은 말이다"라고 하였다.

14 역주 : 유지기는 『공자가어』가 왕숙(王肅)의 위작(僞作)임을 몰랐던 것 같다. 때문에 「육가(六家)」편 "상서가(尙書家)"에서는 『공자가어』를 『세설신어』와 성격이 비슷한 책으로 보았고, 여기서는 『논어』와 대비하고 있다.

15 역주 : 『상서』에 요(堯)의 말을 기록한 「요전(堯典)」을 첫머리에 배열하고, 마지막에 진 목공의 말을 기록한 「태서(泰誓)」를 배열한 것을 가리킨다. 그리고 『사기』 권47, 「공자세가(孔子世家)」에, 공자의 시대에는 주(周) 왕실이 쇠퇴해져 예악은 폐지되었고, 『시』와 『서』가 흩어졌다. 이에 공자는 삼대(三代)의 예를 추적하여 서전(書傳)의 순서를 정하되, 위로는 요순[唐虞]의 시대부터, 아래로는 진 목공(秦穆公)에 이르기까지 그 사적을 순서에 따라 정리하였다고 했다. 또 『한서예문지』 「육예략」 "서(書)"에, 따라서 서(書)의 기원한 바는 멀다. 공자가 이것을 편찬함에 이르러 위로는 요(堯)에서 비롯하여 아래로는 진(秦)에 이르기까지 무릇 100편에 이르며, 서(序)를 지어 그 지은 뜻을 말하였다고 했다.

16 역주 : 『한서』 권62, 「사마천전(司馬遷傳)」의 찬(贊)에, 자고로 서계(書契)가 만들어진 이래 사관(史官)들이 있게 되었고, 그 기록이 방대하였다. 후에 공자가 그것을 편찬하여 위로는 당요(唐堯)로부터 시작하여 아래로는 진 목공(秦穆公)에 그쳤다. 당우(唐虞) 이전은 비록 남겨진 글이 있지만 그 언사가 법도에 맞지 않았다. 그러므로 황제(黃帝)와 전욱(顓頊)의 사실에 관해서는 분명히 말할 수 없다고 했다.

仇. 故二傳大行,(二傳釋言爲多) 擅名於(一作'後')世. 又孔門之著錄(一作'述')也,『論語』專述言辭,『家語』兼陳事業. 而自古學徒相授, 唯稱『論語』而已. 由斯而談, 並古人輕事重言之明效也.(釋 : 又以『左氏』·『論語』證之) 然則上起唐堯, 下終秦穆, 其『書』所錄, 唯有百篇. 而『書』之所載, 以言爲主. 至於廢興行事, 萬不記一. 語其缺略, 可勝道哉!(釋 : 落到『尙書』記言略事, 是篇主) 故令後人有言, 唐·虞以下帝王之事, 未易明也.(釋 : 篇局至此截, 其意總爲諱惡伏根)

3-3

살펴보건대 『논어』에, "군자는 사람의 아름다움을 이루고, 사람의 악한 것을 이루지 아니한다"[17]고 했고, "이룬 일은 말하는 것이 아니며(原注 : 이미 해버린 일을 다시 해설(解說)할 수는 없다), 마침내 끝맺은 일이라면 간(諫)하는 것이 아니며(原注 : 이미 지나간 일을 다시 간(諫)할 수는 없다), 이미 지나간 일은 탓하지 않는 것이니라(原注 : 지나간 일을 다시 나무라서는 안 된다)"[18]고 했다. 또 "백성을 이치에 따르게 할 수는 있으나, 그 이치를 모두 이해시킬 수는 없다.[19](原注 : '유(由)'는 사역(使役)한다는 의미이다. 백성은 다

17 역주 : 『논어』 「안연(顔淵)」편에, 공자가 말하기를, '군자는 사람의 아름다움을 이루고, 사람의 악한 것을 이루지 아니하는데, 소인은 이와는 반대이다'라고 하였다.

18 역주 : 『논어』 「팔일(八佾)」편에, 애공(哀公)이 재아(宰我)에게 사(社)에 관해서 물으시니, 재아가 대답하기를, '하후씨(夏后氏)는 소나무로써 하고, 은나라 사람은 잣나무로써 하고, 주나라 사람은 밤나무로써 하였으니, 말하자면 백성으로 하여금 두려워하게 한 것입니다'라고 했다. 공자께서 듣고 말하기를, '이루어진 일은 말하는 것이 아니고, 마침내 끝맺은 일은 간(諫)하는 것이 아니며, 이미 지나간 일은 탓하지 않는 것이니라' 하였다.

19 역주 : 『논어』 「태백(泰伯)」편에 나오는 문장이다.

만 사역하면 되는 것이지 왜 사역을 하는지를 알게 해서는 안 된다. 여기서 인용한 네 구절의 경전 문구는 그 주석이 모두 선유(先儒)의 해석을 그대로 옮긴 것이다)"고 했다. 성인이 도덕규범을 세워 사람을 가르칠 때 한 말이 이와 같았다. (釋 : 경전의 내용을 인용하여 꺼리고 싫어하는 바의 발단으로 삼았다) 사서(史書)에 기재된 내용의 뜻도 역시 그러하였다. 때문에 미덕(美德)을 갖춘 사람은 그 좋은 점 때문에 더욱 칭찬을 받으며, 비록 그에게 잘못이 있다고 해도 비난하지 않았다. 죄악을 저지른 사람은 그 죄로 인하여 사람들에게 미움을 받으며, 비록 좋은 점이 있다고 하더라도 사람들은 그를 칭찬하지 않았다. 때문에 맹자는 일찍이 "요(堯)·순(舜)은 이미 사람들이 자신들에게 내린 각종 칭찬과 영예를 다 감당하기가 어려웠고, 걸(桀)·주(紂) 또한 사람들이 자신들에게 내린 비난을 어찌할 수 없었다"라고 했고, 위 문제(魏文帝)는 즉위식이 끝난 후 이르길, "나는 순(舜)과 우(禹)의 선양에 관한 사실을 이제 내가 알겠노라"라고 했으며, 한 경제(漢景帝)는, "학자들이 성탕(成湯)과 무왕(武王)의 수명(受命)을 논하지 않는다고 해서 그들이 어리석다고 생각하지 않는다"라고 하였다.[20] 이러한 사실들은 예전의 현인(賢人)들이 뛰어난 견식으로 경서나 사서에 기재된 내용이 반드시 바른 것이 아니란 것을 이미 깨닫고 있음을 말해준다. 예법에 구속되고, 스승의 가르침을 반드시 따라야 한다는 이유 때문에 비록 입으로는 말을 할 수 없지만, 마음속으로는 그것이 불가함을 알고 있는 사람 역시 많았다.

20 맹자의 말은 『풍속통의(風俗通義)』 「정실(正失)」편에 보이는데, "요(堯)·순(舜)은 이미 사람들이 자신들에게 내린 각종 칭찬과 영예를 다 감당하기가 어려웠고, 걸(桀)·주(紂) 또한 사람들이 자신들에게 내린 비난을 어찌할 수 없었다. 전하고 있는 말이 본래의 뜻과 다르고 상황이 원래의 모습을 잃었다"라고 했다. 위 문제(魏文帝)의 말은 『삼국지』 권2, 「위지」 「문제기」 배송지의 주(注)에 인용된 『위춘추(魏春秋)』와 앞의 「사관건치(史官建置)」편에서 이미 인용하였다. 한 경제(漢景帝)의 말은 『사기』 권121, 「유림열전」 「원고생전(轅固生傳)」에, "고기를 먹으면서 말[馬]의 간(肝)을 먹지 않는다고 해서 맛을 모른다고 할 수 없고, 학자들이 성탕(成湯)과 무왕(武王)의 수명(受命)을 말하지 않는다고 해서 어리석다고 생각하지 않는다"라고 했다. 역주 : 현행본 『맹자』에는 이상의 맹자의 말이 보이지 않는다.

(釋 : 여기에서는 사실을 생략한 이유를 들어 그 뜻이 꺼리고 싫어하는데 있었다고 했고, 본서(本序)를 쓰게 된 뜻이기도 하다)

案『論語』曰 : "君子成人之美, 不成人之惡." 又曰 : "成事不說,(原注 : 事已成, 不可復解說) 遂事不諫,(原注 : 事已遂, 不可復諫止) 旣往不咎."(原注 : 事已往, 不可復追咎) 又曰 : "民可使由之, 不可使知之."(原注 : 由, 用也. 可用而不可使知者, 百姓日用而不能知. 自此引經四處, 注皆全寫, 先儒所釋也) 夫聖人立教, 其言若是. 在於史籍, 其義亦然. 是以美者因其美而(一作'以')美之, 雖有其惡, 不加(一作'之', 下同)毁也; 惡者因其惡而惡之, 雖有其美, 不加譽也. 故孟子曰 : "堯 · 舜不勝其美, 桀 · 紂不勝其惡."魏文帝曰 : "舜 · 禹之事, 吾知之矣."漢景帝曰 : "言(舊脫'言'字)學者無(一作'不')言湯 · 武受命, 不爲愚." 斯並曩賢精鑑, 已有先覺. 而拘於禮法, 限以師訓, 雖口不能言, 而心知其不可者, 蓋亦多矣.(釋 : 至此落出略事之故, 意在諱惡, 是本序立言之指)

3-4

또 살펴보건대 노나라 사관들은 『춘추』를 편찬하면서 나라밖의 현자(賢者)나 본국의 명예와 관련하여 불리한 사실은 크거나 작거나를 막론하고 모두 숨기고 기록하지 않았다[隱諱].[21] 이는 본래 주공(周公)이 제시한

21 역주 : 두예(杜預), 『춘추좌씨전』 서(序)(『문선』 권45 所收)에, (공자가 지은 『춘추』의 글에는) 이미 지난 일을 드러내 밝히고, 앞으로의 일을 고찰하여 후인들로 하여금 지난 일을 거울삼도록 한 것이다. 성인의 생각을 글에 드러냈으니, 말이 고상하면 뜻이 심원해지고 글이 간략하면 뜻이 은미해지는 것은 필연의 이치여서 절로 그렇게 된 것이지 일부러 숨긴 것이 아니다. 성인은 환난(患難)을 염려하여 자신을 철저히 보호하였으니, 『춘추』를 저작한 뒤에 다시 숨겨서 환난을 피하였다는 말은 듣지 못하였다고 했다.

격언(格言)이었다.[22] 그러나 어찌 『춘추』만 이러했겠는가? 육경(六經)의 기록 역시 모두 이와 같았다. 공자가 편찬한 『상서』를 보면, 성탕(成湯)이 하의 걸(傑)을 멸하고 하나라 정권을 넘겨받고, 주(周)나라 무왕(武王)이 은의 주(紂)를 토벌하여 멸망시킨 사실은 사람들이 모두 잘 알고 있는데도 이러한 내용을 삭제하고 싣지 않았다.(原注 : 이 일은 「주서(周書)」에 나온다. 「주서(周書)」는 공자가 『상서』를 편찬하고 난 뒤 남은 자료로 편찬한 책이다.[23] ○이상의 구절에 「의고(疑古)」편의 대의가 보인다) 공자가 정한 예(禮)를 보면,[24](釋 : 예를 정했다고 함은 즉 『춘추』를 편찬한 사실을 말한다. 『춘추』를 『주례(周禮)』의 구법(舊法)으로 여겼기 때문에 그렇게 말한 것이다) 노나라 은공(隱公 : B.C. 722-712 재위)과 민공(閔公 : B.C. 661-660 재위)은 적자(賊子)에게 살해되었으며,[25] 악(惡)과 시(視)도 각기 살해당하였다.[26] 그런데도 공자는 "노나라에는 군주를 시해하고 정권을 탈취한 자가 없었다"[27]고 분명하게 쓰고 있다. 그리

---

22 역주 : 『삼국지』 권12, 「위서」 「최염전(崔琰傳)」에, 태조가 병주(幷州)를 정벌하러 가면서 최염을 업성(鄴城)에 머물게 하여 문제(文帝)를 보좌하게 하였는데, 문제는 변장을 하고는 온통 사냥하는 데만 마음을 두고 있었다. 이에 최염이 글을 써서 간하기를, 사냥에 빠지는 것을 『상서』에서는 그치도록 경계하였고, 노 은공(魯隱公)이 당(棠)에 가서 고기 잡는 것을 구경한 사실에 대하여 『춘추』가 비난하였다. 이는 주공(周公)과 공자의 사리에 적당하여 본보기가 될 만한 말[格言]이고, 『상서』와 『춘추』의 명백한 도리라고 하였다.

23 역주 : 『한서예문지』 「육예략」 "서(書)"에, 『주서(周書)』 71편, 주(周)나라의 사기(史記)라고 하였다. 이 책은 주왕조의 고(誥) · 서(誓) · 호령(號令) 등을 기록한 것으로 『상서』 100편 이외의 것으로 『일주서(逸周書)』 또는 『급총주서(汲冢周書)』라고도 한다. 당대의 안사고(顏師古)는 전하는 것이 45편이라 하였다.

24 역주 : 공안국(孔安國), 『상서』 서(序)(『문선』 권45 所收) 참조.

25 『좌전』 은공(隱公) 11년(B.C. 712)에, 우보(羽父)가 환공(桓公)을 죽이자고 청하자 은공이 장차 그에게 자리를 물려주려고 한다고 말했다. 우보가 두려워 오히려 환공에게 은공을 모략하여 그를 시해할 것을 요청하였다. 11월에 우보가 도적을 시켜 위씨(寪氏) 집에서 은공을 시해하고 환공을 세웠다고 했다. 민공(閔公) 2년(B.C. 660)에, 일찍이 민공의 스승이 복기(卜齮)의 전지(田地)를 빼앗았는데 공이 막지 않았다. 가을 8월에 공중(共仲)이 복기에게 공을 무위(武闈)에서 해치게 하였다. 성계(成季)는 희공(僖公)을 데리고 주(邾)나라로 갔다가 공중이 거(莒)나라로 달아나니 곧 나라로 들어와 희공을 군주로 세웠다고 했다.

26 앞의 「편차(編次)」편과 다음의 「혹경(惑經)」편에 보인다.

고 공자가 편찬한 『시경』 「국풍(國風)」에는 어느 제후국을 막론하고 모두 집정자(執政者)들을 풍자하고 원망한 노래가 들어 있는데, 노나라의 경우만 그러한 내용이 들어 있지 않다.(原注 : 노의 국군(國君)들에게 많은 음벽(淫僻)한 일들이 있었는데 풍자의 시편(詩篇)이 정말 없었겠는가. 아마도 공자가 이들 자료를 빼버리고 기재하지 않았을 것이다) 공자의 『논어』를 보면, 노의 군주가 오(吳)나라의 여자를 아내로 맞았는데, 노와 오(吳)나라는 모두 희(姬)성으로서 이는 예법에 맞지 않는 행위였다. 신하 진사패(陳司敗)가 공자에게 "국군(國君)이 이같이 하는 것이 과연 예(禮)를 안다고 할 수 있는가?"라고 물었다. 그러나 공자는 뜻밖에 "예를 아는 행위"라고 대답하였다고 했다.[28](釋 : 정례(定禮)에 대한 세 항목은 다른 경(經)을 인용하여 증거로 하였다) 이러한 사실들은 세상 사람들 중에는 그들의 지혜를 이용하여 다른 사람을 우롱하고, 자신이 애증에 따라 사실을 평가하는 경우가 많았음을 증명하는 것이다.(釋 : 이 두 구절의 전체적인 뜻은 여러 경(經)에는 모두 휘사(諱詞)가 있고, 곧 세사(世史)에는 사실과 다르게 과장되게 꾸민 것이 많다는 것은 의심할 바 없다고 말한다. 후에 설명하고 있는 근고(近古)의 간웅인 환현(桓玄)과 사마씨(司馬氏) 등을 은휘한 것이 그것이다. '세인(世人)'을 '성인(聖人)'으로 쓴 것은 크게 잘못된 것이다) 게다가 옛 사람의 사실에 대한 서술을 보면 언사(言詞)가 매우 간략하여(釋 : 『상서』에 관한 설명이다) 미루어 짐작하려 하나 그 자세한 사정을 알기 어려우며, 없어지거나 누락된 것을 보완할 수가 없었다. 따라서 후세의 학자들로 하여금 사실의 근원을 탐구할 방법이 없게 하고, 사실이 모호하여 제대로 살피지도 못하게 함으로써 그들을 마치 귀머거리와 장님처럼 만들어버린다. 때문에 나는 지금부터 의심할만한 사실 열 가지를 살펴 하나씩 열거하고자 한다.

又案魯史之有『春秋』也, 外爲賢者, 內爲本國, 事靡洪纖, 動皆隱諱.

27 역주 : 『예기』 「명당위(明堂位)」편에 보이는 구절이다.

28 역주 : 이상의 사실은 모두 『논어』 「술이(述而)」편에 보인다. 이 말의 끝 부분에 소공(昭公)이 예를 안다고 한 자신의 대답에 대하여 공자는 그 잘못을 인정하고 있다.

斯乃周公之格言. 然何必『春秋』, 在於『六經』. 亦皆如此. 故觀夫子之刊『書』也, 夏桀讓湯, 武王斬紂, 其事甚著, 而芟夷不存.(原注: 此事出『周書』. 案『周書』是孔子刪『尙書』之餘, 以成其錄也. ○釋: 此五句見「疑古」大意) 觀夫子之定禮也,(定禮卽修『春秋』也. 以『春秋』爲周札舊法, 故云然) 隱·閔非命, 惡·視不終, 而奮筆昌言, 云"魯無篡弒". 觀夫子之刪『詩』也, 凡諸(舊作'語', 誤)『國風』, 皆有怨刺, 在於魯國, 獨無其章.(原注: 魯多淫僻, 豈無刺詩, 蓋夫子刪去而不錄) 觀夫子之『論語』也, 君娶於吳, 是謂同姓, 而司敗發問, 對以"知禮".(釋: 定禮三項, 用他經陪證之) 斯驗世(郭作'世', 別作'聖')人之飾智矜愚, 愛憎由已者多矣.(釋: 此二句總繳, 言諸經皆有諱詞, 則世史飾詐益無疑矣. 隱對後條近古奸雄桓玄, 司馬等. 意諸本作'聖人'者, 大非) 加以古文載事, 其詞簡約,(釋: 專歸到『尙書』) 推者難詳,(一作'該') 缺漏無補. 遂令後來學者莫究其源, 蒙然靡察, 有如聾瞽. 今故訐(一作'評')其疑事, 以著於篇. 凡有十條, 列之於後.

按: 이는 「의고(疑古)」편의 서(序)로써 10조(條)에는 포함되지 않는다. '고(古)'자는 오로지 『상서(尙書)』를 가리키고, '의(疑)'자라고 해설한 것을 유지기는 즉 옛 사람들이 말한 은회(隱晦)하여 드러내지 않게 된 원인으로 귀결하였다. 유지기의 '의고(疑古)' 10조를 통관(通觀)하면 분명하게 고대 성현을 배척하면서 그들이 당연히 해야 할 말을 하지 않은 점을 비난하였다. 그러나 이 책을 읽을 때는 마땅히 그 의미를 가려 논하여야 한다. 추론해야 할 부분이 있다면 나는 감히 그 점을 분명히 하고자 한다.(此「疑古」之序也, 不入條數. '古'字專指『尙書』, 其爲'疑'字解說, 則託言於古文隱諱. 通觀十條, 顯斥古聖, 罪無辭矣. 然讀書尙論其意, 有可推者, 敢一雪之)

유지기가 보기에 근고(近古)에는 왕망(王莽)으로부터 화(禍)가 비롯되어 당도(當塗)[魏]·전오(典午)[晉], 남조에는 유(劉)[宋]·소(蕭)[齊]·진(陳), 북조에는 제(齊)·주(周)·양견(楊堅)[隋] 등 각 조대(朝代)마다 비슷하게 모두 강제로 찬탈한 것을 속여 추앙한다는 거짓 문장으로 꾸몄다. 비록 이당(李唐) 왕조에 이르러 분연히 포악함을 제거하였지만 여전히 대저(代邸)를 옹호하면서 선양한다는 조서를 분식(粉飾)하였다. 그 이유는 첫째, 마땅히 옛 관례를 존중한다는 것이요, 둘째, 일체 이전의 규범과 제도에 의거한다는 것으로, 경전의 내용을 인용하여 책(冊)을 작성하여 옛 장정(章程)과 똑같이 하기 위한 것이다. 주벌(誅伐)이 가져올 좋지 않은 성망(聲望)을 피하기 위하여 추앙하여 양보하였다고 속여 죄악의 흔적을 가렸다. 필요한 모든 구실(口實)은 도(陶)·요(姚)의 말을 근거로 하였다. 그리하여 옛 제왕의 진실한 모습이 가려져 분명치가 않았다. 5, 6백 년 동안 이와 같았다. 작자[劉知幾]는 이를 두렵게 생각하고 급총서(汲冢書)의 내용을 빌려 공자의 집 벽 속에서 나온 『상서(尙書)』에 질의(質疑)하였다. 왕조가 교체되는 시기에는 모두 구석(九錫)을 받는 것으로 시작하여 점차 제위에 오르는 한 판의 유희(遊戱)를 벌렸다. 그 의미는 대개 비록 고대 성왕(聖王)의 행위라 할지라도 역시 모두 의심과 비난을 받을만한 곳이 있음을 말하는 것이다. 그렇다면 찬역(簒逆)을 주벌(誅伐)하는 일은 또한 누구를 속일 수 있겠는가? 표면에 있는 많은 말을 빙자함으로 결국 자신을 숨길 수 있는 곳조차 없어졌다. 유지기가 방지(防止)하고자 한 사실이 대개 여기에 있었던 것이다. 유지기를 용인(容忍)하지 못하는 사람들은 학술을 갖추지 못하고 글로써 뜻을 해롭게 하고, 제멋대로 행동하고 제멋대로 의론하면서 간사(奸邪)함을 밝힌다고 헛된 생각을 하였으니 얼마나 거리가 먼가? 어리석게 헤아리지 않고 그 본래의 의미를 궁구(窮究)하여 이상과 같이 해석하였다.(知幾眼見近古自新莽始禍, 以及當塗·典午, 南則劉·蕭·陳氏, 北則齊·周·楊堅, 累朝踐代, 類以攘竊之詐, 佹爲推挹之文. 雖逮李唐, 奮戈除暴, 猶必擁代邸, 粉飾禪書. 一則曰宜遵故事, 再則曰一依前典, 引經作冊, 居然舊章. 諱誅伐爲惡聲, 掩揖讓而護迹. 凡資口實, 率附陶·姚. 於是古帝前王, 靑天白日氣象, 塵昏霧塞, 五六百年於此矣. 作者恫焉, 假號汲墳之荒簡, 反兵孔壁之遺編. 所傷在二姓改玉之交, 所影皆九錫升壇之套. 其意蓋曰古聖且蒙疑謗, 此事誰容售欺, 憑伊借面有辭, 至竟隱形無地耳. 其所提防, 蓋在於此. 叵柰知幾者, 不學無術, 以文害志, 恣行橫議, 妄冀昭奸, 何其遼哉! 不揣檮昧, 頗推其本意而釋之如左)

3-5

「우서(虞書)」에서는 방훈(放勳)[堯]을 크게 찬미하여, "지고(至高)의 덕을 발휘하였다"[29]고 하였고, 한대 육가(陸賈)의 『신어(新語)』에서는 또 "요·순시대의 사람들은 집집마다 모두 봉(封)해지는 상을 받았다"[30]고 했다. 이 말은 모두 『상서』「요전(堯典)」의 문장에 의거하여 만들어낸 기이한 이야기였다. 살펴보건대 『춘추좌씨전』에 이르기를, 고양(高揚) 씨와 고신(高辛) 씨는 각기 모두 재주 있는 아들이 여덟 명이 있었는데 이들을 각각 '팔원(八元)'·'팔개(八凱)'라 했다. 이들 열여섯 명의 후예들은 대대로 선행을 행하였다고 칭찬되었고, 그들의 이름을 잊지 않고 요(堯)의 시대까지 전하였다. 그러나 요는 오히려 그들을 임용하지 못하였다. 제홍씨(帝鴻氏)·소호씨(少昊氏)·전욱씨(顓頊氏) 등은 각기 재덕을 갖추지 못한 아들이 있었다. 그들은 각각 혼돈(混沌)·궁기(窮奇)·도올(檮杌)이라 불렀다. 이들 세 명의 후예들을 세상 사람들은 모두 못된 짓을 일삼는다고 욕하였고, 그들의 악명을 더하여 요의 시대까지 전하였다. 그러나 요는 오히려 그들을 배제(排除)하지 못하였다. 진운(縉雲) 씨에게는 재덕이 없는 자식이 있었는데 세상에서는 그를 도철(饕餮)이라 불렀다. 그의 후예를 앞의 세 사람의 후예[三族]와 합하여 사흉(四凶)이라 칭하였다.[31] 그런데도 요

29 역주 : 「우서」는 금·고문 『상서』「요전(堯典)」편을 가리킨다. 「요전」편에, 옛 제요(帝堯)에 대하여 상고(詳考)하면 이름은 방훈(放勳)이라 하였다. 공손하고 밝고 의젓하고 신중하여 평온하게 느끼게 했다. 진실로 공손하고 겸양하여 빛이 사방에 미치어 위로는 하늘, 아래로는 땅이 감동하였다. 지고(至高)의 덕을 밝혀 구족(九族)을 친화케 하였다[克明俊德, 以親九族]고 했다. '방훈'을 요의 이름[名]이라고도 하고, 호(號)라고도 한다.

30 『신어(新語)』「무위(無爲)」편에, 요·순시대에는 집집마다 (제후로) 봉해지는 상을 받았고, 걸(桀)·주(紂)시대에는 집집마다 죽음을 당하는 사람이 있었다. 교화(敎化)가 그렇게 한 것이라 했다. 역주 : 『논형(論衡)』「예증(藝增)」편에도 같은 내용이 보인다.

31 이상 '팔원'·'팔개'·'사흉' 등에 대하여는 『좌전』 문공(文公) 18년(B.C. 609)에 그 대략의 내용이 보인다. 혼돈(渾沌)의 '돈(沌)'을 『좌전』에서는 '돈(敦)'이라 썼지만, 발음

는 역시 그들을 처벌하지 못하였다. 이는 곧 요의 시대에는 소인(小人)과 군자(君子)가 나란히 함께 생활함으로써 선악이 구별되지 않았고, 현명함과 어리석음이 섞여 있었다는 말이다. 또 『논어』에 이르기를, "순(舜)이 구요(咎繇)를 천거하여 중요한 직무를 맡겨 사회의 불인(不仁)한 사람들을 교화시켜 모두 인자(仁者)로 만들게 하였다"라고 했다.[32] 바로 이 점은 구요가 천거되기 전에 사회에는 불인(不仁)한 사람이 매우 많았고, 요의 시대에는 많은 소인배들이 관직에 있었음을 증명하는 것이다. 그런데도 어찌 "지고(至高)의 덕을 발휘하였다", "집집마다 모두 봉(封)해지는 상을 받았다"라고 일컬을 수 있겠는가. 이것이 첫 번째 의문이다.

蓋「虞書」之美放勳也, 云"克明俊(或作'峻', 下同)德". 而陸賈『新語』又曰 : "堯 · 舜之人,(本作'民', 或作'臣', 誤) 比屋可封."蓋因「堯典」成文而廣造奇說也. 案『春秋傳』云 : 高陽 · 高辛二氏各有才子八人, 謂之'元' · '凱'. 此十六族也, 世濟其美, 不隕其名, 以至於堯, 堯不能擧, 帝鴻氏 · 少昊氏 · 顓頊氏各有不才子, 謂之'渾沌' · '窮奇' · '檮杌'. 此三族也, 世濟其凶, 增其惡名, 以至於堯, 堯不能去. 縉雲氏亦有不才干, 天下謂之'饕餮', 以比(或訛'此')三族, 俱稱'四凶'. 而堯亦不能去. 斯則當堯之世, 小人君子, 比肩齊列, 善惡無分, 賢愚共貫. 且(一訛'但')『論語』有云 : 舜擧咎繇, 不仁者遠. 是則當咎繇未擧, 不仁甚多, 彌驗堯時群小在位者矣.(一脫'矣'字) 又安得謂之"克明俊德" · "比屋可封"者乎? 其疑一也.

按 : 열 가지 의문 가운데 제위의 선양[嬗代]에 관한 사실을 말하지 않은 것은 이 첫 조항뿐이다. 이를 통해 대체로 성대(盛大)했던 왕조에서는 잘 다스리고 있다는 것을 널리 알리기 위하여 지나치게 칭찬하는 말을 면할 수 없었다는 것을 볼 수 있는데, 뒤의 몇 조항이 그 예이다.(十疑之中, 不言嬗代之事者, 獨此首條耳. 亦見凡在盛朝, 鋪張善治, 必不免於溢辭, 爲後此諸條作引也)

은 돈(沌)과 같다.

32 역주 : 『논어』 「안연(顔淵)」편의 말이다.

3-6

『상서』「요전(堯典)」 서(序)에는 또 말하기를 "요(堯)가 제위를 순(舜)에게 물려주려 하였다"라고 했으며, 공안국(孔安國)의 주(注)에는 말하기를 "요는 자신의 아들 단주(丹朱)가 불초(不肖)함을 알았기 때문에 제위를 선양(禪讓)하려는 뜻이 있었다"라고 했다.[33] 살펴보건대 『급총쇄어(汲冢瑣語)』[34]에 이르기를, "순이 요를 평양(平陽)으로 내쫓았다"라고 했다. 그리고 어떤 책(책명이 빠져 있다)에서는 어느 곳(지명이 빠져 있다)에 성(城)이 있는데 사람들은 이를 요를 가두었던[囚堯]성이라 불렀다고 했다.[35] 식견을 갖춘 사람이라면 이 같은 서로 다른 이야기에 근거하여 요가 순에게 선양했다는 사실을 매우 의심하게 될 것이다. 이 두 책의 내용을 보면 이미 증거로써 충분하지만, 그밖에도 아직 보지 못했던 내용들이 있다. 어떤 것들인가? 『산해경(山海經)』에는 요의 아들 단주를 제(帝)라 하여("요가 아들에게 아직 물려주지 않았다"라고 하는 구절이 빠진 것 같다) 제왕으로 열거하였다.[36] 그렇다면 순이 요를 제위에서 물러나게 하고도 여전히 요의 아들을 세워 제(帝)로 삼았다가 얼마 후 다시 그로부터 제위를 빼앗았다는

---

33 역주 : 『상서』「요전」편에, 요가 말하기를, '아, 사악(四岳)이어, 짐의 재위 70년간 그대가 명을 받들어 일을 잘하였으므로 짐은 나의 제위를 그대에게 양보하고자 한다.' 악이 말하기를 '덕이 없어 제위를 욕되게 할 것입니다.' 요가 말하기를 '덕성이 밝고 어진 이를 천거하되 숨은 자와 천한 자를 가리지 마시오'라고 하였다. 이에 대한 공안국의 주(注)가 본문에 실려 있다.

34 「육가(六家)」편 춘추가(春秋家)를 보라. 또 뒤의 「혹경(惑經)」편의 끝에 상세한 내용이 보인다. 역주 : 『급총쇄어』는 발견된 수십거(數十車)의 죽서(竹書) 중 11편으로 구성되어 있다. 『진서(晉書)』 권51, 「속석전(束晳傳)」 참조.

35 역주 : 『괄지지(括地志)』(『사기』 권1, 「오제본기」, 『사기정의(史記正義)』 所引)에 옛날 요성(堯城)은 복주(濮州) 견성현(甄城縣) 동북쪽 15리(里)에 있었다고 했고, 『수경주(水經注)』 권24, "호자하(瓠子河)" 조에는 소성양(小成陽)은 성양(成陽) 서북 반리(半里) 쯤에 있었는데 속언(俗諺)에 요를 가두었던 성(城)이라 하였다고 했다.

36 『산해경』「해내남경(海內南經)」에, 창오(蒼梧)의 산에 제순(帝舜)은 남쪽[陽]에, 제단주(帝丹朱)는 북쪽[陰]에 장사지냈다고 했다.

말이 아닌가. 근고(近古)의 역사를 보면 항상 간웅(奸雄)들이 떨쳐 일어나 스스로 충성을 다하여 제왕을 보위한다는 구호를 외치다가 결국은 아비를 폐위하고 그의 아들을 세우거나, 혹은 형을 몰아내고 그의 동생을 받들었다. 처음에는 백성들에게 제왕을 추대하는 모습을 보였지만 결국에는 역시 제위를 찬탈하였다. 이 같은 사례는 과거에 왕왕 행하여졌다. 고대의 상황을 오늘날에 비추어보더라도 오랫동안 그 방식은 같았다.[37] 이러한 정황으로 보았을 때 요가 순에게 제위를 물려주었다는 사실은 밝히기가 어려우니, 나라를 양보했다고 일컫는 것은 헛되이 꾸며낸 말일뿐이다. 이것이 두 번째 의문이다.

「堯典」序又云 : "將遜於位, 讓于(一少'于'字)虞舜." 孔氏「注」曰 : "堯知子丹朱不肖, 故有禪位之志." 案『汲冢瑣語』云 : "舜放堯於平陽." 而書云(書名缺)某地(地名缺)有城, 以"囚堯"爲號. 識者憑斯異說, 頗以禪授爲疑. 然則觀此二書, 已足爲證者矣, 而猶有所未覩也. 何者? 據『山海經』, 謂放勳之子爲帝丹朱,(疑脫'堯未傳子'句) 而列君('君'疑'名'字之訛)於帝者, 得非舜雖廢堯, 仍立堯子, 俄又奪其帝者乎? 觀近古(一脫'古'字)有奸雄奮發, 自號勤王, 或廢父而立其子, 或黜兄而奉其弟, 始則示相推戴, 終亦成其篡奪. 求諸歷代, 往往而有. 必以古方今, 千載一揆, 斯則堯之授舜, 其事難明, 謂之讓國, 徒虛語耳. 其疑二也.

按 : 본 편에서 선대(嬗代)에 관한 사실에 의심을 하는 것은 이 조항에서 시작하고 있다. 즉 근고(近古)의 간웅들을 간파함으로써 유지기의 의도가

---

37 역주 : 진한장(陳漢章), 『사통보석(史通補釋)』에, 수(隋)나라 대업(大業) 13년(617) 11월, 당공(唐公) 이연(李淵)이 장안을 점령하고 대왕(代王) 유(侑)를 맞이하여 황제에 즉위시키고, 의령(義寧)이라 개원하고 양제(煬帝)를 태상황(太上皇)으로 받들게 하였다. 이는 조부를 폐하고 그 손자를 세운 것이다. 이듬해 5월 결국 선양을 받아 무덕(武德)으로 개원하였는데, 이 편(篇)에서 '처음에는 백성들에게 제왕을 추대하는 모습을 보였지만 결국에는 역시 제위를 찬탈하였다', '고대의 상황을 오늘날에 비추어 보더라도 오랫동안 그 방식은 같았다'라고 한 말이라고 했다.

어디에 기탁(寄託)되어 있는지를 알 수 있다. 선양의 국면은 원(元)·명(明)에 이르러 비로소 바뀌게 된다. 그 후 거짓 양보는 끊어지고 곧장 왕조 교체를 단행하였다.(本篇所疑嬗代之事, 自此條起, 卽提破近古奸雄, 可以知其意之所寄. 嬗局至元·明始轉, 然後僞讓絶, 直道伸)

3-7

또 「우서(虞書)」「순전(舜典)」에 말하기를, "즉위 후 50년 만에 순행(巡幸)길에 나섰다가 죽었다"[38]고 하였고, 주(注)에는 "순(舜)은 창오의 들판에서 죽어 그곳에 장례를 지냈다"라고 하였다.[39] 살펴보건대 창오(蒼梧)라는 지방에 과거 초(楚)나라 때는 그곳의 하천을 멱라(汨羅)라고 불렀고, 한나라 때에는 그곳의 읍(邑)을 영릉(零陵)·계양(桂陽)이라 칭했다. 그곳은

38 역주 : 『상서』「우서(虞書)」「순전(舜典)」에, 순임금은 태어난 지 30년 만에 벼슬길에 불리어 오르고, 30년간 섭정으로 있다가 50년 만에 순행 길에 나섰다가 죽었다고 했다.

39 이는 공안국(孔安國)의 전(傳)을 가리킨다. 전(傳)에, 방(方)은 도(道)이다. 승도(升道)는 남방을 순수하던 중 창오의 들에서 죽어 장사지낸 것을 말한다. 채침(蔡沈)의 전(傳)에는 '척방(陟方)'을 '승하(升遐)'라고 해석하였다. 그리고 『죽서기년』의 "제왕의 죽음을 '척(陟)'이라 한다는 말에 근거하고, 혹은 『한서』의 주(注)에 땅을 파서 구덩이를 만드는 것을 방(方)이라고 한다는 뜻을 '방(方)'자의 근거로 삼았다. 만약 이와 같다면 즉 단지 『죽서기년』과 같이 '척(陟)'이라 써도 뜻이 억지로 통하는데도 다시 '이에 죽었다[乃死]'라고 한 것은 무엇 때문인가? 채침이 말하기를, "임금이 죽었다는 말이다[猶言殂落而死也]"라고 했는데, "임금이 죽었다[殂落]"는 말 아래 "그리고 죽었다[而死]"는 글자를 덧붙이고 있는데 어찌 같은 뜻을 거듭 쓰고 있는가? 자세히 구법(句法)을 살펴보면 결국 공안국의 전(傳)이 바르다. 그러나 「대우모(大禹謨)」의 '최후를 맞았다[受終]'는 문장과 일치한다. 그때 우(禹)가 제위에 오른 지 이미 오래되었기 때문에 순(舜)이 직접 순행했다는 사실은 맞지 않는다. 나는 옛 경서의 이 같은 곳은 마땅히 의심스러운 것을 잠시 비워두어야 한다고 생각한다.

남방의 종족[百越]이 모여 사는 곳으로 산은 오령(五嶺)과 맞닿아 있었다. 그곳 사람들은 문신(文身)하는 풍속이 있었고,[40] 습도가 높아 열병(熱病)인 악성 말라리아에 걸리기 쉬웠다. 때문에 부유한 집안의 자제라도 그 길을 지나가는 것을 두려워할 터인데, 하물며 천자[萬乘之君]가 그곳을 순행하여 그 고생을 감당하려 했겠는가? 뿐만 아니라 순은 그 당시 이미 정력이 쇠약하고 몸과 마음이 피로하여 제위(帝位)를 그만두고 홀가분한 상태였으니 어찌 죽음을 앞둔 나이에 다시 불모의 땅을 밟으려 했겠는가? 뿐만 아니라 아황(娥皇)과 여영(女英) 두 비(妃)가 그를 따르지도 않았으니 남녀가 생이별을 서로 원망하면서, 순은 만리타향 창오에서 의지할 곳도 없이 죽어 외로운 영혼이 떠돌아다니게 된 것이다. 제위를 선양한 후 멀리 은거(隱居)한 것이 과연 정말 이 같은 모습이었겠는가? 자고이래 나라의 군주가 폐위되어 쫓겨난 것을 보면 예컨대 하(夏)의 걸(桀)은 남소(南巢)로 유폐되고, 조천(趙遷)은 방릉(房陵)으로 쫓겨나고,[41] 주왕(周王)[42]은 체(彘)로, 초(楚)의 의제(義帝)는 침(郴)에 유폐되어[43] 고생을 하였다고 말하지만, 순처럼 이렇게 심하지는 않았다. 이를 볼 때 소위 남방의 순행 길에 나섰다가 그곳에서 죽게 된 것이 우(禹)[文命][44]의 뜻이 아니었겠는가. 이것

40 역주 : 문신에 관한 기록은 『사기』 권31, 「오태백세가(吳太伯世家)」와 『곡량전(穀梁傳)』 애공(哀公) 13년(B.C. 482) 조 등에 각각 보인다. 때로는 좌사(左思)의 「위도부(魏都賦)」(『문선』 권6 所收) 이선(李善)의 주(注)를 따라 '용맹하고 과감하다는' 의미로도 쓰인다.

41 『회남자(淮南子)』에, 조왕(趙王) 천(遷)이 방릉(房陵)에 유배되었는데, 고향을 그리며 산수(山水)의 노래를 지었다고 했다. 『사기』 43, 「조세가(趙世家)」에, 진(秦)이 천(遷)을 포로로 하자 조(趙)나라의 대부들이 도망하여 가(嘉)를 왕으로 세웠다. 6년에 진(秦)이 가(嘉)를 격파하고 조나라를 멸망시켰다고 했다. 역주 : 따라서 방릉에 유배된 사람은 조가(趙嘉)가 아니라 조천(趙遷)이므로 『사통』의 기록이 잘못되었다.

42 역주 : 여기서 주왕이란 여왕(厲王)을 가리킨다. 「감식(鑒識)」편 주)24 참조.

43 『사기』 권7, 「항우본기(項羽本紀)」에, 제후들이 희하(戲下)에서 흩어져 각기 자기 나라로 갔다. 항우는 사신으로 하여금 의제(義帝)를 장사(長沙) 침현(郴縣)으로 옮기게 하고 몰래 형산(衡山) · 임강왕(臨江王)에게 강(江) 중에서 공격하여 죽이게 하였다고 했다.

44 역주 : 『사기』 권2, 「하본기(夏本紀)」에, 하우(夏禹)는 이름을 문명(文命)이라 불렀다고 했다.

이 세 번째 의문이다.

「虞書」「舜典」又云: "五十載, 陟方乃死." 「注」云: "死蒼梧之野, 因葬焉." 案蒼梧者, 於楚則川號汨羅, 在漢則邑稱零·桂. 地總百越, 山連五嶺. 人風媟劃,(謂文身) 地氣歊瘴. 雖使百金之子, 猶憚經履其途; 況以萬乘之君, 而堪巡幸其國? 且舜必以精華既竭, 形神告勞, 舍茲寶位, 如釋重負.(一作'負重') 何得以垂歿之年, 更踐不毛之地? 兼復二妃不從, 怨曠生離, 萬里無依, 孤魂溘盡, 讓王高蹈, 豈其若是者乎? 歷觀自古人君廢逐, 若夏桀放於南巢, 趙嘉(當作'遷')遷於房陵, 周王流彘, 楚帝徙郴, 語其艱棘, 未有如斯之甚者(一無'者'字)也. 斯則涉方之死, 其殆文命之志乎? 其疑三也.

按: 이 조항에서 인용한 '우(禹)[文命]의 뜻'이라는 문구는 그 의미가 유송(劉宋)이 진(晉) 영릉왕(零陵王)[恭帝]에게 한 사례에 있다. 영릉왕 이후 선위(禪位)한 군주로써 목숨을 보전한 자가 거의 없다.(此條追出"文命之志"一句, 志在劉宋之於零陵也. 自零陵後禪位之君罕得全者)

3-8

『급총서(汲冢書)』에는 "순(舜)은 요(堯)를 평양(平陽)으로 쫓아내었고,(이 문구를 인용하여 전 조(條)의 이야기를 이어받았다) 익[伯益]은 계(啓)에게 주살(誅殺)되었다"[45]고 하였다. 또 "태갑(太甲)이 이윤(伊尹)을 죽이고,[46] 문정(文丁)

---

45 황숙림(黃叔林)의 『사통훈고보(史通訓故補)』에, 『죽서기년』을 살펴보면 계(啓)가 즉위하자 비후(費侯) 백익(伯益)이 자기 나라로 갔다고 했을 뿐 계가 익을 죽였다는 사실은 없다. 『급총쇄어』에 기재되어 있다. 역주: 『진서(晉書)』 권51, 「속석전(束晳傳)」

(옛날에는 문왕(文王)이라 틀리게 적었다)이 계력(季歷)을 죽였다"[47]고 했다. 무릇 이 몇 가지 사실은 유가의 경전[正經]에 기재된 내용과 다르다. 『급총서』는 근래에 분묘에서 발굴한 것이기 때문에 세상 사람들은 대부분 이러한 기록을 믿지 않았다. 살펴보건대 순이 요를 쫓아낸 것은,(옛날에는 '문정이 계력을 죽였다[文之殺季]'는 넉 자가 있었지만, 쓸데없이 덧붙여진 문장이다) 다른 이야기가 필요 없을 정도로 이미 충분한 정황이 증명되었다는 것을 이미 이 편(篇)의 앞에서 상세하게 설명하였다.(이 조(條) 전후에 마찬가지로 '문정이 계력을 죽였다'는 말이 없다. 때문에 본문의 구절과 글자가 쓸데없이 많이 덧붙여졌음을 알 수 있다) 다만 익(益)과 이윤이 피살된 사실은 경서(經書)와 사서(史書)에 그 증거를 찾을 수가 없다. 사리를 미루어 논하자면, 계가 익을 살해한 사실은 여전히 다시 살펴야 한다. 무엇 때문인가? 순이 요를 폐하고 그의 아들 단주(丹朱)를 세웠고, 우(禹)가 순을 먼저 쫓아내고

에 발굴된 죽서의 내용과 관련한 내용 중, 대개 위(魏)나라의 사서(史書)는 『춘추』와 대부분 서로 맞는다. 그러나 그 중 경전(經傳)은 크게 다르다. 즉 하(夏)의 연대가 은(殷)보다 많고, 익이 계의 지위를 침탈하려하자 계가 그를 죽였다. 태갑(太甲)이 이윤(伊尹)을 죽였고, 문정(文丁)이 계력(季歷)을 죽였다고 했다.

46 역주 : 『맹자(孟子)』「만장상(萬章上)」편에, 이윤(伊尹)이 탕(湯)을 도와 천하의 왕이 되게 하였다. 탕이 죽고, 태정(太丁)은 왕위에 오르기 전에 죽었으며, 외병(外丙)은 왕위에 오른 지 2년 만에 죽고, 중임(仲壬)은 4년 만에 죽었다. 태갑(太甲)이 탕왕의 법도를 전복시켰으므로 이윤은 태갑을 3년 동안 동(桐)에 추방하였다. 태갑은 잘못을 뉘우치고 스스로 원망하며 마음을 수양하였다. 동(桐)에서 3년 동안 인(仁)에 처하고 의(義)를 행하여 이윤의 가르침을 듣고 나서 다시 박(亳)으로 돌아왔다고 했다. 『사기』 권3, 「은본기(殷本紀)」와 『상서』「태갑(太甲)」편의 서(序)의 내용도 『맹자』와 거의 같다.

47 『죽서기년』에, 태갑(太甲) 원년에 이윤이 태갑을 동(桐)으로 쫓아내고 자립하였다. 7년, 태갑[王]이 몰래 동(桐)을 빠져나와 이윤을 죽였다. 또 문정(文丁) 11년, 주공(周公) 계력(季歷)이 예도지융(翳徒之戎)을 정벌하고 승리를 알려왔다. 왕이 계력을 죽였다. 按 : 문정은 즉 태정(太丁)이다. 심약(沈約)은 주(注)에서, 『사기』에서 '태정'이라 한 것은 틀렸다고 했다. 또 『진서(晉書)』 권51, 「속석전(束晳傳)」에 인용된 『죽서기년』의 문장에도 '문정'이라 했다. 다시 살펴보니, 본 조항은 첫 구절을 제외하고는 모두 윗사람이 아랫사람을 죽인 사실을 말하고 있다. 어리석은 사람들이 문장의 뜻을 이해하지 못하고 아울러 문정이 어떤 사람인지를 살피지 못하고 '정(丁)'을 '왕(王)'으로 고쳤다.

상균(商均)을 세웠다.[48] 익[伯益]은 국가의 대권을 장악하고 있어서 그 세력이 순·우와 비슷하였을 것이다. 만약 그 역시 순과 우의 전철대로 했다면 힘 안들이고 천자의 지위[天祿]를 누릴 터인데 결과적으로 그 일은 성공하지 못했고, 스스로 재앙을 불러왔던 것이다. 근고(近古)의 찬탈을 살펴보면 환현(桓玄 : 369-403)만이 실패하여 죽고[49] 사마씨(司馬氏)가 오히려 난을 바로잡았다. 하(夏)나라의 계(啓)가 백익(伯益)을 죽인 것이 진(晉)의 황제가 환현(桓玄)을 죽인 것과 같은 것이 아니겠는가? 순과 우는 계속하여 왕조교체에 모두 성공을 하였지만 다만 익(益)의 경우는 실패하여 하(夏)의 군주 계(啓)에게 처벌받은 것이다. 이는 환현이 조씨(曹氏)와 사마씨(司馬氏)의 찬탈을 모방했다가 홀로 동진 안제(安帝) 원흥(元興 : 402-404) 연간에 죽음을 당하게 된 것과 같은 것이 아니겠는가? 이것이 네 번째 의문이다.

『汲冢書』云 : “舜放堯於平陽,(帶引此句, 蒙前條說下) 益爲啓所誅.” 又曰 : “太甲殺伊尹, 文丁(舊謬作‘王’)殺季歷.” 凡此數事, 語異正經. 其書近出, 世人多不之信也. 案舜之放堯,(舊有‘文之殺季’四字, 羨文) 無事別說, 足驗其情, 已於(舊衍‘此’字)篇前(舊衍‘後’字)言之詳矣.(此條前後並無‘文丁殺季’之言, 考知本文句字多羨) 夫唯益與伊尹見(一作‘受’)戮, 並(一無‘並’字)於正書猶無其證. 推

48 역주 : 『맹자』 「만장상(萬章上)」편에, (맹자가 말하기를) 옛날 순(舜)이 우(禹)를 하늘에 천거한 지 17년 만에 죽었다. 3년상을 끝낸 뒤 우는 순의 아들을 피하여 양성(陽城)으로 옮겼다. 천하의 백성들이 그를 따르기를 마치 요가 세상을 떠난 뒤 요의 아들을 따르지 않고 순을 따르던 것과 같았다고 했다. 『사기』 권1, 「오제본기(五帝本紀)」에, 순의 아들 상균(商均)은 불초(不肖)하였으므로 순은 미리 하늘에 우(禹)를 천거하고서 그 후 17년 만에 세상을 떠났다. 3년상을 마치자 우 또한 순이 요의 아들에게 양보했던 것처럼 순의 아들에게 양보하였다. 제후들이 모두 우에게 복종한 뒤에 우는 비로소 천자의 자리에 올랐다. 요의 아들[丹朱]과 순의 아들 상균은 모두 봉토를 얻어 그것으로 조상의 제사를 받들었다고 했다.

49 『진서(晉書)』 권10, 「안제기(安帝紀)」에, 융안(隆安) 2년(398), 광주자사(廣州刺史) 환현이 병사를 거느리고 반란을 일으켰다. 원흥(元興) 2년(403), 환현이 제위를 찬탈하자 황제가 몽진(蒙塵)하였다. 3년, 안제가 강릉(江陵)에 행차하였다. 5월, 독호(督護) 풍천(馮遷)이 환현을 맥반주(貊盤洲)에서 참(斬)하고 황제가 난을 바로잡았다.

(一作'摧')而論之, 如啓之誅益, 仍可覆也. 何者? 舜廢堯而立丹朱, 禹黜舜而立商均, 益手握機權, 勢同舜 · 禹, 而欲因循故事, 坐膺天祿. 其事不成, 自貽伊咎. 觀夫近古簒奪, 桓獨不全, 馬仍反正. 若啓之誅益, 亦由('猶'通)晉之殺玄乎? 若舜 · 禹相代, 事業皆成, 唯益覆車, 伏辜夏后, 亦猶桓效曹 · 馬, 而獨致元興(晉安帝改元)之禍者乎? 其疑四也.

按 : 이 조항은 환현(桓玄)이 동진(東晉) 안제(安帝)에게 격파되었음을 제시함으로써 그 의도를 분명히 하였다. 대개 난을 일으켰다가 죽임을 당한 자를 예로 들어 세상의 교훈으로 삼고자 한 것이다.(此條直提破桓玄之於晉安, 意可見已. 蓋擧稱亂殺身者, 以爲世鑒)

3-9

『상서』「탕서(湯誓)」의 서(序)(구본(舊本)에는 「탕서」를 「탕고(湯誥)」라고 잘못 적었고, 또한 '서(序)'자가 빠졌다)에, "탕은 걸(桀)을 정벌하여 명조(鳴條)에서 싸움을 하였다"라고 했다. 또 "탕은 걸을 남소(南巢)로 내쫓았다. 그리고는 스스로 덕이 없음을 부끄러워하였다"[50]고 했다. 그리고 『일주서(逸周書)』「은축(殷祝)」편[51]에는 "걸이 탕에게 왕위를 양보하였다"라고 했다.(문

50 역주 : 이 문장은 『상서』「중훼지고(仲虺之誥)」에 보인다. 따라서 포기룡이 잘못이라 하여 고친 「탕고」는 「탕서(湯誓)」와 「중훼지고」 모두를 가리키는 것으로 틀린 것이 아니라고 하였다. 張振珮, 『史通箋注』, p.485 주)1 참조.

51 『일주서(逸周書)』 제66에 실려 있다. 대략 이르기를, 탕(湯)이 걸(桀)을 정벌하려 하자 사민(士民)들이 탕에게 도망가고 나라가 텅 비었다. 걸이 탕에게 청하여 말하기를, '그대에게 사람들이 가 있으니 청컨대 나라를 맡으시지요'라고 하자, 탕이 말하기를, '아니오, 사민들이 미혹하여 나를 왕으로 삼고자 하는 것이지요'라고 했다. 사민들이 돌아와 걸에게 말하기를, '무엇 때문에 군주를 바꾸려 하는가' 하였다. 걸이 남쪽

구는 『일주서』의 문장을 신중하게 포괄하는데 그쳤다) 이는 『상서』의 내용과는 다른 것이다. 『일주서』에서 말한 바가 어찌 탕이 걸을 패퇴시키고 무력으로 하(夏)나라를 제압하고 걸(桀)로 하여금 자신에게 양위하도록 한 것이 아니겠는가. 대개 요·순의 선양(禪讓)에 빗대어 그들과 마찬가지로 숭고(崇高)한 명성을 물려받고 싶었던 것일까? 또 살펴보건대 『묵자(墨子)』에는 탕이 천하를 무광(務光)에게 선양하려고 하면서 사람을 시켜 무광에게 말하기를, "탕이 오명(汚名)을 당신에게 뒤집어씌우려 한다"라고 하자, 이에 무광이 맑고 차가운 샘물에 몸을 던져 자살하였다고 했다.[52] 탕이 즉위한 것은 의심할 나위 없는 사실이었다. 그러나 탕이 선양을 받았다고 꾸민 사실에는 거짓이 매우 많았다. 『묵자』의 내용을 살펴보면 바로 『일주서』와 서로 일치한다. 그리고 『일주서』는 본래 『상서』에서

부제(不齊)로 옮겨가자 민(民)이 탕에게 달아났다. 걸이 다시 탕에게 청하여 말하기를, '나라가 그대에게 있소'라고 하자 탕이 말하기를, '아니오, 나는 그대를 임금으로 하고자 하오'라고 하였다. 걸이 노(魯)로 옮기자 또 말하기를, '나라가 그대에게 있소' 하니 탕이 걸을 멈추게 할 수 없었고 탕이 걸을 풀어 주어 박(薄)으로 돌아오자 다시 3천 제후를 모아 말하기를, '도리를 갖춘 자가 천자의 자리에 오르는 것'이라고 하자 3천 제후가 감히 즉위하지 못하였다. 그런 후에 탕이 천자의 지위에 올랐다.

52 按 : 『묵자』에서 언급한 내용은 『장자(莊子)』에도 실려 있는데 '무(務)'를 '무(瞀)'라고 하였다. 「양왕(讓王)」편에, 탕이 걸을 정벌하고자 무광(瞀光)과 의논하였다. 무광이 말하기를, '나의 일이 아니다'라고 했다. 탕이 걸을 정벌하여 이겼다. 그리고는 무광에게 양보하고자 말하기를, '그대는 어찌 자리에 오르려 하지 않느냐?'고 하자 사양하며 말하기를, '내가 듣기에 무도한 세상에서는 그 땅을 밟지 않는다고 했는데 어찌 나를 그 자리에 앉히려 하는가. 내가 차마 오래 볼 수가 없다'라고 하고는 돌을 지고 스스로 여수(廬水)에 몸을 던졌다고 했다. 역주 : 현행본 『묵자』에는 이러한 내용이 보이지 않고, 『한비자(韓非子)』 「설림상(說林上)」편에, 탕은 하의 걸을 정벌한 다음, 세상 사람들이 자기의 탐욕을 비난할까 두려워 천하를 무광(務光)에게 양도하는 체 하였으나 무광이 정직하게 천하를 계승해 버리지 않을까 염려하여 사람을 보내어 무광에게 권하기를, 탕은 군주를 살해하고 그 오명을 당신에게 뒤집어씌우려고 천하를 당신에게 넘기려 하는 것이라 하였다. 그러자 무광은 수치스러워 스스로 물에 몸을 던졌다고 하는 내용이 보인다. 그리고 『사통』 본문에서는 무광이 "맑고 차가운 샘물[淸冷之泉]"에 몸을 던져 자살했다고 하였지만, 『장자』 「양왕(讓王)」편에는 북인무택(北人无擇)이 "맑고 차가운 연못[淸冷之淵]"에 몸을 던졌다는 내용이 보인다. '연(淵)' 대신 '천(泉)'자를 사용한 것은 당 고조(唐高祖) 이연(李淵)을 피휘한 것으로 생각된다.

나온 것으로 공자[孔父]는 근거 없는 말들을 삭제하고 바른 훈계[雅誥]로 정리하기 위해 비루한 사실들은 없애고 곧장 탕(湯)이 "덕이 없음을 부끄러워하였다"라고 말하고 있으니, 어찌 탕의 잘못은 없애고 걸의 죄악은 더하려 한 것이 아니겠는가. 이것이 다섯 번째 의문이다.

「湯誓」序(舊本'誓'誤作'誥', 又脫'序'字)云, "湯伐桀, 戰于鳴條." 又云: "湯放桀于南巢, 唯有慚德." 而「周書」「殷祝」篇稱"桀讓湯王位"云云.(句止檃括「周書」之文) 此則有異於『尚書』. 如「周書」之所說, 豈非湯旣勝桀, 力制夏人, 使桀推讓, 歸王於己. 蓋欲比迹堯·舜, 襲其高名者乎? 又案『墨子』云: 湯以天下讓務光, 而使人說曰: 湯欲加惡名於汝. 務光遂投淸冷之泉而死. 湯乃卽位無疑. 然則湯之飾讓, 僞迹甚多. 考墨家所言, 雅與『周書』相會.(一作'合') 夫(當有'周'字)「書」之作, 本出『尚書』, 孔父截翦浮詞, 裁成雅誥,(一作'語') 去其鄙事, 直云"慚德", 豈非欲滅湯之過, 增桀之惡者乎? 其疑五也.

按: 천고(千古)에 거짓 정주(征誅)는 없지만, 거짓 읍양(揖讓)은 있다. 이 조(條)를 『일주서(逸周書)』「은축(殷祝)」의 글을 빌려 비교하면 정주(征誅)의 사실을 숨기고 읍양의 거짓을 전한 것이 증명되어 조씨(曹氏)와 사마씨(司馬氏) 같은 무리의 거짓 실태가 모두 폭로된다. 즉 유지기는 다양한 책들을 이용하여 그들 무리의 실체를 벗겨내어 그 거짓 행태가 모두 드러나게 하였다. 그것은 고집스러워 융통성이 없는 해석이므로, 나는 감히 유지기가 독서에 능숙하다는 이유로 이를 칭찬할 수는 없다.(千古無假征誅, 但有僞揖讓. 如此條借影殷祝篇文, 必欲掩征誅而傳諸揖讓, 曹·馬輩之態畢獻矣. 卽劉氏假雜出之書, 以褫被輩之魄, 亦盡態矣. 彼爲膠柱之解者, 吾不敢以善讀書許之)

3-10

무릇 오경(五經)[53]에 기재된 말은 천년이 지난 후에도 여전히 우러러 받들고 있다. 그러나 그 내용의 전후를 살펴보면 이치에 맞지 않고 서로 모순되는 경우가 심하다. 무엇 때문인가? 예컨대 (『논어』에서는) 주(周)의 강성을 칭송할 때 주나라가 천하의 삼분의 이를 차지하고 있었다고 말하고,[54] 상(商)의 주(紂)는 악정을 행하여 백성들에게 쫓겨난 군주[獨夫][55]라고 하였다. (『상서』에서는) 은(殷)이 주나라에게 패배하였다고 말하면서 또 주(紂)가 억만의 신민(臣民)을 거느리고 있다고 했고,[56] 죽은 자가 무수하고 유혈이 낭자하여 절굿공이 떠다닐 정도라고 했다.[57] 이러한 사실은

---

53 역주 : 한 무제가 오경박사를 설치함으로써 비로소 '오경'이라는 칭호가 있게 되었는데, 『백호통(白虎通)』「오경(五經)」에, 오경은 무엇을 이르는 것인가? 『역(易)』·『상서(尚書)』·『시(詩)』·『예(禮)』·『춘추(春秋)』를 가리킨다고 했다.

54 역주 : 『논어』「태백(泰伯)」편에, 순(舜)은 다섯 사람의 신하가 있어 나라를 다스렸다. 무왕(武王)은 '나는 열 사람의 신하가 있어 나라를 다스렸다'라고 했다. 공자가 말하기를, '인재를 구하기 힘들다 함이 과연 그렇지 않은가! 요와 순의 교체기에 이만한 인재로 태평성세를 이루었다 하나 무왕의 신하 중에는 부인이 하나 들어 있으니 사실은 아홉 사람뿐이었다. 주나라는 천하의 삼분의 이를 차지하고도 은에 복종하였으니, 주나라의 덕은 그야말로 지극한 덕이라 할 것'이라고 했다.

55 역주 : 『순자(荀子)』「의병(議兵)」편에, "성탕(成湯)과 무왕(武王)이 걸(桀)과 주(紂)를 칠적에는 팔짱을 끼고 턱으로만 지휘했을 뿐이지만 강포한 나라까지 모두 달려와 돕지 않을 수 없어서 걸과 주를 토벌하는 일이 마치 일개 필부를 치는 것과 같았습니다. 「태서(泰誓)」에 이르기를, '독부(獨夫) 주(紂)'라고 하였으니 이를 가리킨 말입니다"라고 하였고, 『맹자』「양혜왕(梁惠王)」편에는, "인의(仁義)를 해친 자를 잔적(殘賊)이라 하고 이들 잔적지인(殘賊之人)을 일부(一夫)라고 합니다. 일부(一夫)인 주(紂)를 죽였다는 말은 들었어도 군주를 시해했다는 말은 들어보지 못하였습니다"라고 했다.

56 역주 : 『상서』「태서(泰誓)」(上)편에, "상왕(商王) 주(紂)에게는 억만의 신하가 있으나 억만의 마음으로 흩어져 있으며, 나[周武王]에게는 3천의 신하가 있으나 한 마음으로 뭉쳐있다"라고 한 사실을 말한다.

57 역주 : 『상서』「무성(武成)」편에, "무오(戊午)일에 순사는 맹진(孟津)을 건넜고, 계해(癸亥)일에 상(商)의 근교 목야(牧野)에 진을 치고 천명(天命)을 기다렸다. 갑자(甲子)일 이른 새벽 상왕(商王) 수(受)[紂]는 숲을 이룬 듯한 그의 군사를 이끌고 나타나 목야

시비에 기준이 없고, 앞뒤가 같지 않음을 말해준다. 또 살펴보건대 무왕(武王)이 은을 정벌할 때 지은 「태서(泰誓)」에 상왕(商王) 주(紂)의 잘못을 일일이 세어 책망하였는데,[58] 이는 마치 근대(近代)의 여상(呂相)이 진(晉)을 위해 진(秦)과 절교하며 진(秦)을 책망하고,[59] 진림(陳琳)이 원소(袁紹)를 위하여 조조(曹操)를 토벌할 때 격문을 지었던 것[60](원소 역시 바르지 않았다고 하여 조조가 어찌 무죄함을 얻겠는가. 진림에 관한 구절은 잘못 인용하였다)처럼 (상대방에게) 죄를 씌우고자 한다면 덧붙일 말이 없겠는가.[61] 그런데도 후세의 제자(諸子)들이 그 위설(僞說)을 계승하여 다투어 열거한 주(紂)의 죄행이 오경(五經)의 배가 넘는다. 때문에 자공(子貢)이 말하기를, "걸(桀)·주(紂)의 죄악이 이에 이르지 않는다. 군자는 하류(下流)에 처하여 있기를 싫어한다"라고 했다.[62] 반생(班生) 역시 "어찌 부녀자가 정치를 맡아할 수

에서 싸웠으나 그들은 우리 군사들을 대적하지 못하였다. 앞의 무리들은 창을 거꾸로 들고서 자기 편 뒤쪽을 향해 공격하며 달아나니 피가 흘러 절굿공이 떠다닐 정도였다[血流漂杵]"고 했으며, 『맹자』 「진심(盡心)」편에, "(맹자는) 『상서』의 내용을 전부 믿는 것은 차라리 『상서』가 없는 것만 못하다. 「무성(武成)」편의 경우 나는 그 중에서 단지 두세 쪽 간책(簡策)의 내용만을 취했을 뿐이다. 지극히 인애(仁愛)함으로써 지극히 불인(不仁)함을 벌(伐)하는데, 어찌 피가 흘러 절굿공이 떠다닐 정도였겠는가[何其血之流杵也]"라고 하였다.

58 역주 : 『상서』 「태서(泰誓)」(上)편에, 무왕이 주(紂)의 죄행을 일일이 세어 책망하면서, 위로 하늘을 공경하지 않고 아래로 백성에게 재난을 내리게 했으며, 술에 빠지고 여색(女色)에 혹하여 감히 포학한 짓을 하였다고 했다.

59 역주 : 『좌전』 성공(成公) 13년(B.C. 578), 여름 4월 무오(戊午)일에 진(晉)나라 군주가 여상을 보내 진(秦)과 절교를 하게 하면서 장문(長文)의 말 가운데, 진(秦)이 진(晉)나라와 가까운 나라들을 흩어지게 하고, 어지럽게 할뿐만 아니라 진(晉)을 위태롭게 하였다고 진술하고 있다.

60 『문선(文選)』 권44, 「위원소격예주(爲袁紹檄豫州)」 이선(李善)의 주(注)에, 「위지(魏志)」에 이르기를 진공장(陳孔璋)[陳琳]이 기주(冀州)로 피난 가 있을 때 원본초(袁本初)[袁紹]가 문장을 맡게 하여 이 격문을 지었다고 했다. 역주 : 『삼국지』 권21, 「위서」 「왕찬전(王粲傳)」에 부록된 진림(陳琳)에 관한 기록에 이러한 사실이 보인다.

61 역주 : 이 문구는 『좌전』 희공(僖公) 10년(B.C. 650)에 보이는, "(여름 4월에 진후(晉侯)가 대부 이극(里克)을 죽이려 사자(使者)를 보내 말한 것에 이극이 대답하기를) 신(臣)에게 죄를 씌우고자 한다면 어찌 핑계 댈 말이 없겠습니까?"라고 한 구절을 인용한 것이다.

62 역주 : 『논어』 「자장(子張)」편에, 자공이 말하기를, 주(紂)의 악함이 그처럼 심한 것은

있겠는가"라고 했고,[63] 유향(劉向) 또한 말하기를, 세상에는 자신의 아비와 군주를 시해(弑害)하는 자들이 있지만, 걸과 주의 악함이 그 정도에 이르지는 않았다. 그런데도 세상 사람들은 반드시 걸과 주의 죄행을 먼저 거론한다고 했다.[64] 이러한 사실은 예로부터 말해온 걸[辛]과 주[癸]의 죄를 지나치게 꾸며낸 것이 아니겠는가? 이것이 여섯 번째 의문이다.

夫『五經』立言, 千載猶仰, 而求其前後, 理甚相乖. 何者? 稱周之盛也, 則云三分有二, 商紂爲獨夫; 語殷之敗也, 又云紂有臣億萬人, 其亡流血漂杵. 斯則是非無準, 向背不同者焉. 又案武王爲『泰誓』, 數紂過失, 亦猶近代之有呂相爲晉絶秦, 陳琳爲袁檄魏,(袁亦不直耳, 曹惡得無罪. 陳琳句謬引) 欲加之罪, 能無辭乎? 而後來諸子, 承其僞說, 競(一作'竟')列紂罪, 有倍『五經』. 故子貢曰 : 桀 · 紂之惡不至是, 君子惡居下流. 班生亦云 : 安有据婦人臨(一作'於')朝! 劉向又曰 : 世人有弑父害君, 桀 · 紂不至是. 而天下(當有'歸'字)惡者必以桀 · 紂爲先. 此其自古言辛 · 癸之罪, 將非厚誣者乎? 其疑六也.

按 : 이 조(條)는 나라를 잃은 무도(無道)한 군주에게 관대하려 한 것이 아니라 왕조가 교체되는 시기의 죄악을 비난하기 위하여 쓰인 것이다.(此條非寬失國之荒主也, 欲甚代興之罪, 而爲之辭也)

아니다. 그러므로 군자는 하류(下流)에 처하여 있기를 부끄러워한다. 천하의 악함이 모두 그들에게 돌아가기 때문이라고 했다.

63 『한서(漢書)』 권100상, 「서전(敍傳)」 상에, 성제(成帝)가 연회를 베풀면서 주(紂)와 달기(妲己)의 모습을 그리게 하였다. 황제가 반백(班伯)을 가리켜 묻기를, 주의 죄악이 이러한가? 라고 하자, 반백이 대답하기를, 『상서』에 이르기를 '아녀자의 말을 들었다'라고 하였지만 어찌 조정의 정치를 방자하게 할 수 있었겠는가? 모든 죄가 돌아가 있지만 그렇게 심하지는 않았을 것이라 했다. 역주 : 반생(班生)은 반백을 가리키고, 반백은 반고의 조부 반치(班穉)의 형(兄)이다.

64 역주 : 『풍속통의(風俗通義)』 「정실(正失)」편에 보이는 문장이다.

3-11

『상서』 「미자지명(微子之命)」편의 서(序)에 이르기를 "(성왕이) 무경(武庚)을 죽였다"라고 하였다.('서(序)'에, 무경을 죽이고 미자(微子)에게 은의 뒤를 이을 것을 명하였다고 했다) 살펴보건대, 녹보(祿父)[65]는 상(商)나라 주(紂)의 아들로서 사직(社稷)이 무너지고 가국(家國)이 망하여, 아비의 머리는 베어져 걸리고 어미의 몸은 능지처참되었으니[66] 원한과 치욕은 영원할 것이며, 사람으로서 이보다 더한 고통이 없었을 것이다. 만약 그가 제후로써 주(周)를 섬김으로써 자신의 목숨을 온전하게 하고, 처자를 보호하려 한다면 하늘과 땅 사이에 어찌 살아갈 수 있으며 인간의 모습을 갖추었다고 어찌 사람이라 하겠는가. 때문에 얼마 후 무경은 관숙(管叔)·채숙(蔡叔)과 함께 모의하여 삼감(三監)[67]을 회복하기 위하여 죽었다. 비록 군친(君親)의 원한을 갚지는 못하였지만, 신자(臣子)로써의 충성(忠誠)을 보여주었다. 명교(名敎)에 비추어 살펴보더라도 생사(生死)에 부끄러움이 없었다. 그를 거론하는 사람들은 다만 무경(武庚)이 (은의 부흥이라는) 공업(功業)을 달성하지 못한 점을 들어 곧 그를 조정의 덕화(德化)를 받지 아니한 완고한

---

65 『죽서기년(竹書紀年)』에, 주 무왕(周武王) 12년에 은을 정벌하고 왕이 친히 수(受)를 남단지대(南單之臺)에 가두었다. 마침내 천명(天命)의 분명함을 구분하여 수의 아들 녹보(祿父)를 세웠는데 그가 무경(武庚)이다. 성왕(成王) 원년, 무경이 은에서 배반하였다. 무경이 은에서 반란을 일으킨 지 3년 만에, 성왕이 군대를 보내 은을 멸망시키고 무경을 죽였다고 했다.

66 역주 : 『사기』 권3, 「은본기(殷本紀)」 참조.

67 역주 : 『사기정의(史記正義)』에서는 「지리지(地理志)」를 인용하여, 패(邶)에는 주(紂)의 아들 무경(武庚)을 봉하고, 용(鄘)에는 관숙(管叔)을 윤(尹)으로 삼고, 위(衛)에는 채숙(蔡叔)을 윤으로 삼아 은의 백성을 감시하게 하였다. 이를 삼감(三監)이라 한다고 했다. 이어 『제왕세기(帝王世紀)』를 인용하여, 은도(殷都) 이동(以東)을 위(衛)로 봉하여 관숙이 감시하고, 은도의 이서(以西)를 용(鄘)으로 봉하여 채숙이 감시하고, 은도의 이북(以北)을 패(邶)로 봉하여 곽숙(霍叔)이 감시하게 하였고 이를 삼감이라 한다고 했다.

사람[頑人]으로 보았다. 정말 그렇다면 하(夏)의 소강(小康)같은 군주나, 오자서(伍子胥)(마땅히 '申包胥'[68]라고 해야 한다)같은 신하들처럼 그들이 원수를 죽이거나 원한을 갚으려다 실패하고 목숨을 잃었다고 하여 그들을 추악한 무리로 묶어 역당(逆黨)이라 부를 수 있겠는가? 이것이 일곱 번째 의문이다.

『微子之命』篇「序」(舊脫'序'字)云 : "殺武庚."(「序」云 : "殺武庚, 命微子代殷後.") 案祿父卽商紂之子也. 屬社稷傾覆, 家國淪亡, 父首梟懸, 母軀分裂, 永言怨恥, 生人(一作'死')莫二. 向使其侯服事周, 而全軀保其妻子也, 仰天俯地, 何以爲主? 含齒戴發, 何以爲貌? 旣而合謀二叔, 徇節三監, 雖君親之怨不除, 而臣子之誠可見. 考諸名教, 生死無慚. 議(一訛'議'字爲'於義'二字)者苟以其功業不成, 便以頑人(民)爲目. 必如是, 則有君若夏少康, 有臣若伍子胥,(當作'申包胥') 向若隕仇雪怨, 衆敗身滅, 亦當隷迹醜徒, 編名逆黨者邪? 其疑七也.

按 : 이 조(條)는 위·진 이하 각 왕조의 말기에 정의의 무리들이 아주 드문 것을 걱정한 것이다. "고귀향공(高貴鄕公)처럼 죽을지언정 상도향공(常道鄕公)처럼 살지는 마라",[69] "차라리 원찬(袁粲)처럼 죽을지언정 저연(褚淵)처럼 살지는 마라"[70]고 했는데, 신하의 군주에 대한 의(義)와 자식의 부모에 대한 의는 같은 것이다. 어찌 다만 은(殷)나라의 완고한 무경(武庚)을

68 『좌전』 정공(定公) 4년(B.C. 506)에, 일찍이 오원(伍員)과 신포서(申包胥)는 친한 벗이었다. 오원이 망명할 때 신포서에게 말하기를, '나는 반드시 초나라를 뒤엎을 것'이라고 하자, 신포서가 말하기를, '그대가 초나라를 뒤엎을 수 있다면 나는 반드시 다시 일으킬 수 있을 것'이라고 했다. 초나라 소왕(昭王)이 수(隨)나라에 가있게 되자, 신포서는 진(秦)나라에 가서 군사를 내줄 것을 요청하였다. 궁정 담장에 기대어 통곡하기 7일 만에 진나라 군사가 출동하였고, 소왕은 마침내 나라를 다시 일으킬 수 있었다고 했다. 따라서 오자서[吳胥]라고 한다면 이 내용에 맞지 않는다.

69 역주 : 『삼국지』 권4, 「위지」 「삼소제기(三少帝紀)」의 고귀향공과 상도향공[陳留王] 기록 각각 참조.

70 역주 : 『송서(宋書)』 권89, 「원찬전」, 『남제서(南齊書)』 권23, 「저연전」 각각 참조.

위해 눈물을 흘릴 뿐이겠는가?(此條傷魏·晉而下諸末造鮮義旅也. "寧爲高貴鄕公死, 莫作常道鄕公生.", "寧爲袁粲死, 莫作褚淵生." 臣子之於君父, 其義一也, 豈祇爲殷頑雪涕而已)

3-12

『논어』에 이르기를, "크도다, 주(周)의 덕(德)이여! 천하의 3분의 2를 차지하고도 은(殷)에 복종하였다"라고 했다.[71] 살펴보건대 『상서』 서(序)에, "서백(西伯)[72]이 여(黎)나라를 평정하자 은이 비로소 주나라를 미워했다"라고 했다.[73](두 구절은 서문(序文)이다) 주(周)[姬氏]는 작위(爵位)가 제후였음에도 다른 제후국에 대한 정벌을 번번이 행하여 은나라 왕실과 원한을 맺었지만 조금도 부끄러움이나 두려움이 없었다. 이는 『춘추』에 기재된 형만(荊蠻)[楚]이 여러 희성(姬姓) 제후국을 멸망시킨 것이나,[74] 『논어』에서 말한 계씨(季氏)가 전유(顓臾)를 정벌한 것과 같다.[75] 또 살펴보니, 모(某)(책 이름이 빠져 있고, 어떤 판본에는 '그[其]'라고 잘못 적었다) 책에는 말하기를, 주

---

71 역주 : 『논어』「태백(泰伯)」편에, 주나라는 천하의 3분의 2를 차지하고도 은에 복종하였으니, 주나라의 덕은 그야말로 지극한 덕이라 할 것이다라고 했다.

72 역주 : 서백(西伯)을 『사기』의 「은본기」와 「주본기(周本紀)」에서는 문왕(文王)으로 보았으나, 『풍속통의(風俗通義)』「황패(皇覇)」편, 『상서(尙書)』「감서(甘誓)」소(疏), 구양수(歐陽修)의 「태서론(泰誓論)」, 호굉(胡宏)의 『황천대기(皇天大紀)』, 여조겸(呂祖謙)의 「서설(書說)」, 설계선(薛季宣)의 『서고문훈(書古文訓)』, 김이상(金履祥)의 『통감전기(通鑑前紀)』, 양옥승(梁玉繩)의 『사기지의(史記志疑)』, 뇌학기(雷學琪)의 『죽서기변의증(竹書紀年義證)』 등에서는 모두 무왕(武王)을 지칭하는 것이라 보았다. 趙呂甫, 『史通新校注』, p.799 주)4 참조.

73 역주 : 『상서』「서백감려(西伯戡黎)」편, 서(序) 참조.

74 역주 : 『좌전』 희공(僖公) 28년(B.C. 632), 정공(定公) 4년(B.C. 506) 조 기록 각각 참조.

75 역주 : 『논어』「계씨(季氏)」편 참조.

작(朱雀) 운운하였고,('주작' 문구는 당연히 본문에 있어야 하지만, '운운'자(字)는 잘못이다) 문왕(文王)이 천명을 받아 왕을 칭했다 운운하였다.[76] 무릇 하늘에 두 개의 태양이 있을 수 없듯이 땅에는 오직 한 명의 군주만이 있을 뿐이다. 은(殷)이 여전히 존재하고 있는데도 문왕(文王)이 뜻밖에 왕을 칭한 것은 춘추시대 초(楚)와 오(吳), 그리고 월(越)이 왕을 참칭(僭稱)하고 천자를 업신여긴 것과 같다. 그렇다면 주가 여(黎)를 평정하고 숭(崇)나라를 멸망시킨 것은 스스로를 왕과 같다고 한 것인데, 천자를 섬기는 도리가 이와 같아서는 안 된다. 이는 가까이 삼국시대 위(魏) 사마문왕(司馬文王)이 조정 대신을 살해하고 세 명의 소제(少帝)들을 폐출(廢黜)하고 나서, 구석(九錫)의 예를 더하고 여섯 필의 말이 이끄는 수레를 탔던 것과 같다.[77] 사마문왕이 죽었을 때 순욱(荀勖)은 여전히 그가 인신(人臣)으로서 일생을 마쳤다고 하였다.[78] 대개 주 문왕(周文王)이 은나라를 섬겼던 태도는 사마문왕이 위(魏)의 신하노릇 하였다는 것과 같은데, 그것을 주나라의 덕이 크다고 칭찬하는 것은 그 말이 헛된 것이 아니겠는가? 이것이 여덟 번째 의문이다.

---

76 역주 : 문왕이 서백(西伯)이었을 때 주작 한 마리가 입에 단서(丹書)를 물고 풍호(豊鎬)에 있던 문왕의 집에 날아들었다고 하였다. 그리하여 문왕이 천명을 받아 왕을 칭하였다고 하였다. 이 같은 내용은 『논형(論衡)』 「초품(初稟)」편, 『묵자(墨子)』 「비공(非攻)」 하(下)편, 『여씨춘추(呂氏春秋)』 「응동(應同)」편 등에 널리 보인다.

77 『삼국지』 권4, 「삼소제기(三少帝紀)」에, 감로(甘露) 5년(260) 사마문왕을 진공(晉公)에 봉하고 구석(九錫)의 예를 더하였다. 함희(咸熙) 2년(265), 진왕(晉王)에게 명하여 천자의 정기(旌旗)를 세우고, 여섯 필의 말이 끄는 금근거(金根車)를 타도록 하였고, 지위가 연왕(燕王)의 위[上]에 있도록 하였다. 역주 : 사마문왕은 사마소(司馬昭)를 가리킨다.

78 『진서(晉書)』 권39, 「순욱전(荀勖傳)」에, 순욱(荀勖)의 자는 공증(公曾)이다. 진 무제(晉武帝)가 수선(受禪)한 후 중서감(中書監)으로 임명하였다고 했다. 按 : 사마소(司馬昭)에게 아첨하는 말이 본전(本傳)에는 실려 있지 않다. 『세설신어(世說新語)』 「방정(方正)」편 주(注), 왕은(王隱) 『진서(晉書)에, 순욱은 성품이 아첨을 잘하여 양사(良史)라면 그를 영행전(佞幸傳)에 기록할 것이라 했다. 대개 순욱의 아첨은 가충이 진(晉)에 화를 불러온 것과 같고 이는 그 전에 사마씨에게 아첨하여 조씨를 무너지게 한 것으로 알 수 있다.

『論語』曰 : 大矣, 周之德也. 三分天下有其二, 猶服事殷. 案『尙書』「序」(舊脫'序'字)云 : 西伯戡黎, 殷始咎周.(二句序文) 夫姬氏爵乃諸侯, 而輒行徵伐, 結怨王室, 殊無愧畏. 此則『春秋』荊蠻之滅諸姬, 『論語』季氏之伐顓臾也. 又案某(書名闕, 一訛'其')書曰 : 朱雀云云(朱雀句當有本文, '云云'字誤), 文王受命稱王云云. 夫天無二日, 地惟一人, 有殷猶存, 而王號遽立, 此卽『春秋』楚及吳 · 越僭號而陵天子也. 然則戡黎滅崇, 自同王者, 服事之道, 理不如斯. 亦猶近者魏司馬文王害權臣, 黜少帝, 坐加九錫, 行駕六馬. 及其歿也, 而荀勖猶謂之人臣以終. 蓋姬之事殷, 當比馬之臣魏, 必稱周德之大者, 不亦虛爲其說乎?(一作'說也') 其疑八也.

按 : 이 조목 역시 사마씨를 지적하면서 사마소(司馬昭)를 예로 들었는데, 이전의 조조(曹操)와 이후의 유유(劉裕)가 모두 이러한 부류에 속한다.(此條亦提破司馬, 擧昭爲例. 前操後裕等, 皆比於一科)

3-13

『논어』에 말하기를, "태백(太伯)은 지극한 덕이 있는 사람이라 하겠구나! 세 차례나 천하를 사양했으면서도 백성이 그 덕을 칭송할 자취조차 없구나"[79]고 하였다. 그러나 『여씨춘추』[80](서명이 틀렸다. 『오월춘추(吳越春

79 역주 : 『논어』「태백(泰伯)」편에 보이는 구절이다.

80 **按** : 이 말은 분명히 잘못이다. 이 책의 소위 12기(紀) · 8람(覽) · 6론(論)을 종관(縱觀)한 바 있지만 태백(太伯)에 관한 사실이 한 마디도 없었다. 『오월춘추』를 펴서 살펴보니 마침 그에 관한 문장이 있으므로 아래[左]에 기록하였다. 역주 : 그러나 현재 전해지는 『여씨춘추』에는 관련 기록이 없으나 유지기는 송대(宋代)까지 전해져 온 『여씨춘추』「계동기(季冬紀)」 "염효(廉孝)"편을 인용하였을 것이라 추정하고 포기룡의

秋)』라고 해야 한다)에 기재된 내용을 살펴보니,[81] 태왕(太王)은 그의 손자[文王]를 지극히 사랑하여 그의 아버지 계력(季歷)을 후계자로 세우고자 하였다. 그러나 태백(太伯)은 계력의 형으로서 적장자였기 때문에 어진 이[文王]의 즉위에 장애가 되었다. 만약 그가 구차한 모습으로 그 자리를 넘보면서 요행을 바라는 마음으로 떠나지 않았다면, 크게는 위(衛)의 태자 급(伋)처럼 죽음을 당하게 되거나,[82] 작게는 초(楚)의 태자 건(建)처럼 타국으로 유망(流亡)하게 될 신세였다.[83] 비록 천하를 양보하고 싶지 않았다고 하더라도 그의 부친이 그를 계승자로 세웠겠는가? 태왕(太王)이 죽었을 때 태백(太伯)이 급히 달려와 상(喪)을 치르자, 계력은 부친의 유명(遺命)을

이 같은 견해가 틀렸다고 주장하기도 한다. 張振珮, 『史通箋注』, p.492 주)2 참조.

81 『오월춘추』에, 고공(古公)에게는 아들 셋이 있었다. 장남은 태백이라 불렀고, 차남은 중옹(仲雍)이라 불렀는데 일명 우중(虞仲)이라고 했으며, 막내를 계력(季歷)이라 불렀다. 계력은 태임(太任) 씨를 처로 맞이하여 아들 창(昌)을 낳았는데, 창에게는 천자의 상서로움[聖瑞]이 있었다. 고공이 말하기를, 왕업(王業)을 일으키는 일이 창에게 있도다! 라고 했다. 태백과 중오가 분위기를 보고 무엇을 뜻하는지 알고는 계력이 (계승하는 것이) 맞다고 하였다. 고공이 나라를 창에게 물려주고자 하는 것을 알았기 때문이다. 고공이 병들자 두 사람은 약을 채집하기 위해 형산(衡山)으로 간다는 핑계를 대고 형만(荊蠻)으로 가서 머리를 자르고 문신을 하고, 이적의 복장을 하여 아무도 몰라보게 하였다. 고공이 죽자 태백과 중옹이 돌아왔지만 상(喪)을 마치고는 형만으로 돌아갔다. 그 나라의 백성들이 군주로 섬기니 스스로 구오(勾吳)라고 불렀다. 고공이 죽기 직전 계력에게 명하여 나라를 태백에게 물려주게 하였지만, 세 번이나 사양하고 받지 않았다. 그리하여 계력이 정무에 임하였다.

82 『사기』 권37, 「위강숙세가(衛康叔世家)」에, 원래 선공(宣公)이 총애하던 부인 이강(夷姜)이 아들 급(伋)을 낳았고 그를 태자로 삼았다. 태자가 제(齊)나라의 여자를 아내로 맞이하려 했는데, 선공이 스스로 그 여자를 취하여 자수(子壽)와 자삭(子朔)을 낳았다. 급의 어머니가 죽자 부인(夫人)이 자삭과 함께 태자 급을 헐뜯었다. 선공은 급을 제나라에 사신으로 보내고는 도적을 시켜 국경에서 그를 살해하였다고 했다. **按**: 이 사실은 『좌전』 환공(桓公) 16년(B.C. 696)에 보인다. '급(伋)'을 『좌전』에서는 '급자(急子)'라고 썼다.

83 『좌전』 소공(昭公) 19년(B.C. 523)에, 초자(楚子)가 태자 건(建)을 낳았고 왕은 태자를 위하여 진(秦)나라에서 여자를 맞이하기로 하였다. 비무극(費無極)이 거꾸로 왕에게 권하여 그 여자를 취하게 하였다. 그리고는 성보(城父)에 성을 쌓아 태자를 두게 하였다. 20년에, 무극이 초자에게 말하기를, 태자 건이 방성(方城) 밖의 세력으로 배반하려 한다고 했다. 왕이 이를 믿고 성보의 사마(司馬) 분양(奮揚)에게 태자를 죽이도록 하였다. 도달하기 전에 태자 건이 송(宋)으로 달아났다고 했다.

받들어 형에게 왕위를 양보하려 하였다. 태백은 몸이 불구라는 이유로 사양하고 받지 않으려 했다. 태백이 자신의 신체를 훼손하고 머리를 풀어 헤쳤던 것은 밖으로는 다른 사람들의 혐의(嫌疑)를 끊기 위함이고, 안으로는 시기(猜忌)함을 풀기 위함이었다. 이는 마치 수탉이 스스로 자신의 아름다운 꼬리를 잘라 제사의 희생물이 되지 않으려는 것과 같다.[84] 또 『춘추』를 살펴보니, 진(晉)의 사위(士蔿)가 태자 신생(申生)이 곧 폐하여질 것을 보고 말하기를, 오(吳)의 태백(太伯)처럼 하는 것이 오히려 아름다운 이름을 남기는 것이리라[猶有令名]고 했다.[85] 이는 태백(太伯)과 신생(申生)이 처한 경우가 같았다는 사실을 말한다. 다만 사정이 발생한 시간과 장소가 달랐기 때문에 결과가 같지 않았을 뿐이다. 공자가 태백을 논한 바처럼 부친이 그가 태자가 되는 것을 꺼려했기 때문에 오히려 좋은 명성을 얻게 되므로 전화위복이 되었다는 것은 타당하다. 그런데도 "지극한 덕이 있는"이라 운운하는 것은 그 칭송함이 잘못된 것이 아니겠는가. 이것이 아홉 번째 의문이다.

『論語』曰 : "太伯可謂至德也已. 三以天下讓, 民無得而稱焉."案『呂氏春秋』(書名恐誤, 當是『吳越春秋』) 所載云云, 斯則太王鍾愛厥孫, 將立其父. 太伯年居長嫡, 地實妨賢. 向若强顔苟視, 懷疑不去, 大則類衛汲之誅, 小則同楚逮之逐, 雖欲勿讓, 君親其立諸? 且太王之殂, 太伯來赴, 季歷承考遺命, 推讓厥昆. 太伯以形質已殘, 有辭獲免. 原夫毁玆玉體,

84 『외전(外傳)[『國語』]』「주어(周語)」에, 빈맹(賓孟)이 교(郊)에 갔을 때 수탉이 스스로 자신의 꼬리를 끊는 것을 보았다. 시자(侍者)에게 물으니 대답하기를 '희생물이 되기를 두려워하기 때문'이라 하였다. 역주 : 이 내용은 『좌전』 소공(昭公) 22년(B.C. 520)에도 보인다.

85 진나라 사위(士蔿)의 말은 『좌전』 민공(閔公) 원년(B.C. 661)에 보인다. 역주 : 사위의 말을 조금 자세히 살펴보면, '태자[申生]는 군주가 되지 못할 것이다. 도성(都城)을 나누어 경(卿)의 지위에 있게 함으로써 먼저 가장 높은 위치가 되었으니, 또 어찌 군주가 될 수 있겠는가. 타국으로 도피하는 것보다 못하다. 죄를 짓는 데에 이르는 일 없이 오태백(吳泰伯) 같이 되는 것이 옳지 않겠는가. 그것이 오히려 아름다운 이름을 남기는 것이리라[猶有令名]. 태자에는 자칫 화가 미칠 것이다' 운운 하였다.

從彼被發者, 本以外絶嫌疑, 內釋(一作'懷')猜忌, 譬雄鷄自斷其尾, 用獲免於人犧者焉. 又案『春秋』, 晉士蔿見(一脫'見'字)申生之將廢也, 曰: 爲吳太伯, 猶有令名. 斯則太伯 · 申生, 事如一體. 直以出處有異, 故成敗不同. 若夫子之論太伯也, 必美其因病成妍, 轉禍爲福, 斯則當矣. 如云 "可謂至德"者, 無乃謬爲其譽乎? 其疑九也.

按: 이 조(條)에서는 유독 『상서(尙書)』의 사실을 제기하지 않았다. 이는 대개 앞의 서백(西伯)에 관한 조에서 이미 다루었기 때문이다. 태백(太伯)의 품덕으로 세 차례나 양위(讓位)한 사실의 진위에 대하여 이학(理學) 대유(大儒)들도 오늘에 이르기까지 확정된 답안이 없다. 유지기가 단순하게 후세의 정황만으로 추측한 것은 충분한 설명이 되지 못한다. 대개 태자[李建成]의 일을 측은(惻隱)하게 여긴 마음에서 연유했을 것이다.(此條獨不拈『尙書』, 蓋因西伯條而及之也. 太伯之德, 三讓之指, 理學大儒, 訖無定解. 知幾一以後世情事揣, 詎足與辯. 夫亦心惻於隱太子之事乎)

3-14

『상서』 「금등(金縢)」편에 이르기를, "(무왕이 죽고 난 후) 관숙(管叔)과 채숙 등이 요언을 퍼뜨리며 말하기를 주공(周公)이 장차 어린 성왕[孺子]에게 불리한 짓을 할 것이다"라고 하였다. 『좌전』에는 또 말하기를 "주공이 유언비어를 퍼뜨린 형 관숙(管叔)을 처형하고, 동생 채숙(蔡叔)을 쫓아낸 것이 어찌 그들을 사랑하지 않은 것인가? 왕실 때문이다"(소공(昭公) 원년)고 했다. 『상서』 「군석(君奭)」편의 서(序)에서 말하기를 "소공(召公)은 태보(太保)가 되고, 주공은 태사(太師)가 되어 성왕을 보좌하는 좌우 대신이 되었다. 소공이 좋아하지 않았다"(모두 「군석(君奭)」편의 서(序)에 보이는 문장이다)고 하였다. 이는 주공 단(旦)이 신하의 도리에 맞지 않는 예(禮)를 행하면서 군주를 위협하는 권위를 지녔으며, 그 거동이 의심스러워 많은 사람의 비난을 받았기 때문이다. 비록 소공[奭]이 아성(亞聖)의 덕과 공명하고 진실한 재능을 지니고 있음에도 이 같은 정황을 보고 오히려 격분할 정도인데, 하물며 관숙과 채숙 같이 재능이 보통 정도인 사람들이 작은 나라의 제후로 있으면서 주공이 불순한 마음을 품고 있다는 소문을 듣고도 의심하지 않을 수 있겠는가. 관숙과 채숙이 무기를 들고 배반한 것은 스스로의 능력을 오해한 데서 말미암은 것이다. 그리하여 주공은 평화를 어지럽히는 것이라 여기고[自以不諴]('함(諴)'자는 마땅히 '함(咸)'자로 써야 하는데, 『좌전』의 말을 가용(假用)하였다) 급히 그들을 처벌하였던 것이다.[86] 이 같은 방법은 한대(漢代) 회남왕(淮南王)을 용서하고,[87] 부릉질왕(阜陵質王)을 관대히 용서한 것[88]과 얼마나 차이가 있는가. 이는 주공이 형제간의

86 역주 : 『좌전』 희공(僖公) 24년(B.C. 636)에, 천자가 노하여 장차 적(狄)의 군사로써 정(鄭)나라를 정벌하려하자 부진(富辰)이 간하며 말하기를, '옛날 주공(周公)께서는 관숙과 채숙이 왕실과 화목하지 못했던 일을 슬퍼하였다[昔, 周公弔二叔之不咸]'고 했다. '함(咸)'이란 화목하다, 평화롭다는 의미이다.

87 『한서』 권44, 「회남형산제북왕전(淮南衡山濟北王傳)」에, 회남여왕(淮南厲王) 장(長)은 고제(高帝)의 소자(少子)이다. 효문제(孝文帝)가 즉위 후 스스로 가장 가까운 친척이라 여기고 교만하고 방종하여 여러 차례 법을 받들지 않았지만 황제가 관대하게 용서하였다. 입조한 뒤에도 매우 제멋대로 행동하였다. 문제는 그 잘못을 묻지 않았다. 귀국한 뒤에도 더욱 방자하였다. 모반사건이 발각되어 관리들이 여러 차례 상주하여 범한 죄가 기시(棄市)에 해당한다고 하였지만 문제는 제(制)를 내려, 유장[淮南王]의 죽을죄를 사면하고 왕을 폐립하도록 하라고 하였다.

88 『후한서』 권42, 「부릉질왕연전(阜陵質王延傳)」에, 광무제의 아들 부릉질왕 연(延)은 회양(淮陽)에 봉해졌다. 성격이 교만하고 사치스러웠다. 어떤 사람이 연이 도참(圖讖)을 만들어 저주하는 일을 기도한다고 고발하였다. 현종(顯宗)이 특별히 은혜를 더하여 (처벌하지 않고) 부릉왕으로 옮겼다. 연이 원망하는 마음을 품었다. 다시 연이 역모를 꾀한다고 고발하는 사람이 있었다. 숙종(肅宗)이 조서를 내려 이르기를, 부릉왕은 이전에도 대역을 범한 적이 있는데 그 죄가 관숙과 채숙과 같았다. 선제(先帝)께서 법을 적용하지 않고 용서하였는데도 왕이 회개하지 않았다. 이제 후(侯)로 강등한다. 후에 구강(九江)을 순행할 때 연을 만나고 기쁘기도 하고 슬프기도 한 마음으로 다시 왕으로 복위시켰다고 했다.

우애가 각박했음을 보여준다. 그런데도 『상서』(구본(舊本)에는 『시(詩)』라고 썼다)[89]에서는 이것을 주공의 미담으로 서술하고 있으니 무엇 때문인가? 이것이 열 번째 의문이다.

『尚書』「金縢」篇云: "管·蔡流言, 公將不利于孺子." 『左傳』云: "周公殺管叔而放(『左』作'蔡')蔡叔, 夫豈(舊誤'其')不愛? 王室故也."(昭元) 案『尚書. 君爽』篇『序』云: "召公爲保, 周公爲師, 相成王, 爲左右. 召公不說."(皆「君奭」序之文) 斯則旦行不臣之禮, 挾震主之威, 迹居疑似, 坐招訕謗. 雖奭以亞聖之德, 負明允之才, 目睹其事, 猶懷憤懣. 況彼二叔者, 才處中人, 地居下國. 側聞異議, 能不懷猜? 原其推戈反噬, 事由誤我. (一作'誠') 而周公自以不誠,(當作'咸', 假用左氏語), 遽加顯戮, 與夫漢代之(一無'之'字)赦淮南,(此下一增'明帝'二字) 寬阜陵, 一何遠哉! 斯則周公於友于之(一作'其')義薄矣. 而『書』(舊作'詩')之所述, 用爲美談者, 何哉? 其疑十也.

按: 이 조(條)는 위의 조와 같은 상황에 속한다. 유지기의 생각으로는 주공(周公)을 논함에 부족함이 있다고 했다. 특히 태백(太伯)·문왕(文王)을 함께 논하기에 부족하다고 했다. 그러나 이렇게 말한 까닭은 대개 은(隱)·소(巢) 사이의 첩혈(喋血)의 변(變)에 대하여[90] 미사(微辭)로서 은연중에 나타내지 않을 수 없었기 때문일 것이다.(此亦與上條爲類. 劉之不足與語周公, 猶其不足語於太伯·文王也. 然爲此說者, 於隱·巢之間喋血之變, 或不能不寓於微辭焉)

---

89 역주: 포기룡은 열 가지 의문이 모두 『상서』의 내용을 중심으로 전개된 것이기 때문에 곽연년(郭延年)의 『사통평석(史通評釋)』과 황숙림(黃叔琳)의 『사통훈고보(史通訓故補)』의 '『시(詩)』'자를 '『서(書)』'자로 바꾸었다. 하지만 실제 『시경』「빈풍(豳風)」의 "칠월(七月)" 이하 여섯 편이 모두 주공(周公)을 찬미한 내용으로 되어 있으므로 『시』자로 쓴 내용이 원래의 의미에 가까울 수도 있다고 지적하기도 한다. 張振珮, 『史通箋注』, p.494 주)7 참조.

90 역주: 진한장(陳漢章), 『사통보석(史通補釋)』에서는 은태자(隱太子)와 소자왕(巢剌王)을 각각 당 고조 때의 건성(建成)과 원길(元吉)이라고 보았다.

3-15

대개 『춘추』 이전 『상서』에 기재된 시대에 대한 작자들의 사실 서술은 이상과 같았다.(釋: 열 가지 의문은 모두 『상서』에 기재된 시대의 사실이었다. 이 세 구절은 이러한 뜻을 골라낸 것이다) 이제 경전의 바른 말[雅言] 중에 도리로서 이해하기 어려운 것과 제자(諸子)의 서로 다른 이야기 중에 믿을만한 것을 취하여 그들을 참조하여 사정의 진상을 깊이 살필 수 있다. 이와 다른 것은 더 이상 논하지 않는다.(釋: 몇 마디 말로 분명하게 끝을 맺었다) 원고(遠古)의 서(書)와 근고(近古)의 사서(史書) 사이에는 내용의 번거로움과 간략함이 서로 다르다는 것 외에도 사실을 기록하는 태도가 모두 같지 않았다. 무엇 때문인가? 근고의 사서는 말에 대하여는 상세하게 기재하고, 사실에 대하여는 취사선택을 한 것이 드물다. 후세의 학자들로 하여금 한 나라의 정치상황을 보는데 있어서 그 좋은 점과 나쁜 점을 서로 대조하여 살필 수 있도록 하였다. 또한 어떤 군주의 재능을 보는데 있어서 그가 현명하였는지 어리석었는지를 다 알 수 있도록 하였다. 그러나 원고(遠古)의 서(書)는 그렇지 않았다. 무릇 거기에 기록된 것은 대강만을 제시하고, 칭찬하거나 은휘(隱諱)에 힘쓴 사실들이었다. (후세의 학자들이) 어떤 조대(朝代)의 시종(始終)을 살필 경우 숨기거나 없어진 사실이 많음을 알 수 있다. 예를 들어 말해보자. 만약 한(漢)·위(魏)·진(晉)·송(宋)의 군주들이 상대(上代)에 태어났고, 요(堯)·순(舜)·우(禹)·탕(湯) 등 군주가 중엽(中葉)에 출현했다고 가정하고 사관들에게 입장을 바꾸어 기록하게 한다면, 각자 그 시대를 기재하고 그 시비를 논함에 있어서 분명 현재의 사서와는 다를 것이다.(釋: 이 부분을 더하여 후일 찬탈을 자행한 여러 왕조에서 서로 추감(推勘)했다는 뜻을 분명하게 지적하고 있다. 대체로 원고(遠古)시대에는 감추고 생략하였기 때문에 이문(異聞)이 복잡하게 출현하였음을 말하였다. 하물며 후대의 간웅들이 가령 그 시대에 살았다고 한다면 반역한 자취들이 남은 자료더

미에 산견될 것이니 또 마땅히 어찌 할 것인가!) 윤편(輪扁)같은 사람도 고서(古書)를 찌꺼기[糟粕]라 하였고,[91] 공자도 전해진 것이 의심할 만하다고 했다.[92] 맹자는 말하기를 "『상서』의 내용을 전부 믿는 것은 차라리 『상서』가 없는 것만 못하다. 「무성(武成)」편의 경우 나는 그 중에서 단지 두세 쪽 간책(簡策)의 내용만을 취했을 뿐이다"[93]고 했다.(어떤 책에는 이하 "누문(累文)이라는 점에서 근고와 같다[而爲累文, 與近古同焉]"는 아홉 글자가 있지만 문장의 의미가 분명하지 않다. 어떤 책에는 이 아홉 글자가 없다) 이러한 사실을 미루어 볼 때 원고(遠古)에 기록된 『상서』에는 허망한 내용이 매우 많다. 이것이 어찌 왕침(王沈)이 사실과 다르게, 또 심약(沈約)이 많은 거짓을 지어낸 것과 같지 않겠는가?[94](釋 : 끝 문단은 「내편(內篇)」의 사마천을 비판하고 반고를 찬양하는 내용과 같은 뜻이다. 저술가에게 기록이 황당해서는 안 된다는 것을 훈계하고 있다)

大抵自『春秋』以前, 『尚書』之世, 其作者述事如此.(釋 : 十疑皆在『尚書』之世也. 此三句點出) 今取其正經雅言, 理有難曉, 諸子異說, 義或可憑, 參而會之, 以相研覈.(一作'覆') 如異於此, 則無論焉.(釋 : 數語繳完) 夫遠古之書, 與近古之史, 非唯繁約不類, 固(一作'故')亦向背皆殊. 何者? 近古之史也, 言唯詳備, 事罕甄擇. 使夫學者覩一邦之政, 則善惡相參; 觀一主之才, 而賢愚殆半. 至於遠古則不然. 夫其所錄也, 略擧綱維, 務存褒諱, 尋其終始, 隱沒者多. 嘗試言之, 向使漢·魏·晉·宋之君生於上代,(一作'三

---

91 역주 : 『장자』 「천도(天道)」편에 수록된 문장이다. 「서사(敍事)」편의 주)48 참조.

92 역주 : 『춘추』 환공(桓公) 14년(B.C. 698)의 '하오(夏五)'라는 구절에 대하여, 『곡량전(穀梁傳)』에, 공자께서 말하기를 먼 곳의 소리를 듣는 자는 그 신속한 것을 듣고 그 느린 것은 듣지 못한다. 먼 곳을 바라보는 자는 그 모습만을 살피고 그 형태를 살피지 못한다고 하였다. 정공(定公)과 애공(哀公)의 세상에 서서 은공(隱公)과 환공(桓公)을 가리켰으니 은공과 환공의 세상은 먼 것이었다. '하오(夏五)'는 전해진 것에 의문이 있다고 했다. 즉 '하오'는 "하나라 오월(五月)"에서 '월'자가 빠졌다고 한 것이다.

93 역주 : 『맹자』 「진심(盡心)하」편에 수록된 문장이다.

94 역주 : 왕침과 심약에 관한 유지기의 평가는 「곡필(曲筆)」편과 「직서(直書)」편의 본문과 주(注) 참조.

代', 非) 堯 · 舜 · 禹 · 湯之主出於中葉, 俾史官易地而書, 各敍時事, 校其得失, 固未可量.(**釋** : 加此一層, 明指出後來簒奪諸代互相推勘之旨. 大意言遠古諱略, 猶且異聞錯出. 況若後代奸雄, 縱使上生彼世, 其諸逆節, 散見叢殘, 又當何如哉!) 若乃輪扁稱其糟粕, 孔氏述其傳疑. 孟子曰 : 盡信『書』, 不如無『書』. 『武成』之(一脫'之'字)篇, 吾取其二三簡.(一本此下有"而爲累文, 與近古同焉"九字, 詞義未亮, 一本無此九字) 推此而言, 則遠古之書, 其妄甚矣. 豈比夫王沈之不實, 沈約之多詐, 若斯而已矣.(一作'哉'. **釋** : 末段與「內篇」抑馬揚班同意. 誡著述家無騖荒遠也)

按 : 이는 의고(疑古) 10조(條)의 후발(後跋)로서 조목의 수에는 포함되지 않는다.(此十疑後跋也, 不入條數)

유지기가 말한 이 같은 말에 대하여 성현을 비방한다고 화를 내며 엄하게 물리치는 것을 의인(義人)의 말이라 하고, 이러한 내용이 유지기가 고사(古史)에 자신의 마음속에 있는 분함을 기탁(寄托)한 것이라는 점을 능히 깨달을 수 있는 것을 깨달은 사람의 말이라 했으며, 단지 변치 않는 도리를 거스르고 멋대로 논의함에 놀라면서 자신의 작고 보잘 것 없는 학식을 가지고 강론의 시비에 대하여 맞다 틀리다 하는 것은 어리석은 사람의 말이라 했다. 뜬구름이 태양을 가린다고 하여도 어찌 태양이 이 때문에 그 밝음을 잃겠는가. 조급하게 이를 비난하고 욕을 하는 것은 『좌전』에서 "노나라 사람들은 그를 민첩하다"[95]고 한 모습과 유사하다.(此等書, 怒其非聖無法, 而嚴爲擯者, 誼人之辭也. 會其讀史寄憤, 而懸爲解者, 曉人之辭也. 徒駭其拂經橫議, 而出我巾箱剩語, 與之講是對非, 則癡人之辭矣. 浮翳障日, 日豈隕明, 促促焉起而詈罵之, 傳稱"魯人爲敏", 其類是哉!)

95 역주 : 이 말은 『좌전』 문공(文公) 15년(B.C. 612) 3월에 보인다. 『좌전』에는 '魯人以爲敏'으로 되어 있다.

『사통통석』 권14

「혹경(惑經)」 제4

제목 아래에 그리고 「혹경」편 내용 중에 옛날에는 모두 주(注)가 있었는데 혹은 20조(條) 혹은 22조가 있었지만 모두 합당하지 않아 이제 모두 삭제하였다.[題下 · 篇中, 舊皆有注, 或作二十條, 或作二十二條, 皆未允, 今併去之]

이 편에서 유지기는 공자가 편수한 『춘추』에 대하여 '이해가 되지 않는 점' 12조목을 열거하면서 이에 대한 문제의 제기와 함께 비판을 가하였다. 아울러 좌구명 · 맹자 · 반고 등이 『춘추』를 신성화하면서 그 실제를 과장하여 말한 '헛된 찬미' 다섯 가지를 제시하였다. 이러한 문제 제기를 통해 유지기는 수사(修史)의 원칙과 방법 그리고 체례와 관련하여 공자와 『춘추』가 지닌 역사적 사실과는 다른 헛된 찬미를 비판하였던 것이다. 주지하다시피 「의고」편과 함께 「혹경」편의 이러한 비판은 이후 유학자들의 수많은 공격의 빌미가 되었다.[1] 유지기의 이 같은 『춘추』에 대한 비판은 일관된 그의 치사(治史) 원칙과 밀접한 관련을 갖는 것으로서 역사적 사실을 충실하게 반영하지 않는 점을 강하게 비판하였다. 따라서 "무릇 사관(史官)이 역사를 편찬함에 있어서도 당연히 거울이나 허공과 마찬가지로, 어떤 사람을 비록 좋아하더라도 그의 악함을 알고, 미워하더라도 그의

1 역주 : 곽연년(郭延年) · 『사고전서총목(四庫全書總目)』 · 기윤(紀昀) 등의 비판에 대하여는 高國抗 지음, 오상훈 외 역, 『중국사학사』 상, 풀빛, 1998, pp.345-346 참조.

선함을 알아서, 그 선악을 반드시 기록해야 한다. 이렇게 해야 실록(實錄)인 것이다"라는 그의 직서(直書)와 실록의 원칙과 달리 『춘추』의 은휘와 포폄에 따른 사실기재가 역사적 진실을 그대로 이해하는데 장애가 될 수밖에 없음을 비판하였다. 그러나 다른 한편 직서와 실록을 주장하는 유지기도 강상명교(綱常名教)에 부합하는 은휘에 대하여는 역사적 진실과 상관없이 수용하는 태도를 보임으로써 한계를 나타내고 있다.

4-1

옛날 공자[孔宣父][2]는 위대한 성인(聖人)의 덕을 갖추고 시운(時運)에 순응(順應)하여 태어났다. 인류가 생겨난 이래 공자와 같이 위대한 사람은 아직 없었다.[3] 때문에 그의 3000명의 제자와 70명의 문인(門人)들이[4] (그의 도(道)를) 뚫어보거나 우러러볼수록 미칠 수가 없으며,[5] 그에게 가르침을 청함에 게으름이 없었다.[6] 그러나 한 자[尺], 한 치[寸]에도 짧고 긴

2 역주 : 『신당서(新唐書)』 권15, 「예악지(禮樂志)」 5에, 정관(貞觀) 11년(637) 조서를 내려 공자를 높여 선부(宣父)로 한다고 했다.

3 역주 : 『맹자』 「공손축(公孫丑)상」편에 보이는 문장이다. 유지기는 당 태종 세민(世民)을 피휘하여 생민(生民)을 인류[生人]라 표기하였다.

4 역주 : 『사기』 권47, 「공자세가」에, 공자는 시(詩) · 서(書) · 예(禮) · 악(樂)으로 가르쳤는데, 제자가 대개 3천명에 이르렀고, 그 중 육예(六藝)에 통달한 자가 72명이나 되었다고 했다. 또 『사기』 권67, 「중니제자열전」에, 공자는 "나에게 가르침을 받고 육예에 통달한 제자가 77명이다"라고 하였는데, 그들은 모두 다 특별한 능력을 갖춘 사람들이었다고 했다. 그리고 『맹자』 「공손추(公孫丑)상」편(篇)에, 덕으로써 사람을 복종시킨 것은 마음속에서 기뻐서 진심으로 복종하는 것이니 70인의 제자가 공자에게 복종하는 것과 같은 것이라고 했다.

5 역주 : 『논어』 「자한(子罕)」편에, 안연(顏淵)이 탄식하여 말하기를, "선생님의 도는 우러러보면 더욱 높고, 뚫고 들어가면 더욱 견고하고, 앞에 있는 것을 보았는데 문득 뒤에 와 있다"[仰之彌高, 鑽之彌堅, 瞻之在前, 忽然在後.]라고 하였다.

것이 있듯이,[7] 공자는 학생들과 학문이나 도덕을 탐구하고 응대하면서 가르치고 배움이 모두 유익할 수 있도록 서로의 장점을 취하고 단점을 보완해주었다. 어떤 근거가 있는가? 예컨대 공자가 제자인 중유(仲由)[子路]가 (자신이 위 영공(靈公)의 부인 남자(男子)를 만난 사실을) 불쾌해 하는 것을 보고 곧 하늘에 맹서하며 "만약 내가 예에 맞지 않는 일을 했다면 하늘이 나를 버릴 것이다"[8]고 하여 자신의 결백을 주장하였다. 또 공자가 무성(武城)에 이르렀을 때 현악에 맞추어 부르는 노래 소리에 대한 말과 그에 대한 제자 언언(言偃)[子游]의 응답에 대하여 농담이었다고 하면서 바로 해명하였던 사실[9] 등이 그것이다. 이를 통해 성인의 교화(敎化)는 매우 커다란 도리를 포함하고 있음을 알 수 있다. 자신의 도리를 효과적으로 전하기 위해 공자는 때로 학생에게 맹서로써 마음을 드러내고, 때로는 자신의 잘못을 인정하고 자신의 모습에 손해되는 것까지도 수용하였다. 그러나 단지 유가사상을 겉치레로만 배운 평범한 사람들은 잘 꾸민 언사로 자신의 실수와 잘못을 수식(修飾)하고, 가르침을 받고자 하는 사람에게 그들은 잘 모른다고 이야기하지 않고 입을 굳게 닫고는 자신의 무지와 의혹이 드러나지 않도록 할 뿐이다. 과연 성인이 그들처럼 이같이 하였는가?(釋 : 처음 지성(至聖)이라도 사람들의 비난에 변명하는 것을 마다하지 않았다고 했다) 아! 고금(古今)은 처한 시대가 달라 공자의 가르침을 받길 원하지만 방법이 없다. 나는 공자가 가르치는 곳에서 청소를 하면서

6 역주 : 『논어』 「자로(子路)」편에 나오는 말이다.

7 역주 : 『초사(楚辭)』 「복거(卜居)」편에 나오는 말이다.

8 역주 : 『논어』 「옹야(雍也)」편 참조.

9 역주 : 『논어』 「양화(陽貨)」편에, 공자께서 무성(武成)에 가셨을 때 현악(絃樂)에 맞추어 부르는 노래 소리를 들으셨다. 공자께서 미소를 띠며 말하기를, "닭을 잡는데 어찌 소 잡는 칼을 쓸게 있느냐?"라고 하자 (그 고을의 읍재(邑宰)를 지내고 있던) 자유가 대답하기를, "전에 제가 선생님께서 '군자가 도를 배우면 사람을 사랑하고 소인이 도를 배우면 부리기 쉬우니라'고 하신 말씀을 들은 적이 있습니다"라고 하였다. 공자가 말씀하시기를, "제자들아, 자유[偃]의 말이 옳도다! 아까 한 말은 농담이니라"라고 한 말을 인용한 것이다.

라도 공자 문하의 어린 제자들과 함께[10] 그의 좋은 말씀[德音]을 받들고 4과(科)[11]에 거론된 사람들을 좇아 공부할 수 없음을 한스럽게 여긴다. 그리하여 헛되이 벌레들에 의해 상한 죽간(竹簡)을 살펴 공자가 남긴 유문(遺文)을 억지로 파고들 뿐이므로, 우리들은 공자사상의 정수(精髓)를 얻지 못하고 단지 그 조박(糟粕)한 것만을 얻을 뿐이다. 따라서 저작 중에 말씀한 도리가 통하지 않아 마음속에 의문이 생기더라도 직접 가르침을 받을 수 없다. 이제 공자의 사상을 논술하고자 붓을 쥐고 종이를 펼치지만 생각이 정리되지 않아 주저(躊躇)하게 되고, 붓을 들어 글씨를 쓰지만 마음이 혼란하고 어지럽다.[12] 만약 공자가 죽은 뒤에도[13] 혼령(魂靈)이 있다면 감히 접여(接輿)처럼 노래하고,[14] 임방(林放)처럼 질문하며[15] 공자에게

---

10 역주 : 『한서』 권56, 「동중서전(董仲舒傳)」에, 때문에 공자의 문하에서는 성년이 안 된 어린아이라도 (춘추시대의) 다섯 패자[五覇]를 담론하는 것을 부끄럽게 여겼다. 왜냐하면 사기(詐欺)와 무력을 추숭(推崇)하고 인의(仁義)를 중시하지 않았기 때문이라고 했다.

11 역주 : 『논어』 「선진(先進)」편에, 덕행(德行)으로는 안연(顔淵) · 민자건(閔子騫) · 염백우(冉伯牛) · 중궁(仲弓)이, 언어(言語)로는 재아(宰我) · 자공(子貢)이, 정사(政事)로는 염유(冉有) · 계로(季路)가, 문학(文學)으로는 자유(子游) · 자하(子夏)가 각각 뛰어나다고 했다.

12 역주 : 『논어』 「술이(述而)」편에 나오는 말이다.

13 역주 : '공자가 죽은 뒤에도[梁木斯壞]'란 의미는 『사기』 권47, 「공자세가」에, 공자가 자공(子貢)에게 탄식하며 노래하길, 태산이 무너진단 말인가[太山壞乎]! 기둥이 부러진다는 말인가[梁柱摧乎]! 철인(哲人)이 죽어간다는 말인가! 그리고는 눈물을 흘렸다. …… 그 후 7일이 지나 공자는 세상을 떠났다고 한 내용을 보듯 위대한 철인이라 할 수 있는 공자의 죽음을 가리키는 말이다.

14 역주 : 『논어』 「미자(微子)」편에, 초나라의 미치광이 접여(接輿)가 노래를 부르며 공자의 옆을 지나치며 말하기를, '봉황새야! 봉황새야, 어쩌다가 덕이 쇠하였는가. 지난 일은 말릴 수 없지만, 오는 일은 따를 수 있거니 그만두어라. 그만두어. 지금의 벼슬길을 따른다면 위태롭다'라고 하자, 공자께서 내려가 그와 말씀하고자 했지만 급히 도망쳐 말씀을 나누지 못하였다고 했다. 접여는 초나라 사람으로 성은 육(陸), 이름은 통(通)으로 알려져 있는데, 미치광이를 가장하여 세상을 살아가던 은사(隱士)였다.

15 역주 : 『논어』 「팔일(八佾)」편에, 임방(林方)이 예(禮)의 근본에 대하여 묻자 공자께서 말씀하시기를, '훌륭한 질문이다. 예는 사치함보다 차라리 검소해야 하고, 부모의 상(喪)을 만나면 정연(整然)하게 다스림보다 진심으로 슬퍼해야 하느니라'고 했다. 임방은 노나라 사람으로 공자의 제자이다.

가르침을 청하고 싶다.(釋 : 이 말은 의심 가는 것을 직접 묻고 싶다는 뜻이다. ○이상은 남겨진 경전을 총괄하여 말하였다) 그러나 공자의 입언(立言)과 행사(行事) 그리고 『시경』의 산정(刪訂), 『역경(易經)』의 의론[贊] 등은 그 함의(含義)가 너무 광범위하여 일일이 논하기가 어렵다. 따라서 지금은 다만 사서(史書)에 기재된 내용에 한정하여 다음과 같이 평론하고자 한다.(끝에서는 『시』·『역』을 빌려 『춘추』로 논의를 돌렸다. 어떤 책에는 다음 문단과 이어져 있지만, 잘못이다)

昔孔宣父以大聖之德, 應運而生. 生人(民)已來, 未之有也. 故使三千弟子·七十門人, 鑽仰不及, 請益無倦. 然則(作'然而'用)尺有所短, 寸有所長. 其間切磋酬對, 頗亦互聞得失. 何者? 覩仲由之不悅, 則矢天厭以自明; 答言偃之弦歌, 則稱戲言以釋難. 斯則(舊有'之'字)聖人設教, 其理含弘, 或援誓以表心, 或稱非以受屈. 豈與夫庸儒末學, 文過飾非, 使夫問者緘辭杜口, 懷疑不展, 若斯而已哉?(釋 : 首言至聖不拒人辯難) 嗟夫! 古今世殊, 師授路隔, 恨不得親膺灑掃, 陪五尺之重; 躬奉德音, 撫四科之友. 而徒以研尋蠹簡, 穿鑿遺文, 菁華久謝, 糟粕爲偶. 遂使理有未達, 無由質疑. 是用握卷躊躇, 揮毫悱憤. 儻梁木斯壞, 魂而有靈, 敢效接輿之歌, 輒同林放之問.(釋 : 此言願獻疑義. ○已上總統遺經而言) 但孔氏之立言行事. 刪『詩』贊『易』, 其義旣廣, 難以具論. 今惟摭其史文, 評之於後.(末借『詩』·『易』折歸『春秋』. 一本連下, 非)

按 : 이 구절 역시 서(序)이다. 단지 스스로 이 편을 쓰게 된 이유를 설명할 뿐 다른 뜻을 섞지 않았다. 성인의 마음을 언급한 견해가 고상하고 명석하다.(此亦序也, 但自表作之由, 不參別意, 所言聖人胸次, 見地高明)

4-2

공자가 수정(修訂)한 사서를 『춘추』라 불렀다.[16] 내가 『춘추』의 의례(義例)를 상세하게 살펴보니 이해가 되지 않는 점 12조목이 있었다.(구본(舊本)에는 역시 아래 문장과 이어져 있다)

案夫子所修之史, 是曰『春秋』. 竊詳『春秋』之義, 其所未諭('喩'通, 後同)者有十二.(舊亦連下)

按:「혹경(惑經)」편은 오로지 『춘추』를 논하였다. 편 전체는 두 부분으로 나뉜다. 하나는 '이해가 되지 않는 점[未諭]'이요, 다른 하나는 '헛된 찬미[虛美]'이다. 이상의 내용은 '이해가 가지 않는' 12조목에 대한 대강(大綱)이다.(「惑經」專主『春秋』. 通分二截:曰未諭, 曰虛美. 此四句爲未諭諸條作總挈也)

경(經)이 어찌하여 미혹케 할 수 있는가? 왜냐하면 전(傳)이 미혹케 하기 때문이다. 전(傳)이 미혹케 하는 것인데 왜 경(經)이 미혹케 한다고 하는가? 전(傳)이 주로 말하는 것은 사실[事]이요, 경(經)이 주로 말하는 것은 의(義)이다. 의는 저울[權衡]이요, 사(事)는 물(物)이다. 어떤 사물이 여기 있는데 뒤섞여 나의 저울에 놓여 있을 경우 내가 그것의 무게를 달게 되는데, 무게가 같은데도 저울대가 오히려 한 쪽으로 기울고, 무게가 다른데도 저울대가 오히려 변함이 없다면, 잘못이 물(物)에 있는가? 잘못이 저울에 있는가? 잘못은 저울에 있다. 『춘추』에는 같은 사실인데도 서법(書

16 역주:『맹자』「등문공(滕文公)상」편에, 세상이 쇠퇴하고 정도(正道)가 미약해서 사설(邪說)과 폭행이 일어나니 신하로서 임금을 죽이는 자가 생겨나고 자식으로서 아비를 죽이는 자가 생겨나자, 공자께서 이를 두려워하여 『춘추』를 지으셨다. …… 공자가 『춘추』를 완성하자 난신적자(亂臣賊子)들이 두려워하게 되었다고 했다. 『사기』권47, 「공자세가」에, 이에 공자는 역사기록[史記]에 근거하여 『춘추』를 지었다. …… 『춘추』의 대의가 행하여지게 되면 곧 천하의 난신적자들이 두려워하게 될 것이다라고 했다.

法)이 다르거나, 다른 사실인데도 서법이 같은 경우가 있다. 때문에 미혹케 함이 경(經)에 있다고 한 것이다. 말하기를, 혹경(惑經)은 맞는가? 답하기를, 어떻게 그것을 옳다고 하겠는가. 경(經)은 성인(聖人)이 지었으니 성인이 알지 못하는 것을 어떻게 경(經)이 알 수 있다고 하겠는가. 경을 모르면서 그것에 대해 말하는 것은 성인을 비방하는 것이다. 그렇다면 어찌하여 물리치지 못하는가? 답하기를, 필요가 없기 때문이라고 하였다. 사물은 일정불변한 형상이 없고, 의리는 심오하면서도 다함이 없다. 의혹이 있으면 밝히면 된다. 이에 대하여는 성인이 금하지 않았다. 그렇다면 전(傳)이야말로 실제로 미혹케 하는 것이다. 성인은 경(經)의 뜻[義]을 밝혔을 뿐 사례(事例)를 열거하지는 않았다. 전(傳)이 사례에 대한 기재에서 갈래가 있었기 때문이다.(전(傳)이나 주(注)가 각기 경의 뜻[意]을 사례[例]로 설명하면서부터, 『춘추』 경(經)의 해석에 많은 갈래가 있게 되었다) 구양자(歐陽子)가 말하기를, "군자(君子)를 버리고 성인(聖人)을 따르겠다"라고 했다. 군자를 버린다 함은 전(傳)을 버린다는 뜻이다. 그렇다면 전(傳)을 버릴 수 있는가? 답하기를, 나는 그대에게 버릴 수 있는지 없는지를 묻지 않고, 결국 그렇게 할 수 있는지 묻고자 한다. 그대는 능히 전체 12공(公)의 전(傳)을 모두 버릴 수 있는가? 아니면 선택하여 버리겠는가? 만약 선택하여 버린다면 그대가 선택하여 버리는 기준은 무엇인가? 성인을 비방하는 것은 불가하고, 전(傳)을 버리는 일은 할 수 없다면, 열두 가지 이해가 되지 않는 점에 대한 이야기를 나는 이미 발생했던 적이 있는 사정으로만 여기고 남겨두려 한다.(經何以惑? 爲傳惑也. 爲傳惑, 曷爲言惑經? 傳主事, 經主義. 義, 權也; 事, 物也. 有物於此, 雜然而集吾衡. 吾受而權之, 而等者歙焉, 變者膠焉. 失在物乎? 失在權乎? 曰 : 在權. 『春秋』事同書異, 事異書同, 故惑在經矣. 曰 : 惑經是乎? 曰 : 惡乎是! 經由聖而作, 聖不可知, 惡能知經. 不知而爲之辭, 是非聖也. 然則奚而不斥也? 曰 : 無庸也. 事形何常, 義類何盡, 惑而辯, 聖人弗禁. 雖然, 傳實惑之. 聖人筆經不筆例, 傳者例岐.(自傳者·注者各以意爲例, 而『春秋』一經自此多事矣) 曰 : 歐陽子言之矣, "捨君子而從聖人." 捨君子者, 捨傳也. 捨傳可乎? 曰 : 吾不奪子以可, 吾將窮子以能. 子能比十二公之傳

而捨諸乎? 將擇而捨諸也? 擇而捨諸, 則子奚擇而捨之? 非聖不可, 捨傳不能, 十二未論之云, 吾以過而存者存之)

열두 가지 이해가 되지 않는 점[未論]을 '의고(疑古)'와 같은 부류로 볼 수는 없다.(十二未論, 不得與疑古同科)

4-3

무엇 때문인가? 진(晉)나라의 조맹(趙孟)이 위(衛)를 공격한 것에 대하여 정당한 이유를 대지 못했음으로 (『춘추』는 이를 기록하면서 그의 이름을 적지 않고) 폄하(貶下)하여 진나라 사람[晉人]이라고만 하였다.[17] 기 환공(杞桓公)[杞伯]이 오랑캐의 예절[夷禮]로서 천자를 조견(朝見)하자 『춘추』는 자(子)라고 깎아 내렸다.[18] 진(晉)이 괵(虢)을 정벌하면서 먼저 우(虞)를 매수

---

17 『춘추』 선공(宣公) 2년(B.C. 607)에, 진인(晉人) · 송인(宋人) · 위인(衛人) · 진인(陳人) 등이 정(鄭)나라를 침범하였다고 했고, 두예(杜預)의 주(注)에, 진(晉) 조돈(趙盾)이 제후들의 군대를 일으켰으나 초(楚)가 두려워 돌아옴으로써 패자(覇者)의 의(義)를 잃었다고 하여 '진나라 사람[晉人]'이라 폄칭(貶稱)하였다고 했다. 『좌전』의 첫 부분 공안국(孔安國)의 소(疏)에, 맹(孟)과 백(伯) 모두 맏이를 가리킨다고 했다. 『예위(禮緯)』에, 서자로써 맏이를 맹(孟)이라 칭하지만, 적자(適子)로서 맏이인 경우 백(伯)이라 칭하여 구별하였다고 했다. 예컨대 조씨는 조돈의 후예로서 조돈이 서자로서 맏이였기 때문에 자손들도 모두 맹(孟)으로 불렸던 것이라고 하였다. 역주 : 그러나 폄칭하게 된 이유라고 설명한 "조맹이 위나라를 공격한 것에 대하여 정당한 이유를 대지 못했음으로"에 대하여는 그 설명이 분명치 않지만, 순림보(荀林父)를 위해 위(衛)를 공격하였다가 제(齊)와 정(鄭) 두 나라 군주의 질문을 받고 거짓으로 위나라 사람이 진의 변방 군인 300명을 죽인 것을 이유로 들었다.

18 『춘추』 희공(僖公) 27년(B.C. 633), 기자(杞子)가 내조(來朝)하였다. 『좌전』에, 기 환공(杞桓公)이 내조하였는데 오랑캐[夷]의 예법(禮法)으로 하였다. 때문에 경(經)에서는 (이 같은 일은 천자에 대한 불경(不敬)이라 여기고 의도적으로 그를 백(伯)이라 하지 않고) 폄하하여 자(子)라고 하였다고 했다.

하여 길을 빌려 행군하였는데 『춘추』는 우의 죄가 진보다 크다고 했다. 따라서 이 사실을 기록하면서 우(虞)를 진의 앞에 기록하였다.[19] 초(楚)와 진(晉)이 회맹(會盟)하면서 당시 조약을 쓸 때 초를 앞에, 진을 뒤에 기록하였다. 그러나 『춘추』는 초가 신용이 없었음을 비난하여 이 사실을 기록하면서 진을 초의 앞에 기록하였다.[20] 도덕과 품행에 대한 평가는 모두 작자가 어떻게 기록하는가에 달려 있는 것임으로 정직하게 쓰면 될 것을 무엇 때문에 공자는 사건의 진상을 고치려 하는가? 어찌 제(齊)·정(鄭) 및 초(楚)(『춘추』의 세차(世次)에 비추어 마땅히 정·초 및 제라고 해야 한다)세 나라에서 모두 국군(國君)이 시해(弑害)되었는데도 각기 병으로 사망하였다고 부고(赴告)하여 그들을 모두 '졸(卒)하였다'라고 기록하게 하였는가?[21](原注 : 양공(襄公) 7년 정(鄭)의 자사(子駟)가 국군(國君) 곤완(髡頑)을 시해하였고, 소공(昭公) 원년 초(楚)의 공자 위(圍)가 국군(國君) 겹오(郟敖)를 살해했고, 애공(哀公) 10년에 제나라 사람들이 국군(國君) 도공(悼公)을 살해하였다. 그런데도 『춘

19 역주 : 『춘추』 희공(僖公) 2년(B.C. 658) 조 경문(經文)과 『좌전』의 해당 기록 참조.

20 『춘추』 양공(襄公) 27년(B.C. 546)에, 숙손표(叔孫豹)가 진(晉)나라의 조무(趙武), 초나라의 굴건(屈建), 채(蔡)나라의 공손귀생(公孫歸生), 위(衛)나라의 석악(石惡), 진(陳)나라의 공환(孔奐), 정나라의 양소(良霄), 허나라 사람[許人], 조나라 사람[曹人]과 송(宋)에서 회맹(會盟)하였다고 했다. 『좌전』에, 맹약을 하려 할 때 초나라 사람이 옷 안에 갑옷을 입고 있었다. 백주려(伯州犁)가 말하기를, "제후들의 군대를 모아놓고서 신의가 아닌 짓을 하는 것은 제후들의 화합을 버리는 것이다"라고 하였다. 자목(子木)이 말하기를, "일에는 이로움만 있을 뿐이고 진실로 우리의 뜻만 이룬다면 그만이지 신의가 무슨 소용이 있겠는가!"라고 하였다. 진(晉)과 초(楚)가 맹약의 선두가 되기를 다투다가 초나라 사람이 먼저 했다. 그런데도 경(經)에 진(晉)을 먼저 기록한 것은 진나라에 신의가 있었기 때문이다. 두예의 주(注)에, 대개 공자가 이를 미루어 바로잡았다고 했다.

21 『춘추』 애공(哀公) 10년(B.C. 485)에, 제후(齊侯) 양생(陽生)이 졸(卒)하였다. 두예의 주(注)에, 병으로 죽었다고 알렸기 때문에 시해(弑害)했다고 쓰지 않았다고 했다. 『춘추』 양공(襄公) 7년(B.C. 566)에, 정백(鄭伯) 곤완(髡頑)이 조(鄵)에서 졸(卒)하였다고 했다. 주(注)에, 실제로는 자사(子駟)에게 시해되었지만 학질로 죽었다고 알렸기 때문에 시해라고 쓰지 않았다고 했다. 『춘추』 소공(昭公) 원년(B.C. 541)에, 초자(楚子) 균(麇)이 졸(卒)하였다고 했다. 주(注)에, 초는 학질로 죽었다고 알렸으므로 시해라고 쓰지 않았다고 했다.

추』에서는 그들이 모두 졸(卒)했다고 기록하였다. 按 : 구주(舊注)에는 위의 세 시해사건에 대한 본문과 경문(經文)의 순서가 모두 틀렸다. 이제 『춘추』의 세차(世次)에 의거하여 배열한다) 무릇 신하가 국군(國君)을 살해하고 자식이 아비를 죽이는 일은 조금이라도 도리를 아는 사람이라면 모두 그것이 부끄럽고 두려운 일이라는 것을 알 것이다. 만약 그들이 세상을 속여 그들의 죄가 면하게 된다면 누군들 그것을 원하지 않겠는가? 그러나 진(晉)의 조돈(趙盾)처럼 관직이 정경(正卿)으로 있으면서 국도(國都)로 돌아와서도 적(賊)을 토벌하지 않았기 때문에,[22] 또 허(許)의 지(止)는 태자의 지위에 있으면서 군주가 마실 약을 먼저 마셔보지 않았기 때문에,[23] 이들은 모두 『춘추』에 (군주를 시해했다는) 악명으로 후세에 전해졌다. 그러나 앞에서 말한 국군(國君)을 시해한 세 사람의 반역은 이들 두 사람을 시해하였고 기록한 사건과 비교한다면 의심할 것도 없이 제 부모를 잡아먹는 짐승[梟獍] 같은 천하의 패륜이었다. 그런데도 『춘추』에서는 오히려 도덕적 그물을 엉성하게 하여 그들이 시해했다는 악명을 남기게 하지 않았고, 그 뒤의 두 사람은 단지 우연한 혐의였는데도 불구하고 엄하고 세밀한 법망을 씌어[凝脂][24] (그 악명을) 분명하게 기록하였다. 악을 미워하는 심정이 어

22 『춘추』 선공(宣公) 2년(B.C. 607)에, 진(晉)나라 조돈(趙盾)이 그 군주 이고(夷皐)를 시해하였다고 했다. 『좌전』에, 진(晉)의 제후 영공(靈公)이 조돈에게 술을 마시게 하고 무사를 시켜 죽이려 했다. 조돈의 거우(車右)인 제미명(提彌明)의 도움으로 싸움을 하며 빠져 나와 드디어 도망하였다. 조천(趙穿)이 영공(靈公)을 도원(桃園)에서 공격하여 죽였다. 다른 나라로 도망을 치려던 선자(宣子) 즉 조돈이 국경을 넘지 않고 그대로 돌아왔다. 태사(太史)가 '조돈이 그 군주를 시해하였다'라고 기록하여 조정에 널리 알렸다. 조돈이 말하기를 '그렇지 않다'고 하자, 대답하기를, '그대는 정경(正卿)이 되어 달아났어도 국경을 넘지 않았으며, 돌아와서는 잔적(殘賊)을 토벌하지도 않았으니 군주를 시해한 자가 그대가 아니면 누구이겠는가'라고 하였다.

23 『춘추』 소공(昭公) 19년(B.C. 523)에, 허(許)의 세자 지(止)가 그 군주 매(買)를 시해하였다고 했다. 『좌전』에, 허 도공(許悼公)이 학질을 앓았는데 태자 지가 올린 약을 먹고 죽었다. 태자가 진(晉)으로 도망가자 경문(經文)에 '그 군주를 시해하였다'고 기록한 것이라 했다.

24 『중화고금주(中華古今注)』에, 연지(燕脂)는 홍남화(紅藍花)의 즙을 굳게 하여 비누로 만든 것인데 연나라에서 생산된다. 『구당서(舊唐書)』 권74, 「최인사(崔仁師傳)」에, 비

찌 이와 같을 수 있는가? 이것이 첫 번째 이해가 되지 않는 조목이다.

何者? 趙孟以無辭伐國, 貶號爲人; 杞伯以夷禮(一脫'禮'字)來朝, 降爵稱子. 虞班晉上, 惡貪賄而先書; 楚長晉盟, 譏無信而後列. 此則人倫臧否, 在我筆端, 直道而行, 夫何所讓? 奚爲齊·鄭及楚,(照『春秋』世次, 當作鄭·楚及齊) 國有弑君, 各以疾赴, 遂皆書卒?(原注 : 襄七年, 鄭子駟弑其君僖公; 昭元年, 楚公子圍弑其君郟敖; 哀公十年, 齊人弑其君悼公. 而『春秋』但書云 : 鄭伯髡頑卒, 楚子麇卒, 齊侯陽生卒. 按 : 舊注三弑與本文經文並皆失次, 今依『春秋』世次列之) 夫臣弑其君, 子弑其父, 凡在含識, 皆知恥懼. 苟欺而可免, 則誰不愿然? 且官爲正卿, 反不討賊; 地居冢嫡, 藥不親嘗. 遂皆被以惡名, 播諸來葉. 必以彼三逆, 方玆二弑, 躬爲梟獍, 則漏網遺名; 迹涉瓜李, 乃凝脂(或刊作'擬指', 非)顯錄. 嫉惡之情, 豈其若是? 其所未諭一也.

4-4

또 살펴보건대 제(齊)의 진걸(陳乞)이 야외의 막사(幕舍)에서 그 군주 도(荼)를 죽인 것은 양생(陽生)이 처음 꾸민 일이다. 초의 공자(公子) 비(比)가 건계(乾谿)에서 그 군주인 영공(靈公)이 스스로 목을 매어 죽게 한 것은 관종(觀從)이 일으킨 화(禍)였다.(原注 : 걸(乞)은 제의 진걸(陳乞)이고, 비(比)는 초(楚)의 공자(公子) 비(比)이다) 그런데도 『춘추』에서는 일을 처음 꾀한 자를 버리고 또 군주를 직접 시해한 범인을 기록하지 않았다.[25] 이는 노나라

누가 굳은 것처럼 조밀하였고, 가을 쑥바귀가 엉켜 있는 것 같이 번잡하였다. 按 : 대개 형벌이 매우 엄한 것을 가리킨다.

25 『춘추』 애공(哀公) 6년(B.C. 489)에, 제나라 양생(陽生)이 제나라에 들어갔다. 제나라의 진걸(陳乞)이 그 군주 도(荼)를 시해하였다고 했다. 『좌전』에, 진걸이 여러 대부들과 군대를 거느리고 공궁(公宮)으로 쳐들어갔다. 공이 장(莊)에서 싸웠으나 패하였다.

의 술[魯酒]이 싱겁다고 (초(楚)나라가 조(趙)나라에게 죄를 묻기 위해 군대를 보내) 한단(邯鄲)이 포위되었다는 이야기나 성문(城門)의 화재(火災)가 못 속의 고기에게 미친다는 이야기[26]와 무엇이 다르겠는가? 이와 같아야 한다면 주(邾)나라의 궁중의 문을 지키는 자가 이역고(夷射姑)에게 개인적인 원한을 가지고 있던 관계로 국군(國君)의 조급한 성질과 너무 깨끗한 것을 좋아하는 점을 이용하여 거짓 수단으로 군주를 격노하게 하여 이

진희자(陳僖子) 즉 진걸이 공자(公子) 양생을 불러 군주로 세웠다. 도공(悼公)이 호희(胡姬)로 하여금 안유자(安孺子)를 뇌(賴)에 가게 하였고, 주모(朱毛)로 하여금 진자(陳子)에게 고하여, 군주는 둘이 있을 수 없다고 하자 희자(僖子)가 쳐다보지 못하고 눈물을 흘렸다. 공이 주모로 하여금 안유자를 태(駘)로 옮기도록 하였는데 주모는 변이 생길 것이 두려워 야막(野幕)에서 죽였다고 했다. 『춘추』 소공(昭公) 13년(B.C. 529)에, 초의 공자 비(比)가 진(晉)으로부터 초나라로 귀국하여 그 군주 건(虔)을 건계(乾谿)에서 시해하였다고 했다. 『좌전』에, 초의 공자 비는 건계에 주둔하고 있었다. 왕에게 직위를 박탈당한 사람들과 결탁하고 또 전에 신(申)의 모임에서 치욕을 당했던 월(越)나라의 대부 상수과(常壽過)를 유인하여 반란을 일으켰다. 관기(觀起)가 죽었을 때 그의 아들 관종(觀從)은 채(蔡)나라에 있었다. 채공(蔡公)의 명으로 자간(子干) 자석(子晳)을 불러 등(鄧)에서 맹약하고 초에 들어가 태자 녹(祿)과 공자 파적(罷敵)을 죽였다. 공자 비(比)가 왕이 되고, 공자 흑굉(黑肱)이 영윤(令尹), 공자 기질(棄疾)이 사마(司馬)가 되고, 관종으로 하여금 건계에서 군대를 따르게 하였다. 왕이 여러 공자들이 죽었다는 소식을 듣고 스스로 수레에서 뛰어내렸고, 후일 우(芋)의 윤(尹)인 신해씨(申亥氏)의 집에서 목매 죽었다. 주(注)에, 초의 비(比)가 군주의 지위를 찬탈하고, 진걸이 눈물을 흘린 것은 모두 면죄를 위한 행위로 의심이 간다. 그러나 『춘추』에는 분명하게 이들의 행위를 군주를 시해하였다고 기록하였다고 했다. 按: 도공(悼公)은 양생(陽生), 안유자는 즉 도(荼), 비(比)는 자간(子干), 흑굉은 즉 자석(子晳), 기질은 즉 채공(蔡公)이다. 또 살펴보니, "관종(觀從)"을 상수(常壽)라고 적은 것은 잘못 쓴 것이다.

26 『장자(莊子)』 「거협(胠篋)」편에 '노주(魯酒)'에 관한 구절이 있다. 곽상(郭象)의 주(注)에, 초 선왕(楚宣王)이 제후에게 조회를 받을 때 노나라가 늦게 도착하였고 가져온 술도 싱거웠다. 선왕이 욕하려 하자 말도 없이 돌아가 버렸다. 선왕이 노하여 노나라를 공격하였다. 양 혜왕(梁惠王)이 항상 조(趙)나라를 공격하고자 하였지만 초나라가 구원할 것을 두려워하였는데, 초나라가 노를 공격하는 틈을 타서 양은 조나라의 한단(邯鄲)을 포위할 수 있었다고 했다. 『청파잡지(淸波雜誌)』의 장무진(張無盡)의 표(表)에 '노주(魯酒)', '성문(城門)' 두 구절이 있다. '노주'는 『장자』에서 나온 것이지만, '성문'은 어디에 근거한 것인지 모른다고 했다. 『광운(廣韻)』에는 지중어(池仲魚)를 사람의 성명(姓名)이라 했다. 백낙천(白樂天)의 시에, "화재가 성문의 고기가 사는 연못가에서 발생하였고, 불을 끄기 위해 연못 속의 물을 다 퍼내자 고기는 물을 잃었네[火發城門魚水裏, 救火竭池魚水失]"라 하여 '성명(姓名)'이라 보지 않았다.

역고를 처벌하게 하고자 하였다. 그리하여 그는 이역고가 정원에 방뇨를 하고 자기가 병에 물을 떠서 그것을 씻어냈다고 하였다. 국군(國君)이 대노하여 의자에서 굴러 몸이 화로 속에 떨어져 불에 타 죽었다.[27] 이 같은 죄악은 매우 큰 것이다. 그런데도 『춘추』에는 어찌하여 시해하였다[弑]고 쓰지 않았는가?(原注 : 당연히 궁중의 문을 지키는 자가 주자(邾子)를 시해하였다고 해야 할 것이다) 이것이 두 번째 이해가 되지 않는 조목이다.

又案齊乞(一作'荼')野幕之戮,(一作'弑') 事起陽生; 楚比(一作'靈')乾谿之縊, 禍由觀從.(原作'常壽', 誤. ○原注 : 乞謂齊陳乞, 比謂楚公子比也. 按 : 此注舊在'捨其親弑'之下, 今移此) 而『春秋』捐其首謀, 捨其親弑, 亦何異魯酒薄而邯鄲圍, 城門火而池魚及. 必如是, 則邾之閽者私憾射姑, 以其君卞(舊脫'卞'字)急而好潔, 可行欺以激怒, 遂傾瓶水以(一脫'以'字)沃庭, 俾廢鑪而爛卒. 斯亦罪之大者, 奚(一作'曷')不書弑乎?(原注 : 宜書云閽弑邾子) 其所未諭二也.

按 : 이상 두 조(條)는 모두 시군(弑君)에 관한 사실이기 때문에 이어서 비슷한 내용을 함께 언급하였다.(已上二條皆弑君事, 故連類言之)

(제나라의 군주가 시해됨에 따라) 진걸(陳乞)은 구적(寇賊)을 불러왔고, (초나라 영공(靈公)이 스스로 목을 맨 이후) 공자(公子) 비(比)는 급히 칭왕(稱王)하였으므로 모두 법을 피할 수 없는 것이었다. 유지기가 이를 하나의 미혹으로 더한 것은 두예(杜預)의 주(注)를 그대로 따르고 있음에서 연유한다.(乞先召寇, 比遽稱王, 皆法所不逭. 知幾多此一惑, 由墨守杜注故)

---

27 『춘추』 정공(定公) 3년(B.C. 507)에, 주자(邾子) 천(穿)이 졸(卒)했다고 적었다. 『좌전』에는 주자 천이 문루(門樓) 위에 올라가 뜰을 내려다보니 문지기가 항아리의 물을 쏟고 있었다. 주자가 노하여 물으니 문지기가 대답하기를 이역고(夷射姑)가 방뇨한 것이라 하였다. 주자가 사람에게 명하여 이역고를 붙잡게 하였으나 찾지 못하고 더욱 성을 내다가 의자에서 굴러 숯불이 타는 화로 속으로 떨어져 몸이 타 죽었다. 장공(莊公) 즉 주자는 성미가 조급하고 너무 깨끗한 것을 좋아하다가 이 같은 변을 당한 것이다. 주(注)에, 시(施)는 소변(小便), 폐(廢)는 떨어짐을 각각 의미한다고 했다.

4-5

대개 맑은 거울이 사물을 비출 때는 그 대상이 고운 것이든 못생긴 것이든 반드시 드러나게 한다. 모장(毛嬙)[28]의 얼굴에 작은 자국이 있다고 하여 그것을 거울에 비추지 않는 경우가 없다. 허공 중에 소리를 전하면 맑은 소리든 탁한 소리든 반드시 들리게 한다. 면구(緜駒)[29]의 노래가 곡조에 맞지 않는다고 하여 그것을 전하지 않는 경우가 없다. 무릇 사관(史官)이 역사를 편찬함에 있어서도 당연히 거울이나 허공과 마찬가지로, 어떤 사람을 비록 좋아하더라도 그의 악함을 알고, 미워하더라도 그의 선함을 알아서,[30] 그 선악을 반드시 기록해야 한다. 이렇게 해야 실록(實錄)인 것이다. 공자가 편수(編修)한 『춘추』를 보면 현자(賢者)를 위해 사실을 숨기고 기록하지 않은 것이 많았다.[31] 예컨대 적(狄)이 위(衛)나라를 멸망시킨 것은 사실이었는데도 이적을 물리치지 못한 제 환공(齊桓公)의 부끄러움을 가리기 위해 위나라의 멸망 사실을 기재하지 않았다.[32] 진후(晉侯)가 주(周)의 천자를 하양(河陽)으로 불렀지만, 공자는 진 문공(晉文公)의 미덕(美德)을 밝히기 위하여 천자가 (하양에서) 사냥하였다[狩]고 기록하였다.[33] 이는 곧 작자가 자신의 감정을 대립되는 두 인물에 경주(傾注)하면

---

28 역주 : 모장은 고대의 미녀를 가리킨다. 『장자』 「제물론(齊物論)」편에 여희(麗姬)와 함께 등장하고, 『관자(管子)』 「소칭(小稱)」편에는 서시(西施)와 함께 등장한다.

29 역주 : 『맹자』 「고자(告子)하」편에 등장하는 고대의 유명한 가수이다.

30 역주 : 『예기(禮記)』 「곡례(曲禮)」 상(上)에 나오는 말이다.

31 역주 : 『공양전(公羊傳)』 장공(莊公) 4년(B.C. 690), 민공(閔公) 원년(B.C. 661), 희공(僖公) 17년(B.C. 643) · 28년(B.C. 632), 소공(昭公) 20년(B.C. 522)의 기록에 "『춘추』는 현자를 위해 피휘하였다"라고 했다. 『곡량전(穀梁傳)』 희공(僖公) 17년에도 현자를 위해 피휘하였다는 기록이 보이지만, 『좌전』에는 이러한 기록이 보이지 않는다.

32 『춘추』 민공(閔公) 2년(B.C. 660)에, 적(狄)이 위(衛)나라에 침입하였다. 『곡량전(穀梁傳)』의 범녕(范寧) 주(注)에, "적이 위나라를 멸망하였는데도 멸망이라 하지 않고 침입하였다고 한 것은 『춘추』가 현자(賢者)를 위해 피휘(避諱)하였기 때문이다. 즉 제 환공이 이적을 물리칠 수 없었기 때문에 이를 피휘한 것"이라고 했다.

서 마음속에는 동시에 피아(彼我)를 함께 지니고 있었다는 것이다. 만약 사서를 편찬하는 원칙[書法]이 그와 같다면 군주가 된 사람[爲人君者](이 네 글자를 혹은 '현인군자(賢人君子)' 혹은 '부군자(夫君子)' 세 글자로 쓰고 있지만 모두 틀렸다)[34]이 다시는 헌장(憲章)을 두려워하지 않을 것이며, 비록 자신에게 결함이 있다고 해도[玷白圭][35] 양사(良史)에 의해 기록되는 것을 부끄럽게 여기지 않을 것이다. 이것이 세 번째 이해가 되지 않는 조목이다.

蓋明鏡之照物也, 姸媸必露, 不以毛嬙之面或有疵瑕, 而寢其鑒也; 虛空之傳響也, 淸濁必聞, 不以緜駒之歌時有誤曲, 而輟其應也. 夫史官執簡, 宜類於斯. 苟愛而知其醜, 憎而知其善, 善惡必書, 斯爲實錄. 觀夫子修『春秋』也, 多爲賢者諱. 狄實滅衛, 因桓恥(一脫'恥'字)而不書; 河陽召王, 成文美而稱狩. 斯則情兼向背, 志懷彼我. 苟書法其如是也, 豈不使爲人君者,(此四字或作'賢人君子', 或作'夫君子'三字, 皆誤) 靡憚憲章, 雖玷白圭, 無慚良史也乎?(一無'也'字, 一無'乎'字) 其所未諭三也.

33 『춘추』 희공(僖公) 28년(B.C. 632)에, 주의 천자가 하양(河陽)에서 사냥하였다[狩]고 했다. 『좌전』에는, 이 회합에 진 문공(晉文公)이 왕을 불러 제후를 거느리고 조견(朝見)하고, 또 왕에게 사냥하게 하였다. 이에 대해 공자는 말하기를 "신하로써 군주를 부른 것은 교훈(敎訓)이 될 수 없다"라고 했고, 그러므로 경문(經文)에 "주의 천자가 하양에서 사냥하였다"라고 기록한 것이라 운운하면서, "하양이라는 지역을 말하지 않은 것은 덕을 드러내기 위한 것"이라 하였다. 주(注)에, 군주를 부른 진후(晉侯)의 잘못은 숨기고 진나라의 공덕(功德)을 밝히고자 한 것이라 했다.

34 **역주** : 포기룡의 이 같은 해석에 대하여 기윤(紀昀), 『사통삭번(史通削繁)』에서는 이 구절의 주제가 현인을 위한 피휘를 지적하는 것이기 때문에 '현인군자(賢人君子)'가 맞다고 하였다. 趙呂甫, 『史通新校注』, p.816 주)10 참조.

35 **역주** : 『시경』 「대아(大雅)」 "탕지십(蕩之什)"의, 백규(白圭)의 흠[玷]은 오히려 갈아 없앨 수 있지만, 이 말의 흠은 어찌할 수 없다[白圭之玷, 尙可磨也, 斯言之玷, 不可爲也]"고 한 문장에서 인용한 말이다.

4-6

애공(哀公) 8년(B.C. 487)과 13년(B.C. 482)에 애공은 오(吳)나라와 두 차례 맹약을 맺었지만 『춘추』에는 이 사실을 모두 기록하지 않았다.[36](原注 : 8년의 기록에 대한 두예(杜預)의 주에 말하기를, "결맹한 사실을 기록하지 않은 것은 오(吳)가 이(夷)였기 때문에 결맹한 것을 부끄럽게 여겼기 때문이다"라고 했고, 13년의 기록에 대한 주에서는 말하기를, "결맹을 기록하지 않은 것은 다른 제후들 역시 이 사실을 부끄럽다고 여겼기 때문에 기록하지 않은 것이다"라고 하였다) (그러나) 환공(桓公) 2년(B.C. 710)에 융(戎)과 맹약을 맺은 사실은 기록하고 있다.[37] 융족은 잔인하고 흉포하기가 승냥이나 이리와 같아서 우리와 동족이 아니다.[38] 따라서 숨겨서 안 되는 것은 오히려 숨기고, 마땅히 부끄러워해야 할 일은 오히려 부끄럽게 여기지 않았다. 불편부당(不偏不黨)한 관점에서 본다면 이치에 맞는 것이 보이지 않는다. 이것이 네 번째 이해가 되지 않는 조목이다.

哀八年及十三年, 公再與吳盟, 而皆不書.(原注 : 八年「注」云 : "不書盟, 恥吳夷也." 十三年「注」云 : "盟不書, 諸侯恥之, 故不錄"也) 桓二年, 公及戎盟則書之.(舊

36 『춘추』 애공(哀公) 8년에, 오나라가 우리나라[魯]에 쳐들어왔다고 했다. 『좌전』에, 오나라는 우리나라와 맹약을 맺고 군대를 철수시켰다고 했다. 또 『춘추』 애공 13년에, 공이 황지(黃池)에서 진후(晉侯) · 오자(吳子)와 회합하였다고 했고, 『좌전』에, 신축(辛丑)에 맹약을 맺었다고 했다. 전(傳)과 주(注)의 문장은 모두 본문 안에 보인다.

37 『춘추』 환공(桓公) 2년에, 공과 융(戎)이 당(唐)에서 맹약을 하였다고 했다. **按** : 주(注)에는 융과의 맹약을 부끄러워했다는 문장이 없다.

38 **역주** : 이 말은 『좌전』 민공(閔公) 원년(B.C. 661)에, (관중(管仲)이 제 환공(齊桓公)에게 말하기를) "융적(戎狄)은 승냥이나 이리[豺狼]와 같아 우리는 그들의 욕심을 채워줄 수 없습니다. 또 중국의 여러 나라들[諸夏]은 서로 가까이 지내야 하므로 내버려 둘 수도 없습니다"라고 한 말과, 『좌전』 성공(成公) 4년(B.C. 587)에, (계문자(季文子)가 노 성공(魯成公)에게 간(諫)하기를) "사일(史佚)의 기록에 이르기를, '우리의 동족이 아니면[非我族類] 그 마음이 반드시 다르다'라고 했습니다. 초나라는 비록 강대하지만 우리의 동족이 아니니 어찌 우리를 사랑하려 하겠습니까?"라고 한 말에서 인용한 것이다.

無此三字, 今補) 戎實豺狼, 非我族類. 夫非所諱而仍諱, 謂當恥而無恥, 求之折衷, 未見其宜. 其所未諭四也.

按 : 위의 두 조목은 전(傳)이나 주(注)에 모두 군주를 위한 은휘(隱諱)의 문장이 있기 때문에 비슷한 내용을 함께 거론하였다.(已上二條, 傳 · 注互有爲君諱之文, 故亦以類擧)

4-7

각 제후국의 신하는 경(卿)이 아니면 이름을 『춘추』에 기록하지 않았지만, 만약 토지를 가지고 망명한 경우에는 비록 지위가 낮더라도 그 이름을 기록하였다.[39] 이것이 어찌 국가 대사의 경우 일반적인 원칙에 제한을 받지 않는다는 것이 아니겠는가. 예컨대 (계손(季孫)의 가신이었던) 양호(陽虎)같은 이는 삼환(三桓)을 멸망시키고자 환(讙)에 몰래 들어와 양관(陽關)을 조목령하고 국외에서 반란을 일으켰다. 『좌전』에는 이러한 사실이 상세히 기재되었지만 『춘추』 경문(經文)에는 아무런 기록이 없다. 무엇 때문인가. 또한 대궁(大弓)과 보옥(寶玉)을 궁내(宮內)에서 도난당한 사실은 책에 기록하면서도 성읍을 잃었는데도 오히려 기록하지 않았

39 『춘추』 양공(襄公) 21년(B.C. 552)에, 주(朱)나라 서기(庶其)가 칠(漆)과 여구(閭丘) 땅을 가지고 도망하여 왔다. 소공(昭公) 31년(B.C. 511)에, 주(邾)의 흑굉(黑肱)이 남(濫) 땅을 가지고 도망하여 왔다. 이 사실을 『좌전』에는, 흑굉은 주나라의 대부이지 경(卿)은 아니었기 때문에 지위가 낮았지만 이름을 기록한 것은 토지를 중히 여겼기 때문이다. 토지에서 생산되는 것은 식량이 되기 때문에 명분을 구하지 않고 지위가 낮더라도 반드시 기록하였다고 했다. 역주 : 『좌전』 소공(昭公) 5년(B.C. 537)에도 모이(牟夷)가 경(卿)이 아닌데도 이름이 기록된 것은 땅을 존중하기 때문이라는 기록이 보인다.

다.[40] 국가 대사는 생략하고 작은 일은 기록하고 있어서 권선징악의 도리에 어긋난다.[41] 이것이 다섯 번째 이해가 되지 않는 조목이다.

諸國臣子, 非卿不書, 必以地來奔, 則雖賤亦志. 斯豈非國之大事, 不可限以常流者耶?(一作'也') 如陽虎盜入于讙, 擁陽關而外叛. 『傳』具其事, 『經』獨無聞, 何哉? 且弓玉中(一作'云')亡, 猶獲顯記; 城邑失守, 反不沾(一作'具')書. 略大存小, 理乖懲勸. 其所未諭五也.

按 : 이 조항은 "환(讙)에 몰래 들어와 반란을 일으켰다"는 문장 아래 두예의 주(注)에는 양호(陽虎)가 가신(家臣)이었다는 이야기가 생략되어 있다. 때문에 "비록 지위가 낮더라도[賤] 기록하였다"는 내용을 예로 들어 왜 양호의 반란을 기재하지 않았는가를 비난하였고, 아주 작은 사실을 기록한 사례를 가지고 왜 성읍을 잃는 대사(大事)를 오히려 기재하지 않았는가를 비난하였다.[42](此條因"入讙以叛"之下, 杜注有略家臣之說, 故擧"雖賤亦志"爲案, 以賤例賤, 以書剔不書)

40 『춘추』 정공(定公) 8년(B.C. 502)에, 도둑이 보옥(寶玉)과 대궁(大弓)을 훔쳐갔다고 했다. 『좌전』에, 양호(陽虎)는 삼환(三桓)을 제거하고자 도성 안의 전차부대에게 영을 내려 '계사(癸巳)일에 다 모이라'고 했다. 성을 다스리는 공렴처보(公斂處父)가 맹손(孟孫) 씨와 임진(壬辰)일에 대비할 것을 기약하였다. 양호와 극하(棘下)에서 싸웠다. 양호가 패하자 공궁(公宮)으로 쳐들어가 보옥과 대궁을 훔쳐 가지고 나왔으며 환(讙)과 양관(陽關)으로 들어가 노나라를 배반하였다고 했다. 주(注)에, 배반을 기록하지 않은 것은 양호가 가신(家臣)이었기 때문이라고 했다.

41 역주 : 『좌전』 성공(成公) 24년(B.C. 577)에 보이는 『춘추』의 표현 다섯 가지 중 "악을 징계하고 선을 권장한다[懲惡而勸善]"는 원칙에 어긋난다는 말이다.

42 역주 : 이 말은 『춘추』가 양호(陽虎)의 문제에 있어서 국가의 대사는 "비록 지위가 낮더라도 기록하였다"는 원칙을 지키지 않았음을 지적한 것이다.

4-8

살펴보건대 제후의 적자(嫡子)는 대업을 계승하고 죽은 국군(國君)을 위해 복상(服喪)하지만, 아직 정식으로 군주에 즉위하지 않았다면 피휘(避諱)[43]하지 않았다. 이는 『춘추』의 의례(義例)이다. 그러나 어찌하여 자반(子般)이나 자야(子野)의 경우 (이미 즉위한 군주인데) 그들의 죽음을 기록하면서 모두 그들의 이름을 썼으며,[44] 악(惡)이나 시(視)는 (즉위하지 못한

43 역주 : 『좌전』 환공(桓公) 6년(B.C. 706)에, 9월 정묘(丁卯)일에 노 환공의 아들 동(同)이 태어났다. 태자가 탄생한 것을 축하하기 위해 부인을 접견하는 의례로 대뢰(大牢)를 사용하였다. …… 환공이 신수(申繻)에게 이름 짓는 법을 물었다. 신수가 대답하기를, "…… 나라와 관직, 산천, 질병, 축생의 이름으로써 명명하지 않고, 예기(禮器)와 옥백(玉帛)의 이름으로도 작명하지 않습니다. 주(周)나라 사람들은 피휘(避諱)함으로써 신을 섬기고 사후에는 반드시 그 이름을 부르지 않습니다. 그러므로 국명으로 작명하면 그 국명을, 관명으로 작명하면 그 관명을, 산천의 이름으로 작명하면 그 산천의 이름을 없애고, 축생의 이름으로 작명하면 그 축생으로 제사를 지내지 않으며, 기물이나 옥백의 이름으로 작명하면 그것으로 예물을 삼지 않습니다. 진(晉)나라 희공(僖公)의 이름이 사도(司徒)였음으로 사도직을 없앴고, 송(宋)나라 무공(武公)의 이름이 사공(司空)이었으므로 사공의 관명을 사성(司成)으로 고쳤습니다. 또 우리 선대의 헌공(獻公)과 무공(武公)이 산 이름으로 이름을 지었으므로 두 산의 이름을 바꾸었습니다. 그래서 큰 물건으로는 이름을 지을 수 없는 것입니다"라고 하였다. 이렇듯 피휘는 군주나 존장(尊長)의 이름을 직접 부르지 않는 것을 말한다. 따라서 같은 이름을 만나면 글자를 바꾸는 개자(改字)를 행하거나 글자의 획을 빠뜨리고 쓰는 소위 '결필(缺筆)' 등의 방법을 썼다. 후대에는 피휘 외에도 혐명(嫌名)이라 하여 군주나 존장의 이름과 음이 같거나 비슷한 글자를 사용하는 것을 꺼리는 것을 말한다.

44 『춘추』 장공(莊公) 32년(B.C. 662)에, 자반(子般)이 '졸(卒)' 하였다고 했다. 『좌전』에, 맹임(孟任)이 자반(子般)을 낳았다. 장공이 정침(正寢)에서 훙(薨)하고 자반이 즉위하였다. 다음 당씨(黨氏) 공중(共仲)이 어인(圉人) 낙(犖)을 시켜 당씨의 집에서 자반을 죽였다. 주(注)에, 선군(先君) 즉 장공을 장사지내기 전이기 때문에 자반이 즉위까지 했는데도 공(公)이라 일컫지 않고 자반이라 했으며, 살해되었다고 쓰지 않고 피휘(避諱)하였다고 했다. 『춘추』 양공(襄公) 31년(B.C. 542)에, 자야(子野)가 '졸(卒)'했다고 했다. 『좌전』에, 양공이 초궁(楚宮)에서 훙(薨)하고, 호녀(胡女) 경귀(敬歸)의 아들 자야(子野)를 양공의 후사로 세웠다. 계사(癸巳)에 졸(卒)했다고 한 것은 폄훼한 것이라고 했다. 주(注)에, 상을 당해도 슬픔을 표현하지 않은 것은 본성을 멸한 것이라고 했다.

인물들이었는데도 그들의 피살 사실을 기록하면서) 직접 자(子)가 졸했다[卒]고 기록하였는가.[45] 이것이 여섯 번째 이해가 되지 않는 조목이다.

案諸侯世嫡, 嗣業居喪, 旣未成君, 不避其諱, 此『春秋』之例也. 何爲般·野之歿, 皆以名書:('書'字舊注在'以名'之上) 而惡·視之殂, 直云"子卒". 其所未諭六也.

4-9

무릇 인륜이 있는 곳에서는 정상적인 사망이 아닌 경우, 일국(一國)의 군주 이상은 모두 시해[弑]라고 쓰고, 경사(卿士) 이상은 모두 살해[殺]라고 기록한다. 이 역시 『춘추』의 의례(義例)이다. 살펴보건대 『춘추』 환공(桓公) 2년(B.C. 702)에 이르기를, "송(宋)의 독(督)이 그 군주 여이(與夷)와 그 대부 공보(孔父)를 시해[弑]하였다"라고 했고, 『춘추』 희공(僖公) 10년(B.C. 650)에 이르기를, "진(晉)의 이극(里克)이 진나라 군주 탁(卓)과 대부 순식(荀息)을 시해[弑]하였다.(原註: '-과[及]'는 당연히 '살해[殺]'라고 바꾸어야 한다) 신하의 경우 당연히 살해[殺]라고 해야 하는데, 『춘추』는 살해[殺]를 ~과[及]의 의미로 바꾸어 군주를 시해한 일과 구별하지 않고 기록하였다.[46] 진실로 시해[弑]와 살해[殺]가 구분되지 않는다면 군신 간에는 아무런 구별이 없

45 『춘추』 문공(文公) 18년(B.C. 609)에, 자(子)가 졸(卒)하였다고 했다. 『좌전』에, 공이 홍(薨)하고 양중(襄仲)이 악(惡)과 시(視)를 죽이고 선공(宣公)을 세웠다. 경(經)에 이를 기록하여 자(子)가 졸했다고 한 것은 피휘한 것이라고 했다. 앞의 「편차(編次)」편에서 상세하게 설명하였다.

46 역주: 『춘추』 환공 2년의 경문(經文)은 "二年春王正月戊申, 宋督弑其君與夷及其大夫孔父"라 했고, 『춘추』 희공 10년의 경문에도 "十年春王正月, …… 晉里克弑其君卓及其大夫荀息"이라 한 문장 중 "급(及)"이 살(殺)로 바뀌지 않으면 대부의 죽음을 제후와 마찬가지로 '시(弑)'라고 쓰는 오류를 범하게 된다는 의미이다.

게 된다.(原注 : 『공양전(公羊傳)』(희공 10년 조)에서는 이를 해석하여 이르기를, "'급(及)'이란 무슨 뜻인가? 연결되었다[累]는 뜻이다"라고 하였다. 비록 이와 같은 해석을 하고 있지만 여전히 뜻이 통하지 않는다. 기왕에 이러한 해석이 사람들의 의문을 해소시키지 못하다면 이를 "이해가 되지 않는" 범위에 두어야 한다. 기타 다른 예들도 모두 이러한 예를 따라야 한다) 이것이 일곱 번째 이해가 되지 않는 조목이다.

凡在人倫, 不得其死者, 邦君已上, 皆謂之弑, 卿士已上, 通謂之殺. 此又『春秋』之例也. 案桓二年, 書曰 : "宋督弑其君與夷及其大夫孔父." 僖十年, 又曰 : "晉里克弑其君卓及其大夫荀息."(原注 : "及"宜改爲"殺") 夫臣當爲殺, 而稱及, 與君弑同科. 苟弑 · 殺不分, 則君臣靡別者矣.(原注 : 『公羊傳』曰 : "及者何? 累也."雖有此釋, 其義難通. 旣未釋此疑, 共編於未諭. 他皆仿此也) 其所未諭七也.

按 : 이상 두 조에서는 자(子)와 신(臣)을 연달아 거론하였다. 자(子)의 사망[卒]에 그의 이름을 적는가, 적지 않는가 하는 문제로부터 의문을 제기하고, '급(及)'자를 '시(弑)'자와 혼동하는 것을 의심하였다.(已上二條以子 · 臣連擧. 子之卒, 從書名不書名起疑; 臣之殺, 從'及'字混'弑'字起疑)

황숙림(黃叔琳)의 『사통훈고보(史通訓故補)』에는 "급기대부(及其大夫)"라는 부분을 이르기를, "글의 뜻이 매우 분명하여 의심할 필요가 없다"라고 했다. 나는 후일의 사서를 기준으로 보면 오히려 의심이 생긴다고 주장한다. 후일의 사서에는 군주의 난(難) 중에 해(害)를 당한 신하를 기재할 때에는 반드시 "아무개 관[某官] 아무개[某]를 살해하였다"라고 쓰거나, 그렇지 않으면 "아무개 관 아무개가 죽었다"라고 썼다. 신하를 군주의 뒤에 배열하면서 '급(及)'자(字)를 말하지는 않았다.(北平本書'及其大夫'簡端云 : "文義甚明, 不必致疑." 愚謂準之後史, 則疑生焉. 後史凡於預君難者, 必書曰"殺某官某"; 否則曰"某官某死之". 未有統臣於君而云'及'者)

4-10

무릇 신하로써 사실을 기록하면서 군주의 잘못을 숨겨주는 경우가 있다.[47] 비록 이러한 사실이 정직하게 서술한다는 원칙에는 어긋나지만 이치상 명분을 중시하는 유학의 가르침과는 일치한다. 예컨대 노나라 은공(隱公)과 환공(桓公)이 시해된 일,[48] 소공(昭公)과 애공(哀公)이 다른 나라로 쫓겨난 일(애공이 섞여 들어갔다),[49] 환공의 부인 강(姜) 씨가 음란하여 쫓겨

---

47 역주 : 『논어』 「술이(述而)」편에, 진(陳)나라 사패(司敗)가 "소공(昭公)이 예를 알았습니까?" 하고 묻자, 공자께서 "예를 아셨다"라고 대답하였다. 공자께서 물러가자, 사패가 무마기(巫馬期)에게 읍하여 나오게 하고 말하기를, "내가 들으니 군자는 편당(偏黨)하지 않는다[不黨]고 하였는데, 군자도 편당을 하는가? 군주[昭公]께서는 오(吳)나라에 장가드셨으니, 동성(同姓)이 된다. 그러므로 그 사실을 숨기기 위하여 오맹자(吳孟子)라고 불렀으니, 군주께서 예를 알았다면 누가 예를 알지 못하겠는가?"라고 하였다. 하안(何晏)의 『논어집해(論語集解)』에 인용한 공안국(孔安國)의 주(注)에, "서로 도와 나쁜 짓을 숨겨주는 것을 당(黨)이라 한다[相助匿非曰黨]"고 했다.

48 『춘추』 은공(隱公) 11년(B.C. 712)에, 공이 훙(薨)하였다. 주(注)에, 실제로는 시해(弑害)되었는데 훙이라 적었다. 또한 장소를 적지 않은 것은 사책(史策)이 피휘하였기 때문이라고 했다. 『춘추』 환공(桓公) 18년(B.C. 694)에, 공이 제후(齊侯)와 록(濼)에서 모임을 가졌다. 공이 부인 강씨(姜氏)와 함께 곧장 제(齊)나라로 갔다. 공이 제나라에서 훙(薨)하였다고 했다. 『좌전』에, 공은 문강(文姜)과 함께 곧장 제나라로 들어갔다. 제후(齊侯)는 문강과 간음하였다. 공이 문강을 나무랐는데, 문강이 이를 제후에게 고자질하였다. 제후가 공을 연회에 초청했으며, 공자(公子) 팽생(彭生)으로 하여금 공을 수레에 태우게 하였다. 공이 수레 위에서 훙(薨)하였다고 했다. 주(注)에, 시해[戕]되었다고 적지 않은 것은 피휘한 것이다. 시해[戕]된 예(例)는 선공(宣公) 18년(B.C. 591)에 있다. 『춘추』에, 주(邾)나라 사람이 증자(鄫子)를 증(鄫)에서 시해[戕]하였다고 했다. 『좌전』에, 무릇 자기 나라 군주를 죽이는 것을 시(弑)라 하고, 남의 나라 군주를 죽이는 것을 장(戕)이라 한다고 했다.

49 소공(昭公) 25년(B.C. 517), 공이 계평자(季平子)를 정벌하자 계씨는 오히려 병사를 거느리고 공의 군대를 공격하였다. 이에 공이 도망을 하였다. 『춘추』에는 소공이 제(齊)나라로 피해 가서 양주(陽州)에 머물렀다고 했다. 주(注)에, 도망간 것을 피휘하였기 때문에 '달아났다[孫]'고 기록함으로 스스로 양보하기 위하여 자리를 떠난 것처럼 하였다고 했다. 『좌전』 애공 27년(B.C. 468)에, 애공은 삼환(三桓)의 전횡을 걱정하였고, 삼환 역시 공의 망령됨을 걱정하였다. 때문에 군신 간에 사이가 안 좋았다. 공이 월(越)을 이용하여 노나라를 정벌하고자 한 삼환을 제거하고자 하였다. 이로 인해 주(邾)로 달아나 드디어 월(越)로 갔다고 했다. 역주 : 포기룡이 '애공이 섞여 들어

난 일과 자반(子般)이 요절하였다고 기록한 것[50] 등이다. 이러한 사실들은 나라의 커다란 추문(醜聞)으로써 은휘(隱諱)하여도 괜찮다. 그러나 노 성공(成公)이 진후(晉侯)의 장례에 참석한 일과 노 애공(哀公)이 오(吳)와 성하(城下)의 맹(盟)을 맺은 일,[51] 노 희공(僖公)이 제나라에 억류되었던 일과 주(邾)나라에게 패한 일,[52] 노 문공(文公)이 회맹에 참여하지 않은 일과 다른 제후의 회맹에 뒤늦게 온 일[53] 등을 역시 감추고 말하지 않은 것이 어찌

갔다'라고 한 의미가 분명하지 않다.

50 『춘추』 장공(莊公) 원년(B.C. 693)에, 부인이 제(齊)나라로 달아났다고 했다. 주(注)에, 쫓겨나 도망간 것을 피휘하여 달아났다고 한 것이다. 반(般)이 요절했다고 함은 즉 자반(子般)이 졸(卒)한 것을 말한다고 했다.

51 『춘추』 성공(成公) 10년((B.C. 581)에, 진후(晉侯) 누(獳)가 졸(卒)하였다. 공이 진(晉)나라로 갔다고 했다. 『좌전』에, 공이 진(晉)나라에 갔을 때 진나라 사람들이 공을 머무르게 하고 장례에 참가하게 하였다. 다른 제후는 아무도 참례하지 않았다. 노나라 사람들은 이를 부끄럽게 생각하였기 때문에 적지 않고 피휘한 것이라고 했다. 주(注)에, 피휘하고 적지 않은 것은 진(晉)의 장례에 관한 사실이다. 오(吳)와 맹(盟)을 맺은 일은 앞에서 언급한 바 있다.

52 『춘추』 희공(僖公) 16년(B.C. 644)에, 공이 제후(齊侯)·송공(宋公)·진후(陳侯)·위후(衛侯)·정백(鄭伯)·허남(許男)·형후(邢侯)·조백(曹伯) 등과 회(淮)에서 모임을 가졌다고 했다. 17년에, 공이 모임에서 돌아왔다고 했다. 『좌전』에는 회(淮)의 모임에서 제(齊)나라 사람들이 공을 머무르게 하여 9월에 돌아온 것이다. 그런데도 '공이 모임에서 돌아왔다'라고 쓴 것은 제후에 관한 일이었기 때문에 피휘한 것이다. 주(注)에는 붙잡혀 있었던 것을 부끄럽게 여겨 모임에서 돌아왔다고 고묘(告廟)한 것이라 했다. 또 『춘추』 희공 22년에, 주(邾)나라 사람들과 승형(升陘)에서 싸웠다고 했다. 『좌전』에, 우리의 군대가 싸워 패하였다. 주(邾)나라 사람들이 공의 투구를 노획하여 어문(魚門)에 달아놓았다. 주(注)에, 이를 매우 부끄럽게 여겼으므로 공을 언급하지 않고 또 군대가 패한 사실도 말하지 않은 것이라 했다.

53 『춘추』 문공(文公) 15년(B.C. 612)에, 제후들이 호(扈)에서 맹약(盟約)하였다고 했다. 『좌전』에, 제후들의 맹약에 공이 가지 못했기 때문에 적지 않았던 것은 군주의 잘못을 피휘하기 위함이다. 참여하였는데도 상세히 기록하지 않은 것은 뒤늦게 참여하였기 때문이라고 했다. 주(注)에, 적지 않은 것은 국별로 제후들을 거론하지 않았기 때문이다. 『춘추』 문공(文公) 7년(B.C. 620)에, 공이 제후·진(晉) 대부들과 호(扈)에서 맹약하였다고 했다. 『좌전』에, 공이 뒤늦게 왔기 때문에 참석하였다고 기록하지 않았다. 제후들이 모였는데도 참석하였다고 기록하지 않은 것은 늦었기 때문이다. 뒤늦게 참석할 경우 그 나라 이름을 적지 않는 것은 그 불민(不敏)함을 피휘하기 위함이라고 했다. 주(注)에, 참석을 기록하지 않은 것은 공후(公侯)와 여러 대부(大夫)들을 일일이 거론하지 않는다고 했다.

번거롭고 자질구레함이 심한 것이 아니겠는가? 그러나 급총죽서(汲冢竹書) 중의 「진춘추(晉春秋)」와 「기년(紀年)」 등의 사실 기록은 이와 달랐다.[54] 중이(重耳)가 쫓겨서 다른 나라로 도망한 사실,[55] 진 혜공(晉惠公)이 진(秦)나라 포로가 된 사실[56] 등은 모두 진(晉)나라 본국의 사정을 쓰면서 숨기지 않고 기록하였다. 오로지 노나라의 『춘추』만이 노나라의 역사적 사실을 기재함에 있어서 이와 달랐을 뿐이다. 이는 무엇 때문인가?(여기서 '무엇'이라는 말은 위의 문장과 관련 있는 말이다) 국가와 관련 있는 사실은 크고 작음을 막론하고 만약 명교(名教)에 의심이 가는 바가 있으면 "부끄러운 일을 감추고 적지 않는다"[57]고 칭하며 후세 사람들을 크게 속이고 있으니, 이 같은 사례가 왜 이렇게 많은가? 이것이 여덟 번째로 이해가 되지 않는 조목이다.

夫臣子所書, 君父是黨, 雖事乖正直, 而理合名教. 如魯之隱·桓戕弒, 昭·哀放逐,(哀公混入) 姜氏淫奔, 子般夭酷. 斯則邦之孔醜, 諱之可也. 如公送晉葬, 公與吳盟, 爲齊所止, 爲邾所敗. 盟而不至, 會而後期, 並諱而不書, 豈非煩碎之甚? 且案汲冢竹書(舊衍'與'字)『晉春秋』及『紀年』之載事也, 如重耳出奔, 惠公見獲, 書其本國, 皆無所隱. 唯『魯春

54 『진춘추』와 『기년』 두 책은 모두 죽서(竹書) 중의 제목이다. 때문에 구절 중의 '여(與)'자는 부연(敷衍)된 것이다. 상세한 것은 「육가(六家)」편 『춘추(春秋)』가(家)와 「신좌(申左)」편의 주(注) 참조.

55 역주 : 중이는 진 문공(晉文公)을 가리킨다. 이에 관한 기록은 『좌전』 희공(僖公) 5년(B.C. 655)에 보인다. 희공 5년은 진 헌공(晉獻公) 22년에 해당한다. 『사기』 권39, 「진세가(晉世家)」에도 진 문공(晉文公) 중이(重耳)가 적(狄)으로 도망한 사실을 기록하고 있다.

56 역주 : 진 혜공(晉惠公)은 이름은 이오(夷吾)이다. 『사기』 권39, 「진세가(晉世家)」에 포로가 된 사실을 적고 있고, 『춘추』 희공(僖公) 15년(B.C. 645)과 그에 대한 『좌전』의 기록에도 진(秦)이 진후(晉侯)를 포로로 하여 돌아갔다는 내용이 보인다.

57 역주 : 『곡량전(穀梁傳)』 성공(成公) 9년(B.C. 582)에, 진(晉)나라의 난서(欒書)가 군사를 거느리고 정(鄭)나라를 정벌하였다. '전(戰)'이라 말하지 않은 이유는 정나라 군주인 백(伯)과 함께 했기 때문이다. 높은 자를 위하여 부끄러운 것을 숨겨주고[爲尊者諱恥], 어진 이를 위하여 허물을 숨겨주고[爲賢者諱過], 친한 이를 위하여 괴로운 것을 숨겨준다[爲親者諱疾]고 하였다.

秋』之記其國也, 則不然. 何者?(猶云此何爲者, 是繳上之詞) 國家(一衍'之'字)事無大小, 苟涉嫌疑, 動稱恥諱, 厚誣來世, 奚獨多乎! 其所未諭八也.

按 : 이 조에서는 오로지 본국(本國)을 위해 피휘(避諱)한 경우를 지적하고 있다.(此條專指爲本國諱言)

4-11

살펴보건대 『춘추』 소공(昭公) 12년(B.C. 530)에, "제(齊)의 고언(高偃)이 군대를 거느리고 북연백(北燕伯)을 양읍(陽邑)으로 들여보냈다"(이 구절은 경문(經文)이다)고 했다. "백우양(伯于陽)"이란 어떤 뜻인가? 공자(公子) 양생(陽生)이다.[58](原注 : 『좌전』에 이르기를, 북연백(北燕伯) 관(款)을 당(唐)으로 들여보냈다

58 『춘추』 소공(昭公) 3년(B.C. 539)에, 북연백관(北燕伯款)이 제(齊)나라로 도망갔다고 했다. 『춘추』 소공 12년에, 제(齊) 고언(高偃)이 군사를 거느리고 가서 북연백(北燕伯)을 양읍(陽邑)으로 들여보냈다고 했다. 『공양전(公羊傳)』에, '백우양(伯于陽)'이란 무엇인가 운운하였다. 하휴(何休)의 주(注)에, 세 글자로써 공자에게 물었다. 살펴보건대 『사기(史記)』에서는 '공(公)'을 '백(伯)'이라 잘못 알았고, '자(子)'를 '우(于)'로 잘못 알았으며, '양(陽)'이 '생(生)'앞에 없어져 빠졌다. 按 : 『공양전』에서는 스스로 의례(義例)를 만들어 부친의 명을 어기고 나아가 나라를 빼앗은 것을 가리키고 있다. 예컨대, 『춘추』 애공(哀公) 2년(B.C. 493), 진(晉)이 위(衛) 세자(世子) 괴왜(蒯聵)를 척(戚)에 들여보냈다고 하면서 위(衛)를 말하지 않은 것이 그것이다. 관(款)은 부친의 명을 어긴 것이 아니니 '우양(于陽)'으로 기록하면 안 된다. 또 작은 나라가 출입할 경우 두 번 기록하지 않는다고 했다. 예컨대, 『춘추』 희공(僖公) 25년(B.C. 635)에, 초(楚)나라 사람이 진(晉)을 포위하고 돈자(頓子)를 돈(頓)에 들여보냈다고 하면서 돈자가 진(晉)으로 도망한 사실은 쓰지 않은 것이 그것이다. 북연(北燕)은 작은 나라이니 두 번 쓰지 않는 것은 당연하다. 결국 '백우양(伯于陽)'이란 세 글자가 잘못되어 다른 의미가 만들어져 쓰이고 있었지만 사서에서는 고칠 수 없었다. 억설이라 할 수 있는 것이다. 그러면서도 공자의 말로 가탁(假託)하였으니 어찌 그러했겠는가? 유창(劉敞)이 말하기를, 『공양전』에서는 공자가 『춘추』를 지을 때 120국(國)의 보서(寶書)를 이용하였

고 하였고, 두예(杜預)의 주에 이르기를, "당(唐)이란 곧 양(陽) 땅이다. 연(燕)의 별읍(別邑)이다"라고 하였다) 공자(孔子)가 말하기를 "나는 이미 알고 있었다"라고 하니 옆에 있던 사람이 묻기를, "선생께서 정말 틀렸다는 것을 알고 있었다면 어찌하여 고치지 않는 것입니까" 하니 "그대가 알지 못하는 것이 무엇인가?"(경문(經文) 이하 여기까지 모두 『공양전(公羊傳)』의 문장이다) 하였다. 이러한 정황으로 볼 때 공자는 『춘추』를 편찬할 때 원서의 사실과 어긋나는 내용을 그대로 따르고 그 잘못을 답습하였으며, 이미 편집된 자료에 대하여는 수정을 가하지 않았다. 그렇다면 어찌하여 『춘추』는 인사(人事)에 대하여 때에 따라 포(褒)와 폄(貶), 긴장[張]과 이완[弛]이 다르고, 이전의 사료에 대하여 어떤 것은 그대로 답습하고, 어떤 것은 고치는 등 일정한 기준이 없는가? 이것이 아홉 번째로 이해가 되지 않는 조목이다.

案昭十二年, 齊納北燕伯于陽.(此句經文) '伯于陽'(古本復此三字, 今本並脫)者何? 公子陽生也.(原注 : 『左傳』曰 : "納北燕伯款于唐." 杜『注』云 : 陽卽唐, 燕之別邑) 子曰 : (一多'齊之事'三字) "我乃知之矣." 在側者曰 : "子苟知之, 何以不革?" 曰 : "如爾所不知何?".(自經文已下至此, 並『公羊傳』文) 夫如是,(一有'則'字)夫子之修『春秋』, 皆遵彼乖僻, 習其訛謬, 凡所編次, 不加刊改者矣. 何爲其間則一褒一貶, 時有張弛; 或沿或革, 曾無定體. 其所未諭九也.

按 : 이 조에서는 『공양전(公羊傳)』을 반박하였다. 「혹경(惑經)」편에서 어찌 『공양전』을 반박하고 있는가? 공자의 말을 근거로 하였기 때문에 『공양전』을 언급한 것이다.(此條駁『公羊』也. 「惑經」何以駁『公羊』? 以其有孔子語, 故及之)

다고 했는데, 이 책들이 모조리 다 없어졌다는 말인가?

4-12

또한 사실을 기록하는 원칙은 그 사리가 분명해야 한다. 독자들로 하여금 한 국가의 흥망을 알게 하자면 전후 사실이 서로 일치하여야 하고, 한 사람의 활동을 알자면 그 처음과 끝을 살펴야 한다. (『춘추』 경문(經文)에는) 정공(定公) 6년(B.C. 504)에, "정(鄭)이 허(許)를 멸망시키고 허남(許南) 사(斯)를 포로로 하여 데리고 돌아갔다"[59]고 하였으나, 애공(哀公) 원년(B.C. 494)에는, "허남(許男)과 초(楚)가 함께 채(蔡)나라를 포위하였다"[60]고 기록하였다. 허나라가 이미 멸망하여 군주가 포로가 되고 나라가 망하였는데 다시 제후의 반열에 올라 군사를 일으켜 채나라를 포위했다는 것은 어찌된 일인가? 대개 (정공 6년과 애공 원년) 그 사이에 어떠한 사정이 발생하였는가에 대하여는 반드시 이야기가 있었을 것이다. 그런데도 『춘추』에 아무런 내용이 씌어져 있지 않고,[61] 『좌전』에도 실려 있지 않았다.(정공 6년에서 애공 원년 사이에 허(許)에 관한 사실을 적은 문장이 분명 빠져 있다) 빠지고 생략된 것이 이와 같았으므로 후세 사람들이 그러한 사정의 진상을 찾아내어 알기가 매우 어렵게 되었다. 이것이 열 번째로 이해

59 역주 : 『춘추』 정공 6년에는, 봄, 주력(周曆) 정월 계해(癸亥), 정(鄭)의 유속(游速)이 군사를 거느리고 가 허(許)를 멸하고, 허남(許南) 사(斯)를 (포로로 하여) 데리고 돌아갔다고 했고, 『좌전』 정공 6년에는, 정(鄭)이 허(許)를 멸망시켰다. 이는 초나라가 패전으로 인해 구원에 나설 수 없는 상황을 이용한 것이었다고 했다.

60 역주 : 『춘추』 애공 원년에, 봄 주력(周曆) 정월, 애공이 즉위했다. 초자(楚子) · 진후(陳侯) · 수후(隨侯) · 허남(許男)이 채(蔡)나라를 포위하였다고 했다.

61 곽연년(郭延年)의 『사통평석(史通評釋)』에 이르기를, 『춘추이십국연표(春秋二十國年表)에 정공 6년 정(鄭)이 허(許)를 멸하고 사(斯)를 포로로 하여 데려갔고, 원공(元公) 성(成)이 즉위하였다고 한 것은, 사(斯)가 비록 잡혔지만 허가 아직 망하지 않았음을 가리킨다. 애공(哀公) 원년(B.C. 494)에 채(蔡)의 허남(許男)을 포위한 것은 원공 성이었으니 이는 유지기가 잘못 알고 있었던 것이라고 했다. 按 : 『춘추』에 그 내용이 빠졌다고 한 유지기의 지적은 잘못된 것이 아니다. 『춘추이십국연표』의 글은 그것으로 『춘추』와 전(傳)을 보완한 것이므로 유지기를 반박할 필요는 없다.

가 되지 않는 조목이다.

又書事之法, 其理宜明, 使讀者求一家之廢興, 則前後相會; 討一人之出入, 則始末可尋. 如定六年, 書"鄭滅許, 以許男斯歸."而哀元年, 書"許男與楚圍蔡."夫許旣滅矣, 君執家亡, 能重列諸侯, 擧兵圍國者何哉? 蓋其間行事, 必當有說. 『經』旣不書, 『傳』又闕載,(謂定六·哀元之間, 其子許事必有闕文) 缺略如此, 尋繹難知. 其所未諭十也.

按 : 이 조목에서는 『춘추』와 『좌전』을 합하여 의문을 제기하였다.(此條兼經·傳爲說)

4-13

진(晉)나라는 노 민공(魯閔公) 이전에 노나라[上國]와 왕래가 없었다. 희공(僖公) 2년(B.C. 658)에 이르러 진(晉)이 괵(虢)의 하양(下陽)을 멸망시킨 후에[62] 비로소 『춘추』에 관련 기록이 조금씩 보였다. 대개 그때부터 행인(行人)[63]을 노나라에 직접 파견하여 진(晉)의 사정을 알려주었을 것이다. 그러나 『쇄어(瑣語)』「진춘추(晉春秋)」[64]에는 노나라 민공(閔公) 때의 일을

62 역주 : 『춘추』 희공 2년에, 우(虞)와 진(晉)나라의 군대가 하양(下陽)을 멸했다고 했고, 『좌전』에는 진나라 대부 이극(里克)과 순식(荀息)이 군대를 이끌고 가 우나라와 합세하여 괵(虢)나라를 토벌하고 하양을 멸망시켰다고 했다. 『춘추』에 우나라를 앞에 쓴 것은 진나라로부터 뇌물을 받았기 때문이다라고 했다. 물론 그 이전인 『좌전』 장공(莊公) 26년(B.C. 669)을 보면 괵이 가을과 겨울 두 차례 진(晉)을 공격한 사실이 기재되어 있지만, 진(晉)의 주도적인 활동이 알려지게 된 것을 유지기는 희공 이후의 일이라 여긴 것이다.

63 역주 : '행인'은 외교사절을 가리킨다. 「언어(言語)」편 주)8 참조.

64 역주 : 『쇄어(瑣語)』는 소위 『급총죽서(汲冢竹書)』 중의 하나인데, 이 『쇄어』에는 「진

싣고 있는데 그 내용이 매우 상세하다.(노나라의 일이 진(晉)의 기록에 상세한 것은 진이 아직 『춘추』에 보이지 않았던 그 이전이다) 이는 어떤 사건을 들으면 반드시 기록하였기 때문이지, 반드시 사람을 보내 통보하는 내용[赴告]에 의거하였던 것은 아니었다. 당시의 제후국의 사서는 모두 이와 비슷하였다. 그러나 공자가 편수(編修)한 『춘추』는 그렇지 않았다. 다른 나라에 대한 기록은 모두 부고에 의한 것이었다. 부고된 것은 사소한 것이라도 반드시 적어두었고, 부고된 것이 없으면 커다란 사건이라도 기록하지 않았다. 때문에 송(宋)나라에서 여섯 마리의 익조(鷁鳥)가 뒤로 날아 도성을 지나갔다는 사실[65]은 아주 사소한 것인데도 부고가 있었음으로 기록하였고, 진(晉)이 세 나라를 멸망시킨 것은 큰 사건인데도(原注 : 경(耿) · 위(魏) · 곽(霍)을 멸망시킨 것을 가리킨다)[66] 부고가 없다고 하여 기록하지 않았다. 때문에 기록에 있어서 크고 작은 사실에 대한 기준이 고르지 않고, 상세하고 생략됨이 균형을 잃었다. 여러 나라의 사서[史記]와 비교하여 어찌 노나라의 『춘추』가 홀로 그 사실기록이 소략(疏略)한가? 『춘추』의 이같은 의례(義例)가 만들어지게 된 이유를 살펴보면, 공자가 주례(周禮)의 구법(舊法)과 노나라 사관(史官)이 책(策)에 기록한 성문(成文)에 의거하여 편찬하였기 때문이다.[67] 공자가 삭제할 수 없는 글[『춘추』]을 지어 후세의 임금

춘추(晉春秋)」를 비롯하여 「하은춘추(夏殷春秋)」 등 여러 편이 있었다고 한다. 張振珮, 『史通箋注』, pp.508-509 주)10 참조.

65 역주 : 이러한 사실은 『춘추』 희공(僖公) 16년(B.C. 644)에 보이고, 『공양전』과 『곡량전』에 모두 그에 대한 해석이 실려 있다.

66 『좌전』 민공(閔公) 원년(B.C. 661)에, 진후(晉侯)[晉獻公]가 2군(軍)을 편성하여 자신이 상군(上軍)을 거느리고, 태자 신생(申生)이 하군(下軍)을 이끌게 했다. 조숙(趙夙)이 진 헌공의 전차[戎車]를 모는 어자(御者)가 되고, 필만(畢萬)이 융거의 오른쪽 전사[車右]가 되었다. 이러한 진용(陣容)으로 경(耿) · 위(魏) · 곽(霍)을 멸하였다고 했다. 두예의 주(注)에, 이 세 나라는 모두 희성(姬姓)이라고 했다. 역주 : 『좌전』의 이 같은 기록이 『춘추』에는 없다.

67 역주 : 두예(杜預), 『춘추좌씨전서(春秋左氏傳序)』(『문선(文選)』 권45 所收)에, 한선자(韓宣子)가 (노나라에 가서) 본 것은 주나라의 옛 전장(典章)과 예(禮)의 대경(大經)[大法]이었을 것이다. 주나라의 덕이 쇠퇴하자 사관이 그 직책을 제대로 수행하지 못하고, 위에 있는 사람[군주]도 『춘추』의 대의(大義)[勸戒 · 褒貶]를 밝히지 못하여, 부고

들에게 준칙(準則)으로 삼게 한 것인데, 어찌 여전히 원래 사적 중의 잘못과 사서의 규칙에 맞지 않는 내용들을 그대로 남겨둘 수가 있는가. 이것이 열한 번째로 이해가 되지 않는 조목이다.

案晉自魯閔公已前, 未通於上(當作'宗')國. 至僖二年, 滅下陽已降, 漸見於『春秋』. 蓋始命行人自達於魯也, 而『瑣語』·『春秋』載魯國閔公時事, 言之甚詳.(謂魯事詳於晉, 亦在晉未見『春秋』前) 斯則聞事必書, 無假相赴者也. 蓋當時國史, 它皆仿此. 至於夫子所修也則不然. 凡書異國, 皆取來告. 苟有所告, 雖小必書; 如無其告, 雖大亦闕. 故宋飛六鷁,(王本作'鶂') 小事也, 以有告而書之; 晉滅三邦, 大事也,(原注 : 謂滅耿·滅魏·滅霍也) 以無告而闕之. 用使巨細不均, 繁省失中, 比夫諸國史記, 奚事獨爲疏闊? 尋茲例之作也, 蓋因周禮舊法, 魯策成文.(郭本自'比夫'至此二十八字, 誤作小注) 夫子旣撰不刊之書, 爲後王之則, 豈可仍其過失, 而不中規矩者(一無'者'字)乎? 其所未諭十一也.

(赴告)·책서(策書)와 모든 기주(記注)가 대부분 옛 법도와 어긋났다. 중니[孔子]가 노나라 사관(史官)이 책(策)에 기록한 성문(成文)에 의거하여 그 진위(眞僞)를 교감(校勘)하고, 그 전례(典禮)를 기록하여 위로는 그것으로 주공이 남긴 법제를 따르고 아래로는 그것으로 장차 지켜야 할 법도를 밝혔다. 구사(舊史)에 기재된 사건 중에 교훈이 될 만한 점이 있으나 문사(文辭)가 교훈을 해친 곳은 그 문단을 삭제하고 시정하여 권계의 뜻을 보였고, 그 나머지는 모두 구사(舊史)를 따랐으니, 이는 사관에는 문화(文華)한 사람도 있고, 질박한 사람도 있어서 말이 자세한 경우도 있고, 간략한 경우도 있으니 고칠 필요가 없기 때문이다. 그러므로 전(傳)에, "뛰어난 기술(記述)이다"라고 하였고, 또 "성인이 아니면 누가 이렇게 편수(編修)할 수 있었겠는가?"라고 하였으니, 대개 이것은 주공의 뜻을 중니가 좇아 그것을 밝힌 것이라고 하였다.

4-14

대개 군자는 널리 듣고 식견이 많은 것을 장점으로 하고, 양사(良史)는 사실 그대로를 바르게 기록하는 것[實錄直書]을 귀하게 여긴다.[68] 그러나 『춘추』는 다른 나라의 사건을 기록함에 반드시 (그 나라에서) 파견되어 온 사람들의 부고(赴告)에 의거하였다. 그러나 파견되어 온 사람들이 하는 말은 대부분 사실과 맞지 않았다. 어떤 경우 군대가 패배하였는데도 그 패한 사실을 고하지 않거나, 군주가 시해되었는데도 시해되었다고 말하지 않았으며,[69] 어떤 경우 이름을 마땅히 기록해야 하는데도 이름을 쓰지 않거나, 성씨를 써야 하는데 성씨를 쓰지 않았다.[70] 어떤 경우에는

68 역주 : 『한서』 권62, 「사마천전(司馬遷傳)」 찬(贊)에, 그러나 유향(劉向) · 양웅(揚雄)으로부터 모든 책에서 다 사마천을 칭송하여 그가 양사(良史)로서의 재능이 있다고 하고, 그가 사건의 경과를 잘 서술하는데 탄복하였다. 사마천의 문장은 웅변이지만 화려하지 않고, 질박하지만 촌스럽지 않다. 그 문장은 곧고 그 사실은 핵심적이며 공연히 찬양하는 법이 없고 악을 숨겨주지 않는다. 그런 까닭에 실록(實錄)이라 하는 것이라고 했다.

69 패한 사실을 고하지 않았다는 것은, 『좌전』 은공(隱公) 11년(B.C. 712)에 제후의 명으로 그 사실을 고하면 기록하고, 그렇지 않으면 기록하지 않았다. 비록 나라가 멸망되기에 이르렀다고 해도 패한 사실을 고하지 않거나, 이겨도 이긴 사실을 고하지 않는다면 책(策)에 쓰지 않았다고 했다. 군주가 시해되었는데도 시해된 사실을 쓰지 않았다는 것은, 이 「혹경」편의 앞 구절에 제(齊) · 정(鄭) · 초(楚)에서 시군(弑君)하였는데도 병사(病死)하였다고 알린 사실을 말한다.

70 이름을 적지 않았다는 것은, 예컨대 『좌전』 은공(隱公) 7년(B.C. 716)에, 등후(滕侯)가 졸(卒)했다고만 쓰고, 그 이름을 쓰지 않은 것은 아직 동맹(同盟)을 맺지 않았기 때문이라고 했다. 또 『좌전』 장공(莊公) 25년(B.C. 669)에, 진(陳)의 여숙(女叔)이 내빙(來聘)하였다고 함은 진과의 사이가 좋아짐을 아름답게 여겨 사신의 이름을 쓰지 않고 자(字)를 썼다고 했다. 또 『춘추』 선공(宣公) 10년(B.C. 599)에, 제(齊)나라의 최씨(崔氏)가 위(衛)로 달아났다고 했고, 『좌전』에는 최씨라고 쓴 것은 그가 죄가 없기 때문이고, 제나라에서 알려올 때도 족(族)[崔氏]만 쓰고 이름을 쓰지 않았던 것이라고 한 것이 그 부류이다. 성씨를 적지 않았다는 것은, 예컨대, 『춘추』 성공(成公) 15년(B.C. 576)에 송(宋)이 그 대부 산(山)을 죽였다고 했는데, 주(注)에 성씨를 적지 않았다고 했고, 『좌전』에는 그 족을 쓰지 않은 것은 공족(公族)으로서 공실(公室)을 해쳤기 때문에 그 죄를 밝힌 것이라 했다. 이러한 것이 그 부류이다.

봄에 임금이 죽었는데도 여름에 죽었다고 기록하였고, 가을에 장례를 지냈는데도 겨울에 장례를 지냈다고 하였다.[71] 이 모든 것은 부고된 것을 적은 것이기 때문에 그 진위(眞僞)를 구분할 수 없고, 시비(是非)가 혼란스럽게 섞여 있다. 이것이 열두 번째로 이해가 되지 않는 조목이다.

蓋君子以博聞多識爲工, 良史以實錄直書爲貴. 而『春秋』記它國之事, 必憑來者之辭; 而來者所言人多非其實. 或兵敗而不以敗告, 君弑而不以弑稱, 或宜以名而不以名, 或應以氏而不以氏, 或春崩而以夏聞, 或秋葬而以冬赴. 皆承其所說而書, 遂使眞僞莫分, 是非相亂. 其所未諭十二也.

按 : 이상의 두 조목은 모두 다른 나라로 가서 사실을 고한 것에 대한 의문을 제기한 것으로 역시 비슷한 부류에 속한다. 전체 열두 가지 이해가 되지 않는 내용을 보면, 진(陳)의 걸(乞)과 초(楚)의 비(比)를 제외하고는 모두 의심하지 않을 수 없는 것들이었다. 유지기가 이 때문에 의혹(疑惑)을 갖게 된 것을 지나치다고 할 수 있겠는가. 그러나 그 의혹을 더하게 한 것은 실제로는 『전(傳)』으로 말미암아 시작된 것이고, 주(注)가 다시 이 같은 의혹을 더하게 하였다. 그런데도 유지기는 자식을 보호하기 위하여 그 어머니를 꾸짖는 격이니 이는 유별(類別)을 모르는 것이다.(已上二條, 皆就他國赴告說, 亦是連類. 通觀十二未諭, 除陳乞 · 楚比外, 皆不能無疑. 劉氏惑之, 焉得爲過. 然滋之惑者, 傳實爲之, 注又附益之. 劉氏護其子而譴其母, 是爲不知類耳)

---

71 **按** : 이 구절은 부고(訃告)가 시기를 넘겼다고 한 것에 불과하다. 춘하추동이라는 글자에 억매일 필요는 없다. 예컨대, 『춘추』 희공(僖公) 8년(B.C. 652)에, 겨울 12월 정미(丁未)에 천왕(天王)이 붕(崩)했다고 했다. 주(注)에, 실제로는 전년(前年) 윤월(閏月)에 붕하였으나 금년 12월 정미에 알려왔다고 했다. 이는 붕한 사실을 제 때 알지 못한 것을 말한다. 그리고 제후의 장례를 기록함에 있어서 참석여부에 따라 기록여부가 결정되고, 장례가 빠른가 늦는가에 따라 장례가 시행된 월(月)이 누락되기도 한다. 때에 맞추어 알리지 않았기 때문에 정확히 알 수가 없었던 것이다.

4-15

이상에서 살핀 것처럼 『춘추』에 대하여 이해가 되지 않는 점은 그 부류가 매우 많은데, 조용히 생각해보아도 그 까닭을 찾아 낼 수가 없다. (그렇다면 공자의 제자들이 말한 바와 같이) "부자(夫子)[孔子]의 담은 몇 길이나 되어서 들어가는 문을 찾지 못하기"[72] 때문인가? (아니면 공자가 말한 바와 같이) "나는 정말 행복하도다. 진실로 과오가 있으면 남이 반드시 알려주는구나![73]"라는 것이겠는가? 만약 취사(取舍)해야 할 것이 있다면 나의 총명하지 못함을 용서하기 바란다.

凡所未諭, 其類尤(作'猶')多, 靜言思之, 莫究所以. 豈"夫子之牆數仞, 不得其門"者歟? 將"某也幸, 苟有過, 人必知之"者歟? 如其與奪, 請謝不敏.

按 : 이 몇 마디는 이상의 문장에 대한 결론을 말하는 것이므로, 이해가 되지 않는 조(條)의 수에 포함해서는 안 된다. 구주(舊注)에 "13조(條)"라고 한 것은 틀렸다.(此數語束上之文也, 不應入正條之數. 舊注有"十三條"字, 非)

---

72 역주 : 『논어』 「자장(子張)」편에, 숙손무숙(叔孫武叔)이 조정에서 한 대부에게 말했다. "자공(子貢)이 중니보다 더 현명하다." 자복경백(子服景伯)이 이 말을 자공에게 알리자 자공이 말하기를, "궁궐의 담에 비유한다면 저의 담은 겨우 어깨에 차서 방과 집의 좋은 곳을 다 엿볼 수 있습니다. 선생님의 담은 몇 길이나 되어서 들어가는 문을 찾지 못한다면 종묘의 아름다움과 백관의 부유함을 보지 못합니다. 그러나 그 문을 찾아 들어간 자는 아주 적은 지라, 숙손무숙이 그렇게 말씀하는 것도 당연한 일이 아니겠습니까?"라고 하였다.

73 역주 : 『논어』 「술이(述而)」편에, "나는 행복하도다. 진실로 과오가 있으면 남이 반드시 알려주는구나!"라고 하였다. 원문에는 공자 자신이 '구야행(丘也幸)'이라 한 것을 유지기는 '모야행(某也幸)'이라 적은 것은 공자의 이름을 피휘(避諱)하였기 때문이다.

4-16

또한 세상 사람들은 공자가 분명 하늘이 내려준 큰 성인으로 능한 것이 많다고 여겼다.[74] 따라서 공자가 저술한 『춘추』는 좋은 점을 모두 갖추고 있다고 말했다. 그러나 그 내용을 제대로 살필 수 있는 사람은 적고 남의 말을 그대로 따르는 사람이 많아 모두들 서로 부화뇌동(『춘추』의 내용을 찬미)하면서 사실을 지적하는 경우는 없었다. 자세히 살펴보면 (『춘추』를) 헛되이 찬미한 것이 다섯 가지이다.(구본(舊本)에는 이곳을 다음 문장과 연결하고 있지만, 잘못이다)

又世人以夫子固天攸(一作'所')縱, 將聖多能. 便謂所著『春秋』, 善無不備. 而審形者少, 隨聲者多, 相與雷同, 莫之(一作'知')指實. 権而爲論, 其虛美者有五焉.(舊本此處連下, 非)

按 : 이 구절은 헛된 찬미[虛美]에 대한 대강(大綱)이다.(此是虛美總挈)

열두 가지 이해가 되지 않는 것[未諭]은 모두 스스로의 생각에서 나온 의혹이고, 다섯 가지 헛된 찬미[虛美]는 구설(舊說)을 취하여 번안(飜案)으로 삼았다. '미유(未諭)'는 그 말이 완곡하고 간명하지만, '허미(虛美)'는 공공연하게 질책(叱責)하였다. '미유'는 시비(是非)와 곡직(曲直)을 확정할 수 없으므로 신중하고 두려워해야 한다. '허미'는 이법(理法)에 맞지 않으므로 마땅히 근절시켜 '미유'와 함께 문제가 되어 계속 전해지지 않도록 해야 한다.(十二未諭皆自出之疑, 五虛美則摭舊說以爲飜案. 未諭猶婉約其辭, 而虛美則公然指斥, 是直罔知忌憚矣. 法當絶之, 勿使並進者)

---

74 역주 : 『논어』 「자한(子罕)」편에, 태재(太宰)가 자공(子貢)에게 물었다. "공자께서는 성인(聖人)이십니까? 어찌 그리도 능한 것이 많은지요?", 자공이 대답하기를 "선생께서는 분명 하늘이 내려주신 큰 성인이십니다. 또 능한 것이 많으십니다[子貢曰, 固天縱之將聖, 又多能也]"고 하였다.

4-17

살펴보건대, 옛날에 각 제후국에는 사관(史官)이 있어서 당시에 발생한 사건들을 모두 기록하였다.[75] 급총죽서(汲冢竹書)[76]의 기록을 보면 모두 노나라의 사서(史書)[春秋][77]에 기록된 내용과 같다. 주나라 동천(東遷) 이후의 사정이 비교적 상세하고, 은공(隱公)·환공(桓公) 이전의 경우 그 내용이 소략(疏略)하다. 이같이 때로는 번잡하고, 때로는 소략하다는 점에서 모두 『춘추』와 차이가 없다. 또 "(제나라 사람이) 노의 군주를 포로로 한 일을 단지 '지(止)'라 적었고", "신하를 죽인 것을 '자(刺)'라 적었고", "대부(大夫)를 죽인 것을 '살(殺)'이라 적었고",[78] "다른 나라에서 온 행인(行

75 역주 : 『한서예문지』「육예략(六藝略)」 "춘추"에, 옛날의 왕자(王者)에게는 대대로 사관(史官)이 있어 군주가 행하는 일을 반드시 기록하였는데, 언행을 삼가고, 법식을 밝히기 위함이었다고 했다. 두예(杜預), 『춘추좌씨전서(春秋左氏傳序)』(『문선』 권45 所收)에, 『주례(周禮)』에 의하면, (천자의 나라에는) 사관(史官)이 있어서 방국(邦國)과 사방(四方)의 일을 맡고, 사방에 서명(書名)을 전달하였으며, 제후국에도 각각 국사(國史)[史官]가 있어서, 큰 사건은 책(策)에 기록하고, 작은 일은 간독(簡牘)에 기록하였을 뿐이라고 했다. 두예의 문장은 『주례』「춘관(春官)」 "소사(小史)"의 "소사는 방국(邦國)의 기록을 맡는다"라고 한 내용, "내사(內史)"의, "사방의 제후가 보내온 문서를 내사가 성독(聲讀)하여 왕께 고한다"라고 한 내용, "외사(外史)"의, "외사는 서명을 사방에 전달하는 일을 맡는다"라고 한 내용 등을 인용한 것이다.

76 역주 : 진대(晉代) 급군(汲郡)의 부준(不準)이 위 양왕(魏襄王)의 무덤을 도굴하여 얻은 선진(先秦)시대의 죽서(竹書)를 말한다. 진(晉)의 사실이 중심이고, 진 멸망 후 위(魏)의 사실을 중심으로 기록하였다. 이에 대하여는 『진서(晉書)』 권51, 「속석전(束晳傳)」과 『수서경적지』「사부(史部)」 "고사류(古史類)" 서문, 그리고 「육가(六家)」편 관련 주(注) 각각 참조.

77 역주 : 두예(杜預)의 『춘추좌씨전서(春秋左氏傳序)』에, "『춘추』는 노나라 사서(史書)의 명칭이다. …… 중니[孔子]가 노나라 사관(史官)이 책(策)에 기록한 성문(成文)에 의거하여 그 진위(眞僞)를 교감(校勘)하고, 그 전례(典禮)를 기록하여 위로는 그것으로 주공이 남긴 법제를 따르고 아래로는 그것으로 장차 지켜야 할 법도를 밝혔다"라고 했다.

78 『좌전』 은공 11년(B.C. 712)에, 정나라 사람과 호양(狐壤)에서 싸웠는데, 포로의 몸이 되어 갇혔다고 했다. 또 『좌전』 희공(僖公) 17년(B.C. 643)에, 제나라 사람들이 이것을 원망하고 공을 머무르게 했다. 그러나 사실은 공이 체포되어 감금된 것이다. 두예의 주(注)에, 안으로 붙잡힌 것을 피휘하여 모두 머무르다[止]고 한 것이라 했다. 『춘추』

人)을 체포하였다",[79] "정(鄭)이 자기 군사를 버렸다",[80] "운석(隕石)이 송(宋)나라에 다섯 개 떨어졌다"[81]고 하였다.(原注 : 이들 사건은 모두 『죽서기년(竹書紀年)』에 나오는데, "정(鄭)이 자기 군사를 버렸다"는 것만 『쇄어(瑣語)』「진춘추(晉春秋)」에 나온다. 按 : '기년(紀年)' 두 글자는 아마 잘못일 것이다. 현재의 『죽서기년』에는 이 문장이 없다) 이와 같은 구절은 대부분 고대의 사서에 실린 문장들이다. 이를 통해 공자가 편찬한 『춘추』는 다만 이전에 완성된 기록에 약간의 수식(修飾)을 더한 것으로 기본적으로는 여전히 원래의 내용임을 알 수 있으니,[82] (공자가) 따로 큰 노력을 기울인 것은 아닐 것이다. 더욱이 이전의 사책(史策)에 누락된 문장이나 시간상 앞뒤가 맞지 않는 부분도 모두 그대로 놓아두고 고치지 않아 조금도 마음을 쓰지 않았는데, 이 같은 내용 또한 다 말할 수 없을 정도이다. 그런데도 태사공(太史公)[사마천]은 이르기를, "공자는 『춘추』를 저술함에 이전의 사서에 대하여 기록할 것은 기록하고, 삭제할 것은 삭제하였으므로 자유(子游)·자하(子夏)와 같은 제자들이 말 한마디도 거들 수가 없었다"[83]고 말하였다. 이것이 첫 번째 헛된 찬미이다.

案古者國有史官, 具列時事. 觀汲墳出('墳出'一作'冢所')記, 皆與魯史符

성공(成公) 16년(B.C. 575)에, 공자 언(偃)을 찔렀다[刺]고 하였다. 주(注)에, 노(魯)에서는 대부를 죽인 것을 모두 '자(刺)'라 하였다. 이는 『주례(周禮)』의 삼자지법(三刺之法)을 취한 것이라 했다. 또 『공양전』 희공 28년(B.C. 632)에, 자기 나라의 대부를 죽인 것을 피휘하여 '자(刺)'라 한 것이다. 다른 나라의 대부를 죽인 경우 '살(殺)'이라 한 것은 그 예가 셀 수 없을 만큼 많다고 했다.

79 『춘추』 소공(昭公) 23년(B.C. 519)에, 진(晉)나라 사람이 우리 행인(行人) 숙손착(叔孫婼)을 잡았다고 했다. 주(注)에, 행인을 칭함으로써 진(晉)이 사신으로 간 사람을 체포한 것을 비난하였다고 했다.

80 『춘추』 민공(閔公) 2년(B.C. 660)에, 정(鄭)나라가 그 군대를 버렸다고 했다. 『좌전』에, 정백(鄭伯)이 대부 고극(高克)을 미워했다. 때문에 군대를 거느리고 하상(河上)에 머무르게 하고 오래도록 부르지 않았다. 그러자 군대는 흩어지고, 고극은 진(陳)으로 달아났다고 했다. 주(注)에, 고극이 그러한 사실을 노나라에 알렸다고 했다.

81 역주 : 『춘추』 희공(僖公) 16년(B.C. 644) 참조.

82 역주 : 이 편(篇) 열한 번째로 이해가 되지 않는[未論] 조의 두예(杜預)의 주(注) 참조.

83 이 말은 『사기』 권47, 「공자세가(孔子世家)」에 보인다.

同. 至如周之東遷, 其說稍備; 隱·桓已上, 難得而詳. 此之(一作'其')煩省, 皆與『春秋』不別. 又"獲君曰止", "誅臣曰刺", "殺其大夫曰殺",(一脫'殺'字) "執我行人", "鄭棄其師", "隕石於宋五".(原注 : 其事並出『竹書紀年』, 唯"鄭棄師"出『瑣語晉春秋』也. 按 : '紀年'二字恐誤, 今其書無此文也) 諸如此句, 多是古史全文. 則知夫子之所修者, 但因其成事, 就加雕飾, 仍舊而已, 有何力哉? 加以史策有闕文, 時月有失次, 皆存而不正, 無所用心, 斯又不可(一多'能而'二字)殫說矣.(一無'矣'字) 而太史公云 : 夫子"爲『春秋』, 筆則筆, 削則削, 游·(一作'子')夏之徒, 不能贊一辭." 其虛美一也.

按 : 이 조는 『태사공서(太史公書)』[『사기』]의 내용을 중심으로 하고 있다. 『태사공서』에 있는 공자의 『춘추』에 대한 '필삭(筆削)[筆則筆, 削則削]'의 말을 지적하였는데, 급총서(汲塚書) 중에 같은 내용을 찾아내어 공자가 '그대로 두고 고치지 않았다[存而不正]'는 것을 인증(引證)하여 이를 번안(翻案)으로 삼았다.(此條摭『太史公書』爲談柄. 書有筆削之言, 遂尋出冢書同文及存而不正, 以爲翻案)

4-18

또 살펴보건대, 송 양공(宋襄公)은 등자(滕子)를 무도한 군주라고 모함하여 포로로 하였고,[84] 초 영왕(楚靈王)은 겹오(郟敖)를 죽이고[弒] 각 제후국

84 『춘추』 희공(僖公) 19년(B.C. 641)에, 송(宋)나라 사람이 등자(滕子) 영제(嬰齊)를 붙잡았다고 했다. 주(注)에, 그 예(例)가 성공(成公) 15년(B.C. 576)에 있다고 했다. 『좌전』 성공 15년에, 군주가 백성에게 무도하게 굴어 제후가 이를 토벌하여 붙잡았다면 즉 모인(某人)이 모후(某侯)를 붙잡았다고 하였다고 했다. **按** : 이 말은 그 죄가 붙잡힌 사람에게 있다는 것이다. 그런데 『좌전』 희공 19년에, 이제 송나라는 단 한 번의 모

에는 그가 병으로 죽었다고 알렸다.[85] 『춘추』는 이러한 사실들을 알려준대로 그대로 기록하면서 고치지 않았다. 이는 결국 무고한 사람에게 오히려 죄를 씌우고, 죄 있는 자에게는 그의 죄를 감추어준 셈이니, 권선징악의 의의가 어디에 있는가? 그러나 좌구명(左丘明)은 『춘추』의 의의를 논하며 말하기를, "혹은 명성을 추구하지만 『춘추』에서는 얻을 수 없고, 혹은 자신의 죄악을 덮으려 하지만, 그 악명이 더 드러난다", "(따라서) 선한 사람은 더욱 힘쓰고, 음란한 자는 두려워할 것이다"[86]고 하였다. 이것이 두 번째 헛된 찬미이다.

又案宋襄公執滕子而誣之以得罪, 楚靈王弑郟敖而赴之以疾亡. 『春秋』皆承告而書, 曾無變革. 是則無辜者反加以罪, 有罪者得隱其辜. 求諸勸戒, 其義安在? 而左丘明論『春秋』之義云 : (一作'也') "或求名而不得, 或欲蓋而名(一作'彌')彰", "善人勸焉, 淫人懼焉." 其虛美二也.

按 : 여기서는 『좌전』 소공(昭公) 31년의 주(邾)나라 흑굉(黑肱)에 관한 해석을 중심으로 하고 있다. 『좌전』에 타이르고 경계한다는 말이 있지만, 유지기는 송 양공(宋襄公)이 등자(滕子)를 모함하여 죄를 얻게 하고, 초 영

임에서 두 나라의 군주를 괴롭혔다고 하였다. 이는 그 죄가 실제 잡은 사람에게 있다는 것이다. 당시 송 양공(宋襄公)은 또 증자(鄫子)를 붙잡았으므로 두 나라라고 한 것이다.

85 이 편(篇)의 첫 부분을 보라. 역주 : 『좌전』 소공(昭公) 원년(B.C. 541) 기록 참조.

86 역주 : 『좌전』 소공(昭公) 31년(B.C. 511)에, 겨울에 주(邾)나라 흑굉(黑肱)이 남(濫) 땅을 가지고 노나라로 도망해 왔다. 그는 지위가 낮은 사람이었지만 그의 이름을 경(經)에 쓴 것은 땅을 소중히 여겼기 때문이다. 군자는 말했다. 사람의 이름이 신중하게 다루어지지 않으면 안 되는 까닭은 이와 같다. …… 그래서 말하기를 『춘추』에서 일컬어진 것은 가볍게 다루었으면서도 큰 뜻이 나타나 있고, 순하게 말했으면서도 선악의 구별이 확실하다. 위에 있는 사람이 이 정신을 아랫사람들에게 잘 밝힐 수만 있다면 선한 사람은 더욱 힘쓰고, 음란한 자는 두려워할 것이다[淫人懼焉]. 그러므로 『춘추』의 필법을 귀하게 여기는 것이라고 하였다. 또 두예의 『춘추좌씨전서』에, "악을 징계하고 선을 권장한 것으로, 명성을 구하고자 악행을 저지른 자에게는 (도리어) 그 이름을 묻어버리고, 악명을 은폐하고자 한 자에게는 (도리어) 그 이름을 분명히 드러낸다"라고 했다.

왕(楚靈王)이 겹오(郟敖)를 죽이고[弑] 각 제후국에는 그가 병으로 죽었다고 알렸다고 한 내용을 찾아내어, 『춘추』의 기재는 오로지 알려준 대로 그대로 기록하고 조금도 고치지 않았다고 하여 이를 번안(翻案)으로 삼았다.(此條摭『左氏』郏黑肱傳爲談柄, 傳有勸懼之言, 遂尋出誣罪赴亡, 承告無革, 以爲翻案)

4-19

또 살펴보건대, 『춘추』의 기록은 본래 포폄(褒貶)을 위주로 한다.[87] 때문에 『국어(國語)』「진어(晉語)」에, 진 사마후(司馬侯)가 국군(國君) 도공(悼公)에게 말하기를, "만약 『춘추』가 칭찬하는 선(善)한 일을 행하고, 폄하하는 악(惡)한 일을 경계한다면 이를 덕의(德義)라고 말할 수 있습니다"라고 하였다. 도공이 말하기를 "누가 능히 할 수 있는가?" 하니 대답하기를, "양설힐(羊舌肹)이 『춘추』[88]에 익숙합니다"[89]고 하였다. 그 외 동호(董狐)는

87 역주 : 『한서예문지』「육예략」 "춘추"의 서(序)에, 노(魯)는 주공의 나라이므로 예(禮)와 문물을 갖추고, 사관(史官)은 법도가 있다. 그러므로 좌구명(左丘明)과 그 사기(史記)를 보아 행사에 의거하고, 인도(人道)에 말미암아 이룸에 의하여 공을 세우고, 패함으로써 벌을 이룬다. 일월(日月)을 빌려 역수(曆數)를 정하고, 조빙(朝聘)을 빌려 예악(禮樂)을 바로잡으며, 칭찬하고 꺼리고 깎아 내리고 물리치고[褒諱貶損] 하는 바가 있다. 책으로 나타낼 수 없고 제자에게 입으로 전수한다고 했다. 두예(杜預)의 『춘추좌씨전서』에, 춘추가 비록 한 글자로써 포폄(褒貶)하였으나, 모두 몇 개의 문구를 사용하여 말을 만든 것이고, 8괘(卦)의 효(爻)를 뒤섞어 64괘를 만든 것과는 같지 않으니, 진실로 전(傳)에 의거하여 경(經)의 뜻을 추단해야 한다고 했다.

88 역주 : 이 문장에 보이는 춘추(春秋)는 고대 역사전적에 대한 통칭이다. 당시 공자는 아직 노(魯) 『춘추』를 수정(修訂)하기 전이었다. 당시 편년의 사서를 대개 『춘추』라고 칭하였다.

89 『국어(國語)』「진어(晉語)」에, 진 도공(晉悼公)이 사마후와 당(堂)에 올라 멀리 바라보며 말하기를, '나라가 태평하고 안락한가' 물으니 대답하기를, '높은 곳에서 낮은 곳을 바라보는 즐거움은 즐겁지만, 덕의(德義)에 맞는 즐거움은 아직 없습니다'라고 하

군왕이 시해되었음을 숨기지 않고 직서(直書)하였고,(선공(宣公) 2년(B.C. 607)) 남사(南史)는 간책(簡策)을 손에 쥐고 여러 차례 죽음을 무릅쓰고 신하가 군주에게 해를 끼친 사실을 적고자 하였으며,[90](양공(襄公) 25년(B.C. 548)) 영식(寗殖)은 군주를 쫓아낸 자신의 악명(惡名)이 결국 책서(策書)에 기록되는 것을 걱정하였다.[91] 때문에 당시의 사관들은 사실을 그대로 기록한다는 자세를 가지고 가령 군주의 노여움을 사서 죽음을 당한다고 해도 서법(書法)을 지켜 사실을 기록하였음을 알 수 있다. 공자가 『춘추』를 편수(編修)한 이후 노나라 이외의 나라에서 신하가 군주를 시해하고 나라를 찬탈한 경우가 세 차례 있었고(原注 : 제(齊)·정(鄭)·초(楚)를 말하는데 위에서 이미 설명하였다)[92] 본국(本國)[魯]에서 군주가 시해되거나 내쫓긴 경우가 일곱 차례 있었지만,[93](原注 : 은공(隱公)·민공(閔公)·자반(子般)·오

니 도공이 묻기를 '무엇을 덕의(德義)라고 하는가' 물었다. 이에 대답하기를 '제후들이 매일 주(周) 천자(天子)의 곁에서 받들기를 운운' 하였다. 또 「육가(六家)」편 『춘추』 문장에도 보인다.

90 역주 : 동호와 남사에 대한 자세한 내용은 「채찬(採撰)」편 주)22-23 참조.

91 『춘추』 양공(襄公) 14년(B.C. 559)에, 위후(衛侯)가 제나라로 도망하였다고 했다. 주(注)에, 군주를 쫓아낸 적(賊)은 적지 않는다는 것을 따랐다. 『좌전』에, 위(衛)나라의 헌공(獻公)은 손문자(孫文子)·영혜자(寗惠子)[殖]와 함께 식사를 하자고 불렀으므로 두 사람은 예복(禮服)을 입고 조정에 나아갔다. 그러나 날이 저물어도 부르지 않고 위후는 동산 안에서 기러기를 쏘고 있었다. 두 사람은 노하였다. 손문자는 먼저 행동하지 않으면 반드시 죽을 것이라 하고 일을 행하였다. 가까운 국경으로 가서 나라를 벗어났다. 위후가 자료(子蟜)·자백(子伯)·자피(子皮)를 보내어 손문자와 맹약을 하게 하였다. 그러자 손문자는 이들을 모두 죽였다. 위후가 제(齊)나라로 도망하였다고 했다. 또 『좌전』 양공 20년(B.C. 553)에, 위나라의 영혜자가 병들자 도자(悼子)를 불러, 나는 군주에게 죄를 지었다. 후회해도 소용이 없다. 제후의 책(策)에 손림보(孫林父)·영식(寗殖)이 그 군주를 축출했다고 쓰고 있다. 이를 숨길 수 있는 것은 오직 당신뿐이라고 하였다.

92 역주 : 『좌전』 애공(哀公) 10년(B.C. 485)에, 제(齊)나라 사람이 도공(悼公)을 시해하였다고 하였지만, 『춘추』에는 졸(卒)이라고만 적혀 있다. 『좌전』 양공(襄公) 7년(B.C. 566)에, 정나라 희공(僖公)이 자사(子駟)에 의해 시해되었다고 하였지만, 『춘추』에는 졸(卒)이라 했으며, 『좌전』 소공(昭公) 원년(B.C. 541)에, 초나라 군주가 시해되었는데도 『춘추』에는 역시 졸(卒)이라고만 적고 있는 것을 비판하고 있는 것이다.

93 역주 : 『좌전』에는 이들에 대하여 시해되었거나 쫓겨났다고 적고 있지만, 『춘추』에는 단지 홍(薨) 혹은 졸(卒) 그리고 양위(讓位)한 것으로 적고 있음을 비판한 것이다.

(惡)·시(視) 등 다섯 명의 군주가 시해되고, 소공(昭公)·애(哀公) 두 군주는 추방되었다. 按: 혹 '일곱이 있었다[有七]'를 '다섯이 있었다[有五]'라고 한 것은 시(視)를 군주로 볼 수 없고, 애공은 쫓겨난 것이 아니며 또한 경(經)의 뒤에 있기 때문이다) 『춘추』에는 모두 누락되어 기록되지 않음으로써 많은 난신적자들이 악명(惡名)을 피할 수 있었다. 그런데도 맹자는, "공자가 『춘추』를 편찬하니 난신적자들이 두려워하였다"[94]고 말하였으니 이것이 어찌 공허한 이야기가 아니겠는가! 이것이 세 번째 헛된 찬미이다.

又案(舊脫'案'字)『春秋』之所書, 本以褒貶爲主. 故『國語』晉司馬侯對其君悼公曰: "以其善行, 以其惡戒, 可謂德義矣." 公曰: "孰能?" 對曰: "羊舌肹習於『春秋』." 至於董狐書法(疑當作'弑')而不隱,(宣二) 南史執簡而累進,(襄二十五) 又寧殖出君, 而卒自憂名在策書. 故知當時史臣, 各懷直筆, 斯則有犯必死, 書法無舍者矣. 自夫子之修『春秋』也, 蓋他邦之篡賊其君者有三,(原注: 謂齊·鄭·楚, 已解於上) 本國之弑(或作'殺', 非)逐其君者有七,(一作'五')(○原注: 隱·閔·般·惡·視五君被弑, 昭·哀二主被逐也. 按: '有七'作'有五'者, 是視不得當君, 哀出非逐, 且在經後也) 莫不缺而靡錄, 使其有逃名者. 而孟子云: "孔子成『春秋』, 亂臣賊子懼." 無乃烏有之談歟? 其虛美三也.

按: 여기서는 『맹자』에 보이는 "공자가 『춘추』를 편찬하니 난신적자들이 두려워하였다"는 말을 중심으로 하였다. 당시 다른 제후국에서 나라를 찬탈하고 군주를 시해한 경우가 세 차례 있었고, 노나라에서는 군주가 시해되거나 내쫓긴 경우가 일곱 차례 있었다는 사실을 찾아내어, 『춘추』에는 모두 그러한 기록이 누락되어 난신적자들이 그 악명을 피할 수 있었다고 하여 이를 번안(翻案)으로 삼았다.(此條摭孟子亂賊懼之言爲談柄, 因尋出弑逐缺錄, 使有逃名, 以爲翻案)

94 역주: 『맹자』「등문공(滕文公)하」편 참조.

4-20

또 살펴보건대, 『춘추』의 문장에 비록 범례(凡例)가 있기는 하지만,[95] 어떤 경우 같은 사실을 다르게 서술하고 있어서 도리와 일치하지 않는다. 때문에 태사공(太史公)이 말하기를, "공자가 『춘추』를 지음에 은공(隱公)·환공(桓公) 사이는 기록이 분명하고, (공자와 같은 시대인) 정공(定公)·애공(哀公)시기의 사실은 그 기록이 은미(隱微)하였다. 왜냐하면 당시로서는 절실한 일이었기 때문에 (화를 자초할지도 모르니) 칭찬하거나(『사기』에는 대부분 '원망한다[忌]'는 글자를 썼다) 꺼리는 말을 하지 않았다."[96]고 했다. 이는 곧 공자가 행실은 준엄하게 하되 말은 겸손하게[97] 그리고 강한 것을 두려워하고 약한 것을 공격함으로써[98] 책임을 미루고 피하여 자신의 안전을 구하였고, 애매한 태도를 취함으로써 화를 면하고자 했음을

---

95 역주 : 두예의 『춘추좌씨전서(春秋左氏傳序)』에, "『좌전』에 '범(凡)'자(字)를 써서 예(例)를 말한 것들은 모두 나라를 다스리는 불변의 제도와 주공(周公)이 전한 법과 사서(史書)의 옛 전장(典章)을 공자께서 그대로 따라 편수(編修)하여 『춘추』 경(經)의 전체의 체제(體制)로 삼은 것이다. 그리고 경(經)에 드러낸 일은 세미(細微)하게 기록하고 경에 숨긴 일은 드러내 밝혀서 의례(義例)를 만든 것은 모두 구례(舊例)에 의거하여 경(經)의 뜻을 드러내고 행사(行事)의 시비를 지적해 표폄을 바르게 한 것이다"라고 하였다.

96 이상의 문장은 『사기』 권110, 「흉노열전」의 찬(贊)[태사공왈(太史公曰)]에 보인다.

97 역주 : 『논어』 「헌문(憲問)」편에, "나라에 도가 있을 때에는 말을 준엄하게 하고, 행실을 준엄하게 하며, 나라에 도가 없을 때에는 행실은 준엄하게 하되 말은 겸손하게 하여야 한다"라고 했다. 두예의 『춘추좌씨전서』에도, "『공양전』을 해설한 자도 '공자가 『춘추』에서 주(周)나라를 내치고 노나라를 왕으로 여겼기 때문에 행동은 준엄하게 하였으나 말은 겸손하게 하여 당시의 화(禍)를 피하려 하였다. 그러므로 그 문사(文辭)를 간략하게 만들어 그 뜻을 숨긴 것'이라 하였다"라고 했다.

98 역주 : 『시경』 「대아(大雅)」 "증민(蒸民)"에, "부드러운 것이면 삼켜버리고[柔則茹之], 딱딱한 것이거든 뱉는다[剛則吐之]"라고 하였고, 또 『좌전』 정공(定公) 4년(B.C. 506)에도, "시에 이르기를, '부드럽다고 삼키지 않고 딱딱하다고 뱉지 않으며, 홀아비 과부를 업신여기지 않고 강하고 사나운 자를 두려워하지 않네'라고 했다. 오직 어진 사람만이 이렇게 할 수 있는 것이다. 강한 상대는 피하고 약한 상대를 능멸하는 것은 용맹한 것이 아니고, 운운"하였다.

말하는 것이다. 그런데도 맹자는, "공자가 이르기를, '나를 이해하는 것도 오직 『춘추』일 것이며, 나를 벌하는 것도 오직 『춘추』일 것'이라 말했다"[99]고 하였다. 이것이 네 번째 헛된 찬미이다.

又案『春秋』之文, 雖有成例, 或事同書異, 理殊畫(一訛作'晝')一. 故太史公曰, "孔氏(『史記』作'子')著『春秋』, 隱·桓之間則彰, 至定·哀之際則微, 爲其切當世之文, 而罔(此二字, 一本倒, 一本'罔'作'亡')褒(『史記』多'忌'字)諱之辭也." 斯則危行言遜, 吐剛茹柔, 推避以求全, 依違以免禍. 而孟子云 : "孔子曰 : '知我者其惟『春秋』乎, 罪我者其惟『春秋』乎.'" 其虛美四也.

按 : 이 조에서는 『춘추』를 논한 두 가지 성어(成語)를 중심으로 하였다. 사마천의 말을 빌려 맹자의 말을 뒤집었다. 그 뜻은 문사(文辭)가 은미(隱微)하다고 하여 죄를 감당하는 것은 아니라는 것이다.(此條兩摭論『春秋』之成語爲談柄, 而假言以翻孟案也. 其意以爲辭微則非任罪者)

4-21

또 살펴보건대, 진(晉)나라 조천(趙穿)이 국군(國君) 영공(靈公)을 죽였는데도 오히려 조돈(趙盾)이 시해하였다[弑]고 하였고,[100] 강을(江乙)이 궁중에서 베를 잃어버렸을 때 영윤(令尹)이 도적질하였다고 했다.[101] 이같이 춘

99 역주 : 『맹자』 「등문공(滕文公)하」편에 나오는 문장이다.

100 역주 : 『좌전』 선공(宣公) 2년에 보이는 기록이다. 「채찬(採撰)」편 주)23, 「직서(直書)」편 주)5 참조.

101 『열녀전(烈女傳)』에, 강을이 영(郢)의 대부로 있을 때 왕궁에 도둑이 들었고, 영윤(令尹)은 그 죄를 강을에게 물어 쫓아냈다. 얼마 있지 않아 강을의 모친이 베를 훔쳤다. 그리고는 왕에게 말하기를, 영윤이 훔쳤다고 하였다. 왕이 영윤이 이를 아느냐고 묻

추시대의 식견을 갖춘 사람은 모두 문사(文辭)를 간략하고 완곡하게, 그 말을 은미(隱微)하게 하지 않는 경우가 없었다.[102] 이는 대개 당시에 늘 있는 일이요, 습관적으로 늘 행하던 것이었다. 그런데도 반고(班固)는 말하기를, "공자[宣父]가 죽자 미언(微言)이 단절되었다"[103]고 하였으니, 미언의 저작이 어찌 선부(宣父)[104][공자]에게만 있었겠는가? 이것이 다섯 번째 헛된 찬미이다.

又(一脫'又'字)案趙穿殺君, 而稱宣子之弑, 江乙亡布, 而稱令尹所盜. 此則春秋之世, 有識之士莫不微婉其辭, 隱晦其說. 斯蓋當時之恒事, 習俗所常行. 而班(一脫'班'字)固云: "仲尼歿而微言絶." 觀微言之作, 豈獨宣父者邪? 其虛美五矣.(一作'也')

按: 이 조에서 중심으로 말한 것은, 억지로 『한서』의 '미언' 두 글자를 좌구명의 '완곡하고 은미하게 표현하였다[婉晦]'는 뜻과 같다고 하면서 진(晉)과 초(楚)의 두 사실을 들어 (미언이) 단절되지 않았음을 증명하려고 한 것인데, 실로 잘못됨이 심하다. 하물며 두 가지 사실이 모두 소위 '완회(婉晦)'의 의미와 아무런 관계도 없다. 이 같은 번안(翻案)은 더욱 궤변이 된다.(此條談柄, 強扯『漢書』"微言"二字以當左氏婉晦之旨, 遂擧晉楚事證其未絶, 繆甚

자, 대답하기를, 예전에 제 아들이 도둑에 연좌되어 쫓겨난 적이 있는데, 제 아들이 어찌 그러한 사실을 알았겠는가? 그런데도 결국 그 사건에 연좌되었다. 영윤만이 홀로 어찌 이러한 사실을 모르겠는가 하니 왕이 그 말뜻을 알았다고 했다.

102 역주 : 『춘추』 성공(成公) 14년(B.C. 577)에, "『춘추』의 표현은, 문사(文辭)는 간략하되 뜻은 드러내고[微而顯], 사실을 서술하되 뜻은 은미(隱微)하게 하고[志而晦], 완곡하게 기록하되 장법(章法)[法則]을 이루고[婉而成章], 사실을 다 기록하되 왜곡(歪曲)하지 않고[盡而不汙], 악을 징계하고 선을 권장한다[懲惡而勸善]는 것이니 성인(聖人)이 아니면 누가 이렇게 편수(編修)할 수 있었겠는가"라는 말을 인용한 것이다. 두예(杜預)의 『춘추좌씨전서(春秋左氏傳序)』에도 같은 내용이 보인다.

103 『한서예문지』 서(序)에, 옛날 공자가 죽자 미언(微言)이 끊어졌고, 70제자가 죽자 대의(大義)가 어그러졌다고 했다. 이 말은 본래 유흠(劉歆)의 「이양태상박사서(移讓太常博士書)」(『문선(文選)』 권43 所收)에 보인다.

104 역주 : 『신당서』 권15, 「예악지(禮樂志)」 5에, "정관(貞觀) 11년(637) 조칙을 내려 공자를 높여 선부(宣父)라고 하였다"라고 했다.

矣. 況兩事並與婉晦不倫. 似此翻案, 尤成詭辯)

4-22

이들 여러 『춘추』를 헛되이 찬미하고 있는 유래를 찾아 살펴보면, 고금의 학술에 능한 사람들이 서로 전하고, 유교의 가르침을 전수하면서 사실을 신성시하는데서 기인한 것이다. 때문에 말이 실제보다 지나치게 과장되었다. 『논어』에 이르기를, "여러 사람이 좋아하더라도 반드시 살펴보아야 한다"[105]고 하였고, 맹자는 "요·순에 대하여는 더 이상의 칭찬이 있을 수 없고, 걸·주에 대하여는 더 이상의 악평이 있을 수 없다"[106]고 하였다. 세상 사람들의 『춘추』에 대한 평가를 살펴보면, 많은 사람들이 좋다고 하니 스스로 살피지 않고 따라하는 것으로써 요·순이 많은 칭찬을 받는 것과 같은 것이 아니겠는가.

考茲衆美, 徵其本源, 良由達者相承, 儒教傳授, 旣欲神其事, 故談過其實. 語曰:"衆善之, 必察焉."(一本'之''焉'二字互轉) 孟子曰:"堯·舜不勝其美, 桀·紂不勝其惡." 尋世之言『春秋』者, 得非覩衆善而不察, 同堯·舜之多美者乎?(一誤作'云')

按: 이상의 십여 구절은 오로지 다섯 가지 헛된 찬미[虛美]에 대한 결론이지만, 사리에 어긋나는 말이다.(此十餘句專束五虛美, 誖辭也)

105 역주 : 『논어』「위영공(衛靈公)」편에, 공자께서 말씀하기를, '여러 사람이 미워하더라도 반드시 살펴보아야 하고, 여러 사람이 좋아하더라도 반드시 살펴보아야 한다[子曰, 衆惡之, 必察焉; 衆好之, 必察焉.]'고 했고, 『풍속통의(風俗通義)』「정실(正失)」편에는, "子曰, 衆善之, 必察焉; 衆惡之, 必察焉"이라고 하였다.

106 『풍속통의(風俗通義)』「정실(正失)」편에 보인다. 주(注)는 「의고(疑古)」편에 보인다.

4-23

옛날 왕충(王充)이 문답의 형식으로 쓴 『논형(論衡)』에 「문공(問孔)」편이 있다.[107] 비록 『논어』의 여러 말들에 대하여 잘못을 지적한 것이 많았지만, 『춘추』의 다양한 의미에 대하여는 분명하게 밝혀낸 것이 없다. 따라서 이 「혹경」편은 이전부터의 의문에 기초하고 다시 새로운 견해를 더하였다. 장래의 학자들이 이상에서 제시한 견해들을 상세하게 살펴주길 희망한다.

昔王充設(一作'說')論, 有『問孔』之篇, 雖『論語』羣言, 多見指摘, 而『春秋』雜義, 曾未發明. 是用廣彼(一訛作'破')舊疑, 增其新覺. 將來學者, 幸爲詳之.

按: 이 몇 마디 말은 「혹경」편 전체에 대한 결론으로 앞 구절과 함께 조(條)의 수에 포함되지 않는다.(此數語總結全篇, 與前節俱不入條數)

공자[夫子]는 말하기를, "사실을 기록하되 지어내지는 않는다[述而不作]"고 했는데, 맹자는 "공자가 두려워 『춘추』를 지었다[孔子懼, 作『春秋』]"고 하였다. 자신의 우둔함을 생각하지 않고 맹자의 말을 진실하여 믿을만한 것이라 받들었다. 『춘추』는 노나라 역사에 근거하여 사실을 기록한 것으로써 비록 맹자가 '지었다[作]'라 하였지만 아마도 전해들은 것을 적었다는 의미일 것이다. 나는 또 공자가 여러 경전을 수정하였다는 설이 열어구(列禦寇)에게서 나오고 공안국(孔安國)이 이를 다시 말하였으며 아울러 『칠위(七緯)』 등의 책에 성행함으로써 공자가 여러 경전을 산정(刪定)하였다고 여겨지게 된 것이라 생각한다. 이제 일일이 살펴보니 모두가 맞는 것은 아니다. 공자는 다만 『역(易)』에 대한 전(傳)을 써서 어떻게 상(象)·

107 왕충의 『논형』은 모두 30권이다. 제9권이 「문공」편인데 그 내용이 매우 사리에 어긋난다.

변(變)을 관찰하는지 그 방법을 밝히려는 것이지 실제로 창작을 하였던 것은 아니었다. 공자가 만세(萬世)에 전한 공(功)이 있다는 까닭은 당시에는 백가쟁명(百家爭鳴)으로 성인의 도가 막혀 통하지 않게 되자 공자는 난잡한 전적 중에 여섯 전적[六籍]을 골라 드러내어 70제자에게 전수하고 여섯 전적과 서로 맞지 않는 내용은 모두 삭제하여 전해지지 못하게 하였다. 이로 말미암아 학자(學者)들은 다른 길로 나아갈 수 없었다. 많은 사람들이 모두 이로 인해 바르고 통일된 정확한 길을 갈 수 있었다. 공자가 골라 전한 것은 즉 선왕(先王)의 여섯 전적이었지만, 실제로는 한 성인의 여섯 전적이었다. 그들 전적은 본래 삭제와 찬정(撰定)을 하여 후세에 공을 남길 필요가 없었다. 공자의 가르침은 『논어』에 모두 갖추어져 있는데, 『역(易)』에 관하여는 '학(學)', 『시(詩)』·『서(書)』에 관하여는 '아언(雅言)', 『예(禮)』에 관하여는 '집(執)'·'약(約)', 『악(樂)』에 관하여는 '지(知)'·'문(聞)'(홀로 '악정(樂正)'이란 말이 『시(詩)』편에 정리되어 있을 뿐이다)이라 말하였다. 『춘추』에 관하여는 아무런 말이 없었다. 때문에 그는 또 말하기를, "대체로 사람들은 스스로 이해하지 못하면서도 새롭게 지어내지만 나는 그렇지 않다"라고 했는데, 그렇다면 '지어 말하기를·지어 말하기를[作云·作云]'이라는 것은 후세 사람들의 근거 없는 억측이란 말인가?(夫子曰:'述而不作'. 孟子曰:'孔子懼, 作『春秋』'. 不揣蠢愚, 竊奉子言爲信. 『春秋』者, 據魯史之文直書之, 雖『孟子』'作', 恐亦得之傳聞也. 愚又竊以修正諸經之說, 出自列禦寇, 孔安國述之, 而寖盛於『七緯』家言, 以爲有刪有定. 今一一考之, 皆未見其然. 夫子惟大『易』有傳, 推明觀象觀變之方, 而亦非有所作也. 夫子所以功在萬世者, 當是之時, 羣言爭鳴, 聖道堙塞, 夫子於百千哤雜之中, 表擧六籍以授七十之徒, 諸不在此科者屛不使進. 由是學者得不岐其所往, 而經由此正, 統由此一焉. 夫子擧而表授之, 卽先王之六籍皆一聖人之六籍矣. 固不必刪之·定之而后爲功也. 夫子之敎, 具之『論語』, 於『易』曰學, 於『詩』·『書』曰雅言, 於『禮』曰執·曰約, 於『樂』曰知·曰聞.(獨有'樂正'一語, 亦止整次『詩』篇) 至於『春秋』, 且靡有言焉. 故又曰:"蓋有不知而作之者, 我無是也." 然則諸言'作云·作云'者, 其後起之騰說歟?) 또 생각해보니, 『논어』 중에 '사(史)'를 언급한 곳이 두 군데가 있는데, "문식이 꾸미지 않은 바탕을 이기면 사(史)", "나는 사서[史]의 궐문(闕文)을 볼 수 있다"라고 했다. 이 두 구절의 말을 깊이 생각해 보면 곧 『춘추』가 가볍게 개작(改作)되지 않았음이 더욱 분명해진다.(又思之, 『論語』之言史者亦有二 : 曰'文勝質則史', 曰'吾猶及史之闕文也.' 玩此二言, 則『春秋』之不輕改作益明)

「신좌(申左)」 제5

곽연년(郭延年)의 『사통평석(史通評釋)』에는 서(序)와 본문이 두 편(片)으로 되어 있어 가장 합당하다. 다른 판본은 제멋대로 나뉘어 있는데, 모두 틀렸다.[郭本序與文作兩片, 最合. 諸本橫分, 皆非]

『공양전』·『곡량전』과 달리 『좌전』은 역사적 사실에 대한 기재가 상세하다. 일반적으로 경사(經師)들은 이 같은 역사적 사실을 중시하지 않았고 따라서 『좌전』을 『춘추』를 경의(經義)와는 상관없는 책으로 간주하였다. 때문에 한대(漢代)에 있어서 『좌전』은 다른 두 전(傳)과 달리 학관(學官)을 두어 전수하지 않았다. 물론 사마천의 『사기』 중 『좌전』을 인용한 부분이 적지 않게 확인됨으로써 사서로서의 가치를 일찍부터 인정을 받았음이 분명하지만, 경전(經傳)으로서의 지위를 확실히 갖게 된 것은 진대(晉代) 이후였다. 유지기는 주지하다시피 『좌전』에 대하여 매우 긍정적인 인식을 지니고 있었다. 따라서 이 「신좌(申左)」편에서는 『춘추』삼전(三傳)을 비교하면서 『좌전』이 갖는 장점 세 가지와 다른 두 전의 다섯 가지 단점을 논하였다. 『좌전』의 장점으로는 첫째 『춘추』에 대한 필삭(筆削)과 범례(凡例)가 모두 주공(周公)의 법도에 맞다, 둘째 『좌전』에는 다른 나라의 역사가 모두 포함되고 기재된 사실 모두가 매우 상세하다, 셋째 수집한 자료는 확실히 견문을 넓힐 수 있는 것이었다 등이라고 하였다. 그리고 『공양전』과 『곡량전』의 다섯 가지 단점은 첫째, 공양고(公羊高)와 곡량적(穀梁赤)은 모두 외국에서 출생하였고 좌구명(左丘明)처럼 공자와 동시대의 사람이 아니기 때문에 그들은 모두 전해들은 자료에 근거할 수밖에 없다. 둘째, 두 전은 구전(口傳)된 자료를 인용하였기 때문에 내용이 부족하고 누락된 부분이 많다. 셋째, 『좌전』은 국사(國史)의 완성된 문장을 차례대로 편집하고 『춘추』 경문에 각각 짝을 지워 의미를 부여하고 있지만, 두 전은 자신의 생각을 선례(先例)로 삼고 있어서 그 도리가 매우 진부하고 궁색하며 말이 대부분 비루하다. 넷째, 두 전은 『춘추』 경문을 중복하여 서술하고는 새로운 해석이 없이 경문을 그대로 따를 뿐이었다. 다섯째, 두 전은 때로 공자의 가르침에 어긋나거나 성인의 뜻을 상실하는 해석을 내림으로써 악의 무리를 장려하고 후학을 오도(誤導)하였다 등이라고 정리하였다. 이러한 비교는 결국 『춘추』에 대한 경학적 해석을 주로 하는 『공양전』·『곡량전』과 비교하여 『좌전』이 공자의 뜻에 충실하고 역사적 사실에 가까움을 강조하기 위한 것이었다.

5-1

옛날에는 『공양전(公羊傳)』·『곡량전(穀梁傳)』·『좌전(左傳)』 등 『춘추』 삼전(三傳)에 대하여 말하는 사람이 많았다.[1] 그러나 전국시대가 되면 이들 책에 대한 논의는 거의 들리지 않았다. 전한(前漢)(마땅히 '~의 초기[之初]' 두 글자가 있어야 한다)에는 오직 『공양전』을 학관(學官)에 두었지만, 선제(宣帝)

1 역주 : 『춘추』 삼전(三傳)에 대하여는, 『좌전』은 복건(服虔)과 두예(杜預)의 주(注)가 있고, 『공양전』에는 하휴(何休)와 엄팽조(嚴彭祖)의 훈(訓)이 있었다. 그리고 『곡량전』을 해석한 자가 비록 10가(家)에 가까우나 모두 비천한 말학(末學)으로 경(經)의 모범이 될 만한 것들이 아니었으며, 사리(辭理)와 전거(典據)가 보잘 것 없었다고 한 범녕(范寧)의 언급이 있다.(「春秋穀梁傳序」 참조)

이후에는 『곡량전』도 학관을 두었다. 성제(成帝) 때에 이르러 유흠(劉歆)이 처음으로 『좌씨』를 중시하였지만 끝내 학관에 두지는 못하였다.[2](釋 : 처음에는 『춘추』 삼전이 모두 세상에 유행하였지만, 마지막에는 『좌전』만이 유행하였다) 대개 예로부터 『공양전』과 『곡량전』을 중시하고 『좌전』을 경시한 것이 일가(一家)만이 아니었고, 『좌전』을 찬미하고 『공양전』과 『곡량전』을 비난한 것 역시 일족(一族)만이 아니었다. 서로 공격하고 각기 붕당을 이루어 상대방의 학술관점을 난잡하고 요란하게[哤聒][3] 비난하니 그 시비를 가릴 수가 없었다. 그러나 유가의 학술이 만약 정교함만을 위주로 한다면, 경서(經書)의 문장을 구독(句讀)하고, 훈고(訓詁)를 통해 어려운 뜻을 설명하는 것은 가능하다. 그러나 전체적인 요점을 의론(議論)하고 대강을 거론할 경우, 그 말에는 전체를 통관하는 것이 거의 없고, 그 도리에는 요점이 없다. 때문에 예나 지금의 사람들 사이에 『춘추』가 지닌 의혹이 풀리지 않은 곳에 대하여 어떠한 해석도 할 수 없었다.(釋 : 다음으로 논자들의 높고 낮음에 대한 설명은 아래 문장을 인용하였다)

古之人言『春秋』三『傳』者多矣. 戰國之世, 其事罕聞. 當前漢(當有'之初'二字)專用『公羊』, 宣皇已降, 『穀梁』又立於學. 至成帝世, 劉歆始重『左氏』, 而竟(一作'書')不列學官.(釋 : 首原『三傳』行世, 獨『左氏』最後) 太抵自古重兩傳而輕『左氏』者固非一家, 美『左氏』而譏(一作'議')兩傳者亦非一族. 互相攻擊, 各用(一作'自')朋黨, 哤聒(舊作'龓聒', 或作'聒龓', 並訛)紛競, 是非莫分. 然則儒者之學; 苟以專精爲主, 止(舊作'至', 誤)於治章句, 通訓釋, 斯則可矣.(一作'也') 至(一脫'至'字)於論大體, 擧宏綱, 則言罕兼統, 理無要

2 역주 : 전한의 춘추학(春秋學)에 대한 대강은 『수서경적지』「경부(經部)」 "춘추"에 잘 정리되어 있다. 아울러 『한서예문지』·『한서』 권88, 「유림전(儒林傳)」·『한서』 권36, 「유흠전(劉歆傳)」 등에도 자세한 내용이 보인다.

3 「촉도부(蜀都賦)」에, "시끄럽게 떠드는 소리가 들끓어 오르니 곧 난잡하고 요란함이 우주에 가득하다"라고 했다. 이선(李善)의 주(注)에, 『관자(管子)』에 이곳저곳에서 하는 말이 난잡하다[哤]고 했고, 『설문해자(說文解字)』에, 괄(聒)은 시끄럽게 떠드는 말이라고 했다.

害. 故使今古疑(一作'凝')滯, 莫得而申者焉.(釋 : 次述論者之低昂, 以引下文)

5-2

개괄적으로 말하자면, 『춘추』의 전(傳)을 언급하는 사람들은 마땅히 『좌전』을 으뜸으로 삼는다.(釋 : 이 구절에서 근본적인 뜻을 제시하였다) 그러나 자고로 『좌전』을 배우는 사람들은 그에 대하여 말하면서도 그 실정(實情)을 얻지 못하였다. 예컨대 가규(賈逵 : 30-101)가 편찬한 『좌씨장의(左氏長義)』[4]에서는 『좌전』 문공(文公) 13년(B.C. 614)에 기록된 사실 중 제기한 진(秦)으로부터 진(晉)에 돌아온 범회(范會)를 유씨(劉氏)로, 그리고 유씨의 조상을 요(堯)라고 하였다.[5] 이 때문에 한(漢)왕조 유성(劉姓)의 가계가 요

4 『수서경적지』「경부(經部)」"춘추"에, 『춘추좌씨장경(春秋左氏長經)』 20권, 후한 시중(侍中) 가규(賈逵)의 장구(章句)라고 했다. 또 『후한서』 권36, 「가규전」에, 숙종(肅宗)[章帝]이 특별히 『좌씨전』을 좋아하여 가규에게 『좌전』의 대의(大義)로써 『공양전』·『곡량전』보다 좋은 점을 정리하라고 하자 가규는 30개 사실을 뽑아 정리하였다고 했다. 또 말하기를, 『오경(五經)』에는 모두 도참(圖讖)으로 유씨(劉氏)가 요임금의 후예라는 것을 증명한 것이 없다는 사실을 『좌전』만이 홀로 분명하게 적고 있다고 했다. 역주 : 『춘추』와 관련한 가규의 저술로 『춘추좌씨해고(春秋左氏解詁)』 30권·『춘추석훈(春秋釋訓)』 1권·『춘추좌씨경전주묵렬(春秋左氏經傳朱墨列)』 1권·『춘추삼가경본해고(春秋三家經本解詁)』 12권·『춘추외전국어(春秋外傳國語)』 20권 등이 있다.

5 『좌전』 문공(文公) 13년에, 범회(范會)가 진(秦)으로부터 진(晉)으로 돌아왔고, 진(秦)나라 사람들은 그의 처자를 돌려보냈다. 이들이 유씨(劉氏)였다고 했다. 『한서』「고제본기」 찬(贊)에, 진(晉)의 사관 채묵(蔡墨)이 도당씨(陶唐氏)가 쇠하고 그 후예로 유루(劉累)가 있었는데, 용(龍) 다루는 것을 배웠다. 공갑(孔甲)을 섬겼는데 범씨(范氏)가 그 후예이다. 범씨는 진(晉)의 사사(士師)를 지내다가 진(秦)을 도망하여 진(晉)으로 돌아갔다. 이들이 유씨였다. 전국(戰國)시대에 위(魏)를 얻었지만, 진(秦)이 위를 멸하자 대량(大梁)으로 옮겼다가 풍(豐)에 도읍하였다. 이러한 사실로 미루어볼 때 한(漢)은 요(堯)의 운(運)을 계승하고 덕조(德祚)가 이미 성하였다고 했다.

(堯)임금까지 소급되었다. 이는 당시 한나라 조정에 아첨하기 위한 것으로써 참고할만한 가치가 전혀 없는 것이었다. 또 살펴보니 환담(桓譚)의 『신론(新論)』에, "『좌전』과 『춘추』 경은 옷의 겉과 속의 관계와 같다"[6]고 하였고, 『동관한기(東觀漢記)』에 진원(陳元)[7]이 상주하기를, "후한 광무제(光武帝) 때 학관에 『좌전』을 두었으나 환담 · 위굉(衛宏)[8] 등이 모두 비난하여 중도에 없어졌다"라고 하였다. 반고(班固)의 『한서예문지(漢書藝文志)』에, 좌구명(左丘明)과 공자가 노나라의 역사기록을 보고 그 기초 위에 『춘추』를 편찬하였고, 노나라 사서 원래의 내용에 대한 산삭(刪削)을 통해 사실에 대한 것은 『좌전』에 상세하게 기재하였다. 그러나 당시 정치권력의 박해를 받을까 두려워 그 책을 감추었다고 했다.[9] 주나라 말기에 『춘추』를 구술한 내용이 유행하여 『공양전』 · 『곡량전』 · 『추씨전(鄒氏傳)』 · 『협씨전(夾氏傳)』 등 여러 전(傳)이 있게 되었다. 그런데도 『반고집(班固

---

6 역주 : 이는 『신론』 「정경(正經)」편에 보이는 말이다. 『신론』은 대부분 망실(亡失)되고, 현재 그 일부가 전한다. 이러한 내용이 『태평어람(太平御覽)』 권610, 「학부(學部)」 "춘추(春秋)"에도 보인다.

7 『후한서』 권36, 「진원전」에, 원의 자는 장손(長孫)이다. 부 흠(欽)은 『좌씨춘추』를 익혔다. 진원은 어려서부터 부업(父業)을 전수하여 훈고(訓詁)에 능했다. 광무제 건무(建武 : 25-55)초에 『좌씨전』을 학관에 세우고자 논의하였다. 진원은 궁중에 나아가 상소하여, 『좌씨』를 건립하여 적결(積結)을 해석하면 천하의 큰 행운이 될 것이라 하였고, 황제가 이를 논의하게 하였지만 제유(諸儒)가 크게 반대하여 『좌씨』는 다시 폐하여졌다고 했다.

8 역주 : 『후한서』 권79하, 「유림전(儒林傳)」 하에 열전이 보인다.

9 역주 : 『한서예문지』 「육예략」 "춘추"에, 노(魯)는 주공(周公)의 나라이므로 예(禮)와 문물을 갖추고, 사관(史官)은 법도가 있다. 그러므로 좌구명과 그 사기(史記)를 보아 행사에 의거하고, 인도(人道)에 말미암아 이룸에 의하여서 공을 세우고, 패함으로써 벌을 이룬다. 일월을 빌려 역수(曆數)를 정하고, 조빙을 빌려 예악을 바로잡으며, 칭찬하고 꺼리고 깎아 내리고 물리치고[褒諱貶損] 하는 바가 있다. 책으로 나타낼 수 없어 제자에게 입으로 전수하였다. 제자들은 물러나 말을 다르게 한다. 좌구명은 제자가 각각 그 뜻을 쉽게 여김으로써 그 진실을 잃을까 두려워하였다. 그래서 사실을 논하여 전(傳)을 만들어 부자(夫子)[孔子]가 말로만 한 것으로써 경(經)을 말할 수 없는 것을 밝힌 것이다. 『춘추』에서 폄손(貶損)된 대인(大人)은 당세(當世)의 군신(君臣)으로 권위와 세력이 있기 때문에 그 사실을 모두 전(傳)에 나타냈다. 따라서 그 책을 숨기고 드러내 펴지 않았던 것은 당시의 어려움을 면하기 위한 까닭이었다고 했다.

集)』에는 또 「난좌씨구조(難左氏九條)」·「삼평(三評)」 등의 조목이 있다.[10] (釋 : '그러나 자고로'부터 여기까지 여러 사람들의 평론의 분분함이 이와 같음을 거론하고 있다) 무릇 일가지언(一家之言)이나 같은 한 사람의 말에도 일관됨이 없이 서로 모순되고 앞뒤의 주장이 달랐다. 이 또한 참고할 만한 가치가 없다.(釋 : 앞서 평한 『좌전』에 대한 여러 견해를 요약하였다)

무릇 이해하기 어려운 것을 해석하려면 도리를 근본으로 해야 하는데, 만약 이러한 도리가 결여되었다면 학식을 갖춘 사람들을 마음으로부터 설득하는 것이 어렵지 않겠는가? 이제 의심 가는 부분을 하나씩 다음에 열거하고자 한다(釋 : 『좌전』을 평론한 각종 관점을 설명하였다)

必揚榷而論之, 言傳者固當以『左氏』爲首.(釋 : 此句揭出本指) 但自古學『左氏』者,(一無'者'字) 談之又不得其情. 如賈逵撰『左氏長義』, 稱在秦者爲劉氏, 乃漢室所宜推先. 但取悅當時, 殊無足採. 又案桓譚『新論』曰 : "『左氏傳』於『經』, 猶衣之表裏." 而『東觀漢記』陳元奏云 : "光武興立『左氏』, 而桓譚·衛宏並共詆(一作'毁')訾, 故中道而廢." 班固「藝文志」云 : 丘明與孔子觀魯史記而作『春秋』, 有所貶損, 事形於『傳』, 懼罹時難, 故隱其書.(一有'爲'字) 末世口說流行, 遂有『公羊』·『穀梁』·『鄒氏』·『夾氏』諸傳. 而於『固集』, 復有難『左氏』九條三評等科.(釋 : 自'但自古'至此, 證擧諸家評論紛竸如此) 夫以一家之言, 一人之說, 而參差相背, 前後不同, 斯又(或訛'文')不足觀也.(釋 : 繳過評『左』諸說)

夫解難者以理爲本, 如理有所闕, 欲令有識心伏, 不亦難乎? 今聊次其所(一無'所'字)疑, 列之於後.(釋 : 結到申『左』本旨)

按 : 이는 총서(總序)이다.(此是總序)

10 역주 : 『수서경적지』「집부(集部)」"별집(別集)"에 『반고집(班固集)』 17권이 있고, 『후한서』 권40하, 「반고전」에, 그가 저술한 전인(典引)·빈희(賓戲)·응기(應譏)·시(詩)·부(賦)·명(銘)·뢰(誄)·송(頌)·서(書)·문(文)·기(記)·론(論)·의(議)·육언(六言) 등 41편(篇)이 있다고 하였지만, 「난좌씨구조(難左氏九條)」·「삼평(三評)」 등에 관한 기록은 찾아볼 수 없다.

5-3

대개 『좌전』의 의(義)에는 세 가지 장점이 있고, 『공양전』과 『곡량전』에는 다섯 가지 단점이 있다.(釋 : 두 구절로 주의를 환기시켰다) 살펴보건대 『춘추』 소공(昭公) 2년(B.C. 540)에, "한선자(韓宣子)가 내빙(來聘)하여 태사씨(太史氏)에게서 도서를 구경할 때 『노춘추(魯春秋)』를 보고, '주(周) 왕조의 예법(禮法)이 모두 노나라에 있구나. 나는 이제야 주공(周公)의 덕과 주나라가 왕자(王者)가 된 까닭을 알았습니다'[11]고 말하였다"라고 했다. 그러나 『춘추』의 편찬은 희단(姬旦)[周公]으로부터 시작되어 공자에 의하여 완성되었다.[12] 『좌전』의 『춘추』에 대한 필삭(筆削)과 범례(凡例)는 모두 주공(周公)의 법도에 맞는 것이었다.(原注 : 두예(杜預 : 222-284)는 『춘추석례(春秋釋例)』에, "『공양전』·『곡량전』이 『춘추』를 논할 때 모두 『춘추』의 내용에 근거하여 질문을 제시하고, 그 질문에 의거하여 의의를 분석하였다. 의(義)의 □요, 곡진함으로 □을 통하게 하였고, 다른 범례(凡例)는 없었다. 좌구명이 □주례를 근본으로 하여 '범(凡)'이라고 칭한 범례(凡例)는 모두 주공의 구제(舊制)였다"라고 했다. 按 : 이 조항에는 세 글자가 빠져 있는데, 여러 책에는 모두 문장을 따라 이어놓았다. 혹은 망령되이 다른 글자를 채워 넣었는데 이제 모두 네모 빈칸으로 하였다. 후에는 이를 그대로 따랐다) 공자의 가르침을 전하였기 때문에 삭제할 수 없는 글[不刊之書][13]이

11 역주 : 『춘추』 소공(昭公) 2년 신유(辛酉) 봄에 진후(晉侯)가 한기(韓起)를 보내 노나라를 빈문(聘問)하게 하였다고 했고, 이에 대하여 『좌전』에는 진후가 한기[韓宣子]를 보내 노나라를 빙문하게 했다. 한선자가 집정(執政)이 된 것을 알리기 위해 와서 노나라 군주에게 조견(朝見)한 것이니 예(禮)에 맞는 일이었다. 한선자는 노나라의 태사(太史)에게서 『역상(易象)』과 『노춘추(魯春秋)』 등을 보고, "주왕조의 예법이 모두 노나라에 있구나. 나는 이제야 주공의 덕과 주나라가 왕자(王者)가 된 까닭을 알았습니다"라고 하였다.

12 역주 : 두예(杜預), 『춘추좌씨전서(春秋左氏傳序)』(『문선』 권45 所收)에, "중니(仲尼)[孔子]가 노나라 사관(史官)이 책(策)에 기록한 성문(成文)에 의거하여 그 진위(眞僞)를 살피고, 그 전례(典禮)를 기록하여 위로는 주공(周公)이 남긴 법제를 따르고, 아래로는 장래의 법을 밝히셨다고" 했다.

될 수 있었고, 장래의 법을 적어 분명하게 드러낼 수 있었다. 이것이 그 첫 번째 장점이다.(釋 : 첫 번째 장점은 한선자(韓宣子)의 말에 근거하고 있지만 원래는 『주례(周禮)』에 근본하여 입설(立說)한 것이다) 또 노 애공(哀公) 3년(B.C. 492)에 노나라 사탁궁(司鐸宮)에 화재가 나자 남궁경숙(南宮敬叔)이 주인(周人)에게 명하여 어서(御書)를 밖으로 꺼내게 하였다.[14](이 구절 아래 "자복경백(子服景伯)이 이르러 재인(宰人)에게 명하여 예서(禮書)를 꺼내오도록 하였다[子服景伯命宰人出禮書]"는 열 자(字)가 있었지만 문장의 뜻이 충분하므로 이제 빼버렸다) 이때 노나라에는 문적(文籍)이 가장 잘 구비되어 있었다. 좌구명은 직접 태사(太史)[15]가 되어 많은 도서들을 널리 수집하였는데 예컨대 『도올(檮杌)』[16]·『기년(紀年)』[17]·『정서(鄭書)』[18]·『진지(晉志)』[19] 등이었는데, 이들 책을 읽

13 역주 : 두예(杜預), 『춘추좌씨전서(春秋左氏傳序)』(『문선』 권45 所收)에, 좌구명은 중니(仲尼)에게 경(經)을 전해 받고 경의 문장은 삭제할 수 없는 글[不刊之書]이라고 여겼다고 했다. '『춘추』를 '불간지서(不刊之書)' 혹은 '불간지언(不刊之言)'이라 언급한 곳은 「육가(六家)」편과 「혹경(惑經)」편에도 보인다.

14 『좌전』 애공 3년에, 사탁(司鐸)에 화재가 나 그 불길이 공궁(公宮)을 넘어 환공(桓公)·희공(僖公)의 묘에도 미쳤다. 그때 불을 끄려는 사람들이 모두 말하기를, "재화(財貨)가 들어 있는 창고를 잘 살펴라"고 하였다. 마침 남궁경숙(南宮敬叔)이 이르러 주인(周人)에게 명하여 어서(御書)를 꺼내라고 하였다. 자복경백(子服景伯)이 이르러 재인(宰人)에게 명하여 예서(禮書)를 꺼내 명을 기다리라 하였다. 역주 : 사탁은 궁의 이름이고, 남궁경숙은 공자의 제자 남궁열(南宮閱)을 가리키며, 주인(周人)은 궁중의 전적을 관리하는 관직을 말한다.

15 역주 : 대사(大史)라고도 하며, 역사기록과 천문역수(天文曆數) 등을 관장하는 관리를 말한다. 서적의 관리와 보관 또한 맡았다. 『한서예문지』 「육예략」 "춘추"에, 『좌씨전(左氏傳)』 30권, 좌구명(左丘明), 노나라 태사(太史)가 지었다고 했다.

16 역주 : 『도올』은 춘추시대 초나라의 사서(史書)이다. 『맹자』 「이루(離婁)」 하에, 왕자(王者)의 자취가 끊어지니 시(詩)가 없어지고, 시가 없어진 뒤에 춘추(春秋)가 지어졌다. 진(晉)의 승(乘), 초의 도올(檮杌), 노의 춘추는 사서라는 점에 있어서 같은 것이라고 하였다.

17 역주 : '기년'이란 『죽서기년(竹書紀年)』을 가리킨다. 『진서(晉書)』 권51, 「속석전(束晳傳)」 참조.

18 역주 : 정나라의 사서를 가리킨다. 『좌전』 양공(襄公) 30년(B.C. 543)과 소공(昭公) 28년(B.C. 514)에 각각 보인다.

19 역주 : 진(晉)나라의 사서로 짐작된다. 그러나 『좌전』에는 그 명칭이 보이지 않는다. 『맹자』 「이루(離婁)」 하편과 『사통(史通)』 「채찬(採撰)」편에는 진승(晉乘)이라 표기하였다.

지 않은 것이 없었다. 따라서 좌구명의 『좌전』에는 다른 나라의 역사가 모두 포함되고 기재된 사실 모두가 매우 상세하였다. 이것이 그 두 번째 장점이다.(釋 : 두 번째 장점은 노나라에 문적이 갖추어져 있음에 근거하여 사관의 넓은 식견을 입설(立說)로 하였다) 『논어』에 공자가 말하기를, "좌구명이 부끄럽게 여기는 것을 나도 부끄럽게 여긴다"[20]고 하였다. 이러한 말을 통해 같은 성인의 재주를 가졌지만 좌구명은 공자의 부탁을 받아 『춘추』에 전(傳)을 편찬하였음을 알 수 있다.[21] 당시 공자에게는 학식에 통달한 제자가 70명이고,[22] (보통의) 제자 3천명이 멀리 사방으로부터 왔거나 가까이는 좌구명처럼 같은 나라에 있었다. 그리하여 위로는 공자에게 문의하고 아래로는 제자들에게 자문하였다. 이 때문에 『좌전』이 수집한 자료는 확실히 견문을 넓힐 수 있었다. 이것이 세 번째 장점이다.(釋 : 세 번째 장점은 성인의 칭찬에 근거하여 직접 그에게서 『춘추』에 전(傳)을 편찬할 것을 부탁 받았다는 것을 입설(立說)로 하였다)

蓋『左氏』之義有三長, 而二傳之義有五短.(釋 : 二句提) 案『春秋』昭(一有'公'字)二年 : 韓宣子來聘, 觀書於太史氏, 見『魯春秋』, 曰 : "周禮盡在魯矣. 吾乃今知周公之德與周之所以王也." 然(當有'則'字)『春秋』之作, 始自姬旦, 成於仲尼. 丘明之『傳』, 所有筆削及發凡例, 皆得周典,(原注 : 杜預『釋例』云 : 『公羊』·『穀梁』之論『春秋』, 皆因事以起問, 因問以辯義. 義之□者, 曲以通

---

20 역주 : 『논어』 「공야장(公冶長)」에, 공자가 말하기를, "말을 교묘하게 꾸며내고 안색을 수시로 변하여 남을 지나치게 공경하는 것을 좌구명은 부끄럽게 여겼고 나[丘] 역시 부끄럽게 여긴다. 원망을 가슴 속에 숨기고 그 사람과 교제하는 것을 좌구명은 부끄럽게 여겼고 나 또한 부끄럽게 여기노라"고 하였다. 유지기가 '구(丘)'를 '모(某)'로 바꾼 것은 공자를 위해 피휘한 것이다.

21 『후한서』 권36, 「진원전(陳元傳)」에, 「의립좌씨(議立左氏)」의 상소에 이르기를 좌구명은 지극히 현명하여 친히 공자로부터 가르침을 받았지만, 『공양전』과 『곡량전』은 후세에 전해들은 것이라고 하였다. 역주 : 비슷한 내용이 『한서』 권36, 「유흠전(劉歆傳)」에 보인다.

22 역주 : 육예(六藝)에 통달한 제자의 수가 『사기』 권47, 「공자세가」에는 72인으로, 권67, 「중니제자열전」에는 77인으로 적고 있지만, 대개는 70인으로 표기하는 경우가 많다.

□. 無他凡例也. 左丘明則□周禮以爲本, 諸稱凡以發例者, 皆周公之舊制者也. 按 : 此條缺三字, 諸本皆隨文連下, 或妄塡別字, 今並作方空格. 後仿此) 傳孔子敎, 故能成不刊之書, 著將來之法. 其長一也.(釋 : 一長, 據韓宣聘語, 原本『周禮』立說) 又案哀三年, 魯司鐸火, 南宮敬叔命周人出御書,(句下並收"子服景伯命宰人出禮書"十字, 文義方足. 今脫) 其時於魯文籍最備. 丘明旣躬爲太史, 博總群書, 至如檮杌·紀年之流, 『鄭書』·『晉志』之類, 凡此諸籍, 莫不畢覩. 其『傳』廣包它國, 每事皆詳. 其長二也.(釋 : 二長, 據魯備文籍, 史官廣見立說) 『論語』子曰 : "左丘明恥之, 某亦恥之." 夫以同聖之才, 而膺授經之託, 加以達者七十, 弟子三千, 遠自四方, 同在一國, 於是上詢夫子, 下訪其徒, 凡所採摭, 實廣聞見. 其長三也.(釋 : 三長, 據聖人稱許, 親從膺授立說)

5-4

곡량적(穀梁赤)과 공양고(公羊高)는 (공자와는) 다른 나라에서 출생하였고, 이후에 살았던 사람들이다.[23] 지역으로 말하자면 노나라에서 태어난 것이 아니었고, 시대로 말하자면 선니(宣尼)[24][孔子]와 같은 시대가 아니었다. (이들이) 어찌 전해들은 이야기를 가지고 공자에게서 직접 가르침을

---

23 역주 : 곡량적(穀梁赤)은 공자와 같은 노나라 사람이고, 공양고(公羊高)는 제나라 사람이다. 따라서 모두가 공자와 다른 지역 출생은 아니다. 유지기가 어떤 자료에 근거하여 곡량적을 타국 출생이라고 하였는지 분명치 않다. 다만 이들 두 사람이 공자와 동시대의 인물이 아님은 틀림없다. 두 사람 모두 공자의 문하인 자하(子夏)의 제자였다고도 한다. 『한서예문지』「육예략」 "춘추" 참조.

24 역주 : 『한서』 권12, 「평제기(平帝紀)」에, (원시(元始) 원년(A.D. 1) 6월) 주공(周公)의 후손 공손상여(公孫相如)를 포로후(褒魯侯)로 봉하고, 공자의 후손 공균(孔均)을 포성후(褒成侯)로 봉하여 제사를 받들도록 하였고, 공자에게 시호를 추서하여 포성선니공(褒成宣尼公)이라 불렀다고 했다.

받은 좌구명과 우열을 다툴 수 있겠는가?[25] 이는 마치 근세 한(漢)의 태사(太史)와 진(晉)의 저작랑(著作郎) 등의 사관이 국사를 편찬하였음으로[26] 당시에 정통의 사서라고 불렸고, 후일 『선현전(先賢傳)』·『기구전(耆舊傳)』(原注 : 『초국선현전(楚國先賢傳)』·『여남선현행장(汝南先賢行狀)』·『익부기구전(益部耆舊傳)』·『양양기구전(襄陽耆舊傳)』 등의 책을 말한다)·『어림(語林)』·『세설(世說)』 등[27]은 다투어 이단의 내용을 담아 억지로 싣고 있는데, 무릇 동네 저자거리에 전하는 것을 황제의 서고(書庫)[冊府](아마도 이 두 글자를 사용해야 맞을 것이다. 옛날에는 반고와 사마천[班馬]이라고 썼지만 관련이 없다)에 있는 책들과 서로 대비(對比)하고, 고로(古老)를 방문하여 수집한 이야기를 같은 시대[同時](이 두 글자를 옛날에는 '자손(子孫)'이라 썼지만 오류가 크다. 이는 판본이 모호하여 후세 사람이 잘못 채워 넣은 잘못이다)의 기록과 함께 배열하려는 것과 같다. 이렇게 비교하는 것은 어렵다.[28] 『공양전』과 『곡량전』을 『좌전』과 비교하려는 것이 이것과 무엇이 다르겠는가? 이것이 첫 번째 단점이다.(釋 : 첫 번째 단점은 공양고와 곡량적이 출생한 시기와 지역에 있어서 『좌전』보다 못하다는 말이다. 按 : 이 구절은 바로 세 가지 장점에 대한 반대를 위해 고쳐 쓴 것이다) 『좌전』에 이르기를, 장애백(臧哀伯)이 노 환공(魯桓公)이 정(鼎)을 태묘(太廟)에 받아들인 것을 간하니 주(周)나라 내사(內史)가 그의 바른

25 역주 : 이러한 견해는 이미 환담(桓譚), 『신론(新論)』과 왕충(王充), 『논형(論衡)』「안서(案書)」편에 각각 보인다.

26 역주 : '태사'는 한대(漢代), '저작'은 진대(晉代)의 사관(史官)을 가리킨다. 「사관건치(史官建置)」편 참조. 여기서는 대개 한대의 사마천과 반고, 진대의 간보(干寶)와 손성(孫盛) 등을 가리킨다.

27 역주 : 이들 책은 『수서경적지』「사부」 "잡전(雜傳)" 혹은 「자부(子部)」 "소설(小說)"에 보이고, 이 책 「잡술(雜述)」편에도 보인다.

28 역주 : 이상의 문장에서 포기룡(浦起龍)이 '반마(班馬)'를 '책부(冊府)'로, '자손(子孫)'을 '동시(同時)'로 바꾼 것에 대하여 이자명(李慈銘), 『월만당독서기(越縵堂讀書記)』에서는 '책부'는 원래대로 '반마(班馬)'로, '자손'은 당연히 간손(干孫)이 되어야 한다고 주장하였다. 따라서 이 문장은 "무릇 동네 저자거리에 전하는 것을 (한의 태사였던) 반고와 사마천의 사서와 비교하고, 옛날 노인들을 방문하여 수집한 이야기를 (진(晉)의 저작랑이었던) 간보(干寶)와 손성(孫盛)의 사서와 함께 배열하고자 운운"이라고 해야 한다고 주장했다. 趙呂甫, 『史通新校注』, p.850, 주)20 참조.

말을 칭찬하였고,[29] 왕자조(王子朝)가 제후들에게 포고하니 민마보(閔馬父)가 그의 변설(辨說)을 좋다고 하였다.[30] 이러한 예(例)는 실제로 『좌전』에 많다. 이는 대개 사건이 있었던 시기의 발언이 사관(史官)에 의해 문자로 기록되어, 말한 사람의 이름과 원래의 이야기 내용이 모두 없어지지 않고 다른 나라에까지 전해졌던 것이다. 그리고 좌구명 역시 원래의 이야기들을 순서에 따라 편집하였을 뿐이다. 이는 근대의 『사기(史記)』에 악의(樂毅)[31]와 이사(李斯)[32]의 문장이 실려 있고, 『한서(漢書)』에 조조(晁錯)와 가생(賈生)[33]의 글을 싣고 있는 것과 같다. 이들 문장을 살펴보면 어디에서 사마천이 본래의 내용을 삭제하였거나 반고가 고친 부분[雌黃][34]을 찾

---

29 『좌전』 환공(桓公) 2년(B.C. 710)에, 송(宋)나라에서 고(郜)의 대정(大鼎)을 옮겨다가 태묘(太廟)에 바친 것은 예(禮)에 어긋나는 것이었다. (노나라 대부)장애백(臧哀伯)이 이를 간(諫)하였지만 받아들여지지 않았다. 주나라 내사(內史)가 이를 듣고 말하기를, 장손달(臧孫達)은 노나라에서 그 후손이 번영할 것이다. 군주에게 잘못이 있으면 덕으로써 간하는 것을 잊지 않았다고 했다.

30 『좌전』 소공(昭公) 22년(B.C. 520)에, 왕자조(王子朝)가 반란을 일으켰다. 26년에, 왕자조가 초(楚)로 달아나 사신을 보내 제후에게 고하도록 하였다. 민마보(閔馬父)는 왕자조의 말을 듣고 말하기를, 문사(文辭)는 예를 행하기 위해 사용하는 것인데, (왕자조는 경왕(景王)의 명을 어기고 대국인 진(晉)나라를 멀리하고서 오로지 제 뜻대로 하여) 무례함이 심하였으니, 그 문사가 무슨 소용이 있겠는가 라고 하였다. 역주 : 잘 꾸며진 말[文辭]은 좋지만 그 무례함을 크게 비판하고 있다. 따라서 유지기의 본문은 잘 살펴 읽어야 한다.

31 역주 : 전국시대 연(燕)의 장군으로 혜왕(惠王) 때 조(趙)나라로 망명하였다. 『사기』 권80, 「악의열전」에는 악의가 연 혜왕(燕惠王)에게 보낸 장문의 편지글이 실려 있다.

32 역주 : 초나라 상채(上蔡) 사람으로 순자(荀子)에게 배웠고, 진 시황(秦始皇)을 도와 천하통일을 이룩하는데 공이 있다. 『사기』 권87, 「이사열전」에는 이사가 진시황에게 올린 상서 등이 기재되어 있다.

33 역주 : 조조(晁錯) 즉 조조(鼂錯)는 전한의 정치가로 복생(伏生)에게서 『상서』를 전수받았다. 『한서』 권49, 「조조전(鼂錯傳)」에는 그가 올린 상서(上書)가 여러 편 수록되어 있다. 가생(賈生)은 가의(賈誼)를 가리키는데, 전한 초기의 사상가 · 문인(文人)이었다. 『한서』 권48, 「가의전(賈誼傳)」에는 「조굴원부(弔屈原賦)」와 「복조부(服鳥賦)」 외에도 정사(政事)를 진술한 장문의 상소문(上疏文)이 수록되어 있다.

34 역주 : 유황(硫黃)과 비소(砒素)를 혼합한 황색의 결정체로 약용 또는 안료(顔料)로 쓰이는데, 일반적으로 시문(詩文)의 첨삭에 자황을 썼으므로 전(轉)하여 자구의 첨삭을 가리킨다.

을 수 있겠는가? 그러나 『공양전』과 『곡량전』의 내용을 보면 이와 다르다. 두 전(傳)이 싣고 있는 인물들의 말은 서로 어긋나고, 문장은 모두 자질구레하였다. 이러한 것은 무엇 때문인가? 대개 『좌전』은 각 제후국의 사관(史官)이 간(簡)에 기록한 문장을 인용하였고, 두 전(傳)은 구전(口傳)되어 전하는 말을 인용하였기 때문이다. 따라서 『좌전』과 두 전(傳)은 내용의 풍부함과 부족함이라는 점이 다르고, 넉넉함과 결핍이라는 점이 같지 않았다. 이것이 두 번째 단점이다.(釋 : 두 번째 단점은 『공양전』·『곡량전』에 기재된 말은 전해들은 것으로써 『좌전』에 기록된 내용이 내사(內史)와 민마보(閔馬父)의 찬평(贊評)이 있어서 믿을만하다는 점과 비교해 『좌전』보다 못한 것이라 하였다) 『좌전』에는 여러 대부들의 응대하는 말[詞令]과 행인(行人)[35]들의 응답을 기재한 기재하고 있는데, 그 문장이 우아하고 아름다우며 내용이 해박하고 심오하다.(原注 : 예컨대 장희백(臧僖伯)이 군주가 물고기 잡는 것을 구경하려 하자 그것을 간한 말,[36] 부진(富辰)이 왕에게 적인(狄人)의 여인을 왕후로 받아들이려는 일에 대해 간하는 말,[37] 왕손(王孫) 만(滿)이 초 장왕(楚莊王)을 위로할 때 문정(問鼎)에 대한 대답,[38] 계찰(季札)이 노나라에서 악의 연주를 들은 후에 여러 나라의 민요[國風]를 평론한 말[39] 등인데, 이러한 말들의 근거로써 인용한 것은 모두 『예(禮)』 상도(常道)에 관한 유(類)이다) 먼 옛날의 이야기를 서술함에 상세함이 마치 눈앞

35 역주 : '행인'은 외교사절을 가리킨다. 「언어(言語)」편 주)8 참조.

36 역주 : 『좌전』 은공(隱公) 5년(B.C. 718)에 장희백이 노 은공(魯隱公)이 당(棠)에 가서 물고기 잡는 것을 구경하려 하자 그 부당함을 간한 내용이 실려 있다.

37 역주 : 『좌전』 희공(僖公) 24년(B.C. 635)에 적인(狄人)이 정(鄭)나라를 토벌하여 역(櫟)을 취하니 양왕(襄王)이 적인의 덕을 입었다고 여겨 적인의 딸을 황후로 삼으려 하자 부진이 그 부당함을 간하였으나 왕이 듣지 않았다고 했다.

38 역주 : 『좌전』 선공(宣公) 3년(B.C. 606)에, 초자(楚子)[楚莊王]가 육혼(陸渾)의 융(戎)을 토벌하고 드디어 낙수(洛水)에 이른 뒤 주(周)나라 경내에서 무력시위[觀兵]를 하니 정왕(定王)이 왕손(王孫) 만(滿)을 보내 초 장왕을 위로하였다. 이때 초 장왕이 왕손 만에게 구정(九鼎)의 크기와 경중(輕重)을 묻자 '왕자(王者)가 되는 것은 덕에 달린 것이지 정(鼎)에 달린 것은 아니다'는 등의 대답을 한 내용이 실려 있다.

39 역주 : 『좌전』 양공(襄公) 29년(B.C. 544)에, 계찰이 노 양공(魯襄公)에게 주왕실의 춤과 음악을 들려줄 것을 청하자 악공에게 『시경』의 「국풍(國風)」을 노래 부르게 하자 평한 말들이 실려 있다.

에 보이는 듯하였다.(原注 : 예컨대 섬자(剡子)가 노나라에 조빙할 때 소호(少昊)가 새 이름[鳥名]으로 관직명을 삼았다고 말한 것,[40] 계손행보(季孫行父)가 순(舜)이 팔원(八元)과 팔개(八凱)를 천거한 일을 칭찬한 말,[41] 위강(魏絳)이 진(晉) 도공(悼公)에게 적(狄)을 정벌하자는 제의에 대하여 대답하면서 순(舜) 때의 훈계(訓誡) 즉 "우인지잠(虞人之箴)"을 인용한 일,[42] 자혁(子革)이 초(楚) 영왕(靈王)을 풍자하여 기초(祈招)의 시를 읊은 것[43] 등인데, 이러한 사실들은 분명한 것으로써 과장되거나 남을 속이는 유(類)가 아니다) 근대(近代)의 예(例)를 인용함에 순환의 이치가 되풀이되는 듯하였다.(原注 : 예컨대 진(晉)과 진(秦)이 절교할 때 여상(呂相)이 두 나라 사이에 대대로 불화(不和)가 있었다고 말한 것,[44] 성자반형(聲子班荊)이 초(楚)의 인재를 진(晉)나라가 임용하였다고 한 것,[45] 진(晉)의 사인(士人) 악탁(渥濁)이 순림보(荀林父)를

40 역주 : 『좌전』 소공(昭公) 17년(B.C. 525), 가을에 섬자(剡子)가 노나라에 와서 조견(朝見)하니 소공(昭公)이 잔치를 열어 그와 술을 마시면서 소호씨(少皞氏)가 새의 이름[鳥名]으로 관직명을 삼은 까닭을 묻자, 이에 대하여 섬자가 자세히 그 연유를 설명한 내용이 실려 있다.

41 역주 : 『좌전』 문공(文公) 18년(B.C. 609)에, 계손행보(季孫行父)는 순(舜)이 팔개(八凱)를 등용하여 후토(后土)를 주관해 다스리게 하고 백사(百事)를 헤아려 처리하게 하니 모든 일이 적시(適時)에 처리되고 질서가 있어 수토(水土)가 평정되고, 사시(四時)가 절서(節序)를 잃지 않았으며, 팔원(八元)을 등용하여 사방에 오교(五教)를 펴게 하니 아비는 의롭고 어미는 자애로우며 형은 우애하고 아우는 공손하며 자식은 효도하여 제하(諸夏)가 평화롭고 이적(夷狄)도 화평했다고 한 내용이 실려 있다.

42 역주 : 『좌전』 양공(襄公) 4년(B.C. 569)에 위강(魏絳)이 진 도공(晉悼公)의 융적(戎狄)을 토벌하자는 제의에 대하여 대답하면서, "우인지잠(虞人之箴)"을 인용하여 후예(后羿)가 사냥만을 탐하여 국가의 우환을 망각하고 짐승 잡기만을 생각하여 하(夏)나라가 망하기에 이르렀다는 말을 함으로써 진 도공이 사냥을 좋아한 것을 경고한 내용이 실려 있다.

43 역주 : 『좌전』 소공(昭公) 12년(B.C. 530)에 자혁(子革)이 초 영왕(楚靈王)을 풍자하여, '기초(祈招)의 성음(聲音)이 편안하고 온화함이여! 왕의 덕음(德音)을 드러내었네. 내 왕의 풍도를 생각하니 옥(玉)과 같고 금(金)과 같네. 백성의 힘을 헤아려 부리고 방종(放縱)하는 마음 없으셨네'라는 기초(祈招)의 시를 읊은 내용이 실려 있다.

44 역주 : 『좌전』 성공(成公) 13년(B.C. 578)에, 진(秦)나라가 진(晉)에 대하여 우호국의 대우를 하지 않자 진후(晉侯)가 여상(呂相)을 진(秦)에 보내 절교를 통고하면서 두 나라 사이에 대대로 불화가 있었음을 말한 내용이 실려 있다.

45 역주 : 『좌전』 양공(襄公) 26년(B.C. 547)에, 성자(聲子)가 초(楚)나라에 조문(朝問)할 때, 초의 영윤(令尹) 자목(子木)이 그와 이야기하면서 진(晉)나라의 사정을 묻고, 진(晉)과

죽이지 말라고 간하면서 문공(文公)이 성복(城濮)에서 초(楚)를 패배시키고도 여전히 근심하였다고 말한 것,[46] 자복경백(子服景伯)이 오왕(吳王)에게 말하기를, 초(楚)가 송(宋)을 포위하니 송나라 사람들이 아이들을 서로 바꾸어 잡아먹고 뼈를 주워 불쏘시개로 하면서도 송나라가 여전히 초나라와 굴욕적인 성하지맹(城下之盟)을 맺지 않았다고 한 것,[47] 위(衛)의 축타(祝佗)가 천토(踐土)에서 동맹을 맺을 때 진(晉)의 중(重), 노(魯)의 신(申), 채(蔡)의 갑오(甲午) 등을 순서대로 이야기한 것[48] 등이다) 이들 사실들의 효용의 후박(厚薄)이나 뜻하는 바의 심천(深淺) 등을 생각해 볼 때 실제 이러한 문장들이 일시에 만들어지거나 문장을 다듬고 윤색을 가한 것이 한 사람의 손에 의해 완성된 것이 아니었다. 이는 대개 당시의 국사(國史)에는 이미 완성된 문장이 있었으므로 좌구명은 다만 이들 문장을 차례대로 편집하고 『춘추』 경문(經文)에 하나하나 짝을 지워 『좌씨전』이라 칭하고 세상에 유행하게 하였던 것이다. 그러나 『공양전』과 『곡량전』은 말을 기록하고 사실을 기재함에 있어서 그 가장 뛰어나고 아름다운 부분을 잃었고, 근원을 찾는데 있어서도 자기 생각을 취하였을 뿐이다. 무릇 자신의 생각을 선례(先例)로 삼았으므로[49] 준거가 되는 것이 없

초(楚)의 대부(大夫) 중에 어느 쪽이 더 현능(賢能)한가라는 질문에 답한 내용 중에 초의 인재를 진(晉)이 임용한 사례들을 설명한 내용이 실려 있다.

46 역주 : 『좌전』 선공(宣公) 12년(B.C. 597) 가을에, 진군(晉軍)이 귀국하여 환자(桓子)[荀林父]가 죽기를 청하니, 진후(晉侯)가 허락하려 하였다. 이에 사정자(士貞子)[악탁(渥濁)]이 간하기를 안 된다고 하면서 성복(城濮)의 전쟁 때 진군(晉軍)이 승전하고 3일 동안 초군(楚軍)의 식량을 먹었는데도 문공(文公)이 초나라 득신(得臣)[子玉]이 아직 살아 있음을 근심한 내용을 인용하여, 사직을 보호할 순림보를 죽여서는 안 된다고 간한 내용이 실려 있다.

47 역주 : 『좌전』 애공(哀公) 8년(B.C. 487)에, 오(吳)나라가 노(魯)와의 전쟁을 두려워하여 먼저 강화(講和)를 요청하자 자복경백(子服景伯)이 오왕(吳王) 부차(夫差)에게 굴욕적인 성하지맹(城下之盟)을 맺지 말라고 간하면서 인용한 말이 실려 있다.

48 역주 : 『좌전』 정공(定公) 4년(B.C. 506)에, 위(衛)의 대부 축타(祝佗)가 채(蔡)나라 대부 장홍(萇弘)에게 에게 보냈을 때 축타가 한 말 중에 진 문공(晉文公)이 천토(踐土)에서 동맹을 주재할 때 위 성공(衛成公)은 그 자리에 있지도 않았지만 대리로 갔던 이숙(夷叔)은 위 성공의 동모제(同母弟)였기 때문에 채나라 군주보다 먼저 삽혈(歃血)하였던 것이라 하면서 재서(載書)에 진(晉)의 중(重), 노(魯)의 신(申), 채(蔡)의 갑오(甲午) 등을 순서대로 이야기한 내용 등이 실려 있다.

으니 그 도리가 매우 진부하고 궁색하며 말이 대부분 비루하여 『좌전』과 비교하여 함께 논할 수 없다. 이것이 두 전(傳)의 세 번째 단점이다.(釋: 세 번째 단점은 『공양전』·『곡량전』에 기재된 글이 억측에서 나온 것으로 『좌전』에 기록된 내용이 자초지종이 있다는 점보다 못한 것이라 하였다. ○이상의 두 구절은 의도가 대략 같지만, 보다 분명하게 서로를 비교하여 이전에 비해 독창적인 의견을 제시하였다. 그러나 아직 사실을 가지고 그 의(義)를 거론한 것은 아니다) 살펴보건대 『공양전』과 『곡량전』이 비록 『춘추』 경문의 해석을 위주로 하고 있지만, 빠뜨리고 해석하지 않은 곳이 일일이 다 논할 수 없을 정도이다. 예컨대 『춘추』 소공(昭公) 원년(B.C. 541)에 이르기를, 초자미(楚子麋)가 죽었다[卒]고 했지만, 『좌전』에는 공자(公子) 위(圍)에게 살해되었다고 하였다. 공양고(公羊高)와 곡량적(穀梁赤)은 『전(傳)』을 지으면서 『춘추』 경문(經文)을 중복하여 서술하고는 새로운 해석이 없이 경문을 그대로 따를 뿐이었다.[50] 이것이 두 전(傳)의 네 번째 단점이다.(釋: 네 번째 단점으로, 사실을 밀접하게 관련시켜 상황을 분명하게 살핀다는 점에서 『공양전』·『곡량전』은 사실의 고찰에 소략함이 보인다고 했다) 『한서(漢書)』에, 성방수(成方遂)가 위태자(衛太子) 여(戾)라고 사칭하고 궁성의 문 아래까지 왔다.[51] 준불의(雋不疑)가

49 『국어(國語)』「노어(魯語)」에, 애강(哀姜)이 이르렀을 때 공이 대부로 하여금 종부(宗婦)를 만나보게 하고 예물을 사용하였다. 종인(宗人) 하보전(夏父展)이 말하기를, 옛부터 있어온 일이 아니라고 하자, 공이 그대가 새로운 예를 만들라고 했다. 위주(韋注)에, 그대가 만든 것이 곧 옛 일이 된다고 했다. 按: 이 '고(故)'자는 본래 있던 것이다. 이 말이 몇 차례 집중적으로 보이는 것은 '고(古)'라고 한 것이 잘못 전해진 것이다. 최후의 구절을 가지고 주(注)를 보완하였다.

50 『춘추』 소공(昭公) 원년(B.C. 541)에, 초자(楚子) 균(麇)이 졸(卒)하였다고 했고, 『좌전』에는 초의 공자(公子) 위(圍)가 왕이 병이 들었다는 소식을 듣고 왕궁으로 들어가 왕의 병을 묻고는 목을 졸라 시해하고서 왕을 겹(郟)에 장사지내고 그 왕을 겹오(郟敖)라고 칭하였다고 했다. 『공양전』과 『곡량전』의 경문(經文)에는 초자(楚子) 권(券)이 졸(卒)하였다고 했을 뿐, 모두 전(傳)이 없고, 시살(弑殺)했다는 문장이 보이지 않는다. 때문에 잘못된 내용에 근거하였다고 한 것이다. 두 전(傳)의 주(注)에, '권(券)'의 음은 '권(權)'이라 하였는데, 『좌전』에는 '균(麇)'이라 하였다.

51 『한서』 권71, 「준불의전(雋不疑傳)」에, 불의의 자는 만천(曼倩)이다. 시원(始元) 5년(B.C. 82)에 한 남자가 누런 소가 끄는 수레를 타고 황색 깃발[旐]을 세우고 황색의

말하기를, '옛날 위(衛)나라 괴외(蒯聵)가 선군(先君)[靈公]에게 죄를 짓고 국외로 망명하였다가 후일 자기 나라로 돌아가려 했지만 태자 첩(輒)이 거절하고 받아들이지 않았다.(『한서』의 내용과 조금 다르다) 『춘추』는 첩(輒)의 행동을 옳다고 하였다'라고 하고, 드디어 영을 내려 그를 잡아 정위(廷尉)에게 보내 심문하게 했다. 이로 인하여 곽광(霍光)이 비로소 유학을 중시하였다고 했다. 준불의가 인용한 사례는 『공양전』의 본문에 있는 내용이다.[52] 『논어』에 염유(冉有)가 묻기를, "'공자께서 위(衛)나라 군주를 도울 수 있는가'라고 하니, 자공(子貢)이 대답하기를 '공자께서는 도울 수 없을 것'"이라 하였다.[53] 무엇 때문인가? 위나라는 부자가 서로 나라의 권력을 다투어 아들이 하는 행위가 부모를 잡아먹는다는 효경(梟獍)과 같아 예법에 모두 어긋나는 것이며 명교(名教)에서도 미워하는 바이다. 그런데도 『공양전』은 이 의미를 해석하면서 오히려 위첩(衛輒)을 현인으로 여겼다. 이는 공자의 가르침에 어긋나는 것이며 성인의 뜻을 상실하는 것으로써, 악의 무리를 장려하고 후학을 의혹(疑惑)시켜 오도(誤導)하는 것이다. 이것이 그 다섯 번째 단점이다.(釋 : 다섯 번째 단점에서는 의례(義例)를 들어 후세 사

짧은 홑옷을 입고, 황색 모자를 쓰고 북쪽의 궁궐로 나아가 스스로 위태자(衛太子)라고 하였다. 조서를 내려 그 진위(眞僞)를 가리게 하였다. 경조윤(京兆尹) 준불의가 호통을 치며 붙잡아, '옛날 괴외(蒯聵) 운운' 하였다. 정위(廷尉)가 치죄하여 그것이 간사(奸詐)임을 알아냈다. 본성은 성(成)이고, 이름은 방수(方遂)였으며 호현(湖縣)에 거주하며 복서(卜筮)를 일삼던 사람이었다. 옛날 태자사인(太子舍人)을 지냈던 사람이 점을 치다가 말하기를, 그대는 생김새가 위태자와 흡사하다고 하였는데, 성방수가 그 말이 자신에게 유리하다고 믿고 사칭하게 되었고 그 죄로 요참(腰斬)되었다.

52 『공양전』 애공(哀公) 2년(B.C. 493)(역주 : 3년의 잘못이다)에, 첩(輒)이란 무엇을 하는 자인가? 괴외(蒯聵)의 아들이다. 그렇다면 첩이 의(義)로써는 가히 즉위할 수 있는 것인가? '할 수 있다'라고 했다. 아버지의 명령에 따라서 할아버지[王父]의 명령을 사양할 수 없기 때문이다. 왕부(王父)의 명령으로 아버지의 명령을 사양하는 것은, 이는 아버지로써 자식에게 행하게 할 수 있는 것이다. 집안의 일로써 왕사(王事)를 사양할 수가 없고, 왕사로서는 집안의 일을 사양할 수 있는 것이니, 이것은 군주가 백성들에게 행하게 하는 것들이다. 按 : 그 뜻이 공자의 "불위(不爲)", "필야정명(必也正名)"과는 서로 위반된다.

53 역주 : 『논어』 「술이(述而)」편 참조.

람들이 『공양전』을 이용하여 사안(事案)을 결단하는 것을 말하면서 『공양전』과 『곡량전』이 공자의 뜻을 살피는데 있어서 정교하지 못했다고 하였다) 만약 『좌전』의 세 가지 장점으로 『공양전』과 『곡량전』의 다섯 가지 단점을 비교하여 보면 어느 것이 낫고 어느 것이 못한 도리인지(이하 빠진 문장이 있다. '말하기를[曰]'을 보완해야 한다) 분명하게 알 수 있다.(釋 : 이 네 구절은 위의 말과 연결된다)

如穀梁·公羊者, 生於異國, 長自後來, 語地則與魯産(舊誤作'史')相違, 論時則與宣尼不接. 安得以傳聞之說, 與親見者爭先者(一無'者'字)乎? 譬猶近世, 漢之太史, 晉之著作, 撰成國典, 時號正書.(舊誤作'言') 旣而『先賢』·『耆舊』(原注 : 謂『楚國先賢傳』·『汝南先賢行狀』·『益部耆舊傳』·『襄陽耆舊傳』等書)·『語林』·『世說』, 竟造異端, 强書它事. 夫以傳自委巷, 而將冊府(恐當用此二字, 舊作'班馬', 無涉)抗衡; 訪諸古老, 而與同時(此二字舊作'子孫', 更謬. 此皆版本模糊, 後人妄塡之過)並列, 斯則難矣. 彼二傳之方『左氏』, 亦奚異於此哉? 其短一也.(釋 : 一短, 以高·赤之生, 時地不如左氏爲言. 按 : 本節正與三長槩括相對) 『左氏』述臧哀伯諫桓納鼎, 周內史美其讜言; 王子朝告於諸侯, 閔馬父嘉其(此二字疑是'加之'二字之訛)辨說. 凡如此類, 其數實多. 斯蓋當時發言, 形於翰墨; 立名不朽, 播於他邦. 而丘明仍其本語, 就加編次. 亦猶近代『史記』載樂毅·李斯之文, 『漢書』錄(一脫'錄'字)晁錯·賈生之筆. 尋其實也, 豈是子長稿(一作'筆')削, 孟堅雌黃所構者哉? 觀二傳所載, 有異於此. 其錄人言也, 語乃齟齬,(一作'齷齪') 文皆瑣碎. 夫如是者, 何哉? 蓋彼得史官之簡書, 此傳流俗之口說. 故使隆促各異, 豐儉不同. 其短二也.(釋 : 二短, 以二傳載語得之傳聞, 不如左氏所載有內史·馬父贊評爲可徵信) 尋『左氏』載諸大夫詞令·行人應答, 其文典而美, 其語博而奧,(原注 : 如僖伯諫君觀魚, 富辰諫王納狄, 王孫勞楚而論九鼎, 季札觀樂而談國風, 算所援引, 皆據禮經之類是也) 述遠古則委曲如存,(原注 : 如郯子聘魯, 言少昊以鳥名官; 季孫行父稱舜擧八元·八凱; 魏絳答晉悼公, 引『虞人之箴』; 子革諷楚靈王, 誦『祈招之詩』. 其事明白, 非是厚誣之類是也) 徵近代則循環可覆 : (原注 : 如呂相絶秦, 述兩國世隙; 聲子班荊, 稱楚材晉用; 晉士渥濁諫殺荀林父, 說文公敗楚於城濮, 有憂色; 子服景伯謂吳云, 楚圍未, 易子而食, 析骸而爨, 猶無城下之盟 : 祝佗稱踐土盟晉重耳 · 魯申 · 甲午之類是也) 必料其功用厚薄, 指意(一作'措思')深淺, 諒非經營草創, 出自一時, 琢磨潤色, 獨成一手. 斯蓋當時國史已有成文, 丘明但編而次之, 配經稱傳而行(舊作'已')也. 如二傳者, 記言載事, 失彼菁華; 尋源討本, 取諸胸臆. 夫自我作故, 無所準繩, 故理甚迂僻, 言多鄙野, 比諸『左氏』, 不可同年. 其短三也. (釋 : 三短, 以二傳載文出自胸臆, 不如『左氏』有源有委. ○已上二節, 用意略同, 歷歷相衡, 比前已闢出議論矣, 猶未徵事擧義也) 案二傳雖以釋『經』爲主, 其缺漏不可彈論. 如『經』云 : "楚子麇卒",(此四字舊止一字, 又誤作'薨') 而『左傳』云 : 公子圍所殺.(昭元) 及公 · 穀(舊止作'公羊', 非)作『傳』, 重(一作'不', 非)述『經』文, 無所發明, 依違而已. 其短四也.(釋 : 四短, 拈出事實以確稽局見爲衡, 見二傳考事之疏略) 『漢書』載成方遂詐稱戾太子, 至於闕下. 雋不疑曰 : 昔衛蒯聵得罪於先君, 將入國, 太子輒拒而不納,(與『漢書』句稍異) 『春秋』是之. 遂命執以屬吏. 霍光由是始重儒學. 案雋生所引, 乃『公羊』正文. 如『論語』冉有曰 : 夫子爲衛君乎? 子貢曰 : 夫子不爲也. 何則? 父子爭國, 梟獍爲曹, 禮法不容, 名教同嫉. 而『公羊』釋義, 反以衛輒爲賢, 是違夫子之教, 失聖人之旨, 奬進惡徒, 疑誤後學. 其短五也.(釋 : 五短, 拈出義例, 以後人用『公羊』決事爲說, 見二傳硏義之不精)若以彼三長, 校玆五短, 勝負之理,(此下有闕文, 當補曰) 斷然可知.(釋 : 此四句是繳上語)

5-5

『공양전』과 『곡량전』의 문장을 인용해야 한다면, 오직 취할만한 장점은 두 전이 『춘추』 경문(經文)에 의거하여 해석하는 것을(이상의 문장[斷然可

知. 必執二傳之文, 唯取依『經』]이 모두 빠져 있는 것을 이제 보완하였다) 중심으로 한다는 점이다. 그러나 (『춘추』 경은) 국내[魯]의 경우 자국을 위하여 나쁜 일은 숨겼고,[54] 국외의 경우 그 나라의 부고(赴告)에 근거하여 기록하였으므로,[55] 기재된 사실의 본래의 모습을 살펴보면 반 이상이 실제와 다르다는 점에 대하여는 이미 「혹경(惑經)」편에 상세하게 기재하였다.(釋 : 여기서 다음 문장을 인용하였다) 이러한 상황이 나타난 원인을 살펴보면[尋斯義], 대개 『춘추』 경문은 공자가 주나라 제도의 선례(先例)와 노나라의 기록에 남겨진 문장에 근거하여 편수(編修)하고, 또 옛 제도를 보존한데서 비롯된 것이다.[56] 사실의 기록[實錄][57]에 관하여는 그것을 좌구명에게

---

54 역주 : 『좌전』 희공(僖公) 원년(B.C. 659)에, 봄에 희공이 즉위한 사실을 말하지 않은 것은 공이 나라 밖으로 나가 있었기 때문이다. 공이 타국으로 나갔다가 다시 들어왔는데도 경(經)에 쓰지 않은 것은 좋지 않은 사실을 피하기 위함이다. 나라의 나쁜 일을 피하는 것[諱國惡]은 예(禮)에 맞는 일이라고 하였다. 그리고 『공양전』 은공(隱公) 10년(B.C. 713)에, 『춘추』에서는 국내의 일을 기록하고, 국외의 일은 간략하게 하며, 국외의 대악(大惡)은 기록하고 소악(小惡)은 기록하지 않으며, 국내의 대악은 숨겨주고 소악은 기록하였다고 했다.

55 역주 : 『좌전』 은공(隱公) 11년(B.C. 712)에, 겨울 10월에 정(鄭)나라 백(伯)이 괵(虢)의 군사를 이끌고 송(宋)을 정벌하였다. 임술일(壬戌日)에 송나라 군사를 크게 격파하여 지난날 송나라가 정을 쳤던 일에 대한 보복을 하였다. 송나라에서는 그 사실을 사자(使者)를 보내 알리지 않았다. 그러므로 경(經)에 쓰지 않았다. 무릇 제후가 사자를 통해 알려오는 일이 있으면 기록하고 그렇지 않으면 기록하지 않는 것인데, 군대가 출동하여 이기고 진 일에 대해서도 또한 이와 같이 한다. 비록 나라가 멸망하기에 이르렀더라도 멸망하여도 패했음을 알리지 않고, 승리하고도 이겼음을 알리지 않으면 책(策)에 기록하지 않는다고 하였다. 사자(使者)란 물론 행인(行人)을 말한다.

56 역주 : 두예(杜預), 『춘추좌씨전』 서(序)에, 공자[仲尼]가 노나라 사관(史官)이 책(策)에 기록한 성문(成文)에 의거하여 그 진위를 살피고, 그 전례(典禮)를 기록하여 위로는 주공(周公)이 남긴 법제를 따르고 아래로는 그것으로 장차 지켜야 할 법도를 밝혔다. 구사(舊史)에 기재된 사건 중에 교훈이 될 만한 점이 있으나 문사(文辭)가 교훈을 해친 곳은 그 문단을 삭제하고 시정하여 권계(勸戒)의 뜻을 보였고, 그밖에는 모두 구사(舊史)를 따랐으니, 이는 사서에는 문화(文華)한 경우와 질박한 경우도 있고, 말에는 자세한 경우와 간략한 경우도 있으니 고칠 필요가 없기 때문이라고 했다.

57 역주 : 『한서』 권62, 「사마천전(司馬遷傳)」 찬(贊)에, 그러나 유향(劉向) · 양웅(揚雄)으로부터 모든 책에서 다 사마천을 칭송하여 그가 훌륭한 역사가로써의 재능이 있다고 하고 그가 사건의경과를 잘 서술하는 데에 탄복하였다. 사마천의 문장은 웅변이지만 화려하지 않고, 질박하지만 촌스럽지 않다. 그 문장은 곧고 그 사실은 핵심적이

부탁하여 선악(善惡)을 분명하게 밝히고 진위(眞僞)를 모두 드러나게 하였다.[58] 만약 공자의 『춘추』만이 단독으로 사용되고, 『좌전』이 만들어지지 않았다면 당시 행해진 사실들을 어찌 상세하게 알 수 있었겠는가? 혹 이르기를, 공자가 『춘추』를 편찬하니 난신적자(亂臣賊子)들이 모두 두려워하였다고 했고,[59] 또 이르기를, 『춘추』의 의의는 죄악을 감추려해도 드러나게 하고, 명성을 추구하여도 역사에 기록하지 않고, 착한 사람은 격려를 받게 하고 음란한 자는 두려움을 느끼게 하였다고 했다.[60] 살펴보니(원본에는 이 아래 "『춘추』에 쓰인 내용은 실제 이러한 뜻과 어긋난다[春秋所書實乖此義而]"는 아홉 자가 있다. 『경』의 내용을 무시하고 마음대로 쓰고 스스로 뜻을 해치는 것이므로 이를 삭제하여 말의 병폐를 없애게 하였다) 『좌전』에 기록된 내용은 이러한 평가에 부끄럽지 않았다. 이는 곧 『좌전』은 『춘추』와 더불어 둘이 아닌 하나로써 그 중 하나라도 없으면 안 되고 서로를 필요로 하여 완성된다는 것이다. 만약 그렇지 않다면 무엇을 가리켜 권계(勸戒)라고

며 공연히 찬양하는 법이 없고 악을 숨겨주지 않는다. 그런 까닭에 실록(實錄)이라 일컫는 것이라고 했다.

58 역주 : 『사기』 권14, 「십이제후연표(十二諸侯年表)」 서(序)에, (공자는 왕도를 밝히려고) 서쪽 주 왕실의 서적을 살펴보고, 역사기록과 예전의 견문들을 논술하였는데, 노나라의 사적을 위시하여 『춘추』를 편찬하였다. …… 그 문장을 간략하게 썼고, 번잡하고 중복되는 것을 빼버렸다. 의리와 법도를 제정함으로써 왕도가 구비되게 하였다. 70명의 제자들은 스승의 주장을 언변으로 전수하였는데, 거기에는 풍자[刺]·비난[譏]·찬양[褒]·은휘[諱]·겸양[挹損] 등의 문장이 있지만 겉으로 표현할 수 없었다. 노나라 군자 좌구명은 제자들이 각각 오류를 범하며, 제각기 주관에 집착하여 그 진의를 잃는 것을 염려하였다. 그래서 그는 공자의 역사기록[史記]에 연유하여 그 구절을 상세하게 논술하여 『좌씨춘추(左氏春秋)』를 지었다고 했다.

59 역주 : 『맹자』 「등문공(滕文公)하」편 참조.

60 역주 : 『좌전』 소공(昭公) 31년(B.C. 511)에, 군자(君子)가 이같이 평했다. 사람의 이름을 신중하게 다루지 않으면 안 되는 이유가 바로 이와 같다. 때에 따라 이름이 나타나 있는 것이 아예 나타나지 않느니만 못한 경우가 있다. …… 따라서 말하기를 『춘추』의 기술은 문자는 은미한 내용을 담고 있으나 뜻은 명확하고, 표현이 완곡하면서도 선악의 구별이 확실하다. 위에 있는 사람은 능히 춘추대의를 널리 밝혀 선한 사람을 권면하고, 방자하고 악한 사람을 두렵게 만들 수 있다. 그러므로 군자는 『춘추』의 필법(筆法)을 귀하게 여기는 것이라고 하였다.

하겠는가?(原注 : 두예(杜預)의 『춘추석례(春秋釋例)』에 이르기를, "범례(凡例)로서, 민(民)에게 가한 악행이 없는 제후인데도 '모인(某人)'이라 써서 폄하한 것은 모두 당시의 부고(赴告)에 의한 것으로써, (부고하는 자가) 그의 죄를 중하게 하기 위해 민(民)에게 악행을 가했다고 부고를 작성하였다. 국사(國史)는 그 부고의 내용을 그대로 (커다란 사실들을 기록하는) 책(策)에 기술하였고, (작은 사실들을 기록하는) 간독(簡牘)에 그 내용을 상세하게 써서 남겼다. 공자의 『춘추』 경문(經文)은 책(策)의 기록에 따라 그 허실(虛實)을 나타내고, 『좌전』이 (간독에 기록된 내용을 가지고) 사실에 따라 그 본래 모습을 밝힘으로써 그 득실을 분명하게 하였다"라고 했다. 살펴보건대, 두예의 이러한 해석은 『춘추』 경문과 『좌전』의 실정(實情)을 잘 파악한 것이다) 유학자들은 좌구명이 『좌전』을 지으면서 『춘추』 경문 이외의 다른 역사적 사실을 많이 서술한 점을 비난하였다. 예컨대 초(楚)·정(鄭)·제(齊) 세 나라의 역적이 군주를 시해했는데도 『춘추』에는 다만 '죽었다[卒]'고 기록하였고,[61] 은공(隱公)·환공(桓公)·소공(昭公)·애공(哀公)(경(經)을 살피고 난 후에 전(傳)을 말하고 있다. 그러나 '애(哀)'자는 결국 가차(假借)에 속한다. 혹 '양(襄)'이라 틀리게 쓰고 있는데, 더욱 잘못이다) 등 네 군주는 모두 찬탈자들에게 쫓겨나 피살되었는데도 『춘추』에는 다만 '죽었다[薨]'고 하였다.[62] 이렇듯 노나라 이외의 사실은 부고(赴告)의 내용을 그대로 따른 것이 전자와 같았고, 노나라의 사실은 감추거나 피한 것[隱諱]이 후자와 같았다. 만약 좌구명이 『좌전』을 쓰지 않았다면 사실들의 진상을 알 길이 없었을 것이다. 그런데도 만약 사람들이 『춘추』를 배워 익히면서 다만 『공양전』·『곡량전』의 해석만 취한다면 춘추시대 240년간에 행해진 사실들을 살필 길이 없어 공백이 되었을 것이고, 후세의 학자들은 아무 것도 모르는 귀머거리와 소경이 되었을 것이다.(釋 : "이러한 상황이 나타난 원인을 살펴보면[尋斯義]"부터 여기까지 『춘추』 삼전(三傳) 중에 오로지 『좌전』의 해석을 따라야 하는 까닭을 설명하였다. 그러한 내용은 여기까지이다)

61 역주 : 「혹경(惑經)」편의 『춘추』에 대하여 이해가 되지 않는 의문점 첫 번째 조항 참조.
62 역주 : 「혹경」편의 『춘추』에 대한 의문점 여덟 번째 조항 참조.

必執二傳之文, 唯取依『經』(此上皆闕文, 今補)爲主. 而於內則爲國隱惡, 於外則承赴而書, 求其本事, 大半失實, 已於「疑(當作'惑')經」篇載之詳矣.(釋 : 此層引下) 尋斯義之作也, 蓋是周禮之故事, 魯國之遺文, 夫子因而修之, 亦存舊制而已. 至於實錄, 付之丘明, 用使善惡畢(一作'必')彰, 眞僞盡露. 向使孔『經』獨用, 『左傳』不作, 則當代行事, 安得而詳者哉? 蓋語曰 : 仲尼修『春秋』, 逆臣賊子懼. 又曰 : 『春秋』之義也, 欲蓋而彰, 求名而亡, 善人勸焉, 淫人懼焉. 尋(原本此下有"春秋所書實乖此義而"九字, 肆筆拂『經』, 且自害志, 削之乃無語病)『左傳』所錄, 無愧斯言. 此則傳之與經, 其猶一體, 廢一不可, 相須而成. 如謂不然, 則何者稱爲勸戒者哉?(原注 : 杜預『釋例』曰 : 凡諸侯無加民之惡, 而稱人以貶, 皆時之赴告, 欲重其罪, 以加民爲辭. 國史承□以書於策, 而簡牘之記具存. 夫子因示虛實, 故『左傳』隨實而著本狀, 以明其得失也, 案杜氏此釋, 實得『經』·『傳』之情者也) 儒者苟譏左氏作『傳』, 多敍『經』外別事. 如楚·鄭與齊三國之賊弑,(一脫'弑'字) 隱·桓·昭·哀(通經後之傳爲言, 然'哀'字終屬假借, 或誤作'襄', 益非)四君之簒逐. 其外則承告如彼, 其內則隱諱如此. 若無左氏立傳, 其事無由獲知. 然設使世人習『春秋』而唯取兩傳也, 則當其時二百四十年行事茫然闕如, 俾後來學者兀(一作'代')成聾瞽者矣.(釋 : 自"尋斯義"至此, 申透三傳之中專當用左之故也. 局至此截)

5-6

또 진(秦)·한(漢)시대에는 『좌전』이 아직 유행되지 않았다.[63] 그리하여

63 역주 : 한대(漢代)의 『춘추』 삼전(三傳)의 유행에 대하여는 이 편[「申左」] 첫 문단의, "전한(前漢) 초기에는 오직 『공양전』에 의거하여 『춘추』를 해석하였고, 선제(宣帝) 이후에는 『곡량전』도 학관에 두어졌다. 성제(成帝)때에 이르러 유흠(劉歆)이 처음으

『오경』· 잡사(雜史) · 제자백가(諸子百家) 등 책이 은하수처럼 한없이 이야기를 하지만[其言河漢][64] 믿고 따를만한 것이 없었다.(釋 : 여기서는 또 의견을 제시하여 다른 책을 자료로 하여 『공양전』과 『곡량전』을 함께 널리 살펴 서로 증명함으로써 전체적으로 『좌전』의 공이 그들보다 높았음을 볼 수 있다. ○이하 기사(記事)와 기시(記時) 두 증거로 나누었다) 때문에 그들의 사실기록을 보면, 진 경공(晉景公)이 패자(覇者)로 자처할 때 공실(公室) 세력이 한창 강화되고 있었는데도, 도안(屠岸)이 조(趙) 씨를 공격하였다고 했으며,[65] 정영(程嬰)과 저구(楮臼)가 의를 지킨 이야기가 있다.(原注 : 『사기(史記)』「조세가(趙世家)」에 나온다) 노 장공(魯莊公)이 송(宋)의 침략을 막아내고 승구(乘丘)에서 적의 주장(主將)을 생포하고 승리하였는데도, 장공이 싸움에서 패배한 것은 장공이 탔던 말이 화살을 맞아 놀랐기 때문이라 하였다.[66](按 : 「단궁」편에 보

로 『좌씨』를 중시하였지만 끝내 학관에 두어지지는 못하였다"라고 한 내용과 주(注) 참조

64 『장자』「소요유(逍遙游)」에, "나는 접여(接輿)로부터 이야기를 들은 적이 있는데, 나는 그 이야기가 은하수처럼 한없이 계속되는 것 같아 그만 무서운 생각이 들었네[吾聞言於接輿, 吾驚怖其言, 猶河漢而無極也]"라고 하였다.

65 이 말은 나라가 아직 패자의 지위를 잃지 않았다면 권신(權臣)이 제멋대로 공격한 사실이 있어서는 안 된다는 것이다. 『좌전』 선공(宣公) 12년(B.C. 597)에, 진(晉)나라에서 순림보(荀林父)가 정나라를 구하려고 군대를 이끌고 출동하여 초나라와 필(邲)에서 싸워 패하였다. 돌아와 죽기를 청하였다. 사정자(士貞子)가 간(諫)하기를, 순림보는 사직(社稷)을 지키는 일을 하였으니 그가 전투에서 패배한 일이 어찌 그 본래의 밝음을 상하게 하겠는가 라고 하자 진후(晉侯)가 그를 복위하게 하였다고 했다. 두예의 주(注)에, 진 경공(晉景公)이 패자의 지위를 잃지 않았기 때문임을 말하고 있다고 했다. 按 : 이 해가 진 경공 3년(B.C. 597)이다. 『사기』 권43, 「조세가(趙世家)」에, 진 경공 3년에, 대부 도안고(屠岸賈)가 청하지 않았는데도 제멋대로 하궁(下宮)에서 조씨(趙氏)를 공격하여 조삭(趙朔)을 죽이고 그 일족을 모두 멸하였다. 조삭의 처는 성공(成公)의 누나로 경공의 궁으로 도망가 숨었다. 얼마 후 조삭의 부인이 아들을 낳았다. 도안고가 이를 듣고 궁중을 수색하였으나 찾지 못하였다. 정영(程嬰) · 공손저구(公孫杵臼)가 조씨 고아를 숨기기로 모의하였다고 했다.

66 이 말은 싸움에서 적의 주장(主將)을 생포하고 승리하였다면 말이 놀라 떨어져 패배한 사실이 있어서는 안 된다는 것이다. 『좌전』 장공(莊公) 10년(B.C. 684)에, 제(齊)의 군대와 송(宋)의 군대가 낭(郎)에 주둔했다. 공자 언(偃)이 장공에게 송의 군대가 진용(陣容)이 엄정하지 않으니 공격하여 격파할 수 있다고 하였지만 허락하지 않자, 말에 호피(虎皮)를 씌우고 먼저 송의 군대를 공격하였다. 이에 장공도 군대를 거느

인다. 원주(原注)가 없어졌으므로 이제 보완하였다) 초(楚)와 진(晉)의 군대가 서로 부딪친 곳은 필(邲)에서의 싸움뿐인데도, 두 나라가 교전하면서 양당(兩棠)에 군대를 배치하였다고 했다.[67](原注 : 가의(賈誼)의 『신서(新書)』에 나온다) 송(宋)의 자한(子罕)이 상국(相國)이 되고 송과 진(晉)은 서로 화목하였는데도, 진이 장차 송을 공격하려 할 때 (적정을 살피던 사람이 보고하기를 송나라 관문을 지키던 한 병사가 죽자) 자한이 양문(陽門)에서 슬피 곡을 하였다고 했다.[68](原注 : 『예기(禮記)』에 나온다) 노나라 군사가 항(項)을 멸망시키자 진(晉)나라가 노 희공(魯僖公)을 억류하였는데도, 항(項)은 실제로

리고 뒤따랐고 승구(乘丘)에서 송의 군대를 크게 쳐부수니 이에 제나라 군대가 돌아갔다. 또 『좌전』 장공 11년에, 무릇 싸움에 있어서 주장(主將)을 생포하였으면 극(克)이라 하였다고 했다. 「단궁(檀弓)」에, 노 장공과 송나라 사람이 승구(乘丘)에서 싸웠을 때 현비보(縣賁父)가 수레를 끌었는데, 말이 놀라는 바람에 싸움에서 패배하고 죽었다. 어인(圉人)이 말을 씻으니 화살이 살에 박혀 있었다고 했다.

67 이는 곧 필(邲)의 전투 사실을 가지고 하는 말로서 책 중에 지명이 잘못 전해진 부분이 많다. 필에서 교전하였던 것은 즉 이전 선공(宣公) 12년(B.C. 597) 진(晉)·초(楚)의 전쟁을 말한다. 두예의 주(注)에, 필(邲)은 정(鄭)의 땅이라고 했다. 按 : 지금의 개봉부(開封府) 정주(鄭州)의 동쪽에 필성(邲城)이라는 지명이 그것이다. 『신서(新書)』 「선성(先醒)」편에, 옛날 초 장왕(楚莊王)이 즉위하여 3년을 자정(自靜)한 후 득실을 말하였다. 송(宋)과 정(鄭)이 무도(無道)하자 장왕이 송을 포위하고 정을 정벌하였다. 정백(鄭伯)이 (사죄의 표시로) 웃옷을 벗고 몸을 드러내어[肉袒] 양(羊)을 이끌고, 잠(簪)을 받들어 나라를 헌납하였다. 장왕이 이롭지 않다고 하여 받지 않았다. 그리고 남쪽으로 진(晉)나라와 양당(兩棠)에서 싸워 그들을 크게 이겼다고 했다. 按 : 지명이 혹 두 개일 수도 있지만, 진(晉)과 정(鄭)은 북쪽에 있는데 오히려 남쪽 운운하였으니 잘못이 크다.

68 이는 싸움을 그만두고 서로 화목하다는 문장에 근거하여 공격을 위해 적정을 살폈던 것이 아님을 나타낸 것이다. 『좌전』 양공(襄公) 27년(B.C. 546)에, 송(宋)나라 향수(向戌)는 진(晉)나라 조문자(趙文子)와 사이좋게 지내고, 또 초(楚)의 영윤(令尹) 자목(子木)과도 친했다. 그는 제후국 사이의 전쟁을 멈추게 하여 이름을 날리고자 하였다. 진(晉)나라에 가서 조문자[趙孟]에게 자기의 뜻을 말했다. 그때 한선자(韓宣子)가 말하기를 전쟁은 백성을 괴롭히는 일이니 혹 전쟁을 멈추게 하겠다면 꼭 그의 요구를 허락하라고 하였다. 按 : 이때는 송(宋)의 자한(子罕)이 성(城)을 지키고 있을 때였다. 『예기(禮記)』 「단궁(檀弓)」에, 양문(陽門)을 지키던 병사가 죽자 성을 지키던 자한이 들어가 슬피 곡을 하였다. 진(晉)나라 사람이 송의 사정을 살피고 돌아와 진후(晉侯)에게 보고하기를 백성들이 그러한 사실을 모두 기뻐하니 정벌할 수가 없을 것이라 하였다.

제 환공(齊桓公)이 멸하였고, 『춘추』는 현자(賢者)[齊桓公]를 위하여 숨겼다고 하였다.[69] (原注 : 『공양전(公羊傳)』에 나온다) 노 양공(魯襄公) 3년(B.C. 570)에 두 차례나 결맹하여 군신이 서로 융화하였는데도, 제후들이 실정(失政)하고 대부들이 모두 국권(國權)을 장악하였다고 했다.[70] (原注 : 『곡량전(穀梁傳)』에 나온다. 釋 : 이상의 6항(項)은 모두 '기사(記事)'의 사례를 모은 것이다) 시간의 기록[記時]과 관련한 사례는 다음과 같다. 대개 진 목공(秦穆公)은 춘추시대 초기에 살았는데도, 그의 딸이 초 평왕(楚平王)의 부인이었다고 했다.[71] (原注 : 『열녀전(列女傳)』에 나온다) 한(韓)과 위(魏)는 전국시대의 제후국

69 이는 노(魯)나라가 멸하였는지, 제(齊)나라가 멸하였는지가 다른데서 연유한다. 희공(僖公) 16년(B.C. 644)에, 회(淮)에서 회합하였다고 했다. 17년에는 노나라 군사가 항(項)을 멸했다. 회(淮)의 회합에 희공은 제후들과 일이 있어 아직 돌아오지 못한다고 하고 항나라를 점령했다. 이에 대하여 제(齊)나라 사람들은 잘못한 토벌이라고 하여 희공을 억류시켰다고 했다. 『공양전』에는, 누가 멸한 것인가? 제(齊)나라가 멸망시킨 것이다. 그런데 어찌 제나라가 멸한 것을 말하지 않는가? 환공(桓公)을 위하여 피휘(避諱)한 것이다. 『춘추』는 어진 이를 위해 피휘하였다. 이같이 다른 나라를 멸망시킨 일을 어찌 어질다고 하겠는가? 군자가 잘못을 미워함은 병이 시작되듯 하고, 선을 좋다고 하는 것은 즐거움으로 삼아야 한다. 환공이 일찍이 제후들의 제사가 끊어진 것을 잇도록 한 공이 있기 때문에 군자를 위해 피휘한 것이라고 했다.

70 이는 패자를 이은 것인가, 실정(失政)인가 하는 견해가 다른데서 연유한다. 『좌전』 양공(襄公) 3년에, 여름에 장저(長樗)에서 동맹을 맺었다. 또 양공이 선 경공(單頃公) 및 제후들과 계택(雞澤)에서 동맹을 맺었다. 진 성공(陳成公)은 원교(袁僑)로 하여금 제후들의 회합에 가서 화평을 요구하게 하였다. 제후들의 대부들이 진(陳)나라의 원교와 동맹을 맺은 것은 진(陳)나라가 복종하겠다고 청했기 때문이었다고 했다. 按 : 그때 진 도공(晉悼公)이 패자의 지위를 계승하여 맹주가 되었다. 『곡량전』 양공(襄公) 3년에, 제후들이 동맹을 맺음에 또 대부들이 서로 사적으로 맹약을 하는 것은 대부들이 오만하고 방대해진 것이다. 때문에 계택(雞澤)의 회합은 제후들이 비로소 정치를 잃게 된 시작이었다. 이때부터 대부들이 국권을 장악했다.

71 이는 하나는 뒤이고, 하나는 앞이라 사실의 연대가 서로 미치지 않는다는 말이다. 『좌전』 희공(僖公) 13년(B.C. 647)에, 진(晉)나라는 전년부터 흉년이 들었으므로 겨울에는 곡식을 팔아줄 것을 진(秦)나라에 요청했다고 했다. 15년(B.C. 645)에, 진후(晉侯)와 진백(秦伯)이 한원(韓原)에서 싸웠다고 했다. 문공(文公) 3년(B.C. 624)에, 진백(秦伯)이 진(晉)을 정벌하고 드디어 서융(西戎)의 패자가 되었는데, 그것은 맹명(孟明)을 등용하였기 때문이라 했다. 按 : 진 목공(秦穆公)은 『춘추』 노나라 희공(僖公)과 문공(文公)의 교체기를 목격했다. 『열녀전』에, 백영(伯嬴)은 진 목공의 딸이고, 초 평왕(楚平王)의 부인으로서 소왕(昭王)의 어머니이다. 소왕 때 오나라 사람이 영(郢)에 쳐들어와 왕이 죽었다. 오가 소왕의 처자를 잡아 그의 후궁으로 삼으려 하자, 백영이 칼을 들

인데도, 그 나라 군주가 초 장왕(楚莊王)이 애마(愛馬)를 장사지낼 때 배석하였다고 했다.[72](原注 : 『사기』 「골계열전(滑稽列傳)」에 나온다) 『열자(列子)』에는 공자를 논한 부분이 있는데도, 열자를 정 목공(鄭穆公 : B.C. 627-606 재위) 때 살았다고 했다.[73](原注 : 유향(劉向)의 『칠록(七綠)』에 나온다. 按 : 구본(舊本)에 『칠략(七略)』이라 한 것은 잘못이다)[74] 편작(扁鵲)이 괵공(虢公)을 치료한 적이 있는데도, 조나라 간자(簡子)가 집정하던 시대에 해당한다고 했다.[75](原注

고 말하기를, 제후로서 음탕한 자는 멸하고, 경대부(卿大夫)는 쫓아내고, 사(士)와 서인(庶人)은 궁형을 처한다고 하였다. 내가 죽음으로써 지조를 지키는 것이 첩으로 살며 즐거운 것보다 낫다고 하자, 오왕(吳王)이 부끄럽게 여기고 숙소로 물러갔다. 按 : 진(秦)의 여자는 즉 초 평왕이 태자 건(建)의 부인을 이후 자신이 취했던 사람이다. 이러한 사실은 진 목공 때보다 100년이나 지난 때의 일이다.

72 이는 하나는 뒤이고, 하나는 앞이라 그 사실이 서로 미치지 않는다는 말이다. 按 : 『좌전』은 노 도공(魯悼公) 4년(B.C. 465)에 끝나는데, 그 문장에, "지백(知伯)은 성질이 괴팍하고 이기기를 좋아하여 한(韓)과 위(魏)가 합세하여 멸망시켰다"라고 한 것은 이전의 일을 살펴서 한 말을 적은 글이다. 『사기』 권126, 「골계열전(滑稽列傳)」에, 우맹(優孟)은 초나라 악인(樂人)이었다. 초 장왕(楚莊王 : B.C. 613-591 재위)의 애마(愛馬)가 죽었을 때 대부(大夫)의 예로서 장례를 치르고자 하였다. 우맹이 말하기를, 대부의 예는 너무 가벼우니 인군(人君)의 예로써 장례를 치르고 제(齊)나라와 조(趙)나라를 앞에 배위(陪位)시키고, 한(韓)과 위(魏)로 하여금 그 뒤를 익위(翼衛)하게 하라고 했다. 배인(裴駰)의 주(注)에, 초 장왕 때 한(韓) · 위(魏) · 조(趙) 세 나라는 아직 없었다고 했다. 역주 : 이들 세 나라가 제후로 인정받은 것은 B.C. 403년의 일이다.

73 이는 『열자』는 공자의 이후에 생겨난 것인데 정 목공(鄭穆公) 때라 칭했기 때문에 틀렸다는 말이다. 『좌전』 애공(哀公) 16년(B.C. 479)에, 여름 4월에 공모(孔某) 즉 공자가 죽었다고 했다. 두예의 주(注)에, 노 양공(魯襄公) 22년(B.C. 551)에 태어나 지금까지 73년이나 되었다고 했다. 『열자』 「천단(天端)」편에, 공자가 영계기(榮啓期)를 성(郕)의 교외를 지나면서 만났다. 몸에는 조잡한 사슴가죽의 옷을 입고 끈으로 만든 허리띠를 착용하고 거문고를 타며 노래하고 있었다고 했다. 또 「중니(仲尼)」편이 있는데, 그곳에서 공자를 거론한 경우가 한 번이 아니라고 했다. 유행(劉向)의 『한서예문지』 「제자략(諸子略)」에, 교정된 『열자』는 8편으로 정해져 모두 탈고하였다. 열자는 정(鄭)나라 사람으로 정 무공(鄭繆公)과 같은 시대로 도리를 지닌 사람이었다고 했다. 按 : 『좌전』에, 정 목공(穆公)이 병이 들었는데 난(蘭)이 시들어 죽자 목공도 죽었다. 선공(宣公) 3년(B.C. 606)에 있었던 일이다. 다시 55년이 지나서야 비로소 공자가 있게 되었는데 어찌 공자가 오히려 앞에 살았다고 할 수 있는가?

74 역주 : 『수서경적지』 「사부(史部)」 "부록(簿錄)"에, 『칠략별록(七略別錄)』 20권, 유향(劉向)이 편찬하였다. 『칠략(七略)』 7권, 유흠(劉歆)이 편찬하였다. …… 『칠록(七錄)』 12권, 완효서(阮孝緖)가 편찬하였다고 했다.

75 이는 괵(虢)나라는 조간자(趙簡子) 이전에 망했는데도 태자가 살았다는 것은 잘못되

:『사기(史記)』「편작전」에 나온다) 난서(欒書)는 주자(周子)[晉悼公]의 관리를 지낸 적이 있는데도, 진 문공(晉文公)이 사냥에 나섰을 때 위험을 무릅쓰고 직간(直諫)하였다고 했다.[76](原注: 유향(劉向)의 『신서(新書)』에 나온다) 순식(荀息)은 해제(奚齊)에게 죽었는데도, 그가 진 영공(晉靈公)이 9층의 높은 대각(臺閣)을 짓는 것을 보고 바둑돌을 겹겹이 쌓아 보이며 훈계하였다고 했다.[77](原注: 유향(劉向)의 『설원(說苑)』에 나온다. 釋: 이상의 6항(項)은 기시(記時)가

었다는 말이다. 『좌전』 희공(僖公) 5년(B.C. 655)에, 진후(晉侯)가 또 우(虞)나라의 길을 빌어서 괵(虢)을 쳤다고 했다. 12월 병자삭(丙子朔)에 진은 괵을 멸하였다고 했다. 「춘추제국흥폐설(春秋諸國興廢說)」에, 우(虞)와 괵(虢)의 사실이 기록되지 않았던 것은 모두 일찍이 망했기 때문이라고 했다. 『사기』 권105, 「편작열전(扁鵲列傳)」에, 조간자가 병이 들어 5일 동안 사람을 알아보지 못하자 편작을 불렀다. 편작이 들어가 병세를 보고 나와 말하기를, 혈맥을 치료하였다고 했다. 이틀 반나절이 지나 조간자가 깨어났다. 그 후 괵을 지난 적이 있는데, 괵의 태자가 죽었다고 했다. 편작이 말하기를 '신(臣)이 능히 살릴 수 있다'라고 했다. 괵군(虢君)이 이를 듣고 나와 말하기를 '(선생의 의술이 그러하다면) 태자는 다시 살아날 수 있겠지요'라고 하였다. 편작이 침을 지석(砥石)에 갈게 하여 이것으로 몸 표면에 있는 삼양(三陽)과 오회(五會)를 찌르니 태자가 소생하였다고 했다. 按: 간자(簡子)는 조앙(趙鞅)으로서 춘추시대 정공(定公)과 애공(哀公) 사이의 인물이니 그때는 이미 괵이 망한 지 오래되었다.

76 이는 본국(本國)의 후세의 신하를 이전 시대로 잘못 옮겼다는 말이다. 『좌전』 성공(成公) 4년(B.C. 587)에, 진(晉)나라의 난서(欒書)가 중군(中軍)의 장(將)이 되었다고 했다. 6년에, 난서가 정(鄭)나라를 구원하러 가서, 바로 채(蔡)나라를 침공하자 초나라가 채나라를 구원하였다. 그때 진나라의 조동(趙同)과 조괄(趙括)이 초나라 군사와 싸우고자 하여 무자(武子)에게 요청하였다고 했다. 주(注)에, 무자는 난서(欒書)라고 했다. 按: 진 경공(晉景公) 때의 일이다. 『신서(新序)』「잡사(雜事)」에, 진 문공(晉文公)이 사슴을 쫓다가 놓치자 농부 노고(老古)에게 물었다. 노고가 말하기를, 인군(人君)이라면 그렇게 해서는 안 된다. 군주께서 만약 놓아주지 않으면 다른 사람이 군주를 대신할 것이라고 하였다. 문공이 두려워하였다. 돌아오는 길에 난무자(欒武子)를 만났다. 무자가 사슴사냥을 잘했느냐고 묻자, 문공은 좋은 말을 들었다고 했다. 무자가 말하기를, 사람의 말만 듣고 그 사람을 버리는 것은 도둑이나 다름없다고 하자, 문공이 돌아가 노고를 싣고 함께 돌아갔다고 하였다. 按: 문공은 경공의 조부(祖父)이다.

77 이는 본국(本國)의 전대(前代)의 신하를 후대(後代)의 신하로 잘못 기록하였다는 말이다. 『좌전』 희공(僖公) 9년(B.C. 651)에, 진 헌공(晉獻公)이 순식(荀息)을 해제(奚齊)의 부(傅)가 되게 하였다. 헌공이 죽자 이극(里克)이 상복(喪服)을 입고 있는 곳에서 해제를 죽였다. 또 공자 탁(卓)을 조정에서 죽이자 순식이 따라 죽었다고 했다. 『문선(文選)』「서정부(西征賦)」주(注), 『설원(說苑)』에, 진 영공(晉靈公)이 9층의 누대를 쌓으려 하자 손식(孫息)이 상서하여 뵙기를 청하여 말하기를, 신이 능히 12개 바둑돌을 쌓고 그 위에 9개 계자(雞子)를 더할 수 있다고 하자, 영공이 말하기를 위험하

잘못된 증거이다. ○기사(記事)·기시(記時)를 두 분야로 하고, 분야를 각각 6조(條)를 모두 둘씩 대조하였다. 그 중 쓸데없이 더해진 글자는 반드시 삭제해야 하지만 자기 마음대로 삭제해서는 안 된다. 문맥에 따라 읽어가면 저절로 알게 된다. ○장법(章法)을 논하자면, 여기서는 마땅히 먼저 네 구절을 드러내어 기사(記事)의 뒤섞여 잘못됨을 바로잡고 다음의 네 구절과 함께 배열되어야 하지만, 지금은 빠져 있다) 이처럼 어떤 것은 이전에 있었던 사실을 이후의 사실로 기록하고, 어떤 것은 이후에 있었던 사실을 이전에 있었던 사실로 기록함으로써 일월(日月)이 전도(顚倒)되고 상하(上下)가 거꾸로 바뀌었다.(이 네 구절은 시간을 기록할 때 순서상의 뒤섞임을 바로 잡으려는 것이다. 이를 통해 이 네 구절의 위에 일단의 글자가 빠졌다는 것을 깨달을 수 있다) 예로부터 군자들은 이러한 잘못들을 조금도 의심하지 않았다. 『좌전』이 유행되고 나서야 그러한 잘못들이 저절로 드러났다. 이런 점에서 『좌전』이 널리 이롭게 서술한 것이 많지 않겠는가. 그런데도 세상의 학자들은 아직 그것을 깨닫지 못하는 것 같다. 소위 '나의 크나 큰 덕을 잊었다', '나날이 사용하면서도 모른다'[78]고 하는 것이다.(釋: 『좌씨』의 공(功)이 크다는 것을 널리 알린 것이 여기에 이르러 분명해진다. 『공양전』과 『곡량전』 두 전(傳)의 간약(簡約)함이 어찌 능히 이에 미칠 수 있겠는가. ○이하 전체적으로 두 전(傳)에 대한 마무리이다)

且當秦·漢之世, 『左氏』未行, 遂使『五經』·雜史·百家諸子, 其言河漢, 無所遵憑.(釋: 此又是提筆, 更摭他書, 合二傳博勘, 以相證明, 總見功高於彼. ○

다고 했다. 손식이 이보다 더 위험한 것이 있다고 하자 영공이 깨우치고 9층의 누대를 헐어버렸다고 했다. 按: 손식은 즉 순식(荀息)이다. 선제(宣帝)를 피휘하여 손(孫)으로 고친 것이다. 또 살펴보니, 금본(今本) 『설원』에는 이 조항이 없다. 사서에는 유지기의 아들 유황(劉貺)이 『속설원(續說苑)』을 지어 유향(劉向)이 기록하지 못한 내용을 널리 수집하여 괴망(怪妄)한 사실을 싣고 있다고 했다. 지금 어찌 그 간본(刊本)이 있겠는가? 또 증공(曾鞏)의 서(序)에는 다시 온전하지 못한 이야기가 있다. 「잡설(雜說)하」편의 주(注) 참조. 『사기』「진세가(晉世家)」에, 영공(靈公)은 헌공(獻公)의 증손이라 했다.

78 역주: '忘我大德'은 『시경』「소아(小雅)」"곡풍(谷風)"에 보이고, '日用而不知'는 『역』「계사상(繫辭上)」에 보인다.

下分記事 · 記時二證) 故其記事也 : 當晉景行霸, 公室方强, 而云屠岸(舊誤作'韓氏')攻趙, 有程嬰 · 杵臼之事;(原注 : 出『史記. 趙世家』) 魯侯禦宋, 得儁乘丘, 而云莊公敗績, 有馬驚流矢之禍;(按 : 出「檀弓」, 原注失, 今補) 楚 · 晉相遇, 唯在邲役, 而云二國交戰, 置師於兩棠;(一訛'堂'. ○原注 : 出賈誼『新書』) 子罕相國, 宋睦於晉, 而云晉將伐宋, 覘(舊衍'其'字)哭於陽門;(舊衍'介夫乃止'四字. ○原注 : 出『禮記』) 魯師滅項, 晉止僖公, 而云項實(舊衍'齊'字)桓(舊衍'所'字)滅. 『春秋』爲賢者諱,(原注 : 出『公羊傳』) 襄年再盟, 君臣和葉, 而云諸侯失政,(傳作'正') 大夫皆執國權.(原注 : 出『穀梁傳』. 釋 : 已上六項徵記事) 其記時也 : 蓋秦繆居春秋之始, 而云其女爲荊平(舊作'昭', 誤)夫人;(原注 : 出『烈女傳』) 韓 · 魏處戰國之時, 而云其君陪楚莊(舊衍'王'字)葬馬;(原注 : 出『史記』「滑稽傳」) 『列子』書論尼父, 而云生在鄭穆公之(一無'之'字. 下同)年;(原注 : 出劉向『七略』. 按 : 舊作'七略', 非) 扁鵲医療虢公, 而云時當趙簡子之日;(原注 : 出『史記』「扁鵲傳」) 欒書仕於周子, 而云以晉文如獵, 犯顔直言;(原注 : 出劉向『新序』) 荀息死於奚齊, 而云觀晉靈作臺, 累棋申誡.(原注 : 出劉向『說苑』. 釋 : 已上六項徵記時. ○通記事 · 記時二扇, 扇各六條, 皆兩兩屬對. 其中衍字, 法在必除, 非任意裁削也. 順文讀去自知. ○論章法, 此處當先著四語, 檃括記事之淆訛, 與下四句配. 今缺) 或以先爲後, 或以後爲先, 日月顚倒, 上下翻覆.(此四句只檃括記時之淆訛, 可悟上片之缺) 古來君子, 曾無所疑. 及『左傳』旣行, 而其失自顯. 語其弘益, 不亦多乎? 而世之學者, 猶未之悟. 所謂忘我大德, 日用而不知者焉.(釋 : 推『左氏』爲功之博, 至此繳如. 二傳之簡約, 焉能逮此乎? ○以下總對二傳作束)

5-7

그러나 좌구명 이후 삼국의 위(魏)가 멸망할 때까지 천년[千祀]동안 『좌전』은 점차 세상에서 잊혀졌다. 서진(西晉) 태강(太康 : 280-289) 연간에 이르러 급군(汲郡)의 분묘에서 책들을 발견하였는데[79] 기재된 내용이 전부 『좌전』과 같았다.(原注 : 급총(汲冢)에서 얻은 책은 얼마 안 있어 유실되고 지금은

79 「육가(六家)」편 춘추가(春秋家)를 보라. 또 『진서(晉書)』 권51, 「속석전(束晳傳)」에, 태강(太康) 2년 급군(汲郡) 사람 부준(不準)이 위 양왕(魏襄王)의 묘 혹은 안리왕(安釐王) 무덤이라 불리는 곳을 도굴하여 죽서(竹書) 수십 거(車) 분량을 얻었다. 그 중 『기년(紀年)』 13편은 하(夏)나라 이래 주(周) 유왕(幽王)이 견융(犬戎)에게 멸할 때까지의 사실들을 기록하고 있다. 한(韓) · 위(魏) · 조(趙) 등으로 분열된 이후에도 위(魏)의 사실을 안리왕 20년까지 기록하고 있다. 대개 위나라의 사서로써 그 기록이 모두 대략 『춘추』에 상응(相應)한다. 그 중 경(經) · 전(傳)과는 큰 문제에서 다르다. 즉 하(夏)나라의 연대를 운운하지만 대부분 은(殷)나라의 사실이고, 익(益)이 계(啓)의 자리를 간섭하자 계가 그를 죽였다고 했고, 태갑(太甲)이 이윤(伊尹)을 죽였고, 문정(文丁)이 계력(季歷)을 죽였다고 했다. 주(周)나라가 천명을 받은 후 목왕(穆王)까지 100년은 목왕이 백년을 살았다는 것이 아니다. 유왕(幽王)이 망하고 공백(共伯) 화(和)가 천자의 일을 섭행(攝行)하였고, 두 재상이 화합한 모습은 아니었다. 그 『역경(易經)』 2편은 『주역(周易)』의 상하(上下) 경(經)과 같다. 『역요(易繇)』 · 『음양괘(陰陽卦)』 2편은 『주역』과 대략 비슷하지만 「요사(繇辭)」와는 다르다. 『괘하역경(卦下易經)』 1편은 『설괘(說卦)』와 비슷하면서도 다르다. 『공손단(公孫段)』 2편은 공손단과 소척(邵陟)이 『역(易)』을 논한 것이다. 『국어(國語)』 3편은 초(楚)와 진(晉)의 사실을 기록하였다. 『□명(名)』 3편은 『예기(禮記)』와 비슷하고 또 『이아(爾雅)』 · 『논어』와도 비슷하다. 『사춘(師春)』 1편은 『좌전』의 여러 복서(卜筮)를 기록하고 있는데, '사춘'은 그것을 기록한 사람의 이름인 것 같다. 『쇄어(瑣語)』 11편은 여러 날의 해몽과 요괴(妖怪)에 관한 상서(相書)이다. 『양구장(梁丘藏)』 1편은 먼저 위(魏)의 세수(世數)를 적고, 다음으로 구(丘)가 금과 옥을 소장(所藏)한 사실을 적고 있다. 『격서(繳書)』 2편은 주살로 새를 쏘는 방법을 논한 것이다. 『생봉(生封)』 1편은 제왕의 분봉(分封)을 기록하였다. 『대력(大曆)』 2편은 추자(鄒子)가 천(天)을 이야기한 내용을 담고 있다. 『목천자전(穆天子傳)』 5편은 주 목왕(周穆王)이 사해(四海)를 유행(游行)하며 제대(帝臺) · 서왕모(西王母)를 만난 사실을 기록하고 있다. 『도시(圖詩)』 1편은 화찬(畫贊)에 속한다. 또 『잡서(雜書)』 19편은 『주식전법(周食田法)』 · 『주서(周書)』 · 『논초사(論楚事)』 · 『주목왕미인성희사(周穆王美人盛姬死)』 등이다. 대략 모두 75편인데 그 중 7편은 간서(簡書)가 훼손되어 제목을 알 수 없다. 무덤에서는 또 길이가 2척(尺) 5촌(寸)으로 과두(科斗) 문자가 칠서(漆書)된 동검(銅劍) 한 자루가 나왔다. 처음 무덤을 도굴한 자는 책서(策書)를 불 지르고 보물들만을 취했고, 관(官)이 이를 거두었지만 대부분 불에 타고 부서진 간찰(簡札)이었다. 내용도 잔결(殘缺)되어 원래의 순서를 회복할 수 없었다. 무제(武帝)가 그 책들을 취하여 비서(秘書)에 보내 그 순서를 교감하고 보완하게 하고, 그 본래의 내용을 잘 살피게 한 후 통행되던 문자[今文]로 쓰게 하였다. 속석(束晳)이 저작랑으로 있으면서 죽서(竹書)를 보고 의심이 가는 내용을 따로 나누어 해석하여 모두 그 뜻을 증거하였다.

『기년(紀年)』·『쇄어(瑣語)』·『사춘(師春)』만이 남아 있다. 살펴보건대 『기년』·『쇄어』에 기록된 춘추시대의 사건은 대부분 『좌전』과 같다. 『사춘』에는 춘추시대 복서(卜筮)하는 자들의 점치는 말들이 많이 실려 있는데 『좌전』과 서로 비교해보니 한 글자도 서로 어긋나는 것이 없었다) 때문에 속석(束皙)은 말하기를, "만약 이 책이 한(漢)나라 때 나왔더라면 유흠(劉歆)이 오원태수(五原太守)로 가지 않았을 것"이라고 하였다.[80] 그리하여 지우(摯虞)와 속석(束皙)은 급총죽서의 뜻을 인용하여 『좌전』의 뜻을 분명하게 하였고, 왕접(王接)과 순의(荀顗)(마땅히 순욱(荀勖)이라 해야 할 것이다)는 급총죽서의 문장을 취하여 『좌전』을 증거하였으며,[81] 두예(杜預)가 주석을 달았고,[82](原注 : 주(注)는 『춘추

80 『한서』 권36, 「초원왕전(楚元王傳)」에, 유흠은 좌구명이 직접 공자를 보았을 것이라 여겼고, 『공양전』과 『곡량전』은 70제자가 그 후에 전한 것이라 여겼다. 따라서 전해 들은 것과 직접 목격한 것은 그 상략(詳略)이 다를 것이기 때문에 『좌씨춘추』를 학관에 세우고자 하였다. 애제(哀帝)가 오경박사들과 논의하도록 하였지만 박사들은 이를 학관에 두는 것을 반대하였다. 유흠이 글을 올려 이러한 사실을 비난했으므로 제유(諸儒)들이 모두 유흠을 원망하고 나무랐다. 유흠이 죽임을 당할까 두려워 지방관으로 나갈 것을 원하여 오원(五原)의 태수가 되었던 것이라고 했다.

81 『진서(晉書)』 권51, 「왕접전(王接傳)」에, 접의 자는 조유(祖游)이다. 당시 비서승 위항(衛恒)이 급총서(汲冢書)를 고정(考正)하고 있었지만 아직 마치지를 못하였다. 속석이 이를 완성하였다고 했지만, 진류(陳留) 사람 왕정견(王庭堅)은 이를 비난하였다. 산기(散騎) 반도(潘滔)가 왕접에게 말하기를, 경은 충분히 두 사람의 규분(糾紛)을 풀 수 있을 것이라 하였다. 왕접이 두 사람의 득실을 상세히 하였다. 지우(摯虞)와 사형(謝衡)은 모두 박식한 사람들이었는데 모두 그 내용이 윤당(允當)하다고 여겼다. 또 『진서(晉書)』 권39, 「순욱전(荀勖傳)」에, 욱의 자는 공회(公會)이고 한(漢) 사공(司空) 순상(荀爽)의 증손이다. 당시 급총의 고문죽서(古文竹書)를 얻자 조칙으로 순욱에게 이를 순서에 따라 편찬하게 하였다. 이를 『중경(中經)』이라 하였다. **按** : 『진서(晉書)』 권39, 「순의전(荀顗傳)」에는 급총서에 대한 언급이 없다.

82 **역주** : 두예, 『춘추좌씨전서』에, "지금 내가[杜預] (『공양전』·『곡량전』과) 설(說)을 달리하는 이유는 오직 좌구명의 전(傳)에 따라 경(經)을 해석하였기 때문이다. 경(經)의 조관(條貫)은 반드시 전(傳)에서 나오고 전(傳)의 의례(義例)는 모두 여러 '범(凡)'에 귀결하니, 변례(變例)를 미루어 포폄을 바루고, 『공양전』·『곡량전』 두 전에서 의(義)에 맞는 설을 골라 취하고 옳지 않은 것은 버렸다. 이렇게 한 것은 좌구명의 본의(本意)이기 때문이다"라고 하였고, 이어서 "경(經)의 연대와 전(傳)의 연대를 분리하여 같은 연대끼리 붙이고, 경의 뜻과 전의 뜻을 종류별로 모아 가각 사항에 따라 해석하고 『경전집해(經傳集解)』라 이름하였다. 그리고 또 따로 제열(諸列)·지명(地名)·보제(譜第)·역수(歷數) 등을 모아 분류하여 부문(部門)으로 만든 것이 모두 40부 15

좌씨경전집해(春秋左氏經傳集解)』를 말하고, 석(釋)은 『춘추석례(春秋釋例)』를 말한다) 간보(干寶)[83]는 『좌전』을 모범으로 삼았다.(어떤 책에는 『진기(晉紀)』라 잘못 적고 있다. 原注 : 이러한 사실이 간보의 『진기(晉紀)』「서례(敍例)」에 갖추어져 있다) 이로 말미암아 세상에서는 『좌전』을 실록이라 칭하면서 다시는 비난하는 말이 없게 되었고, 그 책이 점차 유행되었지만 이의(異議)를 말하는 자가 없었다.(釋 : '그러나 좌구명 이후[然自丘明]'부터 여기까지 『좌전』이 오랫동안 감추어져 있다가 세상에 드러났음을 말하고 있다) 때문에 공자가 말하기를, 나의 뜻은 『춘추』에 갖추어져 있고, 나의 행위는 『효경(孝經)』에 있다고 하였다.[84] 그리하여 『춘추』를 좌구명에게 전수하고, 『효경』은 증자(曾子)에게 전수하였다. 『사기(史記)』에 이르기를, "공자는 서쪽으로 가서 주 왕실을 방문하고 각국의 사관(史官)들의 기록에 보이는 옛 이야기들을 정리하여 『춘추』를 편찬하였다. 70명의 제자들이 구두로 『춘추』의 뜻을 전수하면서 그 내용 중 풍자와 비난, 포폄과 피휘 등의 문장은 사람들이 보지 못하게 하였다. 노나라 군자 좌구명은 제자들이 제각기 서로 다르게 해석을 하여 공자의 진의(眞意)를 잃을까 두려워 공자가 저술한 『춘추』에 기초하고, 상세하게 『춘추』의 말을 논하여 『좌씨춘추(左氏春秋)』를 완성하였다"라고 했다.[85](『사기』의 문장은 「십이제후연표(十二諸侯年表)」에 있다. 그러나 그 내용에 사마천이 『좌전』의 내용을 보지 않았다는 설(說)은 고려하지 않았다) 무

권이다. 그리고 또 모든 의례(義例)의 이동을 드러내어 그 이동의 원인을 해석하고서 『석례(釋例)』라고 이름하였다. 학자들로 하여금 모아놓은 것을 보고서 이동(異同)의 설(說)을 알게 하기 위해 『석례』에 이동에 대해 상세히 언급하였다"라고 하였다.

83 역주 : 『진서(晉書)』 권82, 「간보전」 참조.

84 『공양전』 하휴(何休)의 서(序)에, 옛날 공자가 말하기를, "나의 뜻은 『춘추』에 갖추어져 있고, 나의 행위는 『효경(孝經)』에 있다"라고 했다. 소(疏)에, 『효경구명결(孝經鉤命決)』에는 공자가 서인(庶人)으로 있으면서 덕을 펼칠 수도 없고 공(功)도 세울 수 없다. 따라서 "나의 뜻은 운운" 하였다고 했다. 또 소(疏)에, 『효경』에 말하기를 『춘추』는 상(商)에 속하고, 『효경』은 삼(參)에게 속한다고 했다. 『곤학기문(困學紀聞)』에, 『중용(中庸)』 정현(鄭玄)의 주(注)에, 대경(大經)은 『춘추』요, 대본(大本)은 『효경』이다. 위서(緯書)에 얽매이면 그 설(說)이 거칠다고 했다.

85 역주 : 『사기』 권14, 「십이제후연표」 서(序) 참조.

릇 학자들이 이상의 공자와 사마천의 말을 가지고 『춘추』삼전(三傳)을 살폈다면 충분히 시비를 정하고 진위를 밝힐 수 있었을 것이다. 어찌 급총죽서를 보고 나서야 『좌전』이 실록임을 믿었단 말인가. 이상의 설명을 통해 『춘추』 삼전(三傳)의 우열을 알 수 있다.(釋 : 마지막에서 공자의 말과 『사기』를 인용하여 성인의 뜻을 전수(傳授)하였다는 것을 결론으로 삼았다)

然自丘明之後, 迄于(一作'及')魏滅, 年將千祀, 其書寢廢. 至晉太康年中, 汲冢獲書, 全同『左氏』.(原注 : 汲冢所得書, 尋亦亡逸, 今惟『紀年』·『瑣語』·『師春』在焉. 案『紀年』·『瑣語』載春秋時事, 多與『左氏』同. 『師春』多載春秋時互者繇辭, 將『左氏』相校, 逐無一字差舛) 故束晳云 : "若使此書出於漢世, 劉歆不作五原太守矣." 於是摯虞·束晳引其義以相明, 王接·荀顗(疑當作'勖')取其文以相証, 杜預申以注釋,(原注 : 注謂注解, 釋謂釋例) 干寶藉爲師範.(一訛作『晉紀』. ○原注 : 事具干寶『晉紀』「敍例」中) 由是世稱實錄, 不復言非, 其書漸行, 物無異議.(釋 : '然自丘明'至此, 原『左傳』久晦而得顯) 故孔子曰 : 吾志在『春秋』, 行在『孝經』. 於是授『春秋』於丘明, 授『孝經』於曾子. 『史記』云 : 孔子西觀周室, 論史記舊聞, 次『春秋』. 七十子之徒口授其傳旨, 有(或作'所')刺譏褒諱之文, 不可以書見也. 魯君子左丘明懼弟子人各異端, 失其眞意, 故因孔氏史記, 具論其語, 成『左氏春秋』.(『史記』文在「十二諸侯年表」, 但與集中史公不見『左傳』之說, 不相照顧) 夫學者苟能徵此二說以考『三傳』, 亦足以定是非, 明眞僞者矣. 何必觀汲冢而後信者乎? 從(一作'以')此而言, 則『三傳』之優劣見矣.(釋 : 末引孔語·遷文, 仍歸到聖人傳授作結)

按 : 「신좌」편 전체에 두 층면이 있는데 앞에서 다룬 범위는 전문적인 것이고, 뒤에서 다룬 범위는 광범위한 것이었다. 인용한 연대와 사실이 상세하고 분명하여 대체로 모두 『공양전』·『곡량전』 두 전(傳)과 대조하며 비교할 수 있다. 때문에 '『좌전』을 설명한다[申左]'는 것은 좌구명을 공양고(公羊高)[『공양전』]·곡량적(穀梁赤)[『곡량전』]과 비교하여 설명한다는 것이지 『좌전』을 『춘추』 경에 비교한 것은 아니다. 오해를 해서는 안 된다.

(局內兩層, 前專後廣. 所徵年・事詳明, 大致皆與二傳對勘. 故申左者, 申左於高・赤, 非申左於聖經也, 莫誤會)

인륜(人倫)으로는 군신부자보다 큰 것이 없고, 화(禍)로는 아들이나 신하가 군주를 시해하고 지위를 찬탈하는 것보다 큰 것이 없다. 『사통』은 이 문제를 매우 중시하였다. 때문에 세 나라[鄭・楚・齊]에서 적자(賊子)가 찬탈하였음에도 오히려 군주가 병사(病死)하였다고 알린 사실을 두, 세 차례 거듭 비판하였던 것이다. 위(衛)의 태자 첩(輒)이 나라를 차지하고 부(父)의 귀국을 막아선 사실에 대하여 『사통』에서는 『논어』의 말로써 평판(評判)의 기준으로 삼았다. 이는 세상의 도리를 유지하는 가장 기본적인 원칙이었다.(倫莫大於君臣父子, 禍莫大於子臣弑奪. 『史通』此處最吃緊. 故三國賊君而以疾赴, 則詰之再三; 衛輒拒父而以國據, 則衷之『論語』. 是持世大閑)

'이러한 모습이 나타난 원인을 소급해보면[尋斯義之作]' 문단에서는 『좌전』이 성인의 부탁을 이어받아 (『춘추』가) 감추고 (『좌전』이) 드러내게 함으로써 서로 빛나게 하였다고 했다. 따라서 『좌전』의 공로는 실로 공자가 모두 총괄하고 있었던 것이다. 다시 '때문에 공자가 이르기를[故孔子曰]' 문단을 보니 『사통』이 주고받은 증거를 거론한 공이 결국 공자의 『춘추』 경에 돌아갔다. 그렇다면 이전의 의혹은 이제 모두 해결된 것이다. 이러한 사실을 통해 「신좌」편이 실로 「혹경」편의 회향문(回向文)[86]이요, 아울러 참회문(懺悔文)임을 알 수 있다.('尋斯義之作'一段, 謂左承聖囑, 藏顯互彰, 則左之功, 孔實總之矣. 再觀'故孔子曰'一段, 擧出授受證據, 歸到功由孔經, 則向之惑今悉解之矣. 此知「申左」一篇是「惑經」回向文, 幷是懺悔文)

이 책의 잘못된 구절[訛句], 탈문(脫文), 쓸데없이 더해진 글자[羨字] 등은 「외편(外篇)」이 비교적 많은데, 특히 「신좌」편이 더욱 심하다. 비평가들과 훈석가들이 분명하게 구절을 상세히 조사하면서도 의심하지 않고, 거의 문장 본래의 이치를 잃어버리고 어리석게도 글자 수로서 단구(斷句)하

86 역주 : 불교의 법사(法事)에서 제일 끝에 그 공덕(功德)을 모든 중생에게 돌려보내 달라고 외는 기원문(祈願文)을 가리킨다.

는 정도이니 정말 이상하도다!(是書訛句 · 脫文, 羨字, 外篇較多, 如此篇其尤也. 評家 · 訓家居然點句, 罔出疑情, 幾於沒文理懵字數者, 可異哉!)

『사통통석』 권15

「점번(點煩)」 제6

'번(煩)'을 혹 '번(繁)'으로 쓰기도 한다. 문장 내에도 마찬가지이다. ○소서(小序)가 1조(條), 정문이 14조이다.['煩'或作'繁', 文內並同. ○小序一, 正條十四]

점번(點煩)이란 번문(煩文)에 주분(朱粉)이나 자황(雌黃)을 써서 점을 찍는 것을 말하는데, 이는 점을 찍어 그 문장이 필요 없음을 가리키는 것이다.[1] 따라서 「점번(點煩)」편은 사서의 번문에 대한 '점번'의 사례를 구체적으로 제시하였다. 유지기는 「서사(敍事)」·「번생(煩省)」편 등에서 사서에 기재된 문장은 간단하면서 요점만을 정리하고 번거로운 것을 생략할 것을 거듭 주장하였기 때문에 사서의 번문을 삭제하는 것을 별도의 편(篇)으로 구성한 것은 당연한 일이었다. 유지기는 이 편에서 『공자가어(孔子家語)』·『사기』·『한서』·『진서(晋書)』, 『십육국춘추』 등의 예문을 들어 '점번'을 필요로 하는 대상이 어떠한 것인가를 구체적으로 설명하고 있다. 대체로 사서의 문장으로 적합하지 않은 문학적 묘사와 앞의 문장에서 한 말을 뒤에서 다시 중복하여 기재하는 것, 생략해도 의미의 전달에 지장이 없는 문장들을 대상으로 '점번'의 예를 제시하였다. 물론 번문에

1 역주 : 『이아(爾雅)』 「석기(釋器)」편에, 없애는 것[滅]을 일러 점(點)이라 한다고 했으며, 곽박(郭璞)의 주(注)에, 필(筆)로서 글자를 없애는 것을 점(點)이라 한다고 했다.

찍은 점이 현재 전하는 판본으로는 확인할 방법이 없기 때문에 본문의 주(注)에 밝힌 바와 같이 여사면(呂思勉)과 홍업(洪業) 등의 추측에 의존할 수밖에 없다.

6-1

무릇 사서에 보이는 번잡한 문장에 관하여는 이미 「서사(敍事)」편에서 상세히 말하였다.(옛날에는 "그러나 평범하고 속된 자는 깨닫기 어렵고, 가장 어리석은 자는 변화되지 않는다[2][(然凡俗難曉, 下愚不移]"는 아홉 글자가 있었지만, 마땅치 않음으로 삭제해야 한다) 비록 제7(「서사(敍事)」편은 제6권에 있으므로 마땅히 6이라고 해야 할 것이다)권 한 편(篇)을 통해 이 문제를 설명하였지만, (보통사람들은) 네 귀퉁이 중 한 귀퉁이를 알려주었는데도 세 귀퉁이를 반증(反證)하지 못하였다.[3] 대개 옛말에 이르기를, "백 번 듣는 것이 한 번 보는 것만 못하다"[4]고 한 것은 마치 마원(馬援)이 황제 앞에 쌀을 쌓아 산곡(山谷)을 만들고 적로(賊虜)의 허실을 분명히 알 수 있게 한 것과 같고,[5] 또한

2 역주 : 『논어』 「양화(陽貨)」편에, 공자께서 이르기를, "오직 지극히 지혜로운 자[上智]와 가장 어리석은 자[下愚]는 변화되지 않는다"라고 하였다.

3 역주 : 『논어』 「술이(述而)」편에, 공자께서 이르기를, "마음 속으로 통하려고 노력하지 않으면 열어주지 않으며 애태워하지 않으면 말해주지 않되, 한 귀퉁이를 들어줌에 이것을 가지고 남은 세 귀퉁이를 반증하지 않으면 다시 더 일러주지 않는다"라고 했다.

4 역주 : 『한서』 권69, 「조충국전(趙忠國傳)」에 나오는 문장이다.

5 『후한서』 권24, 「마원전(馬援傳)」에, 마원의 자는 문연(文淵)이다. 상림원(上林苑)에 둔전(屯田)하기를 청하여 허락을 받았다. 황제가 친히 서쪽으로 외효(隗囂)를 정벌하러 가면서 칠(漆)에 이르러 마원을 불렀다. 마원이 황제 앞에 쌀을 쌓아 산곡(山谷)을 만들고 손가락으로 형세를 그어가면서 군대가 오고가는 각 도로를 설명하였는데 그 분석이 자세하여 분명하게 이해되었다. 황제가 말하기를, '적들이 내 눈 안에 들어 있다'라고 하였다.

탕천추(湯千秋)가 땅에 지도를 그려가며 산천의 형세를 알기 쉽게 보고한 것과 같다.[6](釋 : 붉은 색이나 황색 점을 찍어 보여주는 모양을 알리고 있다) 예전에 도홍경(陶弘景)[7]의 『본초경(本草經)』에는 차고 더운 맛을 가진 약들을 구별하여 빨간 붓과 검은 붓으로 그 이름을 적었고, 완효서(阮孝緖)의 『칠록(七錄)』[8]에는 『문덕전(文德殿)』[9]에 실린 책명을 빨간 붓으로 적었다. 이렇게 적음으로 말미암아 내용이 구별되어 그 품류(品類)를 알 수 있는 것이다.(釋 : 정해진 방식으로 모방할 만한 사례를 들었다) 오늘날 도홍경과 완효서의 사례를 본떠 고사(古史)와 전기(傳記)를 베끼면서 번문(煩文)이 있으면 그 위에 모두 붓으로 점을 찍었다.(原注 : 주분(朱紛)이나 자황(雌黃)을 써서 점을 찍었다) 점이 찍힌 글자들은 모두 삭제해야 한다. 만약 그 사이에 문구(文句)가 빠져 문장의 의미가 연결되지 않으면 오른쪽에 작은 글자로 주(注)를 달았다.(原注 : 그 옆의 글도 주분(朱紛)이나 자황(雌黃) 등을 사용하였는데, 예컨대 본문은 묵(墨)을 사용하였고, 오른쪽의 주(注)는 주분이나 자황을 사용하여 구

6 『한서』 권59, 「장탕전(張湯傳)」에, 탕의 아들은 안세(安世)이다. 안세의 장자(長子) 천추(千秋)가 곽광(霍光)의 아들 우(禹)와 함께 오환(烏桓)을 공격하였다. 돌아와 대장군 곽광을 알현하자 전투의 방략(方略)과 산천의 형세를 물었다. 천추는 병사(兵事)를 구두로 보고하면서 땅에 지도를 그렸는데 누락된 것이 없었다. 우(禹)에게 물었지만 그는 기억하지 못하였다. 대답하기를, '모두 문서에 기록되어 있습니다'라고 하였다. 곽광이 이로 말미암아 탄식하기를 '곽씨의 가세(家世)는 쇠할 것이고 장씨는 흥할 것'이라 하였다.

7 역주 : 도홍경(456-536)은 제(齊)·양(梁)시대의 도사(道士)로서 음양오행·풍각성산(風角星算)·산천지리·방도산물(方圖産物)·의술본초(醫術本草) 등에 밝았다. 『양서(梁書)』 권51, 「처사전(處士傳)」과 『남사(南史)』 권76, 「은일전(隱逸傳)」 하에 열전이 실려 있다. 또 『수서경적지』 「자부(子部)」 "의방(醫方)"에 『도은거본초(陶隱居本草)』 10권, 『도홍경본초경집주(陶弘景本草經集注)』 7권이 보인다.

8 역주 : 『수서경적지』 「총서(總序)」에, 『칠록』은 육예(六藝)를 기록한 경전록(經典錄), 사전(史傳)을 기록한 기전록(記傳錄), 자서(子書)와 병서(兵書)를 기록한 자병록(子兵錄), 시부(詩賦)를 기록한 문집록(文集錄), 수술(數術)을 기록한 기술록(技術錄)과 함께 불록(佛錄)·도록(道錄) 등을 말한다고 했다. 『칠록』 서(序)가 『광홍명집(廣弘明集)』 권3에 실려 있다.

9 역주 : 『수서경적지』 「사부(史部)」 "부록(簿錄)"에, 『양문덕전사부목록(梁文德殿四部目錄)』 4권, 유효표(劉孝標)가 지었다고 했다. 여기서는 이를 『문덕전(文德殿)』이라 간칭(簡稱)한 것이다.

별하였다) 간혹 몇 글자를 고치거나 한·두 마디 말을 첨가하여 문장의 뜻이 잘 통하도록 하여 자연스럽게 조금도 꾸민 티가 나지 않도록 하였다. 독자들이 쉽게 깨닫고 번잡한 문장의 결점이 저절로 드러나게 하였다. 독자들은 내가 사실에 기초하여 이야기하는 것이지, 선인(先人)을 함부로 모함하는 것이 아니라는 것을 알 것이다.(釋 : 결론으로 점을 찍어 보이는 의미의 까닭을 분명히 하였다)

夫史之煩文,已於『叙事』篇言之詳矣.(舊有"然凡俗難曉, 下愚不移"九字, 可厭, 宜削) 雖七(「叙事」篇在六卷, 疑當作'六')卷成言, 而三隅莫反. 蓋語曰 : '百聞不如一見.' 是以聚米爲谷, 賊虜之虛實(此二字一止作'居'字)可知; 畵地成圖, 山川之形勢(一少'勢'字)易悉.(釋 : 揭出丹黃點示之象) 昔陶隱居『本草』, 藥有冷熱味者, 朱墨點其名; 阮孝緖『七錄』, 書有『文德殿』者, 丹筆寫其字, 由是區分有別, 品類可知.(釋 : 援出成式可仿) 今輒擬其事, 抄自古史傳文有煩者, 皆以筆點其煩(一無'煩'字)上.(原注 : 其點用朱粉·雌黃幷得) 凡字經點者, 盡宜去之. 如其間有文句虧缺者, 細書側注於其右.(原注 : 其側書亦用朱粉·雌黃等, 如正行用粉, 則側注者用朱黃, 以此爲別) 或回易數字, 或加足片言, 俾分布得所, 彌縫無闕. 庶觀者易悟, 其失自彰. 知(一作'如') 我摭實而談, 非是(一作'是非')苟誣前哲.(釋 : 結明所以鈔明點示之意)

按 : 유종원(柳宗元)[河東]이 "『사기(史記)』를 참조한 것은 말의 간결함을 드러나게 하기 위한 것이다"라고 말하였는데, 간결함이란 수척하도록 깎아 없애는 것을 이르는 것이 아니다. 그러나 유지기는 삭제함을 가장 중요하게 여겼다. 하지만 당시는 바로 육조(六朝)의 문장을 꾸미는 풍조가 여전히 남아 있어서 유지기처럼 이렇게 매서운 수완으로 세상 사람들의 주목을 받은 적이 없었다. 때문에 유지기는 한유(韓愈)·유종원의 선구(先驅)였다. 안타까운 것은 옮겨 인쇄하는[傳刻] 과정에서 본래의 모습을 잃어 점번(點煩)의 흔적[點]은 없어지고 본문만 남았다. 본래의 모습을 살피려면 단지 일부 잔존(殘存)하는 불확실한 흔적에 의지해야 한다.(河東云 : 參

之太史以著其潔. 潔非瘦削之謂也. 劉子則以削爲宗. 然當六朝塗澤之餘, 從未有此辣手刮世眼者; 故是韓 · 柳輩前驅也. 可惜傳刻失眞, 點去文留, 譬眺古者, 空憑廢迹而已)

6-2

『공자가어(孔子家語)』에 이르기를,[10] 노나라 공색씨(公索氏)가 조상에게 제사를 지내면서 그 희생(犧牲)들을 잊어버렸다[忘][11]. 공자가 그것을 듣고 말하기를 '공색씨는 2년이 못되어 반드시 패망(敗亡)할 것이다'라고 하였는데 1년 만에 망했다. 제자들이 공자에게 묻기를, "옛날에 공색씨가 제사를 지내면서 그 희생을 잊어버렸는데 선생[夫子]께서 '2년이 못되어 반드시 망할 것'이라고 하였는데 과연 1년 만에 망했습니다. 선생께서는 어떻게 그럴 줄 아셨습니까?"라고 하였다.

위 24자[12]는 삭제한다.[13]

---

10 역주 : 『공자가어』 「호생(好生)」편에 보이는 문장이다. 현행본 『공자가어』와 유지기가 인용한 『공자가어』 사이에는 글자가 다른 곳이 몇 군데 보인다. 이 말은 또 『설원(說苑)』 「권모(權謀)」편에도 보인다.

11 역주 : 다른 판본에는 '망(忘)'을 '망(亡)'으로 썼다. 그렇다면 문장의 의미는 조상에게 제사를 지내면서 희생(犧牲)을 죽였다는 의미가 된다. 다음에 보이는 제자들의 물음도 마찬가지 의미가 되어야 한다. 이 「호생」편에 보이는 제자들의 물음에 대한 답에 보이는 "제사란 효자가 부모에게 효심을 다하는 방식이다. 조상에게 제사를 지내기 위해 희생을 죽였다면 그 외 잃게 된 것이 매우 많았을 것이다. 이렇게 하고서도 집안이 패망하지 않는 경우는 없었다[孔子曰 : 夫祭者,孝子所以自盡於其親. 將祭而亡其牲, 則其餘所亡者多矣. 若之而不亡者, 未之有]"고 한 내용을 보아서도 '망(亡)'으로 해석함이 옳다고 여겨진다.

12 역주 : 呂思勉은, "『孔子家語』曰 : 魯公索氏將祭而忘其牲. 孔子聞之, 曰 : '【公索氏】不及二年矣.' 一年而亡. 門人問曰 : 【昔公索氏亡其祭牲, 而夫子曰'不及二年必亡'. 今果如期而亡, 夫子何以知然】?'"이라고 하여 『논어』와 『좌전』의 용례(用例)를 참고하여 원래 삭제해야 할 24자에 【公索氏】, 【曰夫子何以知然】 등 남아 있는 10자를 포함하여 34자

『孔子家語』曰 : 魯公索氏將祭而忘其牲. 孔子聞之, 曰 : '公索氏不及二年(一有'必亡'二字)矣.' 一年而亡. 門人問曰 : '昔公索氏亡其祭牲, 而夫子曰'不及二年必亡'. 今果如期而亡, 夫子何以知然?'

右除二十四字.

按 : 「점번」편에서 더하거나 삭제한 글자 수의 표기가 구본(舊本)에는 작은 글자로 쓰여 이 조(條)의 큰 글자 아래에 있었다. 여기에는 증가한 경우 작은 주(注)와 설명을 정리한 말 때문에 다음 행(行)에 옮겨 한 칸을 비우고 아래 칸에 크게 적었다. '삭제[除]'자(字) 앞에 '우(右)'자를 더했다.(篇內加除標數, 舊作小書, 繫本條大書之下. 玆緣增有小注及摘辯語, 因移置次行, 亞一格, 大書. '除'上加'右'字)

현재 표점이 찍힌 문장은 분명 착오를 면할 수 없을 것이다. 유지기가 원래 점번(點煩)한 것이 없어져 살필 길이 없으니 안타깝도다!(標數必不免有差誤, 點失無考, 惜哉!)

를 삭제해야 한다고 했다. 洪業은, "『孔子家語』曰 : 魯公索氏將祭而忘其牲. 孔子聞之, 曰 : '公索氏不及二年矣.' 一年而亡. 門人問曰 : 【昔公索氏亡其祭牲, 而夫子曰'不及二年必亡'. 今果如期而亡,】 夫子何以知然?"이라 했다.

13 역주 : 이하 삭제의 내용에 대하여는 呂思勉, 『史通評』(1934, 上海), (『史通釋評』, 華世出版社, 1981, pp.529-554 所收. 洪業, 「史通點煩篇臆補」,(原載 『史學年報』 第2卷第2期, 1935, pp.149-160(『洪業論學集』, 明文書局, 1982 所收, pp.140-149 所收). 두 사람의 견해를 정리할 것이며, 원문에 대하여는 이미 번역을 하였으므로 주(注)에서는 삭제할 글자를 원문 그대로 【 】에 넣어 표기하고, 첨가된 글자의 경우 《 》로 표기한다. 이외에 西脇常記 譯註, 『史通外篇』, 東海大學出版會, 2002, pp.506-565에서는 豬飼敬所, 『補修史通點煩』(1803) 1권의 내용을 함께 정리하고 있지만 본 역주에서는 생략하였다.

6-3

『공자가어(孔子家語)』에 이르기를,[14] 진(晉)이 장차 송(宋)을 토벌함에 사람을 보내 정탐하게 하였다. 송의 양문(陽門)을 지키던 병사가 죽자 사성(司城) 자한(子罕)이 매우 슬프게 곡하였다. 정탐꾼이 돌아가 진후(晋侯)에게 말하기를, "송의 양문(陽門)을 지키던 병사가 죽자 사성(司城) 자한(子罕)이 매우 슬프게 곡을 하니 백성들이 모두 좋아하였다. 송은 토벌할 수 없을 것이다"라고 하였다.

위 21자는 삭제하고, 3자를 더한다.[15]('가(加)'자를 어떤 책에는 '이(移)'자로 썼다)

『家語』曰 : 晋將伐宋, 使覘之. 宋陽門之介夫死, 司城子罕哭之哀. 覘者反, 言於晋侯曰 : '宋陽門之介夫死, 而(郭無'而'字)司城子罕哭之哀. 民咸悅矣, 宋殆未可伐也.'

右除二十一字, 加三字.('加'一作'移')

按 : 이 조(條)의 내용은 『예기』「단궁」편에도 보인다.(此條亦見「檀弓」)

점번(點煩)은 본래 사필(史筆) 중의 번문(煩文)에 점을 찍는 것이었다. 그리고 제일 먼저 『공자가어(孔子家語)』 중의 두 조문(條文)을 예로 든 것은 대개 옛 사람의 돌아와 보고하는[復疊] 문법을 빌려 자신의 관점을 보이고자 하였다. 손이 가는 대로 글을 쓰다가 우연히 그것을 다루게 된 것

---

14 역주 : 이 말은 「곡례자공문(曲禮子貢問)」편에 보인다.

15 역주 : 呂思勉은, "『家語』曰 : 晋將伐宋, 使覘之. 宋陽門之介夫死, 司城子罕哭之哀. 覘者反, 言於晋侯曰 :【'宋陽門之介夫死, 而(郭無'而'字)司城子罕哭之哀.】【民咸悅】【矣】, 宋殆未可伐也.'"라고 하면서 이상의 21자 가운데 '民咸悅' 3자는 옮겨온 글자라고 했으며, 첫 구절은 '晉侯將伐宋'으로, 다음 구절은 '覘者反曰'이라 써야하고, '民咸悅'의 '咸'자는 혹 '宋殆未可伐也'의 '殆'자가 맞을 수도 있다고 했고, 洪業은, "『家語』曰 : 晋將伐宋, 使覘之. 【宋陽門之介夫死, 司城子罕哭之哀. 覘者】反言【於晋侯】曰 :【宋】陽門之介夫死, 而《司城》子罕哭之哀民咸悅《矣》, 宋【殆】未可伐也.'"라고 했다.

이지 특별한 뜻이 있는 것은 아니다. 이하 내용의 대부분은 『사기』의 내용을 점번(點煩)한 것으로 마찬가지로 붓 가는 대로 다룬 것이지 특별한 뜻이 있는 것은 아니다.(點煩本點史筆之煩, 而首之以『家語』二條者, 蓋假前古複疊文法, 啓示其端. 隨手涉筆偶及之, 非有所定主也. 已下大概皆就『史記』點之, 亦是隨筆所至.)

6-4

『사기』「오제본기(五帝本紀)」에 이르기를, "제후들이 조근(朝覲)할 때 (요(堯)의 아들) 단주(丹朱)에게 가지 않고 순(舜)에게 갔으며, 백성들이 옥송(獄訟)이 있는 경우 단주에게 가지 않고 순에게 갔으며, 송덕(頌德)을 구가(謳歌)('구가' 두 글자가 어떤 책에는 '가다[之]'자(字)로 되어 있다. 按 : '가다[之]'자를 쓴 경우는 당연히 앞의 '옥송(獄訟)' 구(句)내의 '가지 않고[不之]' 등 일곱 자를 삭제하고, 이 구절에 합쳐 편입(編入)하였다. 때문에 '모두[皆]'자를 더하여 뜻이 맞으려면 즉 그 아래 '구가' 두 글자 역시 당연히 '가다[之]'자로 해야 한다)하는 자들은 모두[皆] 단주를 구가하지 않고 순의 공덕을 구가하였다"라고 했다.[16](이상은 「오제본기」 중에 요에 관한 기록이다)

순은 나이 스물에 효성으로 소문이 났고, 서른 살 때에는 제요(帝堯)가 등용할 만한 사람이 있느냐고 물었다. 운운

순은 나이 스물에 효성으로 소문이 났고, 서른 살 때 요(堯)에게 등용되었다.

위 29자는 삭제하고 7자를 더한다.[17]

---

16 역주 : 이상에서 인용한 『사기』 권1, 「오제본기」의 내용 중에 포기룡은 '諸侯之(史無字)朝覲者' 중 '之'자가 없고, '百姓之獄訟者' 중 '百姓之' 3자가 없으며, '皆不謳歌丹朱而謳歌' 중 '皆'자 등 5자가 없다고 밝히고 있다.

『史記』「五帝本紀」曰：諸侯之(史無'之'字)朝覲者, 不之丹朱而之舜; 百姓之(史無此三字)獄訟者, 不之丹朱而之舜; 謳歌者, 皆(古本有'皆'字, 史內無'皆'字)不謳歌(此二字一作'之'字. 按：一作'之'字者, 當是除前'獄訟'句內'不之'等七字, 幷入此一句中, 故加'皆'字以該之. 則其下'謳歌'二字亦當作'之'字也)丹朱而謳歌舜.(已上[堯紀) 舜年二十以孝聞, 三十而帝堯問可用者云云.

舜年二十以孝聞, 年(舊脫'年'字)三十,('舜年'以下等字, 古本有, 俗本削) 堯擧之.(已上『舜紀』)

右除二十九字, 加七字.

按：문장 내에 '백성지(百姓之)' 세 글자와 '지(之)'자와 '개(皆)'자 등은 우측에 작은 글자로 쓴 측주(側注) 안에 더해져 있었는데, 전사(傳寫)한 사람이 본문 안에 섞어 넣은 것이다. 지금은 다만 본문에 섞여 들어간 것만 남아 있어서 유락(遺落)이 온전하지 않다. 또한 구절 내에 공란이 있는데, 의미에 비추어 형성된 체례로서 단구(斷句)와 구별된다. 예컨대 '순의 공덕을 구가[謳歌舜]'의 다음이 바로 요와 순의 「본기(本紀)」가 나뉘는 곳이고, '등용할 만한 사람이 있느냐고 물었다 운운[用者云云]'의 다음이 바로 순의 「본기」 중간에 절구(節句)가 나뉘는 곳이다. 이러한 부류는 뒤에 모두 이를 모방하였다.(文內如"百姓之"三字及"之"字"皆"字等, 卽細書側注之所加也. 傳寫者混入之. 今轉嫌混而存者, 遺落不全耳. 又節內有空格者, 以意起例, 別斷文也. 如'謳歌舜'

---

17 역주：呂思勉은, 유지기의 견해와 관련하여 『사기』 「오제본기」의 내용에 대한 탈루(脫漏)가 너무 심하여 유지기가 인용한 『사기』 원문을, "又, 【舜年二十以孝聞, 三十而】帝堯問可用者, 四嶽咸薦【虞】舜. 堯老使舜攝行天子政, 巡狩【舜得擧用事二十年, 而堯使攝政, 攝政八年而】堯崩, 三年喪畢, 讓丹朱, 天下歸舜. 舜年二十以孝聞, 年三十, 堯擧之, 年五十攝行天子事, 年五十八堯崩, 年六十一代堯踐帝位, 踐帝位三十九年南巡狩, 崩於蒼梧之野"라고 다시 정리하고 스물아홉 자를 삭제하였으나, 첨가한 일곱 자를 따로 표기하지 않았다. 이에 대해 洪業은, "『史記』「五帝本紀」曰：諸侯《之》朝覲者, 【不之丹朱而】之舜; 《百姓之》獄訟者, 【不之丹朱而】之舜; 謳歌者, 《皆》【不謳歌丹朱而】謳歌舜. 舜年二十以孝聞, 三十而帝堯問可用者. 【舜年二十以孝聞, 年三十, 堯擧之.】《虞帝》"라고 정리하여 스물아홉 자를 삭제하고, 첨가된 일곱 자를 명기하였다.

之下, 則堯 · 舜二紀分章處; '用者云云'之下, 則舜紀中間節句處也. 凡此類, 後皆仿是)

'순은 나이 스물에[舜年二十]'라는 중복하여 나오는 문장이 순의 「본기」 편미(篇尾)에 보이는데, 유지기가 점을 찍어 삭제하려는 문장이 바로 여기에 있다. 고본(古本)에는 이들 문장이 있는데도 곽연년(郭延年)의 『사통평석(史通評釋)』에는 이를 삭제하였으니 점을 어찌 찍을 수 있겠는가? 그런데도 황숙림(黃叔琳)의 『사통훈고보(史通訓故補)』는 오히려 곽연년(郭延年)의 『사통평석(史通評釋)』을 따르고 있으니 사려가 결핍되었다.('舜年二十'複出之文見舜紀篇尾, 劉所點除, 正在於此. 古本有之, 而郭本削之, 點安所施? 北平本反從郭本, 未之思耳)

6-5

「하본기(夏本紀)」에 이르기를,[18] "우(禹)의 부(父)는 곤(鯀)이라 하였고, 곤의 부는 제(帝) 전욱(顓頊)이라 하였으며, 전욱의 부를 창의(昌意)라 하였고, 창의의 부를 황제(黃帝)라고 하였다. 우(禹)는 황제(黃帝)의 현손(玄孫)이었으며 제 전욱의 손자였다. 우의 증조부 창의와 부(父) 곤은 모두 제위(帝位)에 오르지 못하고 신하로 있었다"라고 했다.

위 57자는 삭제하고 5자를 더한다.[19](삭제한 글자 수가 너무 많으니 아마 잘

18 역주 : 『사기』 권2, 「하본기」의 첫 구절인, '하(夏)나라 우(禹)는 이름이 문명(文命)이다[夏禹, 名曰文命.]'에 이어진 문장이다.

19 역주 : 呂思勉은, "『夏本紀』曰 : 【禹之父曰鯀, 鯀之父曰帝顓頊, 顓頊之父曰昌意, 昌意之父曰黃帝. 禹者,】黃帝之玄孫, 而帝顓頊之孫也. 【禹之】曾大父昌意【及】父鯀皆不得在帝位, 爲人臣." 에 보는 바와 같이 서른한 자를 삭제하였다. 쉰일곱 자는 너무 많기 때문에 서른일곱 자의 오기(誤記)일 수도 있다고 했다. 그 경우, '而帝顓頊之孫也'의 【而】자와 【不得在帝位】 다섯 자를 합치면 모두 서른일곱 자가 된다고 했다. 洪業은, "『夏本紀』曰 : 禹【之父曰鯀, 鯀之父曰帝顓頊, 顓頊之父曰昌意, 昌意之父曰黃帝. 禹者, 黃帝之

못일 것이다)

『夏本紀』曰 : 禹之父曰鯀, 鯀之父曰帝顓頊, 顓頊之父曰昌意, 昌意之父曰黃帝. 禹者, 黃帝之玄孫, 而帝('帝'字照史補)顓頊之孫也. 禹之曾大父(舊衍'曰'字)昌意及父鯀皆不得在帝位, 爲人臣.

右除五十七字, 加五字.(除數太多, 恐有誤)

살펴보건대, (『사기』「오제본기」 중의) 전욱기(顓頊紀)에 이미 "황제(黃帝)는 전욱의 조부이다"라고 하였는데, 이 「하본기」에는 아래에 "우(禹)는 전욱의 손자이다"라고 말하였으면서 그 위에 다시 "황제의 현손"이라고 말해서는 안 된다. 또 이미 위에서 "창의와 곤은 제위에 오르지 못했다"라고 하였으면 그 아래 문장에 다시 "신하로 있었다"라고 말해서는 안 된다. 지금 이들 첨삭을 가한 문장 안에 또 이런 중복된 말이 있으니 경솔하게 필삭(筆削)을 한다고 해서 어찌 다 삭제할 수 있겠는가?

案「顓頊紀」中已具云黃帝是顓頊祖矣, 此篇下云 "禹是顓頊孫", 則其上不得更言"黃帝之玄孫" 旣上云"昌意及鯀不得在帝位", 則於下文不當復云"爲人臣". 今就於朱點之中, 復有此重複, 造次筆削, 庸可盡乎?

按 : 이상의 문장[四行]은 구본(舊本)에는 삭제하거나 더해진 글자 수를 표기한 다음에 연결되어 있었으나 지금은 그들을 따로 떼어 배열하니 비교적 분명하게 구분되는 것 같다.(此上四行, 舊本與除加標數連下, 今離列之, 似較淸晝也)

玄孫, 而帝顓頊之孫也. 禹之曾大父昌意及父鯀皆不得在帝位, 爲人臣.】《者鯀之子也》"라고 하였다.

6-6

「항우본기(項羽本紀)」에 이르기를, “항적(項籍)은 하상(下相)사람이다. 자는 우(羽)이고 처음(‘처음(初)’자는 『사기』를 참조하여 보충하였다)군대를 일으켰을 때 나이가 24세였다. 그의 계부(季父)는 항량(項梁)이고, 항량의 부(父)는 즉(‘즉(卽)’자는 『사기』를 참조하여 보충하였다) 초(楚)나라 장수 항연(項燕)으로서 진(秦)나라 장수 왕전(王翦)에게 죽임을 당한(‘살(殺)’자가 『사기』에는 ‘육(戮)’자로 쓰여 있다) 사람이다. 항씨는 대대로(『사기』에는 ‘위(爲)’자가 있다) 초나라 장수로서 항(項)의 땅에 봉해졌기 때문에 항을 성(姓)으로 하였다”라고 했다.

위 32자는 삭제하고 24자를 더하여 서술의 순서를 바르게 고쳤다.[20]

---

20 역주 : 呂思勉은 포기룡과 마찬가지로 짧은 본문으로 보아 32자를 삭제한다는 것은 있을 수 없다고 보고, 「항우본기」의 관련 문장의 전후를, “項籍者, 下相人也, 字羽. 初起時, 年二十四. 其季父【項】梁, 梁父【卽楚將項】燕, 爲秦將王翦所戮【者也.】 項氏世世爲楚將, 封於項, 故姓項氏. 【項】籍少時, 學書不成, 去學劍, 又不成. 【項】梁怒之. 籍曰 : “書足以記名姓而已. 劍一人敵, 不足學, 學萬人敵.” 【於是項】梁乃教籍兵法, 籍大喜, 略知其意, 又不肯竟學. 【項】梁嘗有櫟陽逮, 【乃】請蘄獄掾曹咎書抵櫟陽獄掾司馬欣, 【以故】事得已. 【項】梁殺人, 與籍避仇【於】吳中. 吳中賢士大夫皆出【項】梁下. 【每吳中】有大繇役及喪, 【項】梁常爲主辦, 陰以兵法部勒賓客及子弟, 以是知其能. 秦始皇帝游會稽, 渡浙江, 梁與籍俱觀. 籍曰 : “彼可取而代也.” 梁掩其口, 曰 : “毋妄言, 族矣!” 梁以此奇籍. 籍長八尺餘, 力能扛鼎, 才氣過人, 雖吳中子弟皆已憚籍矣. 秦二世元年七月, 陳涉等起大澤中. 其九月, 會稽守通謂梁曰 : “江西皆反, 此亦天亡秦之時也. 吾聞先卽制人, 後則爲人所制. 吾欲發兵, 使公及桓楚將.” 是時桓楚亡在澤中. 梁曰 : “桓楚亡, 人莫知其處, 獨籍知之耳.” 梁乃出, 誡籍持劍居外待. 梁復入, 與守坐, 【曰】 : “請召籍, 使受命召桓楚.” 守曰 : “諾.” 梁召籍入. 須臾, 梁眴籍曰 : “可行矣!” 於是籍遂拔劍斬守頭. 【項】梁持守頭, 佩其印綬. 門下大驚, 擾亂, 籍所擊殺數十百人. 一府中皆慴伏, 莫敢起. 梁乃召故所知豪吏, 諭以所爲起大事, 遂擧吳中兵. 使人收下縣, 得精兵八千人. 梁部署吳中豪傑爲校尉 · 候 · 司馬. 有一人不得用, 自言於梁. 梁曰 : “前時某喪使公主某事, 不能辦, 以此不任用公.” 衆乃【皆】伏. 於是梁爲會稽守, 籍爲裨將, 徇下縣.” 이라고 정리하면서 그 중 28자를 삭제하였다. 洪業은, “「項羽本紀」曰 : 項籍【者,】《字羽》 下相人【也, 字羽. 初】起時, 年二十四. 《項氏世世楚將, 封於項, 故姓項氏.》【其季父項梁, 梁父卽楚將項】燕, 爲秦將王翦所殺【者也.】《燕子梁梁籍季父也》【項氏世世爲楚將, 封於項, 故姓項氏.】”라고 정리하면서 32자를 삭제하고, 24자를 더하였다.

「項羽本紀」曰 : 項籍者, 下相人也, 字羽. 初('初'字照史補)起時, 年二十四. 其季父項梁, 梁父卽('卽'字照史補)楚將項燕, 爲秦將王翦所殺(史作'戮')者也. 項氏世世(史有'爲'字)楚將, 封於項, 故姓項氏. 右除三十二字, 加二十四字, 厘革其次序.

按 : 이 조(條)는 모두 『사기』의 원문으로써 글자를 더한 곳이 보이지 않는다. 대개 작은 글자를 사용하여 쓴 측주(側注)는 이미 모두 없어졌다. 혹 이 조가 베낀 내용이 당연히 이상의 문장에 그치지는 않았을 것이다. 만약 단지 이 3행만 있었다면 어찌 30여 자를 삭제할 수 있겠는가? 뿐만 아니라 문장 내에 번거롭게 중복된 곳이 매우 적어 다른 적록(摘錄)과는 다르니 또한 어찌 삭제할 필요가 있었겠는가? 그리고 아마도 이 조의 원본이 이미 모두 없어지고 단지 '항우본기(項羽本紀)' 넉 자만 남아 있으므로 후세의 사람들이 억지로 이 편 첫 머리의 몇 마디 말을 채워 넣어 숫자를 맞추었을 것이다.(此條皆『史記』原文, 不見有加字處. 蓋其所云細書側注者, 已盡失之矣. 抑恐此條所鈔, 亦當不止於此. 若止此三行, 亦安得有三十餘字之除革乎? 況文內殊少煩複, 異於他所摘者, 亦安所庸其除革乎? 更恐此條原本全失, 但存「項羽本紀」四字, 後人聊寫篇頭數語以當之耳)

6-7

「여후본기(呂后本紀)」에 이르기를,[21] "여태후(呂太后)는 고조가 한미(寒微)

21 역주 : 이하 『사기』 권9, 「여태후본기」 첫 구절의 문장이다. 포기룡은 유지기의 본문을 『사기』와 비교하여 '生孝惠帝' 다음에 『사기』에는 '女'자가 있었고, '生趙隱王如意.' 다음에 '高祖嫌'은 없었으며, '如意類我.' 다음의 '又'자도 없었고, '戚姬幸,' 다음

할 때부터의 부인이었다. 효혜제(孝惠帝)와 노원공주(魯元公主)를 낳았다. 고조는 한왕(漢王)이 되자 정도(定陶)의 척희(戚姬)를 취(娶)하여 총애하였고 조(趙)의 은왕(隱王) 여의(如意)를 낳았다. 고조는 효혜제가 사람됨이 인자하나 유약함을 싫어하여 자기를 닮지 않았다고 여겨 항상 태자를 폐위시키고 척희의 아들 여의를 태자로 세우려고 하였다. 그것은 여의가 자기를 닮았다고 여겼기 때문이었다. 또 척희는 고조의 총애를 받아 항상 홀로 고조를 따라 관동(關東)으로 갔는데 밤마다 소리 내어 울면서 자기 아들 여의를 세워 대신 태자에 오르기를 바랐다. 여후는 나이가 많은 관계로 항상 후궁에 머물 수밖에 없었으므로 고조를 만날 기회가 드물었고 그 관계는 더욱 소원해졌다. 여의가 조왕(趙王)이 된 이후 거의 태자를 대신할 뻔한 적이 여러 차례 있었지만, 대신들이 간쟁과 장량(張良)의 계책에 힘입어 태자는 폐위되지 않았다"라고 했다.(原注 : 이러한 사실은 고조(高祖)·혜제(惠帝) 두 「본기」와 제왕(諸王)[趙隱王如意]·숙손통(叔孫通)·장량(張良) 등의 「열전」에 보이는데 내용이 지나치게 중복된다.[22] 이제 또 「여후전」[呂后本紀]에도 보인다. 생략하고 언급하지 않아도 되었다. ○유지기의 의견은 대개 이 문단의 글자는 점번(點煩)하지 않아도 된다는 것이다. 그러나 기왕 사서에 기재되어 있으니 그 문장에 점을 찍어 제거하여도 된다는 것이다)

위 75자를 삭제하고 10자를 더한다.[23](문장을 보니 8자 더하는 것으로 그쳤다)

의 '獨'자, '從上之關東, 日夜泣涕, 欲立其子' 다음의 '如意, 以' 석 자 등 모두 여덟 자가 없었는데, 이를 유지기가 첨가한 것이라고 보았다.

22 역주 : 현행본 『사기』에는 「혜제기(惠帝紀)」와 「조은왕여의전」[諸王傳]은 보이지 않는다.

23 역주 : 呂思勉은, "『呂后本紀』曰 : 呂太后者, 高祖微時妃也, 生孝惠帝·魯元公主.【及】高祖爲漢王, 得定陶戚姬, 愛幸, 生趙隱王如意.【高祖嫌】孝惠爲人仁弱, 高祖以爲不類我,【常欲廢太子, 立戚姬子如意, 如意類我. 又】戚姬幸, 常獨從上之關東, 日夜泣涕, 欲立其子【如意, 以代太子.】呂后年長, 常留守, 希見上, 益疏. 如意立爲趙王後, 幾代太子者數矣. 賴大臣諍之, 及留侯策, 太子得無廢"라고 하여 26자를 삭제하였다. 洪業은, "『呂后本紀』曰 : 呂太后者, 高祖微時妃也, 生孝惠帝【女】·魯元【太后】《公主.》【及高祖爲漢王, 得定陶戚姬, 愛幸, 生趙隱王如意.】《高祖嫌》孝惠爲人仁弱,【高祖以爲不類我, 常欲廢太子, 立戚姬子如意, 如意類我.】《又》戚姬幸, 常《獨》從上之關東, 日夜泣涕, 欲立其子《趙王如

『呂后(郭誤作'氏')本紀』曰 : 呂太后者, 高祖微時妃也, 生孝惠帝(史有'女'字) · 魯元公主. 及高祖爲漢王, 得定陶戚姬, 愛幸, 生趙隱王如意. 高祖嫌(史無此三字)孝惠爲人仁弱, 高祖以爲不類我, 常欲廢太子, 立戚姬子如意, 如意(郭脫'如意'二字)類我. 又(史無'又'字)戚姬幸, 常獨(史無'獨'字)從上之關東, 日夜泣涕, 欲立其子如意, 以(史無此三字)上代太子. 呂后年長, 常留守, 希見上, 益疏. 如意立爲趙王後, 幾代太子者數矣. 賴大臣諍(史作'爭')之, 及留侯策, 太子得無廢.(原注 : 此事見『高』·『惠』二紀及諸王 · 「叔孫通」 · 「張良」等傳, 過爲重疊矣. 今又見於「呂后傳」, 固可略而不言. ○劉意蓋謂幷可不點矣. 而史旣有之, 姑就其文點之)

右除七十五字, 加十字.(據文止加八字)

按 : 여기서는 삭제한 글자와 더한 글자를 이어서 함께 적었다. 구본(舊本) 역시 전주(前注)와 함께 적었지만, 여기서는 예(例)에 따라 나누어 배열하였다.(此除加一行, 舊亦與前注幷寫, 今照例離立)

문장 내에 '고조가 싫어하여[高祖嫌]' · '또한[又]' · '홀로[獨]' · '여의로써[如意以]' 등 글자가 여러 차례 나오므로 그 번거로움을 삭제하려 했음에도 번거로움은 오히려 더욱 많아졌다. 때문에 이러한 글자는 모두 측주(側注) 중에 더해진 글자이고, 표점된 글자는 없어졌다는 사실을 알 수 있다. 따라서 더해진 글자만 보일 뿐 삭제된 글자는 보이지 않는다.(文亦多'高祖嫌' · '又' · '獨' · '如意以'等字欲去煩而煩轉滋矣. 故知皆側注所加之文也. 而點則失之, 蓋見加不見除也)

意, 以》代太子. 【呂后年長, 常留守, 希見上, 益疏. 如意立爲趙王後, 幾代太子者數矣.】賴【大臣諍之, 及】留侯策, 太子得無廢"라고 하여 75자를 삭제하고, 12자를 더하였다. 그리고 주(注)에, 포기룡의 『사통통석』에는 "10자를 더했다고 했는데 무엇을 근거로 했는지 알 수 없다"라고 했다.

6-8

「송세가(宋世家)」에 이르기를,[24] "처음 원공(元公)의 손자 규(糾)를 경공(景公)이 살해하였다.(『사기』에는 이상의 글자[十字]가 없다. 모두 작은 글자가 섞여 들어간 것이다) 경공이 죽자 규의[糾之](이 두 글자를 『사기』에서는 '송(宋)'이라 썼다) 공자[公](위의 '규의[糾之]' 두 글자로 바꾼다면 이 공(公)자 역시 마땅히 삭제해야 한다) 특(特)이 태자를 죽이고 스스로 즉위하였는데, 그가 바로 소공(昭公)이다. 소공(이 아래에 『사기』에는 '원공의 증서손도 소공[元公之曾庶孫也昭公]' 아홉 자가 있다)의 아버지는 공손규(公孫糾)이고 규의 아버지는 공자(公子) 단진(禍秦)이니 곧 원공(元公)의 작은아들이다. 경공(景公)이 소공의 아버지 규를 죽였기 때문에 소공이 원한을 품고 태자를 죽이고 스스로 즉위하였다"라고 했다.(이 절의 첫 부분에 첨가된 즉 '소공[昭公者]' 이하 대부분이 모두 표점이 찍혀 삭제되었다)

위 36자를 삭제하고 13자를 더한다.[25](문장을 보니 12자 더하는 것에 그쳤다)

「宋世家」曰 : 初, 元公之孫糾, 景公殺之.(史無此十字, 皆細書混入者) 景公卒, 糾之(此二字史作'宋') 公(據上易'糾之'字, 則此'公'字亦宜省)子特攻殺太子而自

---

24 역주 : 『사기』 권38, 「송미자세가(宋微子世家)」의 문장이다. 이하 보이는 내용은 『사기』의 원문과 조금 다르다. 『사기』의 원문에는, "64년, 경공(景公)이 죽었다. 송나라 공자인 특(特)이 태자를 죽이고 스스로 즉위하였는데, 그가 바로 소공(昭公)이다. 소공은 원공(元公)의 증서손(曾庶孫)이다. 소공의 아버지는 공손규(公孫糾)이고, 규의 아버지는 공자 단진, 단진은 곧 원공의 작은아들이다. 경공이 소공의 아버지 공손규를 죽였기 때문에, 소공은 그 원한으로 태자를 죽이고 스스로 즉위하였다[64年, 景公卒. 宋公子特攻殺太子而自立, 是爲昭公. 昭公者, 元公之曾庶孫也. 昭公父公孫糾, 糾父公子○秦, ○秦卽元公少子也. 景公殺昭公父糾, 故昭公怨殺太子而自立.]"고 하였다.

25 역주 : 呂思勉은, 『사기』의 내용을 참고로 하여 "景公卒, 元公少子公子禍秦生公子特, 景公殺糾, 故特怨攻殺景公太子而自立是爲昭公"이라 정리하였다. 洪業은, "「宋世家」曰 : 《初, 元公之孫糾, 景公殺之.》 景公卒, 《糾之子》【宋】公子特攻殺太子而自立, 是爲昭公. 【昭公者, 元公之曾庶孫也昭公父公孫糾, 糾父公子禍秦, 卽元公少子也. 景公殺昭公父糾, 故昭公怨, 殺太子而自立.】"이라고 하여 46자를 삭제하고, 13자를 더하였다. 주(注)에서 유지기는 삭제된 글자가 36자라고 했지만, 이는 오기(誤記)일 것이라 했다.

立, 是爲昭公. 昭公者,(此下史有'元公之曾庶孫也昭公'九字) 父公孫糾, 糾父公子(郭脫此二字) 褍秦,(史疊'褍秦'二字)卽元公少子也. 景公殺昭公父糾, 故昭公怨, 殺太子而自立.(據節首所加, 則自'昭公者'以下, 大半皆在所點除也)

右除三十六字, 加十三字.(據文止加十二字)

按 : 이 몇 조 중에는 더해진 글자가 본문에 제멋대로 들어간 정황은 있는데 원문의 문장을 삭제한 곳이 없다. 여기서는 다만 '원공의 증서손도 소공[元公之曾庶孫也昭公]' 아홉 자가 없어졌을 뿐이다. 틀림없이 주황(朱黃)으로 점번(點煩)할 때 점을 찍는 힘이 혹 조금 무겁게 가해져 글자를 덮을 정도로 묻어 전사(傳寫)하던 사람이 삭제한 글자로 오인하여 빠뜨렸지만, 실제로는 마찬가지로 찍은 점이 묻은 글자는 남겨두어야 한다.(諸條間有加字闌入處, 而無除去原文之文. 獨此失'元公曾庶孫'等九字, 必是朱黃所點, 點或稍重, 侵入字裏, 傳寫字逐遺去之, 實亦應留受點者也)

6-9

「삼왕세가(三王世家)」에 이르기를,[26] 대사마(大司馬) 신(臣) 곽거병(霍去病)은 죽음을 무릅쓰고 다시 절하며 황제폐하께 아뢰옵니다. "(소인은) 폐하의 과분한 은총을 내려 신 거병(去病)을 군대의 직에 임명하셨습니다. 마

26 역주 : 『사기』 권60, 「삼왕세가」의 첫 구절의 문장이다. 삼왕(三王)이란 한 무제(漢武帝)의 아들 제왕(齊王) 유굉(劉閎) · 연왕(燕王) 유단(劉旦) · 광릉왕(廣陵王) 유서(劉胥)를 가리킨다. 『사기지의(史記志疑)』의 고증에 따르면 원래 『사기』 속에는 「삼왕세가」가 없었으며, 이것은 저소손(褚少孫)이 책봉에 관한 조정의 논의를 가져다 보탠 것이고, 태사공(太史公)의 논찬은 후세 사람의 가탁에 의한 것으로써, 일반적으로 역사적 사실과 내용상의 착오가 많다.

땅히 전심전력으로 변경 요새의 일에 열중하여 황야에서 죽음을 당한다고 하여도 황은(皇恩)에 보답하지 못할 것입니다. 그런데도 감히 소인이 군사 이외의 의론을 살핌으로써 폐하의 일에 참견할 수 있겠습니까? 진실로 폐하께서 천하를 늘 염려하시고 백성들을 불쌍히 여겨 자신을 잊으시며 음식을 절약하고 오락을 절제하며 낭관의 인원을 줄이시는 것을 보았습니다. 황자(皇子)들은 하늘의 도움으로 성인이 되어 조복(朝服)을 입고 폐하를 배알할 수 있음에도 지금까지 아직 작위의 봉호(封號)와 사부관(師傅官)이 없습니다. 폐하께서 겸공(謙恭)하게 사양하시며 골육지정(骨肉之情)을 돌보지 않고 계시지만 여러 신하들은 은밀히 바라면서도 감히 자기 직분을 벗어나 진언하지 못하고 있습니다. 신은 견마(犬馬)로서의 충정을 억제하지 못하여 죽음을 무릅쓰고 폐하께 청하오니, 해당 관사(官司)에 명하여 성하(盛夏) 길시(吉時)를 택하여 황자들의 작위를 정하시기 바랍니다. 폐하께서 밝게 살피시기를 바랍니다. 신 곽거병이 죽음을 무릅쓰고 재배하여 황제폐하께 아뢰옵니다"라고 하였다. (원수(元狩) 6년) 3월 을해(乙亥)에 어사(御史)·수상서령(守尙書令) 신 광[霍光]이 미앙궁(未央宮)에 상소문을 올리자 "어사에게 보내 처리토록 하라"는 황제의 분부[制]가 내렸다. 6년 3월 무신(戊申) 삭(朔), 을해(乙亥)에 어사(御史)·수상서령(守尙書令) 신(臣) 광[霍光]과 상서승 비(非)가 어사에게 하달한 상소문이 도달하였는데, 이렇게 쓰여 있었다. "승상 신(臣) 청적[莊靑翟], 어사대부 신 탕[張湯], 태상(太常) 신 충[趙充], 대행령(太行令) 신 식[李息], 태자소부(太子少傅)·행종정사(安行宗正事) 신 안[任安] 등은 죽음을 무릅쓰고 글을 올립니다. 대사마 거병[霍去病]이 상소하기를, "(소인은) 폐하의 과분한 은총을 내려 신 거병(去病)을 군대의 직에 임명하셨습니다. 마땅히 전심전력으로 변경 요새의 일에 열중하여 황야에서 죽음을 당한다고 하여도 황은(皇恩)에 보답하지 못할 것입니다. 그런데도 감히 소인이 군사 이외의 의론을 살핌으로써 폐하의 일에 참견할 수 있겠습니까? 진실로 폐하께서 천하를 늘 염려하시고 백성들을 불쌍히 여겨 자신을 잊으시며 음식을 절약하고 오락을 절제하며 낭관의 인원을 줄이시는 것을 보았습니다. 황자(皇子)들은 하늘의 도움으로 성인이 되어 조복(朝服)을 입고 폐하를 배알할 수 있음에도 지금까지 아직 작위의 봉호(封號)와 사부관(師傅官)이 없습니다. 폐하께서 겸공(謙恭)하게 사양하시며 골육지정(骨肉之情)을 돌보지 않고 계시지만 여러 신하들은 은밀히 바라면서도 감히 자기 직분을 벗어나 진언하지 못하고 있습니다. 신은 견마(犬馬)로서의 충정을 억제하지 못하여 죽음을 무릅쓰고 폐하께 청하오니, 해당 관사(官司)에 명하여 성하(盛夏) 길시(吉時)를 택하여 황자들의 작위를 정하시기 바랍니다. 폐하께서 밝게 살피시기를 바랍니다. 신 곽거병이 죽음을 무릅쓰고 재배하여 황제폐하께 아뢰옵니다"라고 하였던 바 "어사에게 보내 처리토록 하라"는 황제의 분부[制]를 내렸습니다. 신(臣) 등이 삼가[謹]('삼가[謹]'자는 『사기』를 참조하여 보충하였다) 중이천석(中二千石) 및 이천석(二千石) 신 하[公孫賀] 등과 의논한 바는 이렇습니다. "옛날 땅을 나누어 나라를 세우고 아울러 제후를 세워 분봉하여 천자를 받들게 한 것은 종묘사직을 존중하기 때문입니다. 지금 신 거병[霍去病]은 폐하께 상소하여 그의 직책을 잊지 않고 황은(皇恩)을 선양하였으며, 그가 폐하께서 겸양하여 자신을 낮추어 천하를 위하여 늘 염려하신다고 아뢴 것은 황자들에게 아직 작위의 봉호(封號)가 없음을 염려한 때문입니다. 신(臣) 청적[莊青翟], 신 탕[張湯] 등은 마땅히 도의를 받들어 직책을 이행했어야 함에도 어리석어 이 일을 제대로 잘 처리하지 못하였습니다. 이제 마침 성하(盛夏) 길시(吉時)이니 신(臣) 청적[莊青翟], 신 탕[張湯] 등은 죽음을 무릅쓰고 황자 신 굉[劉宏], 신 단[劉旦], 신 서[劉胥]를 세워 제후왕으로 봉해주시기를 청하옵니다. 죽음을 무릅쓰고 그들에게 봉할 국명을 내려주시기를 바라옵니다"라고 하였다.

위 184자를 삭제하고, 한 글자를 더한다.[27](문장을 보니 3자가 더해졌다)

---

27 역주 : 呂思勉은, 「三王世家」曰 : 大司馬臣去病昧死再拜, 上疏皇帝陛下 : "陛下過聽, 使臣去病待罪行間, 宜專邊塞之思慮. 暴骸中野, 無以報, 乃敢惟他議以干用事者. 誠見陛下憂勞天下, 哀憐百姓以自忘, 虧膳貶樂, 損郎員. 皇子賴天能勝衣趨拜, 至今無號位 · 師傅

「三王世家」曰 : 大司馬臣去病昧死再拜, 上疏皇帝陛下 : "陛下過聽, 使臣去病待罪行間, 宜專邊塞之思慮. 暴骸中野, 無以報, 乃敢惟他議以干用事者. 誠見陛下憂勞天下, 哀憐百姓以自忘, 虧膳貶樂, 損郎員. 皇子賴天能勝衣趨拜, 至今無號位 · 師傅官. 陛下恭讓不恤, 群臣私望, 不敢越職而言. 臣竊不勝犬馬之(史無'之'字. 下同)心, 昧死願陛下詔有司, 因盛夏吉時, 定皇子位. 惟陛下幸察. 臣去病昧死再拜以聞皇帝陛下." 三月乙亥, 御史臣光守尙書令奏未央宮.(郭脫'宮'字) 制曰 : "下御史." 六

官. 陛下恭讓不恤, 群臣私望, 不敢越職而言. 臣竊不勝犬馬之心, 昧死願陛下詔有司, 因盛夏吉時, 定皇子位. 惟陛下幸察. 臣去病昧死再拜以聞皇帝陛下." 三月乙亥, 御史臣光守尙書令奏未央宮. 制曰 : "下御史." 六年三月戊申朔乙亥, 御史臣光 · 守尙書令 · 丞非下御史, 書到, 言 : "丞相臣靑翟 · 御史大夫臣湯 · 太常臣充 · 大行令臣息 · 太子少傅臣安行宗正事昧死上言 : 【大司馬臣去病上疏曰 : '陛下過聽, 使臣去病待罪行間, 宜專邊塞之思慮. 暴骸中野, 無以報, 乃敢惟他議以於用事者. 誠見陛下憂勞天下, 哀憐百姓以自忘, 虧膳貶樂, 損郎員. 皇子賴天能勝衣趨拜, 至今無号位 · 師傅官. 陛下恭讓不恤, 群臣私望, 不敢越職而言. 臣竊不勝大馬之心, 昧死願陛下詔有司, 因盛夏吉時, 定皇子位. 惟陛下幸察.' 制曰 : '下御史.'】臣謹與中二千石 · 二千石臣賀等議曰 : 古者裂地立國, 幷建諸侯以承天下, 所以尊宗廟 · 重社稷也. 【今臣去病上疏, 不忘其職, 因以宣恩, 乃道天子卑讓自貶以勞天下, 慮皇子未有號位. 臣靑翟 · 臣湯等宜奉義遵職, 愚蠢不逮事.】方今盛夏吉時, 臣靑翟 · 臣湯等昧死請立皇子臣閎 · 臣旦 · 臣肯爲諸侯王. 昧死請所立國名'"이라고 정리하였지만, 첨가된 글자에 대하여는 역시 언급이 없다. 洪業은, 「三王世家」曰 : 大司馬臣去病昧死再拜, 上疏皇帝陛下 : "陛下過聽, 使臣去病待罪行間, 宜專邊塞之思慮. 暴骸中野, 無以報, 乃敢惟他議以干用事者. 誠見陛下憂勞天下, 哀憐百姓以自忘, 虧膳貶樂, 損郎員. 皇子賴天能勝衣趨拜, 至今無號位 · 師傅官. 陛下恭讓不恤, 群臣私望, 不敢越職而言. 臣竊不勝犬馬之心, 昧死願陛下詔有司, 因盛夏吉時, 定皇子位. 惟陛下幸察. 臣去病昧死再拜以聞皇帝陛下." 三月乙亥, 【御史臣光守尙書令奏未央宮.】制曰 : "下御史." 六年三月戊申朔乙亥, 【御史臣光 · 守尙書令 · 丞非下御史, 書到, 言 : 】"丞相臣靑翟 · 御史大夫臣湯 · 太常臣充 · 大行令臣息 · 太子少傅臣安行宗正事昧死上言 : 【大司馬臣去病上疏曰 : '陛下過聽, 使臣去病待罪行間, 宜專邊塞之思慮. 暴骸中野, 無以報, 乃敢惟他議以於用事者. 誠見陛下憂勞天下, 哀憐百姓以自忘, 虧膳貶樂, 損郎員. 皇子賴天能勝衣趨拜, 至今無号位 · 師傅官. 陛下恭讓不恤, 群臣私望, 不敢越職而言. 臣竊不勝大馬之心, 昧死願陛下詔有司, 因盛夏吉時, 定皇子位. 惟陛下幸察.' 制曰 : '下御史.'】臣謹與中二千石 · 二千石臣賀等議《曰》: 古者裂地立國, 幷建諸侯以承天下, 所以尊宗廟 · 重社稷也. 今臣去病上疏, 不忘其職, 因以宣恩, 乃道天子卑讓自貶以勞天下, 慮皇子未有號位. 臣靑翟 · 臣湯等【宜奉義遵職, 愚蠢不逮事. 方今盛夏吉時, 臣靑翟 · 臣湯等】昧死請立皇子臣閎 · 臣旦 · 臣肯爲諸侯王. 昧死請所立國名'"이라 정리하여 184자를 삭제하고, 한 글자를 더하였다.

年三月戊申朔乙亥, 御史臣光·守(郭脫'守'字)尙書令·丞非下御史, 書到, 言:“丞相臣青翟·御史大夫臣湯·太常臣充·大行令臣息·太子少傅臣安行宗正事昧死上言:大司馬臣去病上疏曰:‘陛下過聽, 使臣去病待罪行間, 宜專邊塞之思慮. 暴骸中野, 無以報, 乃敢惟他議以於用事者. 誠見陛下憂勞天下, 哀憐百姓以自忘, 虧膳貶樂, 損郎員. 皇子賴天能勝衣趨拜, 至今無号位·師傅官. 陛下恭讓不恤, 群臣私望, 不敢越職而言. 臣竊不勝大馬之心, 昧死愿陛下詔有司, 因盛夏吉時, 定皇子位. 惟陛下幸察.’ 制曰:‘下御史.’ 巨謹('謹'字照史補)與中二千石·二千石(疊三字照史補) 臣賀等議曰:(史無'曰'字) 古者裂地立國, 幷建諸侯以承天下, 所以尊宗廟·重社稷也. 今臣去病上疏, 不忘其職, 因以宣恩, 乃道天子卑讓自貶以勞天下, 慮皇子未有號位. 臣青翟·臣湯等宜奉義遵職, 愚蠢(史作'憧', 音義同)不逮事. 方今盛夏吉時, 臣青翟·臣湯等(郭本此上脫二十二字)昧死請立皇子臣閎·臣旦·臣肯爲諸侯王. 昧死請所立國名.”'

右除一百八十四字, 加一字.(據文加三字)

6-10

위에서 인용한 『공자가어』와 『사기』 내용 중 말들이 중복되는 곳은 이제 점(點)을 찍어 이와 같이 삭제하였다. 그러나 「삼왕세가」에 기록된 것은 전부 마땅히 삭제해야 한다. 지금 여기에 문장 전체를 배열한 것은 이를 귀감으로 하여 경계 삼기 위함이다. 무릇 역사를 편찬하는 사람에게 천자의 조고(詔誥)는 열 중 하나도 취할 것이 없다.(문장의 뜻이 지나친 것으로써 잘못이 있다) 때문에 한 원제(漢元帝)가 조서(詔書)에 이르기를,[28] “대개 안민지도(安民之道)는 근본적으로 음양(陰陽)에서 비롯된다고 들었다. 요즘 음양이 어그러지고 바람과 비가 불순(不順)하였다. 이는 짐이 부덕하여 그런 것이니 여러 신하들이 짐의 잘못을 감히 말해주기를 바라지만, 지금은 그렇지 않다. 비위를 맞추며 구차하게 따르고 진정으로 말하려 하지 않으니 짐은 대단히 우려된다. 짐은 항상 노역하는 백성들의 굶주림과 추위의 고초를 생각한다. 그들은 멀리 부모처자를 떠나 그들의 본업(本業)이 아닌 일에 고생하며, 제왕이 거주하지 않는 궁전을 지키고 있다. 이렇게 백성을 사역(使役)하는 것은 아마도 음양의 도를 돕는 것이 아닌 듯하다. 따라서 감천궁(甘泉宮) · 건장궁(建章宮)의 위사(衛士)를 해산하여 각자 농사에 힘쓰도록 명한다. 각 관서(官署)는 각기 비용을 줄이고, 상소 중에 거리끼는 바가 없도록 하며, 각 유사(有司)는 행사에 신중하여 사시(四時)의 금기(禁忌)를 범해서는 안 된다. 승상과 어사는 각기 천하에서 음양 · 재이(災異)에 밝은 자 각각 3인을 추천하라"고 하였다. 순열(荀悅)이 『한기(漢紀)』를 편찬할 때 이르러 그 문장을 생략하여 말하기를,[29] "짐은 항상 노역하는 백성들의 굶주림과 추위의 고초를 생각한다. 그들은 멀리 부모처자를 떠나 그들의 본업이 아닌 일에 고생하며, 제왕이 거주하지 않는 궁전을 지키고 있다. 감천궁(甘泉宮) · 건장궁(建章宮)의 위사(衛士)를 해산하여 각자 농사에 힘쓰도록 명한다. 승상과 어사는 각기 천하에서 음양 · 재이(災異)에 밝은 자 각각 3인을 추천하라"고 하였다. 그 외 베껴 모은 것은 모두 이와 비슷하였다. 근래 무측천(武則天) 때 사서를 편찬한 사람들은 황제의 제고(制誥)에서 한 글자도 남기지 않고 모두 베껴 썼지만 단지 조서의 첫머리에 '문하(門下)'와 조서 끝의 '주자시행(主者施行)'만을 삭제했을 뿐이었다. 당시 무승사(武承嗣)가 국사를 감수(監修)하였는데[30] 이렇게 고친 것을 보고 크게 노하였다. 사관에게 말하기를 "그

28 역주 : 『한서』 권9, 「원제기」 초원(初元) 3년(B.C. 46) 6월의 조서(詔書)에 보이는 내용이다.

29 역주 : 순열, 『전한기(前漢紀)』 권21, 「효원황제기(孝元皇帝紀)」 초원(初元) 3년의 기록이다. 순열과 그의 『전한기』에 대하여는 「육가(六家)」편 주(注)와 「고금정사(古今正史)」편 참조.

대들은 어떤 사람들인데 감히 조서를 마음대로 삭제하는가!"라고 하였다. 이때부터 사관들은 조서를 기록하면서 문하성(門下省)의 누가 썼다는 것 역시 그대로 기록하였다. 후에 나는 이러한 말을 들을 때마다 크게 웃을 뿐이었다. 『사기』의 「삼왕세가」와 비교한다면 번쇄(繁碎)함이 또한 그보다 심하였다. 이를 통해 사관(史官)의 어리석음은 그 유래가 이미 오래되었다는 것을 알 수 있다. 오늘날 사서를 편찬하는 사람들은 어찌 유독 무승사(武承嗣)만을 조소하는가?

已上有言語相重者, 今略點廢如此. 但此一篇所記全宜削除. 今輒具列於斯, 藉爲鑒戒者爾. 凡爲史者, 國有詔誥, 十分不當取其一焉.(句意過當, 有誤) 故漢元帝詔曰:"蓋聞安民之道, 本由陰陽. 間者陰陽錯謬, 風雨不時. 朕之不德, 庶幾群公有敢言朕之過者. 今則不然, 偸合苟從, 未肯极言, 朕甚憫焉. 永惟蒸庶之飢寒, 遠離父母妻子, 勞於非業之作, 衛於不居之宮, 恐非所以佐陰陽之道也. 其罷甘泉·建章宮衛士, 各令就農. 百官各省費, 條奏毋有所諱. 有司勉之. 毋犯四時之禁. 丞相·御史擧天下明陰陽災異者各三人." 及荀悅撰『漢紀』, 略其文曰:"朕惟衆庶之飢寒, 遠離父母妻子, 勞於非業之作, 衛於不屠之官. 其罷甘泉·建章宮衛士, 各令就農. 丞相·御史擧天下明陰陽災異者各三人." 自餘鈔撮, 他皆仿此. 近則天朝諸撰史者, 凡有制誥, 一字不遺, 唯去詔首稱'門下', 詔尾去(諸本作'云', 誤)'主者施行'而已. 時武承嗣監修國史, 見之大怒, 謂史官曰:"公輩是何人, 而敢輒减詔書!" 自是史官寫詔書, 雖門下贊詔亦錄. 後予聞此說, 每嗢噱(或作'唱歎', 或作'唱噱', 幷誤)而已. 必以「三王世家」相比, 其煩碎則又甚於斯. 是知史官之愚, 其來尙矣. 今之作者, 何獨笑武承嗣而已哉!

按 : 이상의 문단은 예증으로 인용된 말로서 별도의 문장이다. 구본(舊本)

30 역주 : 『구당서』 권183, 「외척전(外戚傳)」, 『신당서』 권206, 「외척전」 참조.

에는 그것을 정조(正條)에 섞음으로써 잘못이 심했다. 이제 그것을 여기에 고쳐놓았다.(已上一段是引例語, 亦係另文, 舊本混作正條, 謬甚. 今刊置之)

按 : 어사(御史)가 서록(敍錄)한 곽거병(霍去病)의 상소는 대체로 근대의 서로 통속(統屬)되지 않는 관서간에 행해지는 공문에 해당한다. 한 차례 공문을 돌릴 때마다 반드시 그 전문을 서록(敍錄)하였다. 이렇게 하는 까닭의 하나는 우둔한 서리(胥吏)가 어구를 선택하면서 타당함을 잃는 것을 피하기 위해서이고, 다른 하나는 간리(奸吏)들이 멋대로 문장을 꾸며 속이는 것을 방지하기 위함이다. 만약 사법(史法)으로 헤아려 살핀다면 어찌 무엇을 삭제해야 하는지를 모를 수 있겠는가?(御史敍錄霍疏, 大似近代公移, 每轉行一番, 必全敍一番. 所以然者, 一以免鈍胥之摘句失當也, 一以防奸吏之舞文售斯也. 乃若垂爲史法, 安可不知所裁)

6-11

「위공자전(魏公子傳)」에 이르기를,[31] 고조(高祖)가 처음 신분이 한미(寒微)하고 어렸던 시절에 여러 차례 위 공자(公子)의 현명함을 들었다. 천자로 즉위한 후 (위(魏)의 도읍) 대량(大梁)을 지날 때마다 항상 공자(公子)를 제사지냈다. 고조 12년(B.C. 195) 경포(黥布)를 공격하고 돌아오는 길에 공자를 위해 무덤을 지키는 5가(家)를 배치하고, 대대로 (춘하추동) 사시(四時)에 맞춰 공자를 제사지내도록 하였다. 태사공(太史公)이 말하기를, 내가 대량(大梁)의 폐허를 지나며 소위 이문(夷門)의 소재를 탐문(探問)함으로써

31 역주 : 『사기』 권77, 「위공자전」 끝 부분에 보이는 문장이다.

신릉군(信陵君)의 고사(故事)를 수집하였다. 사람들이 말하기를, 전국(戰國) 시대에 이문은 성(城)의 동문(東門)이라고 하였다. 천하의 여러 공자(公子)들 역시 사인(士人)들과 교유하기를 좋아하였다. 그러나 신릉군은 암혈(巖穴)에 거주하는 은사들과 교제하면서 신분이 낮은 사람들과의 사귐을 수치스럽게 여기지 않았다. 그의 이름이 제후들 중에서 으뜸인 것에는 도리가 있다[名冠諸侯, 有以也].(이 일곱 자는 『사기』에 "(신릉군은 암혈(巖穴)에 거주하는 은사들과 교제하면서 신분이 낮은 사람들과의 사귐을 수치스럽게 여기지 않았다)이는 도리가 있었다. 그의 이름이 제후들 중에서 으뜸인 것은 근거가 없는 것이 아니었다['有以也, 名冠諸侯不虛耳']"고 했다) 한 고조는 이곳을 지날 때마다 백성들에게 공자를 제사지내게 하여 끊이지 않도록 하였다.

위 15자를 삭제하고 20자를 더한다.[32](더한 숫자가 역시 맞지 않는다)

「魏公子傳」曰 : 高祖始微少時, 數聞公子賢. 及卽天子位, 每過大梁, 常祠公子. 高祖十二年, 從擊黥布還, 爲公子置守冢五家, 世世歲以四時奉祠公子. 大史公曰 : 吾過大梁之墟, 求問其所謂夷門, 以徵信陵君故事. 說者云 : 當戰國之時,(史無'以徵'以下十五字) 夷門者, 城之東門也. 天下諸公子亦有喜(照史改, 舊誤作'嘉')士者矣, 然而信陵君之接巖穴隱者, 不恥下交. 名冠諸侯, 有以也.(此七字, 史作'有以也, 名冠諸侯不虛耳.') 高祖每過之, 奉祠(二字照史刊正, 郭·王本並倒)不絶也.(舊脫'也'字)

32 역주 : 呂思勉은, "「魏公子傳」曰 : 高祖始微少時, 數聞公子賢. 及卽【天子】位, 每過大梁, 常祠公子. 高祖【十二】年, 【從】擊黥布還, 爲公子置守冢五家, 世世歲以四時奉祠【公子.】大史公曰 : 吾過大梁之墟, 求問其所謂夷門, 【以徵信陵君故事.】 說者云 : 當戰國之時, 夷門者, 城之東門也. 天下諸公子亦有喜士者矣, 然而信陵君之接巖穴隱者, 不恥下交. 名冠諸侯, 有以也. 【高祖每過之, 奉祠不絶也】"라고 하여 24자를 삭제하였다. 洪業은, "「魏公子傳」曰 : 高祖始微少時, 數聞公子賢. 及卽天子位, 每過大梁, 常祠公子. 【高祖】十二年, 從擊黥布還, 爲公子置守冢五家, 世世歲以四時奉祠【公子.】 大史公曰 : 吾過大梁之墟, 求問其所謂夷門, 《以徵信陵君故事. 說者云 : 當戰國之時,》 夷門者, 城之東門也. 天下諸公子亦有喜士者矣, 然《而》信陵君之接巖穴隱者, 不恥下交. 《名冠諸侯,》 有以也. 【名冠諸侯不虛耳.】 高祖每過之, 【而令民】祀奉不絶【也.】"라고 하여 『사기』의 원문과 비교하며 15자를 삭제하고 20자를 첨가하였다. 『사기』 원문과의 차이는 포기룡이 이미 작은 글씨로 측주(側注)에서 밝히고 있다.

右除十五字, 加二十字.(加數亦不合)

按 : 이 조(條) 역시 더해진 글자만 보이고 삭제한 문자는 보이지 않는 한 증거이다.(此條亦見加不見除之一證)

열전의 논찬(論贊)에 글자를 더하였지만 오히려 원문보다 의미가 못하다. 이는 글을 쓰면서 쓴 곳을 비평하는 자들이 분명히 살피지 못한 것이다. 이는 확실히 이 책이 실패한 부분이다. 나는 감히 덮을 수가 없다.(傳贊加字, 反覺退味. 此其手筆落時處, 攻者顧莫之察. 要是此書敗端也. 愚不敢蔽)

6-12

「노중련전(魯仲連傳)」에 이르기를,[33] "중련은 기발하면서도 커다란 계책(『사통』 본문에는 '畫' 한 글자뿐이지만 『사기』에는 '策'자가 (붙어) 있다)을 구사하길 좋아하였으나, 관리가 되어 직무를 맡으려 하지 않고 고상한 절조를 그대로 지니는 것을 좋아하였다. 노중련은 조(趙)에 갔다. 조(『사기』를 참조하여 '조'자를 다시 붙였다) 효성왕(趙孝成王) 때였다. 이때 진 소왕(秦昭王)이 백기(白起)로 하여금 장평(長平)에서 조의 군대를 격파하게 하고 전후 40여 만 명을 매장하였다. 진(秦)(『사기』에는 '병(兵)'자가 있다)은 동쪽으로 추격하여 (조의 수도) 한단(邯鄲)을 포위하였다. 조왕(趙王)은 제후들의 구원병이 진군(秦軍)('군(軍)'자는 『사기』를 참조하여 보충하였다. 병(兵)이라 쓰기도 한다)을 감히 격파하지 못할까 두려워했다. 위(魏) 안리왕(安厘王)이 장군 진비(晋鄙)로 하여금 조(趙)를 구하게 하였으나 그는 진(秦)이 두려워 탕음(蕩陰)

33 역주 : 『사기』 권83, 「노중련전」에 보이는 문장이다. 『사기』 원문과의 차이를 포기룡은 『사통』 본문의 측주(側注)에 적고 있다.

에서 멈추고 더 이상 진군하지 않았다. 위왕(魏王)은 객장군(客將軍) 신원연(新垣衍)으로 하여금 중간에서 한단으로 진입하도록 명령하였고, 평원군(平原君)을 통하여 조왕(趙王)에게 말하게 하기를, '진(秦)이 급히 조(趙)를 포위한 까닭은, 이전에 제 민왕(齊緡王)과 세력을 다투어 제(帝)가 되었지만 제(帝)의 칭호[號](『사기』에는 '호(號)'자가 없다)를 다시 취소하였습니다. 이제 제 민왕은 이미 쇠약해지고 바야흐로 진(秦)만이 천하의 으뜸가는 존재가 되었습니다. 이는 단지 한단을 탐내는 것이 아니라 그 의도는 다시 칭제(帝)하고자 함입니다. 조나라가 진심으로 사신을 파견하여 진 소왕(秦昭王)을 제(帝)로 존중하면 진나라는 틀림없이 기뻐서 포위를 풀고 돌아갈 것입니다'라고 하였지만 평원군이 주저하며 결정을 내리지 못하였다. 이때 노련[魯連](『사기』에는 노중련(魯仲連)이라 했다. 이하 같다)[34]이 마침 조나라를 여행하고 있었는데 진나라가 조나라를 포위하는 상황이 닥치게 되었다. 그는 위나라가 조나라로 하여금 진 소왕을 받들어 제(帝)라 칭하게 하려 한다는 말을 듣고는 평원군을 만나, '이 일을 어떻게 하실 생각입니까?' 하니 평원군이 말하기를, '내[勝] 어찌 이 일을 감히 말할 수 있겠습니까? 전에는 밖에서 40만의 군사를 잃었고, 지금은 또 안으로 한단을 포위당하여 물리칠 수가 없습니다. 그런데 위나라 왕이 객장군 신원연을 보내와 조나라로 하여금 진나라를 높여 제왕이라고 칭하라 하는데, 지금 그 사람이 여기에 있으니 내 어찌 이 일을 감히 말할 수 있겠습니까?'라고 하였다. 그러자 노중련이 말하기를, '예전에는 그대를 현명한 공자(公子)라고 생각하고 있었습니다만, 지금은 그대가 천하의 현명한 공자가 아니라는 것을 알게 되었습니다. 위나라의 손님[梁客] 신원연은 어디에 있습니까? 제가 그대를 위해서 그를 꾸짖어 돌려보내게 해 주십시오'라고 하니 평원군이 말하기를, '제가 두 분이 만나도록 청해보겠습니다'라고 하였다. 평원군이 신원연을 보고 말하기를, '동국(東國)[齊]에 노중련 선생

34 역주 : 이하 『사통』 본문에는 모두 '노련'이라 한 것을 '노중련'으로 고쳐 번역하였다.

이라는 분이 있는데 지금 그 사람이 여기에 와 있습니다. 제가 그 분을 소개할 터이니 장군께서 한 번 만나보시지요'라고 했다. 그러자 신원연이 말하기를, '노중련 선생은 제나라의 지조 높은 선비라고 들었습니다. 그러나 저는 위나라 왕의 신하로서 내가 해야 할 직분이 있으므로 노중련 선생을 만날 수가 없습니다'라고 하였다. 평원군이 말하기를 '장군이 이곳에 있다는 이야기를 벌써 발설하였습니다'라고 대답하였으므로 신원연이 승낙하였다. 노중련이 신원연을 만났으나 아무 말이 없었다. 신원연이 말하기를, '포위된 이 성에 사는 사람들을 살펴보니 모두 평원군에게 바라는 것이 있었습니다. 그런데 이제 선생의 모습을 뵈니 평원군에게 바라는 것이 아무 것도 없는 것 같습니다. 어찌하여 아직 몇 겹으로 포위된[重圍](『사기』에는 '포위된 성[圍城]'으로 썼다) 속에 있으면서 떠나지 않습니까?'라고 하였다. 노중련이 말하기를,

'위나라[梁]가 아직 진나라의 칭제(稱帝)의 해독을 알지 못하기 때문입니다. 위나라에게 진나라의 칭제의 해독을 알게 한다면 반드시 조나라를 돕게 될 것입니다'라고 하자, 신원연이 말하기를, '진나라 칭제의 해독이 어떤 것입니까' 하니, 노중련이 말하기를,

'그렇다면 내가 진왕(秦王)에게 양왕(梁王)을 삶아 죽이게 할 것입니다'라고 하니, 신원연이 매우 불쾌해하며 말하기를, '아! 말씀이 지나치십니다. 선생이 어떻게 진왕으로 하여금 양왕을 삶아 죽이게 할 수 있다는 말씀입니까'라고 하니, 노중련이 말하기를 '분명히 할 수 있습니다. 말씀드리지요'라고 하며,

'지금 진(秦)은 만승(萬乘)의 나라이고, 위(魏) 역시 만승의 나라입니다. 다 같이 만승의 나라를 거느리고 각기 왕이라 부르고 있습니다. 그런 위(魏)가 진(秦)의 한 번의 승리를 보고 진(秦)에 복종하여 진을 제(帝)로 칭하려는 것입니다'라고 하였다.

그러자 신원연이 일어나 다시 절하며 고맙다고 말하기를, '처음에 선생을 범용(凡庸)한 사람으로 여겼는데 제가 오늘에 와서야 선생이 천하의

선비임을 알게 되었습니다'라고 하였다.

때마침 위(魏)의 공자 무기(無忌)가 진비(晉鄙)의 군사를 빼앗아 조(趙)를 구원하여 진(秦)의 군대를 공격하였으므로 진의 군대는 마침내 철수하였다. 그리하여 평원군은 노중련을 봉하려하였지만 노중련(『사기』를 참조하여 '노련[魯仲連] 두 글자를 다시 붙였다. 여러 책에는 빠져 있다)은 세 번이나 사양하고 끝내 받지 않았다. 그러자 평원군이 주연을 마련하여 술자리 분위기가 한창 올랐을 때 노중련의 앞으로 가서 사례로 천금을 주며 장수를 빌었다 운운하였다."

위 275자를 삭제하고, 7자를 더한다.[35](어떤 책에는 '2백'을 '3백'이라 썼다)

35 역주 : 呂思勉은, "魯仲連者, 齊人也. 好奇偉俶儻之畫策, 而不肯仕宦任職, 好持高節.【游於趙.】 趙孝成王時,【而】秦【王使白起】破趙長平【之】軍【前後四十餘萬, 秦兵遂】東圍邯鄲.【趙王恐,】 諸侯之救兵莫敢擊【秦軍.】 魏【安釐王使】將軍晉鄙救趙,【畏秦,】 止於蕩陰【不進.】 魏王使客將軍新垣衍閒入邯鄲, 因平原君謂趙王曰 : '秦所爲急圍趙者, 前與齊【湣王】爭彊爲帝, 已而復歸帝;今齊【(湣王)已】益弱,【方今】唯秦雄天下, 此非必貪邯鄲,【其意欲復求爲帝. 趙誠發使尊秦【昭王】爲帝, 秦必喜, 罷兵去.' 平原君猶預未有所決.【此】時魯仲連適游趙,【會秦圍趙, 聞魏將欲令趙尊秦爲帝,】 乃見平原君曰 : '事將柰何?' 平原君曰 : '勝也何敢言事! 前亡四十萬之衆於外, 今又內圍邯鄲而不能去. 魏王使客將軍新垣衍令趙帝秦, 今其人在是. 勝也何敢言事!' 魯仲連曰 : '吾始以君爲天下之賢公子也, 吾乃今【然後】知君非天下之賢公子也. 梁客新垣衍安在? 吾請爲君責而歸之.' 平原君曰 : '勝請爲紹介而見之於先生.' 平原君遂見新垣衍曰 : '東國有魯仲連先生者, 今其人在此, 勝請爲紹介, 交之於將軍.' 新垣衍曰 : '吾聞魯仲連先生, 齊國之高士也. 衍, 人臣也, 使事有職, 吾不願見魯仲連先生.' 平原君曰 : '勝旣已泄之矣.' 新垣衍許諾. 魯連見新垣衍而無言. 新垣衍曰 : '吾視居此圍城之中者, 皆有求於平原君者也; 今吾觀先生之玉貌, 非有求於平原君者也, 曷爲久居此圍城之中而不去?' 魯仲連曰 : '世以鮑焦爲無從頌而死者, 皆非也. 衆人不知, 則爲一身. 彼秦者, 弃禮義而上首功之國也, 權使其士, 虜使其民. 彼卽肆然而爲帝, 過而爲政於天下, 則連有蹈東海而死耳,【吾】不忍爲之民也. 所爲見將軍者, 欲以助趙也.' 新垣衍曰 : '先生助之將柰何?' 魯連曰 : '吾將使梁及燕助之, 齊·楚則固助之矣.' 新垣衍曰 : '燕則吾請以從矣;【若】乃【梁】者, 則吾乃梁人也, 先生惡能使梁助之?' 魯連曰 : '梁未睹秦稱帝之害故耳. 使梁睹秦稱帝之害, 則必助趙矣.' 新垣衍曰 : '秦稱帝之害何如?' 魯連曰 : '昔者齊威王嘗爲仁義矣, 率天下諸侯而朝周. 周貧且微, 諸侯莫朝, 而齊獨朝之. 居歲餘, 周烈王崩, 齊後往, 周怒, 赴於齊曰 : '天崩地坼, 天子下席. 東藩之臣因齊後至, 則斮.'【齊】威王勃然怒曰 : '叱嗟, 而母婢也!' 卒爲天下笑. 故生則朝周, 死則叱之, 誠不忍其求也. 彼天子固然, 其無足怪.' 新垣衍曰 : '先生獨不見夫僕乎? 十人而從一人者, 寧力不勝【而】智不若邪? 畏之也.' 魯仲連曰 : '嗚呼! 梁之比於秦若僕邪?' 新垣衍曰 : '然.' 魯仲連曰 : '吾將使秦王烹醢梁王.' 新垣衍怏然不悅, 曰 : '噫嘻, 亦太甚矣先生之言也! 先生又惡

能使秦王烹醢梁王?' 魯仲連曰 : '固也, 吾將言之. 昔者九侯 · 鄂侯 · 文王, 紂之三公也. 九侯有子而好, 獻之於紂, 紂以爲惡, 醢九侯. 鄂侯爭之彊, 辯之疾, 故脯鄂侯. 文王聞之, 喟然而歎, 故拘之牖里之庫百日, 欲令之死. 曷爲與人俱稱王, 卒就脯醢之地? 齊湣王之魯, 夷維子【爲】執策而從, 謂魯人曰 : 曰'子將何以待吾君?' 魯人曰 : '吾將以十太牢待子之君.' 夷維子曰 : '子安取禮而來[待]吾君? 彼吾君者, 天子也. 天子巡狩, 諸侯辟舍, 納筦籥, 攝衽抱机, 視膳於堂下, 天子已食, 乃退而聽朝也.' 魯人投其籥, 不果納. 不得入於魯, 將之薛, 假途於鄒. 當是時, 鄒君死, 湣王欲入弔, 夷維子謂鄒之孤曰 : '天子弔, 主人必將倍殯棺, 設北面於南方, 然后天子南面弔也.' 鄒之羣臣曰 : '必若此, 吾將伏劍而死.' 固不敢入於鄒. 鄒 · 魯之臣, 生則不得事養, 死則不得賻襚, 然且欲行天子之禮於鄒 · 魯, 【鄒 · 魯之臣】不果納. 今秦萬乘之國也, 梁亦萬乘之國也. 俱據萬乘之國, 各有稱王之名, 睹其一戰而勝, 欲從而帝之, 是使三晉之大臣不如鄒 · 魯之僕妾也. 且秦無已而帝, 則且變易諸侯之大臣. 彼將奪其所不肖而與其所賢, 奪其所憎而與其所愛. 彼又將使其子女讒妾爲諸侯妃姬, 處梁之宮. 梁王安得晏然而已乎? 而將軍又何以得故寵乎?' 於是新垣衍起, 再拜謝曰 : '始以先生爲庸人, 【吾】乃今【日】知先生爲天下之士也. 吾請出, 不敢復言帝秦." 秦將聞之, 爲卻軍五十里. 適會魏公子無忌奪晉鄙軍以救趙, 擊秦【軍,】秦軍遂引而去. 於是平原君欲封魯連, 魯連辭讓(使)者三, 終不肯受. 平原君乃置酒, 酒酣起前, 以千金爲魯連壽. 魯連笑曰 : '所【謂】貴於天下之士者, 爲人排患釋難解紛亂而無取也. 卽有取者, 是商賈之事也, 【而】連不忍爲也.' 遂辭平原君而去, 終身不復見"이라고 하여 유지기의 본문과 상관없이 『사기』 원문을 인용하고 72자를 삭제하였다. 그 중 한 글자는 『사기』 원문여부가 확실치 않다고 했다. 洪業은, "「魯仲連傳」曰 : 仲連好奇偉俶儻之畫【策】而不肯仕官任職, 好持高節. 游於趙. 趙孝成王時, 【而】秦王使白起破趙長平之軍前後四十餘萬. 秦兵遂東圍邯鄲. 趙王恐, 諸侯之救兵莫敢擊秦軍. 魏安釐王使將軍晉鄙救趙, 畏秦, 止於蕩陰, 不進. 魏王使客將軍新垣衍間入邯鄲, 因平原君謂趙王曰 : '秦所《以》【爲】急圍趙者, 前與齊【湣】王爭强爲帝. 已而復歸帝《號》今齊【湣】王已益弱, 方(或脫'方'字)今惟秦雄天下, 此非必貪邯鄲, 其意欲復求爲帝. 趙誠發使尊秦【昭】王爲帝, 秦必喜, 罷兵去.' 平原君猶豫未有所決. 【此時】魯連【適游趙, 會秦圍趙. 聞魏將欲令趙尊秦爲帝,】乃見平原君曰 : '事將奈何?' 平原君曰 : 【'勝也何敢言事! 前亡四十萬之衆於外, 今又內圍邯鄲而不去.】 魏王使客將軍新垣衍令趙帝秦, 今其人在【是】《此》勝也何敢言事!'魯連曰 : 【'吾始以君爲天下之賢公子也, 吾乃今然後知君非天下之賢公子也. 梁客新垣衍安在?】 吾請爲君責而歸之.' 【平原君曰 : '勝請爲紹介而見之於先生.' 平原君遂見新垣衍曰 : '東國有魯連先生者, 今其人在此, 勝請爲紹介, 而交之於將軍.' 新垣衍曰 : '吾聞魯連先生, 齊(史有'國'字)之高士也. 衍, 人臣也, 使享有職, 吾不愿見魯連先生.' 平原君曰 : '勝已泄之矣.' 新垣衍許諾.】 魯仲連見新垣衍而無言. 新垣衍曰 : 【'吾視居此圍城之中者, 皆有求平原君者也. 今】吾觀先生之玉貌, 非有《所》求於平原君者也, 曷【爲久】居此《重》圍【城】之中而不去?' 魯連云云. 【'梁未睹秦稱帝之害故耳.】 使梁荼秦稱帝之害, 則必助趙矣. 【'新垣衍曰 : '秦稱帝之害奈何?' 魯連曰 : 】 云云. '吾將使秦王烹醢梁王.' 新垣衍怏然不悅【曰 : '噫!(史作'噫嘻')亦太(一脫'太'字)甚矣, 先生之言 也! 先生又烏(一作'焉') 能使秦王烹醢梁王!'】 魯連曰 : 【'固也吾將言之'】云云. '今秦【萬乘之國也,】《與》梁【亦萬乘之國也.】 俱據萬乘之國,各有稱王之名,睹其一戰而勝, 欲從而帝之'云云. 於是新垣衍起,再拜(舊多'而'字)謝曰 :

「魯仲連傳」曰 : 仲連好奇偉倜(史作'俶', 音義同)儻之畫,(史有'策'字) 而不肯仕官(王訛作'宦')任職, 好持高節. 游於趙. 趙(照史疊'趙'字)孝成王時, 而秦王使白起破趙長平之軍前後四十餘萬. 秦(史有'兵'字)遂東圍邯鄲. 趙王恐, 諸侯之救兵莫敢擊秦軍.('軍'字照史補, 亦作'兵') 魏安釐王使將軍晋鄙救趙, 畏秦, 止於蕩陰, 不進. 魏王使客將軍新垣衍間人邯鄲, 因平原君謂趙王曰 : '秦所爲(或作'以')急圍趙者, 前與齊湣(史衍, 下同)王爭强爲帝. 已而復歸帝號,(史無'號'字) 今齊湣王已益弱, 方(或脫'方'字)今惟秦雄天下, 此非必貪邯鄲, 其意欲復求爲帝. 趙誠發使尊秦昭(史衍)王爲帝, 秦必喜, 罷兵(王衍'而'字)去. '平原君猶豫未有所決. 此時魯(史有'仲'字. 下同)連適游趙, 會秦圍趙. 聞魏將欲令趙尊秦爲帝, 乃見平原君曰 : '事將奈何?' 平原君曰 : '勝也何敢言事! 前亡四十萬之衆於外, 今又內圍邯鄲而不能('能'字照史補)去. 魏王使客將軍新垣衍令趙帝秦, 今其人在此,(史作'是') 勝也何敢言事! '魯連曰 : '吾始以君爲天下之賢公子也, 吾乃今然後知君非天下之賢公子也. 梁客新垣衍安在? 吾請(史作'且') 爲君責而歸之.' 平原君曰 : '勝請爲紹介而見之於先生.' 平原君遂見新垣衍曰 : '東國有魯連先生者, 今其人在此, 勝請爲紹介, 而交之於將軍.' 新垣衍曰 : '吾聞魯連先生, 齊(史有'國'字)之高士也. 衍, 人臣也, 使享有職, 吾不愿見魯連先生.' 平原君曰 : '勝(史有'旣'字)已洩之矣.' 新垣衍許諾. 魯仲連見新垣衍而無言. 新垣衍曰 : '吾視居此圍城之中者,('者'字照史補) 皆有求平原君者也. 今吾觀先生之玉貌, 非有所求於平原君者也, 曷爲(一脫'爲'字, 史又有'久'字)居此重圍('重圍', 史作'圍城')之中而不去?' 魯連云云.

梁未覩秦稱帝之害故耳.(此二字一作'也') 使梁荼秦稱帝之害, 則必助趙

【'始以先生爲庸人,】 吾乃今日知先生爲天下之士也'云云. 適會魏公子無忌奪晋鄙軍以救趙, 【擊秦軍,】 秦軍(舊脫'秦軍'二字)遂引而去. 於是平原君欲封魯連, 魯連【辭】謝【使者三,】 終不肯受. 平原君乃置酒, 酒酣, 起前, 以千金爲魯連壽云云"라고 하여 한 편으로는 포기룡의 측주(側注)를 참고로 『사기』 원문을 인용하고 있지만, 때로는 그대로 따르지 않았다. 유지기가 말한 275자를 삭제하였고, 6자를 첨가하였다. 첨가한 글자 수가 유지기와 한 글자 차이가 있다.

矣. 新垣衍曰 : '秦稱帝之害奈何?' 魯連曰 : 云云.

'吾將使秦王烹醢梁王.' 新垣衍怏然不悅曰 : '嘻!(史作'噫嘻')亦太(一脫'太'字)甚矣, 先生之言也! 先生又烏(一作'焉') 能使秦王烹醢梁王!' 魯連曰 : '固也,(誤作'矣') 吾將言之'云云.(依例當有'云云'字, 舊脫)

'今秦萬乘之國也, 梁亦萬乘之國也. 俱據萬乘之國, 交(史作'各')有稱王之名, 覩其一戰而勝, 欲從而帝之'云云.

於是新垣衍起, 再拜(舊多'而'字)謝曰 : '始以先生爲庸人, 吾乃今日知先生爲天下之士也'云云.('云云'字亦舊脫)

適會魏公子無忌奪晋鄙軍以救趙, 擊秦軍, 秦軍(舊脫'秦軍'二字)遂引而去. 於是平原君欲封魯連, 魯連(照史疊'魯連'二字, 諸本脫)辭謝者三,(此四字史作'辭讓使者三') 終不肯受. 平原君乃置(舊訛'致')酒, 酒酣, 起前, 以千金爲魯連壽云云.

右除二百七十五字, 加七字.('二百'一作'三百')

6-13

「굴원가생전(屈原賈生傳)」에 이르기를(예(例)에 의하면 당연히 '이르기를[曰]'자가 있어야 한다. 이제 보충하였다),[36] 한(漢)나라에 가생(賈生)이 있었는데 장사왕(長沙王)의 태부(太傅)로 있을 때 상수(湘水)를 건너가다 부(賦)를 지어 강물에 던져 굴원(屈原)을 조문(弔問)하였다. 가생의 이름은 의(誼), 낙양(洛陽) 사람이다 운운하였다.(이 두 글자는 예(例)에 따라 보(補)하였다)

가생을 장사왕 태부로 좌전시켰다.(『사기』에는 '좌천시켰다[謫]'는 글자가 가

36 역주 : 『사기』 권84, 「굴원가생전」의 가생(賈生)[賈誼]의 열전에 보이는 문장이다.

생을 '(장사왕 태부)로[乃以]'라는 두 글자로 썼다) 가생이 이미 이별을 고하고 길을 나섰는데, 장사(長沙)는 지대가 낮고 습기가 많아 자신의 수명이 길지 않으리라 생각하였으며, 또한 좌천되어 가는 곳인지라 마음이 불쾌하였다. 상수(湘水)를 건널 때 가생은 부(賦)를 지어 굴원을 조문하였는데 그 내용에 이르기를 운운하였다.

가생이 장사(長沙)(『사기』에는 '왕태(王太)' 두 글자가 있다)부(傅)가 된 지 3년 후 부엉이가 가생의 거처에 날아들어 그가 앉은 구석에 떨어졌다. 초나라 사람들은 부엉이를 복(鵩)이라고 불렀다. 가생은 좌천되어 장사에서 살았는데, 장사는 지대가 낮고 습기가 많아 자신의 수명이 길지 않으리라 두려워하였고, 그것을 애석하게 여겼으므로 이에 부(賦)를 지어 스스로 위안을 삼았다. 그 내용에 말하기를 운운하였다.

회왕(懷王)[37]이 말을 타다 말에서 떨어져 죽었는데 후사(後嗣)가 없었다. 가생이 태부로서[爲傅](두 글자가 빠진 것을 『사기』를 참조하여 보충하였다) 책임을 다하지 못했음을 스스로 마음 아파하며 1년 남짓 울다가 그 또한 죽고 말았다. 그때 가생의 나이 33세였다.

위 76자를 삭제하고, 3자를 더한다.[38]

『屈原賈生(二字舊脫)傳』曰 : (依例當有'曰'字, 今補) 漢有賈生, 爲長沙王太

---

37 역주 : 문제(文帝)의 소자(少子) 양 회왕(梁懷王)을 가리킨다.

38 역주 : 呂思勉은, "【自屈原沈汨羅後百有餘年漢有賈生, 爲長沙王太傅, 過湘水, 投書以弔屈原.】 賈生名誼, 洛陽人也. 乃以賈生爲長沙王太傅. 【賈生旣辭往,】 行聞長沙卑濕, 自以壽不得長. 又以謫去, 意不自得. 及渡湘水, 爲賦以弔屈原, 其辭曰云云. 賈生爲長沙王【太】傅三年, 有鴞飛入【賈生】舍, 止於坐隅. 楚人命鴞曰鵩. 賈生【旣以謫居長沙, 長沙卑濕, 自恐壽不得長, 傷】悼之, 乃爲賦以自廣. 其辭曰, 懷王騎, 墮馬而死, 無後. 賈生自傷爲傅無狀, 哭泣歲餘, 亦死, 【時】年三十三【矣.】"라고 정리하여 첫 구절의 '自屈原沈汨羅後百有餘年' 11자를 포함 모두 57자를 삭제하였다. 洪業은, 「屈原賈生傳」曰, 漢有賈生, 【爲長沙王太傅, 過湘水, 投書以弔屈原. 賈生】名誼, 洛陽人也. 【乃以】《謫》賈生爲長沙王太傅. 賈生【旣辭】往, 【行聞長沙卑濕, 自以爲壽不得長. 又以謫去, 意不自得.】及渡湘水, 爲賦以弔屈原, 【其詞】曰云云. 【賈生爲長沙王太傅】《後》三年, 有鴞飛入賈生舍, 【止於坐隅.】楚人命鴞曰鵩. 賈生【旣】以【謫居長沙,】長沙卑濕, 自【以爲】《恐》壽不得長, 傷悼之, 乃爲賦【以自廣. 其詞】曰 …… 懷王騎, 墮馬而死, 無後. 賈生自傷【爲傅】無狀, 【哭泣】歲餘, 亦死, 【賈生之死】時年三十三矣"라고 하여 76자를 삭제하고, 3자를 더하였다.

傳, 過湘水, 投書以吊屈原. 賈生名誼, 洛陽人也云云.(二字亦依例補)

謫('謫'字, 史作'乃以'二字)賈生爲長沙王太傅. 賈生旣辭往,(史有'行'字) 聞長沙卑濕, 自以爲(史無'爲'字)壽不得長. 又以謫去, 意不自得. 及渡湘水, 爲賦以吊屈原, 其詞曰云云.

賈生爲長沙(史有'王太'二字)傅三年, 有鴞飛入賈生舍, 止於坐隅. 楚人命鴞曰鵩. 賈生旣以謫居長沙, 長沙(一脫'長沙'疊字)卑濕, 自恐('恐'字史作'以爲'二字)壽不得長, 傷悼之, 乃爲賦以自廣. 其詞曰云云.

懷王騎, 墮馬而死, 無後. 賈生自傷爲傅(二字脫, 照史補)無狀, 哭泣(二字脫, 照義補)歲餘, 亦死, 時年三十三(舊訛'二')矣.

右除七十六字, 加三字.

6-14

「편작창공전(扁鵲倉公傳)」에 이르기를,[39] 태창공(太倉公)은 제(齊)나라 태창(太倉)의 장(長)으로 임치(臨淄) 사람이다. 성은 순우씨(淳于氏), 이름은 의(意)였다. 어려서부터 의술을 좋아하여 한 고후(高后) 8년(B.C. 180)에 다시 같은 군(郡) 원리(元里)의 공승(公乘)[40] 양경(陽慶)에게 의술을 배웠다. 양경은 그때 나이가 70여 세였는데 자식이 없었으므로 순우의로 하여금 그가 이전에 배운 의술을 모두 버리게 하고 다시 자신이 가지고 있던 비전(秘傳)의 의술을 모두 그에게 전수(傳授)하였고, 황제(黃帝)와 편작(扁鵲)의 맥서(脈書)를 전해 주었다. 그것은 얼굴에 나타나는 다섯 가지 얼굴빛을 보고 병을 진단하여 병자의 생사를 판별하고, 의심스러운 병의 증세를

39 역주 : 『사기』 권105, 「편작창공열전」의 창공(倉公)[淳于意]에 대한 열전의 내용이다.
40 역주 : 한(漢)의 20등급 작위 중 제8등에 해당한다.

알아내어 치료법을 결정한다는 것이다. 또 약론(藥論)에도 매우 정통하였다. (순우의는) 3년 동안 가르침을 받으면서 사람들의 병을 치료하고 생사를 판단하여('의심스러운 병의 증세를 해결하여' 이하 여기까지 고본(古本)에는 있는데, 속본(俗本)에는 삭제되어 있다) 많은 효험이 있었다 운운하였다.

(문제(文帝)가) 조서를 내려 불러들이고는[召]('소(召)'자는 『사기』를 참조하여 보충하였다) 병을 치료하면서 생사의 효험이 있었던 자는 몇 사람이었는지, 중요한 (병자(病者)들의) 이름은 무엇이었는지 등을 물었다. 조서를 내려, 이전의 태창(太倉)의 장(長) 신(臣) 의[淳于意]에게 그의 의술에서 뛰어난 점은 무엇이며, 잘 치료할 수 있었던 병[病者]('자(者)'는 『사기』를 참조하여 보충하였다)에 대한 책[醫書]은 있는가? 그것을 모두 어디에서 배웠는가? 몇 년 동안 배웠는가? 지금까지 효험이 있었던 병자는 어느 현, 어느 마을의 누구인가? 그것은 무슨 병이었는가? 또 약제를 써서 치료한 후 그 병세는 어떠하였는가? 모두 자세히 대답하라고 했다. 순우의가 대답하기를, "저는 어려서부터 의약(醫藥)의 술(術)을 좋아하였는데(『사기』에는 '의약(醫藥)' 두 글자를 다시 붙였다) 실제로 그것을 해보니 대부분 효험이 없었습니다. 고황후(高皇后)(『사기』에는 '황(皇)'자가 빠져 있다) 8년에 이르러 임치(臨淄) 원리(元里)의 공승(公乘) 양경(陽慶)을 스승으로 하였는데 그는 이미 나이가 70세였습니다. 저는 그에게서 수업을 받게 되었습니다. 양경은 저에게 말하기를, '이전에 배운 의서를 모두 버려라. 그것은 바른 것이 아니다. 나는 고대의 선배 의원들이 전한 황제(黃帝)와 편작(扁鵲)의 맥서(脈書)를 가지고 있다. 거기에는 얼굴에 나타나는 다섯 가지 색을 보고 병을 진단하여 병자의 생사를 알고, 의심스러운 병의 증세를 해결하여 치료법을 결정한다고 했다. 또 약론(藥論)('논(論)'자를 보충하였다)에 관한 책에도 매우 정통하였다. 우리 집은 부유하며 나는 너를 마음으로부터 사랑하므로 내 비전(秘傳)의 의서를 모두 너에게 가르쳐 주고자 한다'라고 하였습니다. 그래서 저는 곧 답하기를, '참으로 분에 넘치는 기쁨입니다. 감히 제가 바라지도 못하는 것이었습니다'라고 하고는 즉시 그 자리에서 일

어나 재배(再拜)한 뒤 『맥서(脈書)』 상 · 하경(經) · 『오색진(五色診)』 · 『기해술(奇咳術)』 · 『규도음양외변(揆道陰陽外變)』 · 『약론(藥論)』 · 『석신(石神)』 · 『접음양(接陰陽)』 등 비전(秘傳)의 의서들을 받았습니다. 책들을 받아 읽고 해석하고 시험하기를 1년 남짓하였습니다. 다음 해에 이것을 시험해본 즉 효험은 있었지만('지유험(之有驗)' 세 글자가 빠져 있는 것을 『사기』를 참조하여 보충하였다) 아직 정통하지 않았습니다. 이렇게 의술에 전념한 지 3년이 되자 병자를 진찰하고 생사를 판별하는 것 모두가 효험이 있었고 정확해졌습니다. 지금은 양경(陽慶) 선생이 죽은 지 이미 10년이 되었고, 제 나이는 그에게서 배운 3년('3년' 두 글자가 빠져 있는 것을 『사기』를 참조하여 보충하였다)을 더하여 39세가 됩니다. 제(齊)나라의 시어사(侍御史)('어(御)'자가 빠져 있는 것을 『사기』를 참조하여 보충하였다) 성(成)이 스스로 제게 머리가 아프다고 하길래 저는 맥을 짚어보고 '그대의 병은 악화되어 말할 수 없는 지경입니다'라고 하였습니다.(原注 : 이하 모두 그가 일생동안 치료하면서 효험이 있었던 사례를 서술한 것이다(已下皆述一生医療效驗事). ○이상 11자(字)는 표수(標數)에 합쳐 쓰여 있지만, 나는 미주(尾注)로 옮겨 적는 것이 바르다고 생각한다)

위 295자는 삭제한다.[41]

41 역주 : 呂思勉은, "太倉公者, 齊太倉長, 臨淄人也, 姓淳於氏,名意.【少而喜醫方術. 高后八年, 更受師同郡元里公乘陽慶. 慶年七十餘, 無子, 使意盡去其故方, 更悉以禁方與之, 傳黃帝 · 扁鵲之脉書, 五色診病, 知人死生, 決嫌疑, 定可治, 及藥論甚精. 受之三年, 爲人治病, 決死生多驗.】 詔召問【所爲治痛死生驗者幾何人? 主名爲誰? 詔問故太倉長臣意】方伎所長, 及所能治病者, 有其書無有? 皆安受學? 受學幾問歲? 嘗有所驗, 何縣里人也? 何病, 醫藥已, 其病之狀皆何如?【其悉而對. 臣】意對曰, 自意少時喜醫藥,【醫藥】方, 試之多不驗【者.】 至高皇后八年,【中】得見師臨淄元里公乘陽慶. 慶已年七十餘,【意得見事之.】謂意曰 : '盡去而方書, 非是也. 慶有古先道遺傳黃帝 · 扁鵲之脉書. 五色診病, 知人死生, 決嫌疑, 定可治, 及藥論書甚精. 我家給宮, 心愛公, 欲盡以我禁方【書】悉教公.' 臣意卽曰 : '幸甚, 非意之所敢望也.'【臣意卽】避席再拜謁, 受其脉書上下經 · 五色診 · 奇咳術 · 揆度陰陽外變 · 藥論 · 石神 · 接陰陽禁書, 受讀解驗之, 可一年.所明歲卽驗之, 有驗, 然尙未精也. 要事之三年所, 卽常以爲人診病, 決死生, 有驗, 精良. 今慶已死十年. 所臣意年盡三年, 三十九歲也"라고 하여 123자를 삭제하고, 유지기가 인용한 원문 "齊侍御史成自言病頭痛, 臣意診其脉, 告曰 : '君之病惡, 不可言也.'" 등 25자는 삭제 대상이 아니라고 하였다. 洪業은, "「扁鵲倉公傳」曰 : 太倉公者, 齊太倉長, 臨淄人也, 姓淳於氏,名

「扁鵲倉公傳」曰 : 太倉公者, 齊太倉長, 臨淄人也, 姓淳於氏,(一脫'氏'字)名意. 少而喜醫方術. 高后八年, 更受師同郡元里公乘陽慶. 慶年七十餘, 無子, 使意盡去其故方, 更悉以禁方與之, 傳黃帝·扁鵲之脉書, 五色診病, 知人死生, 決嫌疑, 定可治, 及藥論甚精. 受之三年, 爲人治病, 決死生('決嫌疑'以下六句, 古本有, 俗削) 多驗云云.(二字亦依例補)

詔召('召'字照史補)問所爲治痛死生驗者幾何人? 主名爲誰? 詔問故太倉長臣意方伎所長, 及所能治病者,('者'字照史補) 有其書無有? 皆安受學? 受學幾問歲? 嘗有所驗, 何縣里人也? 何病, 醫藥已,(訛作'與', 照史改) 其病之狀皆何如? 具(一作'其')悉而(一作'以')對. 臣意對曰, 自意少時喜醫藥(史疊'医藥'二字)方, 試之多不驗者. 至高皇('皇'字史脫)后八年,(舊多'中'字) 得見師臨淄元里公乘陽慶. 慶(諸本'慶'字作'已'字)年七十餘, 意得見事之. 謂意曰 : '盡去而方書, 非是也. 慶有古先道遺傳黃帝·扁鵲之脉書. 五色診病, 知人死生, 決嫌疑, 定可治, 及藥論('論'字補)書甚精. 我家給宮, 心愛公, 欲盡以我禁方書悉教公.'臣意卽曰 : '幸甚, 非意之所敢望也.' 臣意卽避席再拜謁, 受其脉書上下經·五色診·奇(史音'羈')咳術·揆度陰陽外變·藥論·石神·接陰陽禁書, 受讀解驗之, 可一年.(史有'所'字) 明歲卽驗之, 有驗,('之有驗'三字脫, 照史補) 然尙未精也. 要事之三年所, 卽嘗(諸本脫'卽'子,

---

意. 少而喜醫方術. 高后八年, 更受師同郡元里公乘陽慶. 慶年七十餘, 無子, 使意盡去其故方, 更悉以禁方與之, 傳黃帝·扁鵲之脉書, 五色診病, 知人死生,【決嫌疑, 定可治, 及藥論甚精. 受之三年, 爲人治病, 決死生】多驗 …… 詔召問所爲治痛死生驗者幾何人? 主名爲誰?【詔問故太倉長臣意方伎所長, 及所能治病者, 有其書無有? 皆安受學? 受學幾問歲? 嘗有所驗, 何縣里人也? 何病, 醫藥已, 其病之狀皆何如? 其悉而對. 臣意】對曰,【自意少時喜醫藥, 醫藥方, 試之多不驗者. 至高皇后八年,中得見師臨淄元里公乘陽慶. 慶已年七十餘, 意得見事之. 謂意曰 : '盡去而方書, 非是也. 慶有古先道遺傳黃帝·扁鵲之脉書. 五色診病, 知人死生, 決嫌疑, 定可治, 及藥論書甚精. 我家給宮, 心愛公, 欲盡以我禁方書悉教公.' 臣意卽曰 : '幸甚, 非意之所敢望也.' 臣意卽避席再拜謁, 受其脉書上下經·五色診·奇咳術·揆度陰陽外變·藥論·石神·接陰陽禁書, 受讀解驗之, 可一年.所明歲卽驗之, 有驗, 然尙未精也. 要事之三年所, 卽常以爲人診病, 決死生, 有驗, 精良. 今慶已死十年. 所臣意年盡三年, 三十九歲也.】齊侍御史成自言病頭痛, 臣意診其脉, 告曰 : '君之病惡, 不可言也.'"라고 하여 295자를 삭제하였다.

'嘗'作'常') 以爲人(史有'治'字)診病, 決死生, 有驗, 精良. 今慶已死十年.(史有'所'字) 臣意年盡三年,(二字脫, 照史補) 三十九歲(一脫'歲'字)也. 齊侍御('御'字脫, 照史補)史成自言病頭痛,('頭痛'或誤作'也', 或誤作'邪') 臣意診其脉, 告曰 : '君之病惡, 不可言也.'(原注 : 已下皆述一生醫療效驗事. ○此十一字, 諸本皆與標數併寫, 愚意移作尾注爲是)

右除二百九十五字.

按 : 이 절(節) 앞 문단에 있는 '의심스러운 병의 증세를 해결하여[決嫌疑]' 이하 여섯 구절 22자는 역시 점번(點煩)할 때 점을 찍는 힘이 무겁게 가해져 글자를 덮을 정도로 묻었기 때문에 삭제되었지만, 고본(古本)에는 이 여섯 구절이 있다. 분명한 것은 이 편 중에 여러 채적(採摘)한 부분이 문구가 번복(煩復)될수록 점번의 의의가 더욱 드러난다는 것이다. 주석가(注釋家)들은 이것을 폐기해도 될 권(卷)이라 여기고 마침내 사서에 방치해두고 자세히 살피지 않았기 때문에 틀리거나 잘못된 곳이 많다.(本節前段先有"決嫌疑"六句二十二字, 亦由點重侵字而遺者, 古本有之. 須悟是篇諸所採摘, 文愈複則點煩之意愈顯. 注家以爲此廢卷也, 竟束史不詳, 孤負多矣)

6-15

「송미자세가(宋微子世家)」의 처음에 이르기를, '양공(襄公)이 국군(國君)의 지위를 계승한' 이후에도 여전히 송 양공(宋襄公)이라 부르면서 '송양(宋襄)' 두 글자를 버리지 않았다.[42] 또한 「오세가(吳世家)」에서는 '합려(闔閭)'

42 역주 : 『사기』 권38, 「송미자세가(宋微子世家)」에, "31년 봄, 환공(桓公)이 죽자 태자 자보(玆甫)가 즉위하였으니, 그가 바로 양공(襄公)이다"라고 했고, 그 후 "12년 봄, 송

라 부르고, 「월세가(越世家)」에서는 구천(九踐)이라 부르면서 매번 그 이름에 오왕(吳王)과 월왕(越王)이라는 글자를 덧붙이며 글귀마다 그것을 버린 적이 없었다.[43] 「맹상군전(孟嘗君傳)」에 이르기를, "풍공(馮公)의 용모[形容]와 모습[狀貌]이 말을 잘하게 생겼으며"[44]고 하였는데 용모와 모습은 같은 의미인데도 적당히 얼버무려 중복하여 썼기 때문에 네 글자로 나누어진 것이다. 무릇 이와 같은 유(類)는 이루 다 기재할 수 없을 정도이다. 「십이제후연표(十二諸侯年表)」에 이르기를, "공자는 『춘추』를 편정(編訂)하면서", "말과 문장을 간약(簡約)하게 하고 번거롭고 중복되는 것은 삭제하였다"[45]고 하였다. 또한 「굴원전(屈原傳)」에 이르기를, "그 문장은 간약(簡約)하지만, 말은 미묘(微妙)하다"[46]고 하였다. 사마천[子長]의 이러한 말을 보면 실로 이전 사람들의 문장에 대한 깊은 관찰이 있었다. (그런데도) 스스로 『사기』를 찬술(撰述)하면서 번잡하기가 이상과 같았으니, 어찌 이른바 말하기는 어렵지 않지만 실천하기가 어렵다는 것이 아니겠는가?

「宋世家」初云 : '襄公嗣立',(一訛'位')後(詳文義, 當有'後'字. 諸本脫)仍謂爲宋

양공은 녹상(鹿上)에서 회맹을 소집하여 제후들로 하여금 그를 옹호해줄 것을 초(楚)에 요구하니, 초나라 사람들이 이를 승낙하였다. …… 가을, 제후들이 우(盂)에서 송 양공을 만나 동맹을 맺으니 (그의 서형(庶兄)인) 목이(目夷)가 말하기를, '화(禍)가 장차 여기에 있을 것입니다. 군주의 욕망이 너무 지나치니 어찌 감당할 수 있겠는가?'라고 하였다. 과연 초는 송 양공을 체포하고 송을 토벌하였다"라고 한 사실을 말한다. 즉 '양공'이라 칭하면 될 것을 계속 '송 양공'이라 칭하고 있음을 지적한 것이다.

43 역주 : 『사기』 권31, 「오태백세가(吳太伯世家)」와 『사기』 권41, 「월왕구천세가(越王勾踐世家)」 참조.

44 역주 : 『사기』 권75, 「맹상군열전」에, 맹상군은 그때 제나라의 재상으로 있었으며, 설(薛)에 만호(萬戶)를 봉읍으로 받았다. 그의 식객은 3,000명이어서 그 봉읍의 세금으로는 식객들을 대접하기에는 부족하여 사람을 시켜서 설(薛)의 사람들에게 돈을 대부해주었다. (1년이 되어도 수입이 없자 설에 사람을 보내 빚을 받아와야 했는데 적당한 사람을 찾던 중) 전사(傳舍)의 장(長)이 대답하기를, '대사(代舍)의 빈객 풍공[馮驩]의 형상(形狀)과 용모(容貌)가 말을 잘하게 생겼으며, 나이는 많지만 다른 재능이 없으니 마땅히 그를 보내 빚을 거두어 오는 것이 좋겠습니다'라고 하였다.

45 역주 : 『사기』 권14, 「십이제후연표」 서문(序文)에 보이는 문장이다.

46 역주 : 『사기』 권84, 「굴원가생열전(屈原賈生列傳)」의 굴원의 이소(離騷)에 대한 평이다.

襄公, 不去'宋襄'(一多'公'字, 非)二字. 「吳世家」云闔閭, 「越世家」云勾踐, 每於其號上加'吳王'·'越王'字, 句句未嘗舍之. 「孟嘗君傳」曰: "馮公形容狀貌甚辨." 案形容·狀貌同是一說, 而敷演重出, 分爲四言. 凡如此流, 不可勝載. 其「十二諸侯表」曰: "孔子次『春秋』", "約其辭文, 去其煩重." 又「屈原傳」曰: "其文約, 其辭微." 觀子長此言, 實有深鑒. 及自撰『史記』, 榛蕪若此, 豈所謂非言之難, 而行之難乎?

按: 이 절(節)은 다시 『사기』에 대해 포괄적으로 점번(點煩)한 내용을 한데 모아 나머지 정황에 대한 개괄을 한 것으로써 마찬가지로 「점번」편의 정식 조(條)가 아니다. 때문에 역시 한 칸을 비워주는 방식으로 배열하였다.(此一節再就『史記』統摘之, 以概其餘, 亦非「點煩」正條, 故亦用亞一格之例)

6-16

『한서』 「공수전(龔遂傳)」에 이르기를,[47] "천자(天子)가 사자(使者)를 보내 (발해태수(渤海太守)로 있던) 공수(龔遂)를 부르자 의조(議曹) 왕생(王生)이 따라갈 것을 청하였다.(『사기』에는 '원하였다[愿]'고 쓰여 있다) 공조(功曹)는 왕생이 본래 술을 좋아하여 절도가 없다고 여기고 그가 따라가는 것에 반대하였다. 공수는 그 말을 듣지 않았다. (공수를 따라) 경사(京師)에 온 이후 왕생은 매일 술을 마시며 공수를 보러오지 않았다. 공수가 궁으로 들어가게 되자 왕생은 술에 취해 뒤에서 부르며 말하기를, '명부(名府)[太守]께서는 멈추시기 바랍니다. 아뢸 말이 있습니다'라고 하니 공수가 돌아보

---

47 역주: 『한서』 권89, 「순리전(循吏傳)」의 공수(龔遂)에 관한 열전에 보이는 문장이다.

며 그 까닭을 물었다. 왕생이 말하기를, '천자가 당신에게 어떻게 발해(渤海)를 다스렸는가 물으면 공께서는 사실대로 진술해서는 안 됩니다. '마땅히 모두 성주(聖主)의 은덕이지 소신(小臣)의 능력이 아닙니다'라고 말해야 합니다'라고 하니 공수가 그의 말을 받아들였다. 천자의 앞에 이르니 천자가 과연 다스린 상황을 물었다. 공수는 왕생의 말대로 대답하였다. 천자가 그가 겸양함을 지녔다고 기뻐하며 웃으며 말하기를, '그대는 어디서 장자(長者)의 말을 배워 그렇게 말하는가?'라고 하니, 공수가 나아가 말하기를, '신은 이러한 말을 알지 못했는데 신의 의조(議曹)가 신에게 깨우쳐 준 것입니다'라고 하였다. 천자는 의조(議曹) 왕생을 수형승(水衡丞)에 임명하였다."

위 84자는 삭제한다.[48]

『漢書』「龔遂傳」曰 : "上遣使者徵遂, 議曹王生請(史作'願')從. 功曹以爲王生素(諸本作'每', 照史改) 嗜酒, 亡節度, 不可使.(諸本作'從', 照史改)遂不聽.('聽'字史作'忍逆'二字) 從至京師, 王生日飮酒, 不視太守. 會遂引入宮, 王生醉, 從後呼曰 : '明府且止, 愿有所白.' 遂還問其故. 王生曰 : '天子卽問君何以治渤海, 君不可有所(郭脫'所'字)陳對, 宜曰 : '皆聖主之德, 非小

48 역주 : 呂思勉은, "上遣使者徵遂, 議曹王生請從. 功曹以爲王生素嗜酒, 亡節度, 不可使. 遂不聽. 【從】至京師, 王生日飮酒, 不視太守. 【會】遂引入宮, 王生醉, 從後呼曰 : '明府且止, 愿有所白.' 遂還問其故. 王生曰 : '天子卽問君何以治渤海, 君不可有所陳對, 宜曰 : '皆聖主之德, 非小匣之力也.' 遂【受其言. 旣至前, 上果問以治狀, 遂對】如【王生.】 言天子悅其有讓, 笑曰 : '君安得長者之言而稱之?' 遂【因前】曰 : '臣非知此, 乃臣議曹教戒臣也.' 上以《遂年老不任公卿拜爲水衡都尉》【議曹】王生爲【水衡】丞"이라 하여 『한서』에 의거하여 '遂年老不任公卿拜爲水衡都尉' 등 13자를 더하고, 24자를 삭제해야 한다고 했다. 洪業은, "『漢書』「龔遂傳」曰, 上【遣使者】徵遂, 議曹王生【請從. 功曹以爲王生素嗜酒, 亡節度, 不可使. 遂不聽.】 從至京師, 【王生】日飮酒, 不視太守. 【會】遂引入宮, 王生醉, 從後呼曰 : 【'明府且止, 愿有所白.' 遂還問其故. 王生曰 : 】'天子【卽】問君何以治渤海, 君【不可有所陳對,】 宜曰 : '皆聖主之德, 非小匣之力也.' 【遂受其言. 旣至前,】 上果問【以治狀,】 遂對如【王生.】 言天子【悅其有讓,】 笑曰 : '君安得長者之言【而稱之?'】 遂【因前】曰 : 【'臣非知此,】 乃臣議曹教【戒】臣也.' 上以遂【年老不任公卿拜】爲水衡都尉【議曹】王生爲【水衡】丞"이라 하여 유지기가 생략한 '遂年老不任公卿拜爲水衡都尉' 등 13자를 보완하고, 84자를 삭제해야 한다고 했다.

匪之力也.' 遂受其言. 旣至前, 上果問以治狀, 遂對如王生.(史有'言'字) 天子悅其有讓, 笑曰 : '君安得長者之言而稱之?' 遂因前曰 : '臣非知此, 乃臣議曹教戒臣也.'云云. 上以議曹王生爲水衡丞."

右除八十四字.

6-17

『신진서(新晉書)』「원굉전(袁宏傳)」에 이르기를,[49] 원굉은 뛰어난 재능이 있었으며, 문장이 매우 아름다웠다. 일찍이 영사시(詠史詩)를 지어 그 안에 자신의 심정(心情)을 기탁하였다. 어려서 부친을 여의고 가난하여 조세로 걷는 곡식의 운반을 업(業)으로 삼았다. 사상(謝尙)이 당시 우저(牛渚)를 진수(鎭守)하고 있었는데 가을밤 달빛을 따라 부하들을 거느리고 평복[微服]을 입은 채 강에 배를 띄우고 유람하고 있었다. 그때 마침 원굉이 배 위에서 자기가 지은 영사시(詠史詩)(『진서(晉書)』에는 '其所作詠史詩' 여섯 글자는 없다. 다음 문장에 있는 '卽其咏史'구절을 자세히 보면 이곳에서 먼저 이 구절이 들어가서는 안 된다. 아마도 틀린 문장일 것이다)를 읊조렸는데, 그 소리가 청아하고 곡조에 잘 맞았을 뿐만 아니라[淸會]('회(會)'자는 『사기』를 참조하여 보충하였다) 가사 또한 아름다워(『사기』에는 '발(拔)'자를 썼다) 배를 멈추고 오래 동안 그것을 듣고는 사람을 보내 물으니, 대답하기를, '원임녀(袁臨汝)[50]의 아들이 시를 낭송하고 있습니다'라고 하였는데, 바로 그가 쓴 영

---

49 역주 : 『진서(晉書)』 권92, 「문원열전(文苑列傳)」의 「원굉전(袁宏傳)」에 보이는 문장이다.

50 역주 : 원굉의 부(父) 원욱(袁勖)을 가리킨다. 원욱은 임녀현(臨汝縣)의 현령을 지냈기 때문에 이렇게 불렀다.

사(詠史)시였다. 사상(謝尙)은 그에게 멋진 정취가 있음을 좋아하여 그를 맞아 배에 오르게 하고 새벽녘까지 밤을 꼬박 세며 이야기를 나누었다. 이로부터 원굉의 명성이 날로 커졌다 운운하였다.[51] 원굉이 환온(桓溫)을 따라 북벌(北伐)할 때 「북정부(北征賦)」를 지었는데 모두 원굉의 문장 중에 뛰어난 것들이었다. 일찌기 왕순(王珣)·복도(伏滔)가 환온과 함께 자리했을 때 환온이 복도에게 원굉의 「북정부」를 읊으라고 하였다. "예로부터 전해오는 소문을 들으니 이 들녘에서 기린(麒麟)을 잡았다하네. 영물(靈物)의 탄생은 상서로운 덕의 징조라는데 어찌하여 산택(山澤)을 관리하는 우자(虞者)에게 몸을 주었단 말인가! 공자가 통곡함을 슬퍼하나니, 진실로 애통함이요 거짓이 아닌 듯하네. 어찌 한 동물만을 애달파 했으리요? 실은 천하를 애달파 한 것이라네." 「북정부」는 여기에 이르러 운(韻)이 바뀌어 있었다. 왕순이 이르기를, '이 부(賦)는 천년을 전해내려 갈 것이니 조금의 소홀함이 있어서는 안 됩니다. 지금 '천하' 두 글자 뒤에서 운(韻)을 바꾸고 또 다른 내용을 쓰고 있는데 이는 글로 써서 전달하려는 감정 표현에 미진함이 있는 듯합니다'라고 하니 복도(伏滔)가 말하기를, '사(寫)'자를 운으로 삼아 한 구절을 첨가한다면 나아질 것 같습니다'라고 했다.(『사기』에는 '환온이 말하길, 경(卿)은 한 구절을 첨가하도록 생각해보라[溫曰, 卿思益之]' 여섯 글자가 있다) 원굉이 소리내어 대답하기를, '감회가 내 마음에서 끊이지 않아, (선인(先人)의) 유풍(遺風)을 이어 홀로 (나의 정회(情懷)를) 써내네' 운운하였다.[52]

사안(謝安)은 일찍이[嘗](역주 : 『사기』에는 '늘[常]'자를 썼다) 원굉의 기민한 응대(應對)와 신속한 논변(論辯)을 칭찬했다. 후일 사안이 양주자사(揚州刺史)로 있을 때 원굉이 이부랑(吏部郎)에서 동양군(東陽郡)의 태수로 나아갈

51 역주 : 이상은 『세설신어』 「문학(文學)」편 88과 유효표(劉孝標)의 주에 인용된 『속진양추(續晉陽秋)』에 보인다. 『속진양추』에 대하여는 「서례(序例)」편 주(注) 참조.

52 역주 : 이상은 『세설신어』 「문학」편92와 유효표의 주(注)에 인용된 『속진양추(續晉陽秋)』·『진양추(晉陽秋)』에 보인다.

때 사안이 야정(冶亭)에서 송별연을 열자 당시 현자들이 모두 모였다. 사안이 마침내 그를 시험하고자 이별에 임하며 그의 손을 잡고 좌우를 돌아보며 부채 하나를 그에게 주면서 말하였다. '떠나는 그대에게 증정합니다'라고 하니, 원굉이 곧바로 대답하기를 '마땅히 인풍(仁風)을 받들어 일으켜 저 많은 백성들을 위로하겠습니다'라고 하니 이를 본 사람들 중 탄복하지 않는 이가 없었다.(『진서(晉書)에는 이 '觀者無不歎服' 여섯 글자가 없다. 그리고 '歎'자는 아래 문장에 중복되어 나온다. 역시 틀린 문장일 것이다) 당시 사람들은 그의 솔직하면서도 기민함에 감탄하였다.[53](原注 : 이 사실은 단도란(檀道鸞)의 『진양추(晋陽秋)』와 유의경(劉義慶)의 『세설신어(世說新語)』에 나온다)

위 114자는 삭제하고, 19자를 더한다.[54]

---

53 역주 : 이상은 『세설신어』「언어(言語)」편83의 주(注)에 인용된 『속진양추(續晉陽秋)』에 보인다. 그러나 『속진양추』에는 "좌중의 모든 사람들이 그의 기민함에 감탄하였다[合坐歎其要捷]"고 되어 있다.

54 역주 : 呂思勉은, 『新晋書』「袁宏傳」曰 : "袁宏【有逸才, 文章絶美, 曾爲『詠史詩』, 是其風情所寄.】少孤貧, 以運租自業. 謝尙【時】鎭牛渚, 秋夜乘月, 【率爾與左右】微服泛江. 會宏在舫中, 諷【其所作『詠史詩』,】詠聲旣淸會, 詞又藻麗, 【遂】駐聽久之, 遣問焉. 答云 : '是袁臨汝郎誦詩.'卽其『詠史』之作也. 尙【傾率有勝致,】卽迎升舟, 【與之】談論, 申旦【不寐.】自此名譽日茂. 從桓溫北伐, 【作『北征賦』, 皆其文之高者. 嘗】與王珣 · 伏滔同在【桓】溫坐, 溫令滔讀其『北征賦』, 至【"聞所傳於相傳, 云獲麟於此野; 誕靈物以瑞德, 奚授體於虞者! 疚尼父之慟泣, 似實慟而非假; 豈一性之足傷,】乃致傷於天下."【其本至此】便改韻. 殉云 :【"此賦方傳千載, 無容率爾. 今於'天下'之後, 移韻徙事, 然於】寫送之致, 似爲未盡." 滔云 : "得益寫韻一句, 或爲小勝."【溫曰卿思益之.】宏應聲【答】曰 : '感不絶於予心, 愬流風而獨寫'. 謝安【嘗】賞其機【對】辯【速】, 後安爲揚州刺史, 宏自吏部郎出爲東陽郡, 【乃】祖道【於】冶亭, 時賢皆集. 【謝】安欲卒迫試之, 臨別, 執其手, 顧就左右取一扇而授之, 曰 : "聊以贈行." 宏應聲【答】曰 : "輒當奉揚仁風, 慰彼黎庶."【觀者無不歎服.】時人嘆其率而能要焉"이라 하여 140자를 삭제하였다. 洪業은 "『新晋書』「袁宏傳」曰 : 袁宏【有逸才, 文章絶美, 曾爲『詠史詩』, 是其風情所寄.】少孤貧, 以運租自業. 謝尙時鎭牛渚, 秋夜乘月, 【率爾】與左右微服泛江. 會宏在舫中, 諷《其所作『詠史詩』,》【詠】聲【旣淸會,】《亮》詞【又藻拔】《麗》, 【遂駐聽久之, 遣問焉. 答云 : '是袁臨汝郎誦詩.'卽其『詠史』之作也.】尙【傾率有勝致,】卽迎升舟, 與之談論, 申旦不寐. 自此名譽日茂云云. 從桓溫北【征】《伐》, 【作『北征賦』, 皆其文之高者.】嘗與王珣 · 伏滔同在溫坐, 溫令滔讀【其】《宏所作》『北征賦』, 至"聞所傳於相傳, 云獲麟於此野; 誕靈物以瑞德, 奚授體於虞者! 疚尼父之慟泣, 似實慟而非假; 豈一性之足傷, 乃致傷於天下." 其本至此便改韻. 殉云 :【"此賦方傳千載, 無容率爾. 今於'天下'之後, 移韻徙事, 然於】寫送之致, 似爲未盡." 滔云 : "得益寫韻一句, 或爲小勝."【溫曰卿思益之.】宏應聲答曰 : '感不絶於予心, 愬流風而獨寫'云云. 謝安嘗賞其機對辯

『新晋書』「袁宏傳」曰 : 袁宏有逸才, 文章絶美, 曾爲『詠史詩』, 是其風情所寄. 少孤貧, 以運租自業. 謝尙時鎭牛渚, 秋夜乘月, 率爾與左右微服泛江. 會宏在舫中, 諷其所作『詠史詩』,(史無此六字, 詳下文有'卽其咏史'句, 不應此處先提, 恐是羨文) 詠聲旣淸會,('會'字照史補) 詞又藻麗,(史作'拔') 遂駐聽久之, 遣問焉. 答云 : '是袁臨汝郎誦詩.'卽其『詠史』之作也. 尙傾(諸本訛'頃', 照史改)率有勝致, 卽迎升舟, 與之談論, 申旦不寐. 自此名譽日茂云云. 從桓溫北伐,(史作'征') 作『北征賦』, 皆('皆'字照史補)其文之高者. 嘗與王珣 · 伏滔同在(舊衍'桓'字)溫坐, 溫令滔讀其『北征賦』, 至"聞所傳於相傳, 云獲麟於此(或訛'北')野; 誕靈物以瑞德, 奚授(或訛'受')體於虞者! 疚尼父之慟泣, 似實慟而非假; 豈一性之足傷, 乃致傷於天下." 其本至此便改韻. 殉云 : "此賦方傳千載, 無容率爾. 今於'天下'之後,(諸本衍'便改'二字, 不成語) 移韻徙(諸本訛'從', 照史改)事, 然於寫送之致, 似爲未盡." 滔云 : "得益寫韻一句, 或爲小勝."(史有'溫曰卿思益之'六字) 宏應聲答曰 : '感不絶於予心, 愬流風而獨寫'云云.

謝安嘗賞其機對辯速, 後安爲揚州刺史, 宏(郭脫'宏'字)自吏部郎出爲東陽郡, 乃祖道於冶(舊訛'治')亭, 時賢皆集. 謝安欲卒迫試之, 臨別, 執其手, 顧(郭訛'愿')就左右取(諸本作'以', 照史改)一扇而授之, 曰 : "聊以贈行." 宏應聲答曰 : "輒當奉揚仁風, 慰彼黎庶." 觀者無不歎服.(史無此六字, 而'歎'字下復重出, 亦恐羨文) 時人嘆其率(或作'卒') 而能要焉.(原注 : 此事出檀道鸞『晋陽秋』及劉義慶『世說』)

右除一百一十四字, 加十九字.

按 : 이 절의 첫머리에서는 『신진서(新晉書)』라고 말했지만, 주(注)에서는

速, 後安爲揚州刺史, 宏自吏部郎出爲東陽郡, 乃祖道於冶亭, 時賢皆集. 謝安欲卒迫試之, 臨別, 【執其手, 顧就左右取】《以》一扇【而】授之, 曰 : "聊以贈行." 宏應聲答曰 : "輒當奉揚仁風, 慰彼黎庶." 《觀者無不歎服.》【時人嘆其率而能要焉.】"이라 하여 114자를 삭제하고, 19자를 더하였다.

또 사실이 단도란(檀道鸞)의 『진양추(晋陽秋)』와 유의경(劉義慶)의 『세설신어(世說新語)』에 나온다고 말했다. 대개 『신진서』가 단도란과 유의경의 책에 나오는 말을 채록하여 사서에 기입한 것이다. 그러나 문장 내의 필요 없는 두 구절은 작은 글씨로 써서 첨가한 글자 같지 않고, 역시 원래 책에도 결코 이렇지 않았을 것이다.(다시 생각해보니 첨가한 글자 다음에 보이는 중복된 문구는 점번(點煩)되어 삭제된 것이다)(節首云『新晉書』, 注又云事出檀 · 劉, 蓋是『新晉』採二書之語入史也. 但文內兩羨句, 不類加字細書, 亦決非彼書如此.(更思之, 亦卽加字處, 其下複句, 乃其所點除也))

6-18

『십육국춘추(十六國春秋)』에 이르기를,[55] 곽우(郭瑀)에게는 막 출가할 연령이 된 딸이 있었고, 그는 딸을 위해 좋은 신랑감을 고르고자 하였는데, 그 마음이 유병(劉昞)에게 있었다. 그리하여 특별히 자신의 자리 앞에 좌석을 만들고 제자(곽연년(郭延年)의 『사통평석(史通評釋)』에서는 '자제(子弟)'라고 하였지만, 틀렸다. 앉아 있는 사람이 모두 곽우의 제자[及門]들이다)들에게 말하기를, '나에게 딸이 하나 있는데 이미 성년(成年)이 되었으므로 나는 좋은 사윗감을 찾고자한다. 누구든지 이 자리에 앉는 사람이 있으면 그에게 시집을 보낼 것이다'라고 하였다. 그때 유병이 옷깃을 떨치고 일어나 그 자리에 와 앉았다. 그리고 정신을 바짝 차리고 침착하게(『위서(魏書)』에는

55 역주 : 『십육국춘추』는 북위(北魏) 최홍(崔鴻)의 저작이지만, 이미 산일(散佚)되었다. 이 책에 대하여는 「고금정사(古今正史)」편 참조. 아래 내용은 『위서(魏書)』 권52, 「유병전(劉昞傳)」에 몇 글자 차이가 있지만 거의 같은 내용이 보이고, 『북사(北史)』 권34, 「유연명전(劉延明傳)」에도 약간 요약되어 보인다.

'엄숙하게[肅]'라고 쓰여 있지만, '침착하게[湛]'라는 의미보다 못하다) 말하기를, '예전에 저는 선생께서 마음에 드는 좋은 사윗감을 찾는다는 말을 들은 바 있습니다. 저 유병이 바로 그 사람입니다'라고 하였다.

위 22자는 삭제한다.[56](문구가 많지 않으니 삭제한 글자 수가 20여 자가 되지 않을 것이다. 틀림없이 잘못되었다)

『十六國春秋』曰 : 郭瑀有女始笄, 妙選良偶, 有心於劉昞. 遂別設一席於座前, 謂諸弟子(郭本作'子弟', 非. 凡在坐者皆瑀之及門也)曰 : "吾有一女, 年向成長, 欲覓一快女婿.(一作'聟', 卽古'婿'字) 誰坐此席者, 吾當婚(或作'婿')焉." 昞遂奮衣來坐, 神志湛(『魏書』作'肅', 不如'湛'字勝) 然, 曰 : '向聞先生欲求快女婿, 昞(郭脫'昞'字)其人也.

右除二十二字.(文句不多, 除數恐不到二十有餘, 必有誤)

按 : 이 절의 문장은 『위서(魏書)』 권52, 「유병전(劉昞傳)」과 같다.(此節文與『魏書』「劉昞傳」同)

總按 : 「점번」편에 (표시한) 점은 이미 전하지 않으므로 점검하여 확인할 수가 없다. 그러나 진실로 한 마음으로 고사(古史)를 좋아한다면 사편(史篇)에 가까이 다가가 문구를 따라 자세히 따져만 보더라도 그 조리(條理)의 단서를 찾을 수 있다. 많은 사람들이 이렇게 살필 겨를이 없었기 때문에 틀리거나 누락된 것이 더욱 많았을 것이다.(「點煩」一篇, 點旣失傳, 靡從檢核矣. 然深心嗜古者, 按切史篇, 循文審校, 亦自理緖可尋. 諸可或未暇也, 故訛漏尤多云)

「점편」편에서 열거한 것은 모두 장구(章句)가 가장 번잡하게 얽혀 있

---

56 역주 : 呂思勉은, "郭瑀有女始笄,【妙】選【良】偶, 有心於劉昞. 遂別設一席於座前, 謂諸弟子曰 : "吾【有一女, 年向成長,】欲覓一快女婿. 誰坐此席者, 【吾當婚焉.】" 昞遂奮衣來坐, 神志湛然, 曰 : '【向聞先生欲求快女婿,】昞其人也"이라 하였고, 洪業은, 『十六國春秋』曰 : 郭瑀有女始笄, 妙選良偶, 有心於劉昞. 遂別設一席於座前, 謂諸弟子曰 :【"吾有一女, 年向成長,】欲覓一快女婿. 誰坐此席者, 吾當婚焉." 昞遂奮衣來坐, 神志湛然, 【曰 : '向聞先生欲求快女婿, 昞其人也.】"이라 하였다.

는 것으로 모두 14조(條)이고, 『사기』에서 발췌한 것이 9조(條)나 되는데 대개 첫 번째 정사를 거론하여 요지를 분명히 하고자 하였던 것 같다. 태사공(太史公)은 『국어(國語)』·『세본(世本)』·『전국책(戰國策)』 등 여러 책의 내용을 이것저것 취하여 한 책으로 모았는데, 같은 사실이 중복하여 나타나 고인(古人)의 정취가 자연스럽게 그대로 드러난다. 글자를 세어가며 행(行)을 찾는 것을 많은 사람들이 자잘하게 여기지 않으니 비록 번거롭고 중복된다고 하여 어찌 흠이라 하겠는가! 그러나 유지기 이전에 이를 논한 사람들이 이미 많은 이야기가 있었다. 반숙피(班叔皮)[班彪]가 말하기를, "한 사람에게 의지하면 문장이 무겁고 생각이 번잡하기 때문에, 그 책은 번잡하게 중복되는 내용의 삭제가 철저하지 못하여 여전히 필요 없는 말들이 남아 있게 된다"라고 했다. 이 책을 보는 사람은 서로 토론하고 연구하면 분명 번잡한 것을 병이라 생각지 않을 것이고 마찬가지로 당연히 점번하는 사람을 가혹하다고 말할 수 없을 것이다.(**補按** : 『사기』 중에 발췌한 「삼왕세가(三王世家)」의 한 구절에 대한 유지기의 점번은 매우 타당하다. 그러나 비슷한 부류에 대한 변별이 오히려 소홀한 것은 무엇 때문인가? 사정은 당일 그때 발생한 것인데 어떻게 미리 세가(世家)로 편찬할 수 있겠는가? 그때가 한초(漢初)이니 고(誥)를 별도의 권(卷)으로 하고 참고할 수 있는 「예서(禮書)」 역시 한 조항으로 하여 단지 어떤 주제인가를 말하면 될 터인데 어찌 번거롭다 번거롭지 않다고 말하는가! 또 장안(張晏)은 주(注)에서 「삼왕세가」가 없어져 저소손(褚少孫)이 보충하여 지었다고 여겼다)(「點煩」所列, 皆檢章句最繚繞者, 爲條總十有四, 而摘遷史者乃居其九, 蓋擧正史首部以發凡也. 太史公雜取『國語』·『世本』·『國策』之羣書而彙爲一書, 疊見複出, 古趣自流. 數墨尋行, 大家弗屑, 雖煩亦復何疵! 然劉氏之前, 論之者已振振有辭矣. 班叔皮曰, "一人之身, 文重思煩, 故其書刊落不盡, 尙有盈辭"也. 觀是書者, 切磋究之, 固不必爲煩者病, 亦不得謂點者苛.(**補按** : 『史記』內所摘「三王世家」一節, 劉氏施點固允, 而辨類却疏, 何也? 事係當日現件, 安得預撰世家? 其時漢初, 作誥錄卷式一宗, 可備禮書一款. 當云題目語爾, 何煩不煩之云! 又張晏注以爲篇亡, 褚補作也))